OPEN 是一種人本的寬厚。

OPEN 是一種自由的開闊。

OPEN 是一種平等的容納。

木村泰賢

阿毘達磨佛教思想論

木村泰賢——著
釋依觀——譯

目次

第二篇 宇宙成立的要素

第三章 佛教的世界觀

第四篇　心理論

第五篇 倫理論

第六篇　修道論

深入經藏，融合現代哲學與心理學觀點的《阿毘達磨佛教思想論》——木村泰賢著作新譯本導讀

江燦騰（台北城市科技大學榮譽教授）

前東京帝大第一「印度哲學」講座教授木村泰賢原著的《阿毘達磨佛教思想論》新譯本，同樣是由臺灣專譯日本佛學名著的釋依觀比丘尼翻譯完成，同樣由我推薦給臺灣商務印書館出版，所以新到任不久的張曉蕊總編輯，也同意由我為此新譯本寫一篇導讀之文。

不過這已是我為木村在臺灣商務印書館出版的第五本新譯本寫介紹文了，所以我想在此新譯本解說文中，提供給本書讀者更多與本書相關的學術史溯源解說。因為幾十年來的實際接觸與教學研究經驗，讓我深深感到當代臺灣佛教界信仰活動高度興盛之後的認知隱憂：極度缺乏對佛學教理具有現代理解的問題意識與相關佛教思維的學術史認知。因而才導致臺灣當代很多熱門佛教團體或組織，多數信徒就會因其被一再洗腦而逐漸形成對於指導者無條件的深度信仰認同，同時也讓其本身成為特定信仰意識形態的行為操縱，令人為之扼腕與嘆息。所以，在本文的解說中，我希望能提供一些有關木村本書新譯本的學術史溯源之歷史認知，讓有志者得以有所借鏡。

讀者須知，本書原著是屬於印度佛教的時期，介於原始佛教與大乘佛教之間，歷時約五百年左右

的——部派分裂時期的各種佛教詮釋教理——以現代性體系呈現的新詮釋論書。或者我們可以說，這是有關部派佛教時期最著名的現代型教理概論著作：它是如同北傳的世親著《俱舍論》或如南傳的覺音著《清淨道論》那樣經典等級的作品，二十世紀現代版新綜合詮釋論書。因而，木村泰賢的生命後期，主要的體系性教理著作，就是這本全書草稿完成於一九二六年一月九日晚上的《阿毘達磨佛教思想論》。

但是，一九三〇年五月十六日凌晨三點，木村突然心肌梗塞猝逝時，此一草稿仍未公諸於世，而只是用鉛筆，快速且潦草地寫在教學講義的一堆稿紙上被存放著，木村有可能是還要修訂與增補，所以沒有急著直接出版。

之後，先經由跟他十年之久的女門生正木春枝全部謄寫，再交由木村的研究生西義雄、坂本幸男整合與編輯，並在一些經論引述的出處上，改為出自《大正藏》或《國譯一切經》上的頁碼，於一九三五年先由明治書院出版單行本，書名《小乘佛教思想論》；兩年後，即一九三七年，又再納入同書院出版的《木村泰賢全集》第五冊出版。

不過此處，我必須先提及一個有關此書出版時間的修正問題。因在二〇一八年二月出版的《阿毘達磨論之研究：新譯本》的解說之文中，我曾把本書的出版時間提早十年，其實是錯誤的，正確應是在一九三五年才首次出版才對。

但是，有關本書的介紹，除了在其納入全集時，曾在書末附有坂本幸男的簡單全書內容介紹之外，之後只有戰後從大陸來臺的釋演培法師，曾於一九五七年六月六日在新竹市福嚴精舍，首次譯出本書中譯本時，根據木村原書的短序內容，將其改寫一篇稍微擴大的譯序之文，並刪去木村原序全文，所以事實上他也沒有增加任何新的解說資訊。

演培法師當時也表示他自己才剛學習日文，而且當時工具書較缺乏，可能因為如此，其譯文才無法將木村著作的精采表現出來。

所以，我才建議由釋依觀比丘尼重譯全書，並同時更正成現在通用的中文譯名，並由我負責重新回溯原書的論述與出版相關歷程的學術史解說。又因本書是木村的《阿毘達磨論之研究》的有關教理的綜合解說，所以我建議此次臺灣商務印書館出版新譯本時，使用木村的原有書名《阿毘達磨佛教思想論》，而不要用《小乘佛教思想論》，以免帶有傳統大乘佛教徒，歷來對小乘佛教的貶抑。臺灣商務印書館編輯部也同意了這一改名，讓我深感興奮。但是，同時我要擔負的解說責任，也因此頓感沉重不少。

讀者須知，長期以來，從二十世紀二十年代到當代的東亞現代佛學研究，主要推動重鎮，當數東京帝國大學（現東京大學）的印度哲學研究所。如今我們可以引述當代日本著名東大佛教學者齋藤明教授（案：齋藤明教授是一九五〇年生於日本東京，現任東京大學佛教學教授、國際佛教學會理事，前任日本印度學佛教學會理事長（二〇〇八年至二〇一四年），師從高崎直道、狄雍等著名學者，既有日本傳統的佛教情懷與治學精神，又通達歐洲的學術理念與研究風格，是當代日本佛教學界最具代表性的傑出學者之一），於二〇一五年五月十七日接受《澎湃新聞》特約記者何歡歡的專訪，他在訪問中談及木村泰賢，看看他對於木村在東京帝大任教時期的巨大學術成就的讚美，以及他對當時號稱「日本佛教學者雙璧」——木村與宇井伯壽——兩者不同思辨風格所做出的客觀比較。齋藤明教授是這麼說的：

最早在現代國立大學裡教授佛教學的是村上專精（生於一八五一年，逝於一九二九年，淨土眞宗僧侶）和木村泰賢（生於一八八一年，逝於一九三〇年，曹洞宗僧侶）。村上教授是東京帝國大學「印度哲學」教席的第一代教授（一九一七年至一九二一年）。木村教授則早在一九一二年就以講師身分代時任東京帝大梵文學教授的高楠順次郎開設「印度哲學宗教史」課程。一九一七年任助教授，一九二〇年赴歐美留學，一九二三年回國後升任「印度哲學」教授。木村教授才華洋溢，被公認爲最優秀的學者，當時推選他擔任校長的呼聲很高，可惜英年早逝。隨後，木村教授的同門師弟宇井伯壽（生於一八八二年，逝於一九六三年，曹洞宗僧侶）接替了這一教席。相比之下，木村教授研究中的哲學思辨與宗教關懷要比宇井教授強一些，但宇井教授有著非常強烈的語文學（Philology，日語的文獻學之意）情懷，而且研究領域非常廣泛，一手建立起我們這一學科的基本方法論——以語文學爲基礎來研究佛教。

由此可見木村在當時堪稱是日本、甚至是全東亞最頂尖的印度佛學思想研究學者之一。他最大的佛教學術貢獻，主要就是能率先開創關於部派佛教論書的文獻學研究。而他之所以能得東大博士學位與能擔當東大的「印度哲學」第一講座教授的原因，就是源自他的《阿毘達磨論之研究》一書的著述與出版。

況且，在當時歐洲佛教學者中，能與木村泰賢教授此一研究，進行互相對話與互爭長短的，只有比利時的佛教大學者蒲仙（De la Vallée Poussin）、英國的巴利文佛教論書權威學者戴維斯夫人（Mrs. Rhys Davids）、蘇聯佛教大學者舍爾巴茨基（Theodor Ippolitovich Stcherbatsky）與另一英國名學者凱思（Arthur Berriedale Keith）而已。但只有蒲仙與戴維斯夫人的著作，是早於木村的《阿毘達磨論之研究》出版，所以木村在研究中主要的參考著作，就是此兩人的著作。

至於凱思的《印度和錫蘭佛教哲學》（*Buddhist philosophy in India and Ceylon*, Oxford, The Clarendon press, 1923）與舍爾巴茨基的《佛教的中心概念與法的意義》（*The Central Conception of Buddhism and the Meaning of the Word "Dharma"*. L., Royal Asiatic soc., 1923, 112 c.，中譯本的書名為《小乘佛學》）都出版於一九二三年，所以是比木村的博士論文出版晚一年。

然而，當木村於一九二六年九月初完成其《阿毘達磨佛教思想論》一書的全書草稿時，仍只在書中引用蒲仙與戴維斯夫人的著作，再加上美國哈佛大學著名心理學教授兼哲學家威廉・詹姆士（William James）與德國實驗心理學開創者馮特博士（Wilhelm Maximilian Wundt）的相關心理學著作而已。原因是，木村之所以能在日本佛學界率先研究阿毘達磨論中的佛教心理學，主要是受到戴維斯夫人的著作影響，而蒲仙則是開創西方研究部派佛教論書與進行翻譯的最著名學者，因此必須加以引用此兩者之著述，才符合學術常軌做法。但也因此，木村在《阿毘達磨佛教思想論》中，才能有那些獨到的佛教心理論解說的相關章節論述。

在此同時，他也另外陸續發表有關佛教心理論解說的論文。由此可知，像此種能夠熟練集合專業化研究與論述普及化兩者，讓其彼此形成相互支援的雙刀流論述模式，木村不但最為擅長，並且盡全力從事。而主要其目的，就是為了讓初入門讀佛教書籍的廣大社會讀者，能夠沒有文字與概念兩重障礙的容易理解其書內容。這也是木村的著作在當時日本社會上最暢銷、迴響最大，遠遠超越當時日本其他專業佛教學者，其原因在此。

然而，或許有些本書的讀者會質疑：上述本文的解說，真的符合木村本人的原有意圖嗎？我的回答是，其根據主要是來自木村在《原始佛教思想論》一書的序言中幾段自白：

對於阿含思想作組織性的論理的論述，尤其論及彼與時代精神交涉的方面，可以說筆者意在組成一種新形式的阿毘達磨論書。

關於原始佛教雖有種種研究，但對於思想上的處理，大抵只是就經典文句的表面作解釋，如同昔時阿毘達磨論師之所為，大多未能推至其內在的意義。更且昔時阿毘達磨論師雖以阿含部聖典（以及律部）為其基礎，但僅止於從種種觀點揭示其根本主張，大抵欠缺批判的精神，對於問題所在，經常是詳其末節卻失其大體，就今日而言，其不足之處實是不少。

因此，本書所採取的立場是，雖也採用昔時阿毘達磨論師之精神，但立於今日學問的見地，直接探究原始佛教思想，又為避免煩瑣，故僅止於闡明其根本立腳地而已。如是的研究法，在原始佛教之研究盛行之今日，至少作為一種見解，應是可以接受的。

基本上，上述的幾段摘述內容，雖是出現在木村《原始佛教思想論》一書的序言，但同樣也適用於本書《阿毘達磨佛教思想論》的情況。讀者過去對於木村著作的思維邏輯常患的一個錯誤，就是按照《木村泰賢全集》六冊先後順序來理解，所以容易對於本書《阿毘達磨佛教思想論》的論述體系及其所要達成的「新阿毘達摩佛教思想論書」思辨邏輯的作用，無法精確掌握。

事實上，只要細讀《阿毘達磨佛教思想論》全書的內容，就會發現木村經常提到之前的《六派哲學》、《原始佛教思想論》與《阿毘達磨論之研究》中的相關章節（現在都改為標明是臺灣商務印書館新譯本的各書出處頁碼）。其原因如下：

一、因為要處理《原始佛教思想論》或《阿毘達磨佛教思想論》兩書所涉及與奧義書或前期吠陀文化有所關聯或影響的內容時，就必須先提及《六派哲學》；之後此《原始佛教思想論》的相關內容，又再構成《阿毘達磨論之研究》與《阿毘達磨佛教思想論》兩者的論述源流。也就是說，當木村在詮釋《阿毘達磨佛教思想論》的全書內容時，他其實既論述了思想歷史的發展狀況，也同時將其與時代特有的論書題材，進行了系統性地關聯論述。

就像歷史的佛陀，主要出現在他的《原始佛教思想論》中的簡要介紹；至於神化的佛陀與菩薩的新思維，他就改為放在《阿毘達磨佛教思想論》的〈佛陀論〉來進行相關探討。再者，在原始佛教中，眾所周知，佛陀曾拒絕討論宇宙成立要素與現實世間觀的問題，但在《阿毘達磨佛教思想論》的論述主題中，卻是必須根據原有論書的內容來討論，同時也必須說明其與印度本土早期婆羅門宗教文化的相關性或對比性。因此他就根據這樣的原則來論述與建構其書體系。

二、在東京帝大的現代佛學研究，其實是在「印度哲學」的新學科體系下來進行教學與研究。如此一來，就完全顛覆傳統佛教獨尊與正道的至高神聖地位。可是，明治憲法規定國家神道與天皇至上，作為日本國家精神的神聖象徵。因此，包括日本國內的基督教大學在內，都不能在學校中教導或傳播宗教信仰課程，但是可以教授宗教哲學、宗教歷史或宗教倫理學。於是，東京帝大開設「印度哲學」教學與研究，若與當時的國際學術潮流相比，雖在起步時間上略晚，但在木村擔任第一講座時期，就幾乎同步發展、甚至超前。原因就是日本傳統漢譯佛典的經論教學，不但從古迄今一直持續傳承，而且知識基礎深厚，所以可以成為現代佛學研究的豐富學術資源，反之西方佛教學者由於多數不懂漢文，便無法充分利用。因而，木村的《阿毘達磨佛教思想論》，之可以超越傳統日本佛學界對於《俱舍論》的研究模式，同時也獲益於此一傳統教學資源，原因在此。

三、至於有關上述這些現代佛學的研究方法與相關批判思辨態度，局部與整體的搭配之間，乃至從歷史研究、教理研究和現代社會實踐之間，如何擇取與思考的大原則問題，他在一九二六年七月於甲子社出版小冊子《佛教研究的大方針》，都有最詳盡的解說。此小冊子是木村前一年在東京都芝區增上寺所舉辦的第一屆東亞佛教大會上所發表的有關現代東亞佛學研究方法學的主題演說全文，而這是木村在一九二六年九月初完成其《阿毘達磨佛教思想論》全部書稿之前的力作。所以，不難透過此文來了解木村如何從事現代佛學研究的精華思考真相。

但在木村於一九三〇年五月十六日凌晨三點突然去世之後，當年七月的《宗教研究》第七卷第四號，出版「木村教授追悼號」，距離他去世還不到二個足月，但仍有眾多相關佛教學者為其撰文悼念。當中，除了木村曾公開在著作批評過他的論述不確的金倉圓照，以及與木村治學路數不太對盤的宮本正尊，兩人之文略有微詞之外，多數都高度肯定木村的學術卓越成就、廣大包容的學者風範、特殊明快行文組織與學術論斷等。其中，特別有一篇是與木村有長期接觸和密切交換學術意見的鈴木宗忠所寫，他談及自己所了解的木村學術研究與建構問題。因木村曾對他提到，他所致力的就是一種「佛教的神學」或者是一種「組織佛教學」的建構。最初，我對這兩個名詞感到很費解，後來我查了日本國會圖書館的相關藏書之後，我就明白了。這是由於木村把原始佛教的經典類比基督教的福音書，於是部派佛教的論書自然等於基督教解釋福音書的神學了。並且，我們還可以明白下列幾種情況：

一、木村的「組織佛教學」，是源自一八九〇年由中西牛郎所著的《組織佛教論》一書。中西牛郎著述此書的目的，是要呼籲日本佛教徒與佛教高僧一起思考，如何適應現代世界思潮衝擊處境下的革新認知方式與相關內涵的綱要書，書中有五大篇，列舉各領域所需研究的主題與範圍。由於這是當時唯一的《組織佛教論》著作，所以在其之後的木村所提及「組織佛教學」論述構想及其思維概念，顯然曾受其影響。

二、早在木村之前，姉崎正治雖未標明是「組織佛教學」論述構想及其思維概念，但在其從東大畢業後的初期著作、一八九八年出版的《印度宗教史考》一書，就是接近此類的論述建構與書寫。之後，一九一三年木村與其師高楠順次郎共著《印度哲學宗教史》一書時，在其序言中所提出的五階段論述構想，本質上只是將姉崎大量吸收當時西方宗教學與印度宗教史的既有成果，寫成長達數千年的古今印度宗教發展史的建構內容，進行五階段的不同主題論述而已。

一八九九年姉崎吸收德國黑格爾左派（Linkshegelianer）的基督教福音聖經批判學的經驗，出版批判性的《佛教聖典史論》一書，書中批判性地檢討原始佛教經典與阿毘達磨論書之間的文獻學複雜交涉問題。此一《佛教聖典史論》批判學研究概念，以及一九一〇年出版的《根本佛教》一書，基本上都被木村所追隨。至於一九一〇年姉崎譯出叔本華（Arthur Schopenhauer）的《作為意志與表象的世界》（*Die Welt als Wille und Vorstellung*）的第一卷時，木村立刻吸收其唯意志中的盲目意志概念，用來解釋原始佛教的無明深層意涵，這就是由叔本華書中繼承下來的。木村並於同年六月、七月兩期的《哲學雜誌》上，首次發表其最具原創性的佛學研究論文〈作為原始佛教歸結點的印度唯意志論的發展歷程概況〉。之後木村於一九二二年出版的《原始佛教思想論》中，所引爆的最大爭議點，就是關於無明的主知論與唯意志論的不同路線之爭。

三、可是，木村的「組織佛教學」詮釋體系，實際運用上的相關著作典範，其實是來自十九世紀末期與二十世紀初期的新康德主義（Neo-Kantianism）的領航人之一——文德爾班（Wilhelm Windelband）撰寫了當時享譽世界學界的《哲學史教程》（*Einleitung in die Philosophie*, Tübingen, 1914）一書，以及《近代德意志人的精神生活哲學》（*Die Philosophie im deutschen Geistesleben des XIX. Jahrhunderts*, Tübingen 1909）一書。由於文德爾班在其《哲學史教程》的副標題上，特別標明是「以哲學問題與哲學概念的形成與發展」為論述主軸，所以木村借鏡於文德爾班在《哲學史教程》的相關哲學史模式，就構成了木村「組織佛教學」詮釋體系的《原始佛教思想論》的類似論述模式，因而木村的《原始佛教思想論》與在他之前主要繼承對象的姊崎著《根本佛教》一書，兩者所以有所不同，就是在法義的論述上，姊崎是根據原始佛教苦、集、滅、道四聖諦來依次論述，木村的《原始佛教思想論》則是採用文德爾班在《哲學史教程》的論述模式。因而，木村雖極大獲益於姊崎《根本佛教》一書的成果，可是卻能展現出自己《原始佛教思想論》獨特論述風貌。

至於文德爾班在其《近代德意志人的精神生活哲學》所探討的類型近代德意志人的哲學不同路線，就成為木村構思《原始佛教思想論》及《阿毘達磨佛教思想論》的書中分類建構的內容，當然不是全然地複製，而是提供了木村構思全書架構的方向。因而，木村的「組織佛教學」終於在其《阿毘達磨佛教思想論》一書，達到最成熟的境界。

目前，在本書新譯本中，從緒論開始的論辯原始佛教思想與阿毘達磨佛教思想之別的學術史檢討，是概括重述木村在其博士論文中的導論成果。然後，按佛、法、僧三者的先後順序，開始展開各種神化佛陀的辯證歷程，接著是各類菩薩的演變狀況，之後開始討論宇宙構成的要素、世界觀、心理論、倫理論、修道論六大主題。至於如何討論，我在本文之前已提過了，此處不再重複。

假如讀者了解以上的學術史溯源，並將其用來理解在戰後出現於臺灣本土的唯一一本關於部派佛教思想的論師與論書巨著——就是釋印順法師於其高徒演培譯出木村《阿毘達磨佛教思想論》的第十年——在台北市出版的《說一切有部的論書與論師之研究》（1967）。將其與木村的這本新譯本相比，兩者至少有四大區別：

一、木村全書很少引述長段的論述內容，並且涉及各類名詞或概念時，一定用現代語言解釋。所以全書論述呈現邏輯清楚的思辨歷程，行文流暢、易懂、知識性廣而精要、現代感與親切感十足交織。

二、木村有討論各種神化佛陀的辯證歷程，然後是各類菩薩的演變狀況，之後開始討論宇宙構成的要素、世界觀、心理論、倫理論、修道論六大主題。反之，印順法師在其《說一切有部的論書與論師之研究》，完全不涉及各種神化佛陀的辯證歷程或菩薩各種化身狀況，而是在其之後出版的《初期大乘的起源與開展》一書，才納入這些主題。至於世界觀、心理論的部分，《說一切有部的論書與論師之研究》也幾乎不涉及。

三、木村的書，是在世界性的佛教研究潮流中，展開自己的第一線體系性論述。印順法師除了幾處引述木村的《阿毘達磨論之研究》的幾條資料之外，最倚重的是他自己的解讀。

四、木村的書容易讀，印順法師的書，除了特別厲害的佛教學者之外，多數讀者讀後，除會一再讚嘆之外，幾乎無從對其有所評論。

所以，在本文的最後，我建議讀者將兩書都找來讀一讀，就知道我以上所說的有無道理。

序言

木村泰賢

《原始佛教思想論》撰述之後，這幾年筆者所念願的是，有關「阿毘達磨佛教思想論」方面的研究，而作為其先驅的作品則是《阿毘達磨論之研究》一書。如今相關準備已大抵完成，故開始著手進行探究阿毘達磨佛教的思想論，此乃撰述此文之所以。

坦白說來，筆者所作的準備猶未充分，猶未臻於完備。南北傳的主要論書雖已納入，但並沒有及於全體，故潛藏於其間的種種問題仍未得以了解。此因此處所說的「阿毘達磨佛教思想」，易言之，其實就是「小乘佛教思想」，故其關聯範圍並非僅局限於特定論書的思想而已，而是擴及一般的佛教思想史，至少與佛陀滅後及至大乘隆盛時期的佛教思想相關聯，從而其研究範圍極為廣泛。而此一題目之探究，最感困難的是，如後文所將述及，原則上小乘各派（通常說為十八部）各自擁有自己的阿毘達磨論書，各依其特有立場提出各自的主張，但留存至今的阿毘達磨論書，只是極少數的部派所擁有，其他大抵都已散佚。從而所呈現的小乘諸派思想，只是經由他派之手所給予的片段傳述，可說是非常不完整的，因此，就筆者意欲以「阿毘達磨思想論」此一題目代表「小乘佛教思想論」之企圖而言，此誠然是相當棘手的問題。雖然如此，但筆者意欲以「阿毘達磨佛教思想論」作為「小乘佛教思想論」之所以，是因於作為筆者研究範圍的阿毘達磨，主要是在宣揚小乘佛教的教理，至少可說是將原始佛教作小乘性論究的代表性聖典，從而此聖典部類的研究，仍可說是小乘佛教之研究。亦即雖然對於某些重要教理見解不同，遂導致小乘佛教分成諸多部派，但種種問題的思考方式與論究法等能彼此共通的，仍不在少數，從而此等遂成為種種阿毘達磨論書中的基礎考察，因此，關乎此方面的研究，仍可說是小乘佛教思想之研究。甚且基於此等而闡明各派的共通思想之外，也必須盡可能揭出彼此的差異，如此才可說是真正的研究法，但闡明其差異的材料不足，因此在論究此一問題時，相信任何人都是頗感困難的。

最後必須說明的是，本書經常觸及極為繁瑣的問題，更且興味索然的，也相當常見。此因所謂的「阿毘達磨論」，可以說在佛教聖典中，是最為繁瑣，且最為枯燥無味。不知從何時開始，教內流傳著「俱舍八年」此一說法。意謂鑽研《俱舍論》，必須費時八年，此固然是因於該書具有阿毘達磨的特有研究法——當然在今日，此乃是極為愚蠢之說——但此一說法，不外於意指為通達之，需費相當時日。內容上較為豐富，且較具趣味的《俱舍論》尚且如此，何況在彼之前的南方六論，以及北方的《發智論》等，可以說全書只是名目之羅列以及極為繁瑣的分類，對於研究者，其苦誠是不堪言之。雖然如此，但若不通過此一關卡，則不具有佛學專家的資格，因此，古來的佛教學者無論如何都必須盡力於此。無庸贅言，筆者不認為自己堪比古德，更且對於阿毘達磨的題目也未能一一涉及，但筆者所冀望的是，能以某種程度的新的組織與觀點進行探究，但題目終歸是題目，繁瑣的論述方法與枯燥無味的問題終究不得不觸及，此乃在此必須預先說明的。

總敘

第一節 ◆ 原始佛教與阿毘達磨佛教的異同

實言之，此一問題之論究，若置於稍後，將較為妥當，但對於不習慣「阿毘達磨佛教」此一名稱的人，一般的概念有必要事先給予，因此在本書開端，擬對此稍作論述。

對於何謂「原始佛教」，學者之間可說是所見互異，但筆者認為若視為是指「佛陀住世時代至佛滅後百年的佛教」，大抵應是妥當的。此一時代的佛教，尚未有分派之舉，可說是教海一味，至少在格式上，是完全承受佛陀本旨，且確實行之。但因欠缺此一方面之史料，故實際上，想要如實了解此一時代的佛教非常困難。號稱其所記載是此一時代之佛教的阿含部與律部聖典——至少就現今所流傳的言之——其實是成立於佛滅數百年後，嚴格說來，仍不能視為第一手史料。此乃是實際的問題，但若僅就格式而論，如前所述，將佛陀滅後百年之前的佛教稱為原始佛教，可以說是妥當的。相對於此，佛滅後百年，隨著分派興起而出現種種不同見解，乃至作為該派指導性教科書的阿毘達磨論書出現以後的佛教，則是所謂的「阿毘達磨佛教」。時間是佛滅後百年，直至佛滅後五、六百年，亦即大乘佛教興盛之前。嚴格說來，阿毘達磨的傾向在佛陀時代既已顯現，更且大乘興起之後，所製作的卓越的阿毘達磨論亦不在少數，但若就格式言之，將前述的四、五百年之間訂為阿毘達磨佛教的時期，至少在研究上能較為便利。

若是如此，前文所說的原始佛教與阿毘達磨佛教之間的思想將如何區分？無庸贅言，嚴格地區分並不容易。此因如前所述，可作為原始佛教研究資料的阿含部聖典，其成立是在佛教教團已具有阿毘達磨式的觀察事物的風潮之後，故此中已具有阿毘達磨的風格，同時，所謂的阿毘達磨論書，含有原始佛教的思想，此固然無庸贅言，而其論究法亦不外於是出自原始佛教，故其分水嶺並不明顯。雖然如此，若依其顯著特質而揭舉兩者的區別，大致是如次所揭。

首先就論究法言之，在原始佛教時代，尤其是佛陀在宣說教法時，其演說方式是寬鬆的，並非相當嚴謹。佛陀的目的不在於為其弟子傳授知識，亦非令彼等死守教條，其所施教誡不外於是以轉迷開悟為目標。無庸贅言，佛陀富含批判的精神，為聽眾說法時，對於事物也曾予以分類、解剖，但未必是給予嚴謹的範疇性的彙整。反之，阿毘達磨的特色——尤其是圓熟的阿毘達磨——是先就各個問題予以分類，一一訂其定義，進而依種種立場揭示彼此的相互關係。對此，覺音（Buddhaghoṣa）所說：

> 經中對於五蘊只作大略說明，其說明並不完全。而阿毘曇是依經分別、論分別、問答分別的方法予以充分說明。十二處、十八界、四諦……亦然。Suttantaṃ hi patvā pañca khandhā ekadesen'eva vibhattā na nippadesena. Abhidhammaṃ patvā pana suttantabhājaniya- abhidhammabhājaniyapañhāpucchakanayānaṃ vasena nippadesato vibhattā. Tathā dvādasāyatanāni aṭṭhārasa dhātuyo cattāri saccni bāvīsatindriyāni dvādasapadiko paccayā_kāro.
>
> （*Atthasālinī*, p.2）

可以說正揭出原始佛教與阿毘達磨佛教論究法上的區別。此中所說的「分別」（vibhaṅga）——若溯其根本，雖出自於佛陀的「分別說」（vibhajja-vāda）——實則此乃是阿毘達磨佛教的最大特徵，依所謂的諸門分別，從種種立場論述諸法性質，幾乎可說是阿毘達磨的主要任務。

第二，若從教理本身（思想內容）探究兩者的區別，對於各個問題此處無暇論及，但若就其最大特徵言之，原始佛教在處理種種問題時，大抵上是基於價值的立場。亦即以吾人的最高理想為標準，依其對於理想之實現有否助益為標準而作判斷，乃是佛陀對於事實所抱持的態度。無庸贅言，佛陀認為吾人的理想需藉由如實認識事實才能實現，故將對於事物的觀察視為是重要修行法，雖然如此，但主要仍以價值為中心，若對於吾人修行沒有直接助益，縱使是當時非常受人重視的問題，佛陀亦棄捨不顧。此乃佛陀對於世界有邊無邊，或身心一異的問題，以無記視之，不予回答之所以。從而為理解原始佛教的真理，縱使其教理在表面上與事實有關，但仍需深入其內在，將此當作理想的問題或修行的問題而作觀察，此乃是筆者屢屢一再之所言及的（例如《原始佛教思想論》[1]八四頁，中譯本四一頁所揭）。若是如此，阿毘達磨佛教則是如何？無庸贅言，阿毘達磨最後也是以理想為其歸著，此無異於原始佛教。尤其於其初期，相較於事實問題，與修行有關的教理論究才是其目的，此也是筆者曾於他處指出的（《阿毘達磨論之研究》[2]第六三～七〇頁，中譯本二九～三三頁）。但在逐漸發展之後，對於事實問題的論究成為重要題目，進而除了提出新的題目予以論究，更將原始佛教中，原是用以幫

1. 編按：中譯本由臺灣商務印書館於二〇一九年一月初版。
2. 編按：中譯本由臺灣商務印書館於二〇一八年二月初版。

助修行的題目，也轉成事實問題而予以論究。例如佛陀曾經如次宣說：

非根莖華香，能逆風而薰。唯有善士女，持戒清淨香。逆順滿諸方，無不普聞知。

（《雜阿卷》三八，大正二，二七八頁下）

但在阿毘達磨中，將此視為是有關「香」本身的問題，用以作為論證「香」是否具有逆風而薰之力的資料（《俱舍論》卷一一，大正二九，六〇頁上，國譯六八七頁）。尤其在《施設足論》（Prajñaptipāda-śāstra）的因施設門第十，對於宇宙萬有何故如此，一一揭出其理。亦即何故山高海廣？何故動物橫行而人類縱行等等，一一予以論述。亦即在圓熟的阿毘達磨論書中，對於佛陀曾斥為無記的問題也予以論述，然其結果是，如前所述，極其繁瑣。從而，此中既有今日看來幾乎是毫無意義的問題，也有相當可笑的答解，但就學問的見地而言，仍有不少值得注意及意義深爾的題目，此當然是無庸贅言。

第三點，原始佛教的根據在於心，更且是從一即一切的緣起立場觀察心，反之，阿毘達磨則是著重事實甚於心。

以上三點是可以用於區別原始佛教與阿毘達磨佛教的三大特徵。雖無法嚴格行之，但大體上，依此進行，所得的結果相信得以接近真相。從而對於材料的處理，大致也是出於此一見地。亦即阿含部與律部的聖典之中，若是屬於依據原始佛教立場的，縱使其含有阿毘達磨，則不予以重視，同時，阿毘達磨論書中，若是屬於無異於經律的，則基於阿毘達磨佛教之立場，亦不予以重視，而是著眼於其作為「論」的特有之點。而位於其中間者，則是屬於原始佛教至阿毘達磨佛教的架橋性產物，若對此予以探究，則原始佛教與阿毘達磨佛教之同異，即完全得以顯示。

第二節 ◆ 各派及其阿毘達磨

相對於經藏與律藏，阿毘達磨之所得以作為三藏之一，擁有獨立的地位，是因於各派的佛教關係依此而呈現。從而阿毘達磨佛教之研究與所謂的部執論，具有不可分離的關係，若作「無部執之知識，絕對無法了解各種阿毘達磨之真意」之說，絕非過言。

在順序上，首先簡單揭出部派的起源與部派名如次。

原始佛教教團內產生分派，大致是在佛滅後百年，對此南北所傳一致。教團分裂的徵候在佛陀時代雖已顯現（例如佛成道後六年的憍賞彌（Kosambī）之爭，三十六年的提婆破和合僧），但仍依佛陀的偉大人格而得以統一，佛陀入滅後初期，長老們的感化力雖弱，至少表面上仍呈現一味和合之形態。但百年過後，感化力日衰，教團的維持只能依存法與律，從而對於法與律的解釋遂具有重要意義，然而隨著佛教於各地擴展，彼此所見當然無法統一，結果因於意見衝突，各地產生分派的現象。關於是因何等問題而產生歧異意見，南北所傳並不相同。依南方所傳，當時佛教甚是興盛的吠舍釐（Vesālī），是跋耆（Vajjī）族的中心地，而跋耆族的獨立性特強。出自此一種族的出家佛弟子對於戒律多少抱持自由之見解，且依其見解行之。長老耶舍（Yasa）認為彼等所行有十條屬於非法，並斥責之，此即所謂的十事非法的問題，為予以糾正，耶舍召集諸多長老於吠舍釐召開會議，此即所謂的吠舍釐會議。

此一事件不僅見於南傳，北傳亦傳此事件，但就南方所傳而言，因於此機緣，遂有第二次結集之召開，當時所結集的聖典，不單只是律藏，而是三藏聖典全部。更且若依《島史》（*Dīpavaṃsa*）所載，此次結集有七百長老參預，但另有為數眾多的比丘另外召開會議，也企圖結集聖典，此即所謂的大結集（mahāsaṃgīti）。因此，分成長老派的上座部（Thera-vādin；Sthavira-vādin）以及大眾派的大眾部（Mahāsaṅghika），此乃是分派之伊始。亦即若依據南方所傳，是因對於戒律意見相左，傳統固執派與自由派之間逐漸意見不合，終致以結集為機緣而公然分派。相對於此，若依據《異部宗輪論》與《多羅那他佛教史》等所載，亦即依據北方所傳，導致分派的場所是摩訶陀，而其原因是有關羅漢的資格與性質。亦即依據北傳，某派認為羅漢是超自然的完全者，反之，另一派認為彼等仍具有一般人的性質，因此兩派產生分裂。其主要的問題是針對五事：

一、為餘所誘（paropāhāra）
二、猶有無知（ajñāna）
三、猶有猶豫（kāṅkṣā）
四、他令悟入（paravitāraṇa）
五、道因聲起（savacībheda）

亦即因於此五事而導致分裂，認為羅漢仍有此五事的是大眾部，而上座部認為持此說者為異端（《大毘婆沙》卷九九，將此說為大天五事，是錯誤的記載。大正，二七，五一〇～五一二頁）。

據此可知，二者所傳之差異在於南傳認為分派的起源是因為戒律，而北傳則認為是法相的問題，實言之，兩方所言都有某種程度的真實。就筆者所見，恐是先有對於戒律的異解，進而又有法相的問題，最後因某種機緣，教界遂產生分裂，如此的解釋相信應較近於事實。此因就五事言之——縱使此非分裂之因——若從南傳的《論事》（*Kathā-vatthu*）指出此乃大眾部之宗義，而北傳也有對於律的問題發生紛擾的傳說，故可判斷應是為了此等情事而導致分派，絕非只是因於單純的事情而已（五事的問題綿亙數代，爾後羅漢論的提出恐是賊住大天所為）。

因此而成立的上座部、大眾部，爾後各自又見分裂，各自分裂出數派。兩者合計分裂為十八部，對此，南北所傳一致。但就筆者所見，「十八」此一數目未必是歷史事實，恐是為配合此一數目而提出的，雖然如此，但有關分派的所有傳說，都以十八作為基本。

若是如此，其分派的過程以及各派的名稱又是如何？對此，有種種傳述，更且依據所傳的差別，其所說未必一致。此因分派的傳說，其成立雖以歷史的事實作為背景，然其主要目的在於闡明自己的地位，並且是高於他者的地位，因此各派所傳多少有所差別。今試揭數例如次：

首先就《異部宗輪論》見之。此乃說一切有部所傳，從而是依說一切有部之見地述說各派，故不能完全採信，雖然如此，但有關分派的年代與各派的教理，據此大致可以得知，因此在此一問題上，是最為重要的史料。據該論所述，佛滅後百年，有兩派分裂，進而在二百年間，大眾部分裂成八派，其次從三百年初至四百年初，上座部分裂出十派，總計為十八部，本末合計為二十部。此如下頁圖表所示。

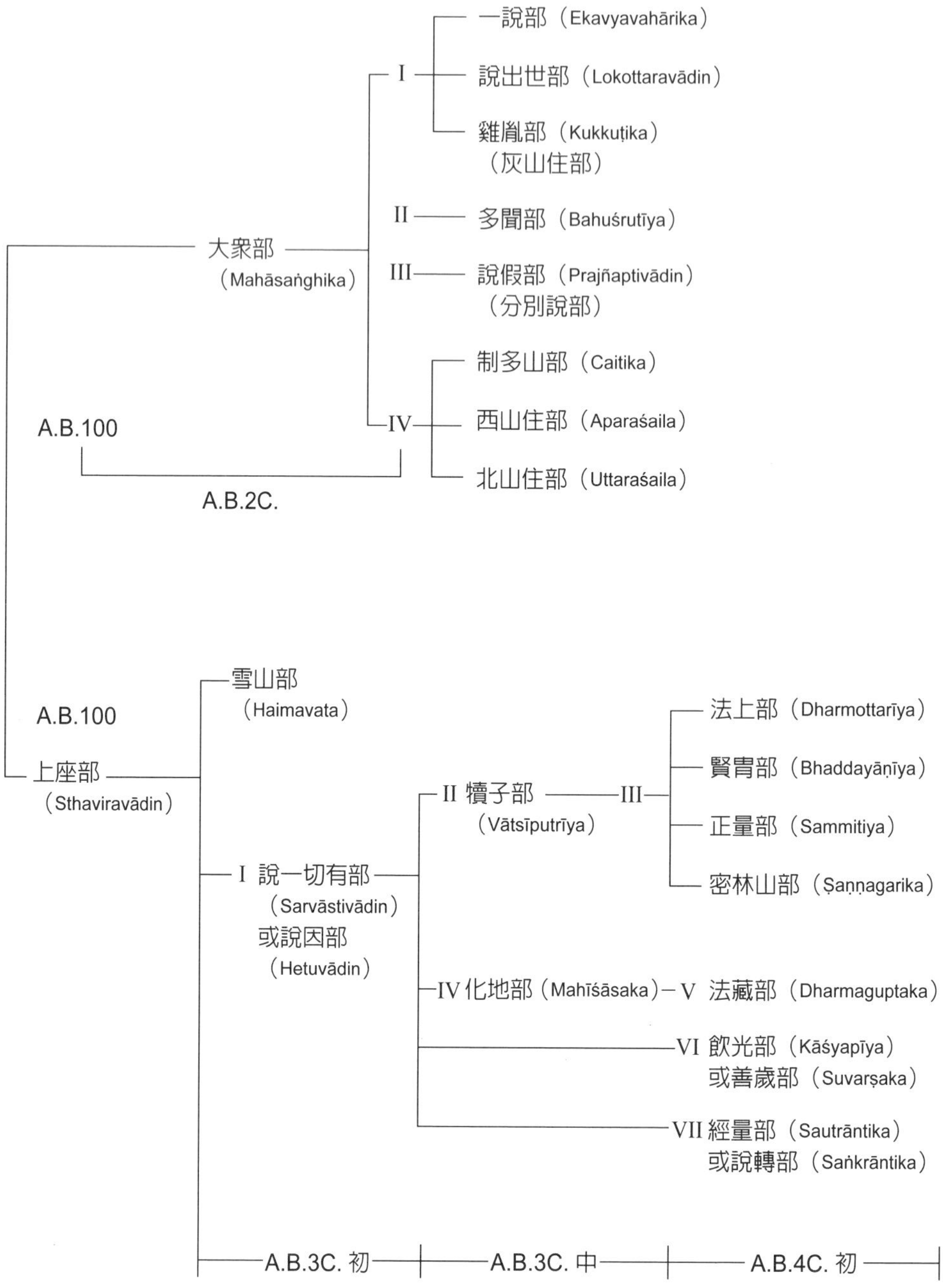
一說部（Ekavyavahārika）
I
說出世部（Lokottaravādin）
雞胤部（Kukkuṭika）
（灰山住部）
II
多聞部（Bahuśrutīya）
大衆部
（Mahāsaṅghika）
III
說假部（Prajñaptivādin）
（分別說部）
制多山部（Caitika）
A.B.100
IV
西山住部（Aparaśaila）
北山住部（Uttaraśaila）
A.B.2C.
雪山部
（Haimavata）
A.B.100
法上部（Dharmottarīya）
上座部
（Sthaviravādin）
賢胄部（Bhaddayāṇīya）
II 犢子部
III
（Vātsīputrīya）
正量部（Sammitiya）
I 說一切有部
密林山部（Ṣaṇṇagarika）
（Sarvāstivādin）
或說因部
（Hetuvādin）
IV 化地部（Mahīśāsaka）
V 法藏部（Dharmaguptaka）
VI 飲光部（Kāśyapīya）
或善歲部（Suvarṣaka）
VII 經量部（Sautrāntika）
或說轉部（Saṅkrāntika）
A.B.3C. 初
A.B.3C. 中
A.B.4C. 初

相對於有部所傳，同樣具有重要意義的是，南傳錫蘭（Ceylon）島所傳的有關分派的傳說[3]。此乃錫蘭島的上座部（Thera-vādin）所傳，雖無年代等的詳細傳說，但若依據《島史》所述，則如四二頁圖表所示。

依據南方所傳，前述的十八部之外，另有六派，此即①雪山部（Hemavatika），以及案達羅派（Andhaka）所出的②王山部（Rājagirika）、③義成部（Siddhatthika）、④東山部（Pubbaselika）、⑤西山部（Aparaselika）等四派，再加上⑥西王山部（Aparārājagirika）〔依據《大事》（一一～一二頁）所載，Aparārājagirika 又稱 Vājiya 或 Vājirika〕。如是，關於分派的系統，有此南北二方所傳，但除此之外，若依據多羅那他（Tāranātha）所述，又有大眾部所傳、正量部所傳、義淨所傳，以及巴瓦亞（Bhavya）所傳。若將此等互作比較，其中固然有一致的，但在名稱與順序上，其差異頗巨，何者所傳才是真正的歷史事實？其探究相當困難。對於此等的詳細報告，筆者曾與干潟龍祥共同發表〈結集史分派史考〉（《國譯大藏經・論部《異部宗輪論》附錄》）一文，有興趣者可以一讀，今為令讀

3. 參照覺音為《論事註》一書所作序文以及《大事》（一一～一二頁）、《島史》（五四頁）等。
分派之相關參考書：
《異部宗輪論》世友作、唐玄奘譯；《部執異論》世友作、真諦譯；《十八部論》世友作、姚秦時譯，以上收錄《國譯大藏經・論部卷十三》。
Kathāvatthu, P. T. S. 2 volumes
Points of Controversy, by Aung and Mrs. Rhys Davids: London 1915
Kern's *Buddhismus*, Vol. II. p.551～
Dīpavaṃsa, P. T. S. Translation by H. Oldenberg
Mahāvaṃsa, P. T. S.English tr. By Geiger, p. 1
Tāranātha's Geschichte des Buddhismus in Indien（S. 227）, üb. Von A. Schiefner, St. Petersburg 1869. Rockhill: *Life of The Buddha*, Chapter VI.

- 上座部（Thera-vādin）
  - 跋闍子部（Vajjiputtaka）（北傳犢子部）
    - 正量部（Sammitiya）
    - 密林山部（Chandagārika）（六城部）（Ṣaṇṇagarika）
    - 賢乘部（Bhaddayānika）
    - 法上部（Dhammuttarika）
  - 化地部（Mahiṃsāsaka）
    - 法藏部（Dhammaguttika）
    - 一切有部（Sabbatthivādin）
      - 迦葉部（Kassapika）（飲光部）
        - 說轉部（Saṅkāntika）
        - 經量部（Suttavādin）

- 大衆部（Mahāsaṅghika）
  - 制多山部（Cetiya）
  - 一說部（Ekavyohārika）
  - 牛宗部（Gokulika）（雞胤部或灰山住部）
    - 說假部（Paññattivāda）
    - 多聞部（Bahussutaka）

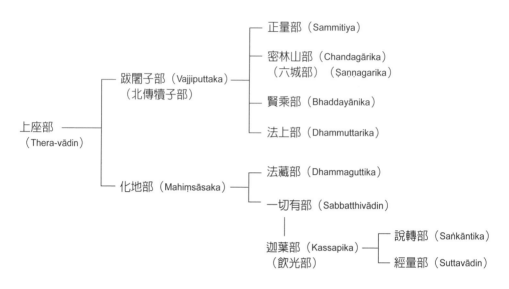

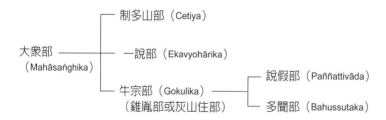

者略知部派名稱與所傳有數種，僅揭此二傳。後文若有必要，將依此論之。

諸派的主張，此處當然無暇一一揭舉。但就本書的撰寫計畫而言，爾後在論述各種問題之際，若有必要，需予以論評，因此雖無必要，但基於某種程度的便利，茲概括性的揭出大眾部系、上座部系的主要特徵如次。

總而言之，上座部當然是保守性的，大眾部系諸派則屬於較為進步的。前者對於任何事項，皆以傳承為重，以傳承作為論究方針，相對於此，後者則將理想置於首要，其論究方針在於縱使是傳承也要合乎理想。無庸贅言，嚴格說來，前者雖然在多方面皆出自於傳承，然其支派中，受大眾部影響的情況仍可見之，而後者，亦即大眾部，縱使只是盡其可能的隨從傳承，但其中的某些部派，例如多聞部，就有上座部化的現象，故無法一概而論，雖然如此，大體上仍可作前述的區分。進而就以此為主而處理的問題性質見之，兩派皆以苦集滅道的四諦作為根本教條，此固然無庸贅言，但在觀點的處理上，兩派之間多少還是有所差別。上座部系諸派主要在於闡明苦集的問題，亦即以闡明現實界之成立作為到達解脫的準備，反之，大眾部則是著重於滅道，意欲構成適合趣入滅道的世界觀。此徵於適合解釋輪迴問題的理論，主要是由上座部系所開展，而有助於促進解脫的修行理論（例如心性本淨觀，或空的世界觀）則是大眾部系諸派所主張，得以知之。因此，前揭的態度乃至傾向，在種種問題的處理上，呈現值得予以注意的對照，此乃是吾人必須切記莫忘的特徵。

若是如此，諸派與阿毘達磨論書的關係又是如何？原則上，各派各自傳持其特有的三藏聖典。此因經與律原是各派共同傳持，但既已分裂，故所傳持當然有所不同，此徵於今日所傳之律有種種，以及見於諸論的某一經句可見於某派經典，但某派的經典卻不得見之，可以知之，尤其論典既然是代表該派佛教觀的聖典，當然各派必然有其特有的阿毘達磨。但實際言之，部派之中，既有不以論典為重的經量部（或稱經部），又有只是因於極細微差異而告分裂，從而不具有特有三藏乃至論部的部派，雖然如此，但原則上，至少可以認為各派都有其特有論部。當然此僅僅是原則，實際上就今日而言，三藏聖典具備的部派僅只是南方所傳的上座部，從而各派的阿毘達磨，二、三種除外，其他早已不傳。而此中固然有自初既已不擁有論典的部派，但因於學派衰微而絕滅的部派其數也不少。此乃最為遺憾之事，故有關諸派教理方面的，今日僅能依據北傳《宗輪論》以及南傳《論事》中的片段介紹與批評，暫窺其片鱗。

若是如此，今日猶存的阿毘達磨論書又是如何？此中，最為完整的是南方上座部以及北方的說一切有部。今試揭其重要者如次。

作為三藏之一，作為某種意味的佛說而傳承的論部，就南方而言，有所謂的七論：

一、《法集論》（*Dhamma-saṅgaṇi*）P. T. S.（*A Buddhist Manual of Psychological Ethics*, tr. by Mrs. Rhys Davids; London 1900）

二、《分別論》（*Vibhaṅga*）P. T. S.

三、《界論》（*Dhātu-kathā*）P. T. S.

四、《人施設論》（*Puggala-paññatti*）P. T. S.（*Das Buch der Charaktere*, übersetzt von Nyāṇatiloka, Breslau 1910）

五、《品類論》（*Paṭṭhānapakaraṇa*）P. T. S.

六、《雙論》（*Yamaka*）P. T. S.

七、《論事》（*Kathā-vatthu*）2 volumes P. T. S.（*Points of Controversy*, tr. by Aung and Mrs. Rhys Davids）

依據覺音所述，佛陀成道後，先是在菩提樹下思惟，之後上三十三天所說之法，即是此中的前六論，故正是佛之所說（*Atthasālinī*, p. 4~6），第七論是佛滅後二百餘年，目乾連子帝須（Moggali putta Tissa）所造，基於此乃依佛懸記所造，故也可視為佛之所說。當然此並非得以相信的歷史事實，但南傳佛教將論典視為佛說，甚是尊重，徵於此一傳說即可知之。

前述七論之外，南傳佛教又有可稱為綱要書的論部，其中最有名的是，五世紀覺音所造的《清淨道論》（*Visuddhi-magga* 2. Vols P. T. S.），以及八世紀至十二世紀之間，阿耨樓陀（Anuruddha）所造的《攝阿毘達磨義論》（*Abhidhammattha-saṅgaha*，英譯 *Compendium of Philosophy*, tr. by Aung and Mrs. Rhys, Davids, London 1910）等。

其次，就北方所傳見之，所謂的小乘論部雖譯出不少，但大都屬於說一切有部，可視為他部所屬的，僅只如次二部：

《三彌底部論》三卷，失譯（大正，三二），正量部所屬。

《舍利弗阿毘曇論》三十卷，姚秦曇摩耶舍、曇摩堀多等所譯（大正，二八），屬犢子部或正量部。

其他的一般論典，或是所屬不明，或是說一切有部所屬。諸派之中，說一切有部最為重視論部，在《大毘婆沙論》中，直接將有部論師稱為阿毘達磨論師，從而此派輩出眾多論書。此中《發智論》

與《大毘婆沙論》最具意義，以此為中心而成的所謂「六足論」，正是有部論部之主體。

《集異門足論》（*Saṃgīti-paryāya*）二十卷，舍利子（Śāriputra）所說，或云摩訶拘絺羅（Mahākauṣṭhila）所造，唐玄奘譯。[4]

《法蘊足論》（*Dharma-skandha*）十二卷，大目乾連（Mahāmaudgalyāyana）所造，或云聖舍利弗所作，唐玄奘譯。

《施設足論》（*Prajñapti*），大迦多衍那（Mahākātyāyana）所造，或云目乾連所作（宋法護與惟淨譯出其中的一部分，此即七卷的《施設論》）。藏譯本分為三部門。詳見拙著《阿毘達磨論之研究》第三篇。

《識身足論》（*Vijñāna-kāya*）十六卷，提婆設摩（Devaśarman）所造，唐玄奘譯。

《界身足論》（*Dhātu-kāya*）三卷，世友（Vasumitra）所造，或云富蘭那（Pūrṇa）所作，唐玄奘譯。

《品類足論》（*Prakaraṇa*）十八卷，世友所造，唐玄奘譯（舊譯的《眾事分阿毘曇論》十二卷，求那跋陀羅與菩提耶舍共譯）。

《發智論》（*Jñāna-prasthāna*）二十卷，迦多衍尼子（Kātyāyanīputra）所造，唐玄奘譯（舊譯的《阿毘曇八犍度論》三十卷，符秦僧伽提婆與竺佛念共譯）。

以上七論即是所謂的「發智六足論」，是說一切有部的本論。此中《發智論》堪稱是迦多衍尼子的一代力作，因於此論，有部遂俄然大為進展，故在有部甚受重視。爾後以此《發智論》為中心，以前文所揭六足，尤其是意欲以《品類》與《施設》二論補解《發智》，而大成有部教理的，是在迦濕彌羅國（Kaśmīra）編輯的《大毘婆沙論》（*Mahāvibhāṣā-śāstra*）二百卷，唐玄奘譯（舊譯的《阿毘曇毘婆沙論》六十卷，北涼浮陀跋摩與道泰共譯）。

關於此論其成立經過的考證，請參見筆者所撰《阿毘達磨論之研究》第四篇。

因於此《大毘婆沙論》，有部的教理遂得以集大成，但全書過於繁瑣，初學者不堪負荷，故又有基於此論而撰的有部綱要書問世，現今所見的是法勝（Dharmaśreṣṭhin）《阿毘曇心論》（*Abhi dharma-hṛdaya-śāstra*），以及註釋法勝此論的優波扇多（Upaśānta）的《阿毘曇心論經》（*Abhi-dharma-hṛdaya-śāstra-sūtra*）、法救（Dharmatrāta）的《雜阿毘曇心論》（*Saṃyuktābhidharma-hṛdaya-śāstra*）。最後將法救的《雜心論》予以整理擴大，且依同情經量部的立場而撰作的《大毘婆沙論》綱要書，是西元第五世紀的世親所撰的《阿毘達磨俱舍論》（*Abhidharma-kośa-śāstra*）三十卷，唐玄奘譯（舊譯的《阿毘達磨俱舍釋論》二十二卷，陳真諦譯）。

因於此論，有部遂擁有最為卓越的教科書，但由於撰者是立於同情經量部的立場，因此以《俱舍論》為基礎，但意在訂正其非的是，世親的同輩眾賢（Saṃghabhadra）所撰的《阿毘達磨順正理論》（*Abhidharma-nyāyānusāra-śāstra*，八十卷，唐玄奘譯）以及《阿毘達磨顯宗論》（*Abhidharma-samaya-pradīpikā*，四十卷，唐玄奘譯）。此外，又有與有部相關的諸多論書（例如悟入的《入阿毘達磨論》二卷等）現存，唯恐過於繁瑣，暫且略過，但最後擬揭出應予以注意的數部小乘論典——真諦所譯的，是《佛說立世阿毘曇論》十卷。

此論述及世界之形狀及其狀態，恐是脫化自漢譯《長阿含》（又稱長部，*Dīgha-nikāya*）的《起世

4. 所揭的「或云」，是依據稱友《俱舍論註》所載。（Lévi and Stcherbatsky : *Abhidharmakośavyākhyā by Yaśomitra*, p. 12）

經》。雖不確定是何派所屬，但多少具有有部氛圍。遺憾的是，大眾部所屬論典，一部亦不得見〔經典中的《大事》（*Mahāvastu*），據說是大眾部所傳〕，但所述可視為近似大眾部的一書，是訶梨跋摩（Harivarman）所撰的《成實論》（*Satyasiddhi-śāstra*，十六卷，姚秦鳩摩羅什譯）。

無可懷疑的，此論之撰述早於世親百年（一般將訶梨跋摩的年代訂於佛滅八百年），相傳訶梨跋摩認為有部所論過於繁瑣且有實在論的傾向，故有此論之撰述，主要是提出「空」的主張。

最後與南傳的論部有關係而應予以注意的是，優波底沙（Upatissa）所作的《解脫道論》（十二卷，梁僧伽婆羅譯）。全書所說以實踐為主要，理論方面並不多，依據長井真琴博士所考證，此論與南傳的《清淨道論》屬於同一形態，故應予以注意。

第三節 ◆ 阿毘達磨論書的起源與發展

如前節所述，圓熟的阿毘達磨論書是伴隨部派的產生而出現，雖是如此，然其起源未必僅與部派有關。此因阿毘達磨（亦即對法）的目的在於彙整法義，更且予以分類、定義、解釋與分別，因此，如此的研究法未必需待部派興起才得以產生。在嘗試進行如此的研究法時，自然出現不同意見，才是部派興起的原因。因此部派的問題姑且置之，今且依論書之立場，簡單述說其發展過程（詳見《阿毘達磨論之研究》第一篇）。

一、阿毘達磨的起源

阿毘達磨的論究法，就其傾向言之，既已見於佛陀的說法之中。佛陀的說法是從容不迫的，而非福音式的，是就種種事項予以分類且予以分別（vibhajati）的說示。亦即作為分類與分別的阿毘達磨論究法之根柢的態度，佛陀本已具有。就此而言，可以說阿毘達磨的起源是出自佛陀。但佛陀是否曾以「阿毘達磨」之名義，嘗試作一般說法以外的論究？就筆者所見，此應是不存在的。以阿毘達磨論（Abhidhamma-kathā）之名義而論述種種問題的，應是佛弟子，佛陀雖予以獎勵，但佛陀本身並不為之。此因阿毘達磨（亦即對法），爾後其語義雖被解釋成「對於理法之法」（關於阿毘達磨字義的解釋，請參見下一節），但初始只是有關法義（亦即佛陀說法）的研究，就其本身而言，是以佛陀的說法作為材料，可說是第二次的。從而初始的所謂的阿毘達磨論，主要是經典之附屬，並不具有與經律並立的獨立地位。亦即若與基督教的聖書相比擬，經與律若是福音書，則阿毘達磨正相當於神學。此如同約翰（John）雖已有神學的傾向，但到了保羅（Paul），才形成一種神學書，雖然如此，但真正的所謂神學，應是由後世的神父等所成立的，佛教的阿毘達磨亦復如是。此乃第一結集（佛滅當年所行）的傳說中，僅有經（Sutta）與律（Vinaya）之誦者，但並無關於結集阿毘達磨之所以。

二、阿毘達磨論書發展之過程

若是如此，阿毘達磨論書是經由何等過程而發展成今日所見？基於方便處理，筆者認為將此分成四期而作觀察應較為妥當。

第一期，採取契經之形態。亦即論與經並無區分，分類、分別與解釋兼具的論究法，仍是以契經的形態表現。就現今所傳的阿含部聖典見之，如前所述，此等聖典的出現，是在教團學風相當阿毘達磨化之後，因此，其中具有阿毘達磨的內容與編輯法的典籍其數不少。例如《增一阿含》（又稱增支部，*Aṅguttara-nikāya*）的編輯法，如《雜阿含》（又稱相應部，*Saṃyutta-nikāya*），乃至漢譯《長阿含》的《世記經》等，以及南傳的《中部》的《分別品》（*Vibhaṅga-vagga, M. N.* no. 135~142）。

更就內容方面見之，現今所傳契經中，可視為初期阿毘達磨的，其數眾多，此處無法一一予以列舉，但其中例如《長部》所攝的《眾集經》（*Saṅgīti-suttanta, D.N.* no. 33）、《中部》所攝的《毘陀羅大經》（*Mahāvedalla-sutta, M. N.* no. 43）、《毘陀羅小經》（*Cūlavedalla-sutta, M. N.* no. 44），都是極為明顯。成立於佛陀住世時代至滅後百年之間的佛弟子的阿毘達磨論究，其中的一部分作為教義問答（Katechismus），雖只是個人的流傳，但其中的優秀論究，則借託是佛陀或其直傳弟子所說之法，被當作契經看待。在第二結集時（佛滅後百年），依據南方所傳，已有六阿毘曇存在，當然此只是誤傳，但依筆者所見，若確實有第二結集，則此等部類的聖典應攝於九分教中的《授記經》（*Vey-ākaraṇa*）中。對此，覺音已作過暗示（*Atthasālinī*, pp. 27~28），筆者相信九分教之分類較早於三藏之分類，因此，確信此為事實。

第二期，作為經典之解釋的論書。如是，初期的阿毘達磨逐漸發展，最後終於以非契經的形態出現，此為第二期。就其特色言之，雖仍以經典所說為背景，換言之，雖只是經典所說的、定義的、分類的、分別的解釋，純然的阿毘達磨論書特有的論究法尚未發揮，但已明顯含有經典所無的論究法與解釋。亦即可說具有從契經到獨立論書的架橋性的體裁。就南方聖典而言，如其《小部》（又稱小阿含，

Khuddaka）所收的《無礙道論》（*Paṭisambhidāmagga*）、《大義釋》（*Mahā-niddesa*）、《小義釋》（*Cūḷa-niddesa*），雖尚未得以稱為「論」，但已具有論的性質，雖是經藏所攝，但在四阿含以外，故攝之於堪稱「雜部」的《小部》之中，頗能表現其地位。就漢譯言之，《法蘊足論》、《集異門足論》皆屬此類。此等雖是有部所屬論書，是獨立之論書，然其性質仍屬不具特別主張的契經所屬。應予以注意的是，此種述作因其性質所致，故難以傳持。當阿毘達磨論書得以獨立發展時，此種述作多已被改造，被用於作為論書之雛形，故留存於今日的相當少。例如《無礙道論》，又如《義釋》（*Niddesa*），乃至《法蘊足論》、《集異門足論》等，只是較相近的，此當切記莫忘。其年代雖不是很清楚，但大致應在佛滅後百年前後，部派思想甚為濃厚之前的時期，大體上是以此形態表現。

第三期，已獨立成為論典，亦即已脫離經典，擁有獨立的地位。亦即就體裁而言，其論究法的特徵是，相較於經句，更重視的是常見於各經的題目，且予以綿密的分類，依種種標準分別其性質；就內容言之，其特徵是對於與事實問題有關事項逐漸注意，更且其中含蘊一種特有的主張。此正是伴隨部派產生而出現的阿毘達磨，相對於經律，阿毘達磨擁有獨立的地位，正是在此時期。其年代恐是佛滅後一百五十年前後，前期的論書逐漸被擴展與彙整，乃至部派思想化，因而具有完整形態。其整然完成應是在第三結集（佛滅後二百餘年）的時代，但真正發揮其意義則還要更晚，而西元前後是其頂點。南傳的七論以及有部諸論，乃至《舍利弗阿毘曇論》等皆屬此類。

第四期，要綱論的時代。諸派大致已告成立，代表該派、具有指導的精神的阿毘達磨論書雖都已完成，但為令學習者容易學習而撰出一類論書。此即先前所揭舉的《清淨道論》、《攝阿毘達磨義論》、《入阿毘達磨論》（悟入），法勝系的《毘曇》（法勝—優波扇多—法救）、《俱舍論》（世親）等，皆是因此而出現的。其時期大致是西元後二、三世紀，亦即小乘諸派大抵都已成立的時期。

三、阿毘達磨論書對於問題的處理方式

最後簡單略述種種阿毘達磨論書對於問題的處理方式之變遷。此因在統一研究各種阿毘達磨論書之際，有必要對照其種種特徵，了解其發展過程。

首先就對於經典的處理方式而言，如前所述，阿毘達磨初始是完全附屬於經典，從而相對於阿毘達磨，經典具有絕對的權威。但必須注意的是，阿毘達磨的任務未必只是就一一經句予以解釋，其中更為前進的是以闡明經句中所潛藏的思想為其要務。從而隨著阿毘達磨的論究法推進，遂產生以全體之理批判各別經說之風氣，不受各別經說之所支配，自是當然。此乃《大毘婆沙論》（卷五十一）將只執著經文，全無達觀之明者，斥為著文沙門之所以。隨著如此氣運推進，縱使不是在表面上，但暗地裡已產生意欲以阿毘達磨支配經典的風氣，此即諸派之中，出現以阿毘達磨為中心的部派之所以。如說一切有部即是其中一派——此中，也有作為其反對派，強調以經典為標準的經量部——，若依據真諦《部執異論疏》所載，雞胤部（灰山住部）主張經律只是方便說而已，真正的第一義諦是在阿毘達磨之中。就此而言，主張應從經典之中探尋佛陀真意的圓熟的阿毘達磨，其態度可說是稍稍近似大乘。經典之外，阿毘達磨之研究具有價值之所以，其因在此。實言之，阿毘達磨得以開展出經典所不得見的教理，不外於是此一態度所導致。

其次就論書題目的性質變遷見之，如前所述，相對於契經，阿毘達磨的特色是將契經中作為價值而述說的題目，轉換為事實問題。但此僅只見於圓熟的阿毘達磨論書，就種種修行問題予以分類處理，

仍是初期阿毘達磨論的主要題目。此依筆者先前作為初期論書而揭舉的《清淨道論》與《法蘊足論》等所載即可知之，其所揭種種題目大抵與修行的德目有關。最早將阿毘達磨（五法論）傳於中國的安世高是專注於禪的修行者。但當阿毘達磨論書逐漸圓熟時，觀點有所改變，產生先詳述事實的世界與人生，其後才是論述修行問題的風氣，最後此事實問題之論究終於成為阿毘達磨的主要目的。此從圓熟的阿毘達磨論書的組織看來，即得以知之。對於修行問題，阿毘達磨論師並非輕視，但只要是基於「為確立吾人的理想，首先必須正視此客觀之事實」的佛陀以來的觀察法，自然將發展至於此境。而阿毘達磨論書所以含有佛教科學哲學之部門，其因也在於此。

其次將依問題分擔的範圍探其新古之不同。在極為初期之時，就某種特殊的問題，例如禪定或智慧等題目予以論究的是阿毘達磨論。更進一步逐漸的彙整各個題目，予以系統化的是其任務，此即所謂的第二期的論書——以修行問題為主。但當逐漸探索至事實的問題時，至少初始涉及全體有所困難，故大都僅觸及部分的問題。同一學派擁有種種論書之所以，實因於一切事物無法盡納於一書之中。至少因於觀點以及對於問題的重視程度，遂導致多少有所差別的種種論書陸續問世，亦即此乃同一部派有數種論書流傳之所以。但在修學上，此極其不便，至少初學者頗為此所苦，因此遂出現簡單且能概要囊括所有問題的綱要書。亦即初始只是部分的論究，其次是全體的，進而對於問題的論究只是部分的論究，其次又予以總合，就其全體而論之。此即是阿毘達磨論書對於問題的分擔的大致變遷，當然並非所有論書都依此方式，但大體上，認為是依此路徑而進入綱要書時代，應無大礙。

牢記以上三點而探究論書時，在訂定其新古標準時將極為便利，故於此特別申明之。

第四節 ◆ 阿毘達磨的名義

對於阿毘達磨，以上已略作論述，但以上所述之外，另有需要再作說明的，此即有關阿毘達磨的字義。此因「達磨」（dharma），亦即所謂的「法」，此未必是佛教特有的術語，但「阿毘達磨」，卻是佛教獨有之術語，更且對於此語的解釋，古來頗有異論。就筆者所知，對於阿毘達磨的字義提出諸說的，南傳方面有五世紀的覺音，北傳方面有《大毘婆沙論》，今試揭其主要解釋如次。

首先就覺音所說見之，覺音在《法集論》之註疏《殊勝義論》（*Attha-sālinī*, p. 2）中，為阿毘達磨下如次定義：勝法（dhammātireka）、特殊法（dhammavisesaṭṭha），尤其在《吉祥悅意》（*Sumaṅgala-vilāsinī*，亦即長部的註疏）中，引用與 abhidhamma 之解釋有關的頌文，其所引頌文如次所示：

> 法若是增盛的，有特色，應予以尊重的，是被詳說且是最上的，即名爲阿毘達磨。
>
> Yaṃ ettha vuddhimanto salakkhaṇā pūjitā paricchinnā
>
> Vuttādhikā ca dhammā Abhidhammo tena akkhāto.
>
> （*Sumaṅgala-vilāsinī*, p.18）

亦即因於 abhi 有增盛、特殊、尊重、詳說、最上等義，故將具有此等特色的法，名為阿毘達磨，因此，可以說阿毘達磨的字義是指內容上是殊勝的，而方法論上是詳說的。如此的解釋未必是覺音自創，而是古來傳承之集成，故南方系的論部學者的正統解釋大抵都以此為據。

進而就北方所傳，亦即《婆沙論》所載見之，此中有種種的解釋，但若就義理而言，所謂的阿毘達磨，主要是：

於諸法相能善抉擇，能極抉擇，故名阿毘達磨。（《大毘婆沙論》卷一，大正二七，四頁上）

但若依字義而言，法密部曰：

此法增上故，名阿毘達磨。

化地部曰：

慧能照法故，名阿毘達磨。

此因 abhi 有照觀之義，進而譬喻師（經部）將阿毘達磨說為是次於涅槃的最上之法，此外，佛護謂「阿毘」是顯「現前」之助辭，能令善法現前，故曰阿毘達磨；覺天謂「阿毘」為增上義，故增上法名阿毘達磨；左受認為是應受恭敬之法，故名阿毘達磨（《大毘婆沙論》卷一，大正二七，四頁）。大抵上，是將「阿毘」視為殊勝，此與覺音所介紹的南方論師的解釋頗為一致，此應予以注意。從而中國的舊譯家將阿毘達磨譯為「無比法」，未必是機械性的將 a 譯為無，將 bhi 音譯為比，而是取其最上或殊勝之意而譯。依據《大毘婆沙論》所載，聲論者（亦即文法學者）在解釋阿毘達磨時，是將 a

視為除棄義，bhi 為抉擇義，是能除棄抉擇之法，故名阿毘達磨，此雖略嫌牽強，但未必無作如此解釋之餘地（《婆沙》卷一，大正二七，四頁中）。雖然如此，但若從其性質言之，阿毘達磨的起源是對於佛陀所說教法予以詳說、分別、抉擇，故將其態度或任務除外，僅就其內容而譯為無比法、增上法或殊勝法等，則不能說是妥當的。阿毘達磨的主要任務既然在於其研究態度，因此在解釋 abhi 時，其意也應包含在內。企圖作出此譯的翻譯者是真諦以及玄奘等。將阿毘達磨直接譯為對法，相較於文字，筆者認為在義理上是較為妥當的。

以上是以字義為主，旁及任務中有關阿毘達磨的解釋，其次將更進一步稍就其任務[5]方面，探究阿毘達磨的性質與本質。

如一再所述及，阿毘達磨的任務是有關佛陀的教法。從而只要是解釋教法的，無論是知識或是典籍，皆屬阿毘達磨。更進一步言之，佛陀的教法並非佛陀所創，而是對於法性（dhammatā）的自然存在，佛陀如實的認識之，且為吾人宣說之。從而若將此轉換成阿毘達磨的任務，則所謂的「對法」，並不只是對於教法，而是指對於理法，亦即對於理法的[6]研究，正是阿毘達磨的任務。當然所謂的理法的研究，仍是專指經由佛陀教法的理法研究，因此若將今日所說的物理的理法或化學的理法稱為阿毘達磨，顯然稍嫌過分。但佛陀教法的主眼既然與轉迷開悟有關，則廣義上，如此的理法仍可視為是阿毘達磨之題目。如先前所述，對於佛所不說的種種問題，阿毘達磨也予以觸及之所以，不外於是此義之擴充。如是，阿毘達磨先是以經典為所依，但當逐漸發展開來，最後形成以論支配經，在解釋某一經句時是以理法為先，文句居第二，若不合理法，則以不了義經（neyārtha-sūtra）稱之，不予以採用的理由，實在於此。就此而言，佛教阿毘達磨若與基督教的聖典相比擬，可以說相當於其神學，神學原出自於《聖經》，然其較進步的，卻以神學支配《聖經》文句，兩者的情形如出一轍。

如是，對法一轉而成以理法之研究為主。若是如此，何者是其最後目的？無庸贅言，當然是據此而開發真智，亦即打破無始以來的迷妄而到達解脫涅槃。此因依據佛陀所述，吾人無始以來輪迴三界之所以，是令吾等無法如實看破法之真相的無明使然，因此，依據理法的研究而如實見其真相，正是解脫之正因。從而就此而言，阿毘達磨的本質是真智，亦即無漏智，理法的研究只是到達此目的的手段，可以說此乃是第二次的阿毘達磨。《大毘婆沙論》為揭示此義，而有如次的論述：阿毘達磨的自性是無漏慧根，為依存之，或令彼生起的聞、思、修等慧，可以說是第二次的阿毘達磨，為令此智慧生起的諸論，可說是第三次的阿毘達磨（原文較長，故摘錄之（《婆沙論》卷一，大正二七，二頁下至四頁上））。對此，簡單以偈頌表現的是《俱舍論》偈云：

5.《識身足論》開卷第一的偈頌是了解阿毘達磨之任務或性質的絕佳資料之一，故揭之如次，以作參考。

稽首大覺覺中王，覺王所供三界日。解脫妙法智所歸，智者所依諸聖眾。
阿毘達磨海難渡，佛口池流千聖飲。於境巨溟能善決，故我至誠今頂禮。
朗日不舉照人間，稠林昏翳孰能遣。若無阿毘達磨論，智所知冥誰殄滅。
阿毘達磨正法燈，心中淨眼智根本。所知林日邪論劍，開士威力如來藏。
三界照明慧眼道，一切法燈佛語海。能發勝慧破諸疑，是諸聖賢法衢路。
智者慧水大陂池，求智勇銳勝基本。了此勝法至聰明，悟斯聖教眞佛子。

（《識身足論》卷一，大正二六，五三一頁上）

6.最明白揭示阿毘達磨的問題，因而逐漸成為理法中心主義的，是如次一文：

於三藏中多諸異論，但人多喜起諍論起者，所謂二世有二世無，一切有一切無，中陰有中陰無。四諦次第得一時得，聖者有退無退，使與心相應心不相應，心性本淨性本不淨，已受報業或有或無，佛在僧數不在僧數，有人無人。

（《成實論》卷二，十論初有相品第一九，大正三二，二五三頁下）

淨慧（prajñā-amalā）隨行（anucara）名對法，及能得此諸慧論。

（《俱舍》卷一，大正二九，一頁中）

可以說將前揭《婆沙》之文意，簡單的予以提示。

如是，阿毘達磨的意義逐漸深化，正是佛教諸派出現以阿毘達磨為中心主義的部派之所以。如此的神學中心主義的佛教果真得以代表佛陀精神？此當然是值得深思的問題，但無論如何，佛教在學問上所以擁有龐大功績，阿毘達磨所貢獻之力，相信任何人都不可磨滅。

第五節 ◆ 研究阿毘達磨佛教的意義與現狀

阿毘達磨佛教的研究不僅困難，且其思想的效果亦難以呈現。此因如前所述，阿毘達磨佛教的特徵，主要在於其論究法，而其論究法極為繁瑣，更且對於今日的吾人看來顯然在毫無用處之處，著力太多。堪稱代表性的論部，此弊尤甚，南傳的六阿毘達磨為首，乃至北傳的《發智論》，就某種意義而言，在思想上極其枯燥無味。相較於以契經為基礎的原始佛教之研究，阿毘達磨佛教的研究不振的主要原因在此。

但從佛教教學的立場言之，在種種方面上，阿毘達磨佛教扮演重要的角色，若說不學習之，對於佛教將無法理解，絕非過言。此因阿毘達磨佛教相對於契經佛教，雖是第二次的，但作為與契經相對的神學書，契經中所有問題，在此才得以盡窮的論究，至少若無對此的大致理解，契經的意義也不得了解。不僅如此，如前所述，因於阿毘達磨，佛教思想才得以開展出契經所無的問題或見解，更且其與爾後的思想，尤其大乘佛教相關聯的，實是不少，從而在理解大乘的前提之下，無論如何，阿毘達磨佛教的研究是必須大致通過的過程。何況此阿毘達磨佛教所開展的世界觀、人生觀、理想觀、實際觀等，各自具有獨立意義，就其乃是爾後有種種發展的佛教哲學的基礎而言，只要有意將佛教思想作學問性的處理，若無阿毘達磨的智識，則無論任何部門，終究無法獲得完全的成績。此即縱使深為阿毘達磨佛教之繁瑣所苦，但古來無論以任何立場為宗旨的佛教學者，皆將此視為基礎研究，至少必須大致通過之所以。進行阿毘達磨研究的教徒，未必局限於遵奉此為宗義，所謂的大乘家也是予以研究，此乃必須切記莫忘的（就中國的翻譯史觀之，禪者後漢安世高有《阿毘曇五法行經》一卷，又，《楞伽》、《勝鬘》、《無量壽經》的譯者，亦即被世人稱為「摩訶衍」的劉宋求那跋陀羅譯有《眾事分阿毘曇論》十二卷，進而陳真諦有《俱舍釋論》二十二卷）。

其次，關於此一部門的研究其現狀如何？首先就南方論部而言，錫蘭佛教徒將此視為所依聖典，經、律之外，也有論部的研究，此固然無庸贅言，但此一部門之研究最為興盛的，是緬甸。緬甸佛教徒素有理論研究佛教之風習，從而成於彼等之手的阿毘達磨研究的著作不少，其中以英文發表的，相當可觀。例如與路易斯．戴維斯夫人（Mrs. Rhys Davids）共同將《攝阿毘達磨義論》以及《論事》英譯的安溫（S. Z Aung）、《殊勝義論》（*Attha-sālinī*，英譯 *The Expōsiter*）的英譯譯者瑪溫．庭（Maung Tin）。就歐洲人而言，此一方面的研究上，最盡其力的自然是路易斯．戴維斯夫人，無論原典的出版或翻譯，出自其手的相當多。不僅有前文所述的《論事》與《攝阿毘達磨義論》之翻譯，也譯有《法集論》，更與瑪溫．庭共同翻譯《法集論》的註疏《殊勝義論》且出版之，近來更有與瑪溫．庭英譯《清淨道論》的計畫等（原稿校訂者註：一如原定計畫，爾後係以 *The Path of Purity* 之名出版），若說歐洲的南方論部之研究是成於戴維斯夫人之手，並無過言。此外，尼亞納提羅卡（Nyānatiloka）也有《人施設論》與《彌蘭陀王問經》（*Milinda-pañha*）的翻譯等，實不容忽視。

其次，就北方所傳論部而言，研究最為盛行之處，當然是日本。此因日本古來既已盛行《俱舍論》之研究，且其餘勢尚及於今日。遺憾的是，日本國內對於阿毘達磨的研究過於偏向《俱舍論》，欠缺對於全體的觀察，且其研究法過於遵守傳承，欠缺歷史性與批判性。從而《俱舍論》之研究雖是盛行，但對於阿毘達磨論本身的學問，其成果可說是少得可憐。有感於如此缺憾，近時對阿毘達磨論全體給予某種程度注意的學者輩出，例如舟橋水哉有《小乘佛教史論》，高楠順次郎於《巴利聖典協會雜誌》（*J. P. T. S.*, 1905）發表有部諸論之介紹，椎尾辯匡有《六足論の研究》（《雜誌宗教界》，大正，三，一十），長井真琴有《解脱道論に就いて》（《哲學雜誌》，大正，八，七），渡邊楳雄有《南傳界論と北傳舍利弗阿毘曇論》，其成績已可見之，但大功績尚未能見。

日本的學界猶處於如此狀態，而海洋另一邊的西洋學界雖未見大為盛行，但彼等探究北方論部之心極盛，此乃必須特加注意的。此中，有列維（Sylvain Lévi）所作的研究，以及蒲仙（De la Vallée Poussin）的《俱舍論》原典（尤其世間品）之出版——蒲仙目前正將全體的漢譯《俱舍論》翻譯成法文，不久的將來，將予以出版——（譯者註：不只是《俱舍論》，《成唯識論》之翻譯也已完成），此乃最應予以注意的。蘇俄聖彼得堡大學教授舍爾巴茨基（Th. Stcherbatsky）對於此一方面的研究，也抱持莫大興趣，為研究《俱舍論》，曾特令其弟子羅仙貝爾（Rosenberg）留學日本。但羅仙貝爾卒於芬蘭，乃是西洋斯學研究一大憾事，尚堪告慰的是，舍爾巴茨基迄今猶注力於此一問題的研究之上。在漢文的理解上，歐美的學者當然有所不便，對於吾等而言，彼等的研究不免有隔靴搔癢之感。但從上述所揭成績看來，如此的現象絕非得以忽視。

如是，阿毘達磨佛教的研究，縱使未見大盛，但諸方都在進行，就某種意義而言，可以說現今的佛教研究已經從經藏轉移至阿毘達磨。但總覽南北傳佛教，對於全體的阿毘達磨之研究，說是尚未開始並無不可，無論如何，總是學界恨事。更且能進行此事者，日本學者除外，無從他求，就此而言，日本學者的責任實是重大。

本論

第一篇

佛陀論

第一章 總論

無庸贅言，佛教是以佛陀為中心而產生，以佛陀為中心而發展。從而縱使只是在考察其教理，但若不觸及佛陀的人格與自覺，終究無法得其真髓。此因佛教是出自於佛陀之自覺，是佛陀無師獨悟的結果，從而是作為「如所行而說，如所說而行」的結果而成立，因此，若脫離佛陀，至少其體驗的妥當性的第一保證將有所欠缺。此即在佛教教學上，佛陀論是最重要的分科之所以，尤其爾後的大乘佛教特為著重於佛陀之自覺——縱使其中有甚為表徵化的——因此，遂有若脫離佛陀觀，至少將呈現佛教不能說是宗教的氛圍，由此可見佛陀觀之重要。

若是如此，阿毘達磨的佛陀論又是如何？總的說來，阿毘達磨佛教，亦即所謂的小乘佛教，如其「對法」一名之所顯示，主要是著重於「對於法」，亦即「僅對於佛陀之言教」作組織性的研究，對於佛陀觀並沒有注予太多心力，此異於以探究佛陀自內證為目的之大乘佛教。彼等依循佛陀遺誡，維持佛陀滅後專以法為依處的精神，對於彼等而言，佛陀的境界相當高深，因此，體驗的保證是從佛弟子中的羅漢或聲聞（sāvaka）探求，故佛身觀當然不是最大且最重要的問題。從種種阿毘達磨論書看來，完全不觸及佛身觀問題的典籍其數不少，其因在此。

雖然如此，但此僅僅是大致傾向。此一問題與佛教的關係既然無法脫離，即顯示縱使是阿毘達磨之研究者與傳持者的諸部派，亦非將此問題置之度外。此即因於與種種問題相關聯而論及佛身觀或佛陀之前生。不只如此，諸部派之中，更有主要是因於佛身觀的見解不同而分裂的，例如說出世部（Lokottara-vādin）——巴瓦亞（Bhavya）所傳——以主張佛身無漏為其特色，而得說出世之名。又世友的《異部宗輪論》與目乾連子帝須（Moggaliputta Tissa）的《論事》（*Kathā-vatthu*），對於此一問題是以種種方式論述，尤其《異部宗輪論》在揭示大眾部與上座部宗義之相異時，正是由此問題開始論述，佛身觀在諸部派之間是重要的問題之一，終究無法否定。阿毘達磨原以法義之研究為主，對於此一問題所論不多，但至少在法義的研究上，在煩惱論、修行論、聖位論乃至聖智論方面，自然而然地將觸及佛陀論，此乃逐漸對於此一問題給予神學的論究之所以。何況小乘諸部派中，某些部派具有大眾部系的傾向，因此逐漸以佛陀為其理想對象，同時也促使法身思想開展，此乃是此一問題逐漸增加其重要性之所以。

筆者在此篇所欲論述的佛身觀，主要是依據散見於諸論書的材料予以彙整，據此論述諸部派是如何看待佛陀的本性，如何理解其前生的菩薩，諸部之間對此的意見有何差異等等。

第二章　佛傳之相關材料

小乘諸派的佛陀論絕非是佛傳之研究，而是意欲就既已定型的佛傳，闡明其神學的意義。從而在理解彼等的佛身觀之前，首先對於已具一定形態的佛傳必須有所了解。但如此所成的佛傳，也未必是歷史的事實，是經由種種階段才成立，故對於其過程以及資料，首先也有必要了解。

如前所述，佛教是以佛陀的自覺及其人格為基礎而成立，因此，至少在原始佛教時期，完全是法佛一如。但令人頗感奇異的是，古紀錄中並無可稱為佛傳的紀錄流傳。僅僅在巴利律藏的《大品》（*Mahāvagga*, 1~24，《五分律》卷一五，大正二二，一〇一頁，載有釋迦族系譜，巴利本所載雖較為詳細，但南北傳所傳大致相同），始於佛陀成道，進而三迦葉、舍利弗、目乾連等大弟子之度化，遂有僧團（saṅgha）之成立等等，有比較詳細的述說，《長阿含》的《佛般泥洹經》（大正一，一六〇頁中）以及《長部》第十六經（*D.N.II, p. 72, Mahāparinibbāna Suttanta*）所揭的有關佛陀入滅前後三、四個月的詳細事蹟，是經過彙整的部分。其他事蹟都是片段的流傳，若欲取其前後之聯絡，不免有茫洋之嘆。尤其佛陀成道以前的履歷，甚多不明之處，其出家動機與修行中的過程，僅能依佛陀晚年為弟子所作回顧式說明，才得以知其隻鱗片爪[7]。

乍見之下，此似乎違反法佛一如之立場，但若細而思之，實不足為奇。此因對於佛陀滅後的佛弟子而言，彼等對於佛陀的記憶猶新，更且基於應以法為依處之遺誡，首先是以佛的教說之編輯為主要，佛傳之類的撰寫，並不是當務之急，因此，古紀錄中欠缺此一方面的資料。此正如奧登堡（Oldenberg）之所指出（*Buddha*, S. 94），無論是初期基督教徒所編輯的《耶穌教訓集》，或是色諾芬（Xenophon）所撰的《蘇格拉底語錄》，都是以教理為中心，人格的活動僅在背後，情形如出一轍。

但隨著佛陀入滅之時日漸遠，親受佛陀教誨的佛弟子也逐漸示寂，追慕教祖之情越發迫切，因此意欲某種程度的將佛傳予以整理，也是自然之數。如是，在聖典所傳的材料以及流傳於教團的口碑之上，添加自己所理解的佛陀觀，作某種程度整理的，即是今日吾人所見的佛傳文學。若是如此，在此等文學中所發揮的顯著特徵是如何？可以說此乃是在形式方面給予某種程度的整理，而內容上是揭出其出家前的事蹟。更且不只是迦毘羅城降誕以後，更溯及其前生，連迭經數百千世的生死輪迴中的履歷（？）也予以闡明。有名的「本生譚」[8]（Jātaka）即屬此類，進而依修行種類而給予某種程度神學

7. 揭示其二、三例如次：
M. IV, *Bhayabherava-sutta*（《增一阿含》卷二三，增上品初，大正二，六六五頁中）
M. XIX, Dvedhāvitakka-sutta（《中阿含》卷二五的念經，大正一，五八九頁上）
M. XXVI, *Ariyapariyesana-sutta*（《中阿含》卷五六的羅摩經，大正一，七七五頁下）
M. XXXVI, *Mahāsaccaka-sutta*
Oldenberg: *Buddha*. 4 auf. S. 101

8. 本生譚之原典
Fausböll: *Jātaka*, 7 vols, London 1877-1897
Kern: *Jātakamālā* vol. 1, Harvard University press 1914
Kern and Dutoit: *Jātakam*, München.
Cowell: *The Jātaka*, Cambridge 1895.
Speyer: *The Jātakamālā*（S. B. B.）London 1895.

述說的，即是《所行讚三十五》（*Cariyā-piṭaka*），此等皆被收錄於巴利文「尼柯耶」（Nikāya）的《小部》之中。如是，佛陀人格之偉大，並不只是今生修行所致，佛陀在說法時，恐是曾經利用當時行於世的具有寓言性質的故事，用以說明自己過去世的因緣，巧妙地揭示一切並非偶然。此等爾後遂成為佛傳的要素，更且其數量日漸增多，就此予以整理所成的，即是「本生譚」與「所行讚」。此從「本生譚」曾表現於阿育王時代，或稍晚年代的雕刻美術中，亦即依山崎（Sāñcī）、波羅浮屠（Bhārhut）、阿摩羅瓦提（Amarāvatī）等看來，可以說其成立相當早。實言之，此本生譚——就表面上看來——雖只是種種故事的教訓化，但在莊嚴佛傳的同時，可以說是以佛陀與菩薩為中心的佛教思想得以種種開展的原動力，發揮出預想之外的力用。阿毘達磨將菩薩論視為法相上的問題之所以，實因於此與本生譚與所行讚的某些題目有關，爾後大乘佛教以菩薩為中心而大為開展之所以，若溯其淵源，不外於正是出自本生譚的思想。總而言之，由於本生譚的成立，數百千萬世以前的過去直至成為佛陀的業績，至少在材料上業已齊備，在探究阿毘達磨的題目其生起之所以時，此乃應切記莫忘的。

如是，混合此等虛構材料與前述史實材料而成立的，即是所謂的佛傳，且以種種形態流傳至今。其中較為主要的，就南方所傳見之，無庸贅言，自然是作為本生譚之註釋[9]而撰述的著名著作《因緣譚》（*Nidāna-kathā*），揭出從過去世到祇園精舍（Jetavana Anāthapiṇḍikārāma）設立之因緣。此書撰述於錫蘭，雖是相當後世的著作，然其出處相當古，因此作為佛傳研究史料，頗受重視。雖然如此，但此等的種類中，數量最多的仍是漢譯。例如《修行本起經》二卷（後漢竺大力、康孟詳共譯，大正三，從錠光佛時代到降魔成道）、《佛說太子瑞應本起經》二卷（吳支謙譯，大正三，從定光佛時代的因緣到三迦葉歸佛）、《過去現在因果經》四卷（宋求那跋陀羅譯，大正三，從普光如來到舍利弗、目連歸佛）等是其中較為主要的。尤其《佛本行集經》六十卷（隋闍那崛多譯，大正三）匯集種種形式流傳的因緣譚，其中也含有相當古老的要素，因此是依處理方式而決定其材料對於佛傳的研究能有多大助益。進而依此等材料給予進一步整理，更且以婉麗韻文撰就的「佛陀傳」，即是有名的馬鳴《佛所行讚》五卷（*Buddhacarita*，北涼曇無讖譯，大正四，異譯本是《佛本行經》七卷，宋釋法雲譯，大正四），若說基於前述材料而成的佛傳，至此到達頂點，並非過言〔僧祐《釋迦譜》五卷（大正五）即是集此等材料所成，就其一一揭其出處言之，可說極為便利，但由於對材料毫無批判，故不能視為研究的著作〕。

如是，所謂的佛陀傳大致已具有完整形態，但何者是真正的歷史事實，何者是後世附加，若干較為明顯的敘述除外，其他顯然相當困難。將此等材料作批判性處理，並參照其他種種事項而撰述真正的佛傳，正是原始佛教研究的一大題目。但依據以此等材料所成佛傳而構成神學議論的，正是阿毘達磨佛教的題目，故此下將就此類的佛傳略作論述。

9. Fausböll's edition, *Jātaka*, vol I, pp. 1~94. Rhys Davids: *Buddhist-Birth Story*, vol. I, pp. 1-13.

第三章 阿毘達磨中的佛傳

如前文所述，關於佛傳有種種紀錄。從而在細節上，彼此不一致之處甚多，雖然如此，但在大綱上，無論南北，一致的其數不少。更且此乃大小乘各派公認的佛傳之骨架，故此處將就阿毘達磨論中的佛傳述之。此處主要是依據《本生經》所見的因緣譚，並參照諸傳，更且是以作為阿毘達磨之題目的部分作為中心而作論述。

在此因緣譚中，是將佛傳分成三部分。第一是遠期（dūre-nidāna），第二是中期（avidūre-nidāna），第三是近期（santike-nidāna）。第一的遠期述及從過去世阿僧祇百千劫以前直至於兜率天宮作為一生補處菩薩的經歷；第二的中期述及從兜率天下降，作為悉達多太子乃至出家成道；第三的近期述及作為等正覺者，開始傳道乃至接受祇園精舍之供養。此後直至涅槃的事蹟並沒有列入，其理由是此乃眾人皆知的事實，第三的近期實應包含此一部分。但筆者稍作變更，僅分成二段，揭出佛傳的主要部分如次。

第一節◆作為過去世的菩薩的經歷

四阿僧祇劫（asaṃkheya-kalpa）與百千劫以前（北傳通常說為三大阿僧祇百劫之前），阿摩羅瓦提

（Amarāvatī）有一名為善慧（Sumedha）的婆羅門。有感於此世無常，遂出家隱居於雪山（Dhammaka），修習禪定，期求證入涅槃。爾時，燃燈佛（Dīpaṅkara，或名為錠光、普光或定光）住世布化，善慧睹其儀容後，放棄入涅槃的念頭，並且發願成佛，救度一切眾生。進而以己身供養燃燈佛，遂受燃燈佛記別：經四阿僧祇百千劫，將成為釋迦佛。此即佛陀過去世成為菩薩（Bodhisatta）之伊始。所謂的菩薩，意指求菩提（覺知）的人，更且菩薩行的主要條件是捨己致他，亦即上求菩提下化眾生是其資格，換言之，是佛道修行者的名稱。如是，菩薩受此記別後，生生世世，出生為種種有情，戮力於完成其所願，此中的種種事歷，即是本生譚中的菩薩的故事。或身為轉輪王，或身為猿猴，或身為漁夫，或身為兔等，如是現身為種種身分，其目的無非是為上求菩提下化眾生。但在猶是凡夫身之當時，並非絕無煩惱之起。此徵於爾後的阿毘達磨將此視為問題之一，即可知之。但大致而言，其修行是不斷的努力，故其地位逐漸向上，此當然是無庸贅言。更且此間在法相上應予以注意的是，菩薩雖於種種境界修習萬善，但可將此等收攝於十種波羅蜜（pāramī or pāramitā）之中，而四阿僧祇百千劫間，雖逢遇諸佛並供養之，但關係特深的是二十五佛。十波羅蜜之說明可見於各個的本生譚，而二十四佛則見載於《佛史》（*Buddhavarisa*, P. T. S.）。所謂的十波羅蜜，即是：

1. 布施波羅蜜（dāna-pāramitā）
2. 戒波羅蜜（sīla-pāramitā）
3. 出離波羅蜜（nekkhamma-pāramitā）
4. 智慧波羅蜜（paññā-pāramitā）
5. 精進波羅蜜（viriya-pāramitā）

6. 忍辱波羅蜜（khanti-pāramitā）
7. 真實波羅蜜（sacca-pāramitā）
8. 決定波羅蜜（adhiṭṭhāna-pāramitā）
9. 慈悲波羅蜜（mettā-pāramitā）
10. 捨波羅蜜（upekkhā-pāramitā）

（龍樹所撰《菩提資糧論》的十波羅蜜名稱與此稍異。）

位列第一的布施波羅蜜，無庸贅言，當然是指喜捨一切，家財珍寶固然不用說，甚至妻子、自身也都棄捨，僅致力於修習菩提；第二的戒波羅蜜是指戒行完全；第三的出離波羅蜜是厭捨世間；第四的智慧波羅蜜是長養正確的判斷力；第五的精進波羅蜜是努力於善事；第六的忍辱波羅蜜是忍耐；第七的真實波羅蜜是指在任何情況下，都說真實語，絕無虛言；第八的決定波羅蜜是決定，絕無動搖；第九的慈悲波羅蜜是指慈愛一切眾生；第十的捨波羅蜜是指住於平等心。完全履行此等德目，即名為波羅蜜，此因 pāramī 或 pāramitā 為「完全」之義。始於善慧時代的發心，直至最後安住於兜率天宮，將如此的四阿僧祇百千劫間的無數更生，視為是完成十波羅蜜的階梯，至少可說是佛傳撰述者的菩薩觀。進而依《佛史》所載，列出菩薩於此間所遭遇且蒙其教化的二十四佛之名如次：

1. Dīpaṅkara（燃燈佛）
2. Koṇḍañña（憍陳如）
3. Maṅgala（吉祥）
4. Sumana（善意，須摩那）
5. Revata（離婆多）
6. Sobhita（輸毘多）
7. Anomadassī（高見）
8. Paduma（紅蓮華）

9. Nārada（那羅陀）
10. Padumuttara（上蓮華）
11. Sumedha（善慧）
12. Sujāta（善生）
13. Piyadassī（喜見）
14. Atthadassī（義見）
15. Dhammadassī（法見）
16. Siddhattha（悉達多）
17. Tissa（底沙）
18. Phussa（補沙）
19. Vipassī（毘婆尸）
20. Sikhī（尸棄）
21. Vessabhū（毘舍婆）
22. Kakusandha（拘樓孫）
23. Koṇāgamana（拘那含）
24. Kassapa（迦葉）

應予以注意的是，此一順序僅是南方所傳，北方所傳未必與此一致。北方系統的《大事》（*Mahāvastu*, Senart's edition, pp. 110-120）等雖都言及諸佛，但除了列於首位的燃燈佛，以及毘婆尸佛（Vipassī-buddha）以下五佛之外，彼等所揭未必同於《佛史》（參照 Richard Morris P. T. S. *Buddhavaṃsa* 序文 pp. V-VII）。此等原先只是神話性系譜，依其所傳而有種種差別，故不足為怪。總的說來，釋迦佛之前，猶有諸多佛陀，南北所傳相當一致。此一觀點恐是出自耆那教（Jaina）開祖大雄（Mahāvīra）之前有二十四祖的傳說，但也可以認為是「對於佛陀所宣說的普遍性的教法，意欲從佛之過去世探求其體驗性的實證」。在爾後的阿毘達磨中，此乃是論究諸佛使命與性質異同的題目，就此而言，可說是神學上的問題之一，故必須予以注意。因此，此處將稍作論述的是，有關此等佛傳的問題。此因爾後在作諸佛的比較上，此一問題頗為重要。對於此二十四佛，《佛史》一一揭出其略歷，此中應予以注意的是，《長阿含》的《大本經》（大正一，一頁中，*D.N.* 14. *Mahāpadāna Suttanta*）所揭的毘婆尸佛詳傳。此因二十四佛並非一一得以見於「阿含」，但毘婆尸佛等七佛皆見載於《長阿含》，尤其是毘婆尸佛的傳記特為詳細，且與現今所述的釋迦佛有密切關係。毘婆尸佛之出世，是九十一劫之前，人壽八萬四千歲時。其父槃頭（Bandhumā）是剎帝利種之王，母名槃頭婆提（Bandhumatī），其都城亦名槃頭婆提（Bandhumatī）。毘婆尸修行圓滿，上兜率天（Tusita），至其下生時刻，下天宮，托胎於王妃槃頭婆提右脅。母體極為安詳，其胎內全無汙濁，諸根俱備。月滿之日，毘婆尸菩薩從其母右脅出生，自行七步，唱曰：

> 天上天下唯我爲尊，要度衆生生老病死。
>
> Aggo 'ham asmi lokassa, jeṭṭho 'ham asmi lokassa, seṭṭho 'ham asmi lokassa, ayam antimā jāti, n'atthi 'dāni punabbhavo ti.
>
> （*D.N.* II. p.15）

出生時，菩薩具備三十二大人相（mahā-purisa-lakkhaṇa，其一一相，參見*D.N.* II. pp. 17~19，漢譯《大本經》）。仙人見之，曰：若繼王位，將成轉輪王；若出家，將成佛陀。爾後成長，四門出遊，見老、病、死、出家，遂立出離之志，於二萬九千歲時，棄俗出家。其時，有子一人。隱居靜處，靜觀十二因緣（巴利本僅揭出十因緣），最後成正覺。因梵天勸請而決意布教，在槃頭婆提城內鹿野苑，初轉法輪。自此得諸多弟子，派遣彼等於四方布教，六年後再回歸槃頭婆提城。

此即《大本經》所載毘婆尸佛之因緣，幾乎與所謂的釋迦佛傳完全一致。因此，應是將有關釋尊的傳記轉用於毘婆尸佛傳，但奧圖・弗蘭克（Otto Franke）卻認為是毘婆尸佛的神話爾後被套用於釋迦佛傳中（Otto Franke: *Dīghanikāya. S.* XLIX）。筆者目前尚無法斷定何者為真，但此毘婆尸佛傳與釋迦佛傳之間有密切關係，乃是不容忽視之事實。

以上所述，雖見冗長，但總的說來，釋迦佛前生尚作為菩薩時，一再以己身供佛，受其教化之數，實不勝枚舉。如是，自善慧菩薩以來，經四阿僧祇百千劫，終於到達次生將成正覺的兜率天一生補處之位，而此即是其最後身。

第二節◆從降誕而至涅槃

如是，菩薩住於兜率天宮（Tusita-devapura），經若干歲數，成佛時期終將到來。當時天宮中，傳出將有佛陀出現的預言（buddha-halāhala）。亦即有天人在天界宣言：「吾友！千年後將有佛陀生於此世界。」諸天聞此，相集懇請菩薩成為佛陀。菩薩首先考慮其出生時刻、州、國土、種族與其母，最後決定托胎於閻浮提（Jambudīpa）劫比羅伐窣堵（Kapilavatthu）的刹帝利種（Khattiya）淨飯大王（Suddhodana）之妃摩耶（Māyā）腹中。因此，王妃得一瑞夢。此即中夏之祭祀過後，王妃行布施於種種人後，退入寢室，時有四守護神來，運其寢床置於雪山大沙羅樹下，王妃沐浴於阿耨達池（Anotatta）。時又有白象來，鼻攜白蓮，禮拜王妃，入其右脅，托胎於彼身中。翌朝醒來，召相者占此奇夢，相者謂此乃妊娠之徵，且其子爾後將為轉輪王或佛陀。

自此之後的事蹟，如同前述的毘婆尸佛傳所呈現的，可視為是真正歷史事實的是南北兩傳中的太子傳。亦即懷孕之後，王妃身心安詳，而胎中的菩薩，諸根俱備，胎中無任何汙濁，懷胎十個月，王妃前往其家鄉的天指城（Devadaha），途中，在嵐毘尼園（Lumbinī）分娩王子，當時有天人來，以手承接，龍王注甘露於王子身上。出生時，王子作「我是第一，我是最上者」之宣言。——但分娩之際，是否從右脅出生等等，則依所傳而有差別，因緣譚對此並無明言。相對於此，漢譯所傳之中，被視為較古的，不載此說，而較新製作的，則有此記載——。乃至阿夷哆（Asita）仙人占相，預言爾後將成為輪王或佛陀等等的記載，大抵同於毘婆尸佛。太子性行自幼即好冥想，父王為此甚為擔憂，故建立三時殿，設數百舞妓，希望能將太子牽絆於世間。但出遊四門後，太子確定其出家的念頭，更於羅睺羅（Rāhula）誕生後實行之。起初是師事住於摩竭陀（Magadha）近郊的阿羅羅伽羅摩（Āḷāra Kālāma）與鬱陀羅羅摩子（Uddaka Rāma putta），不得滿足，遂在優樓頻螺（Uruvelā）修苦行，當時有五比丘隨侍。六年苦行後，覺悟苦行無益，遂捨苦行，並接受善生女（Sujātā）供養，體力恢復之後，專致於精神的修鍊。五比丘見此，以為太子墮落，捨之而去。自此直至成道，太子以種種方式與魔（Māra）戰鬥，最後終於獲得絕對勝利。如是，某夜，首先是初夜，證得宿住智（pubbenivāsa-ñāṇa），洞見過去；中夜，獲得天眼（dibba-cakkhu），洞見三界；後夜，得因緣起智（paṭiccasamuppāda-ñāṇa），看透通貫時空的生起法則，最後成大覺，亦即成為佛陀（Buddha）、如來（Tathāgata）。自此，四周間，以菩提樹為首，四度換座，品味法樂（巴利的阿毘達磨學者認為佛陀在此期間是在思考阿毘達磨），最後佛陀認為其所悟之法甚深，非一般人所能理解，故有意進入涅槃，當時梵天出現，懇請佛陀布教，因此決定宣布大法。首先是前往鹿野苑，度化與佛陀關係最深的五比丘，轉四諦法輪。憍陳如（Koṇḍañña）最早開悟，其他四人〔婆頗（Vappa）、婆提（Bhaddiya）、摩訶男（Mahānāma）、阿說示（Assaji）〕也相繼證悟，佛法僧三寶自此成立，也是佛教之初立。其次長者之子耶舍（Yasa）等人的皈依，加上佛陀自己，已有六十一位阿羅漢，因此，佛陀派遣其弟子至四方傳法。佛陀自己則到優樓頻螺森林度化三迦葉（Kassapa），又進入王舍城，面見頻毘娑羅王（Bimbisāra），接受竹林精舍（Veḷuvana）的捐贈，不久之後，因舍利弗（Sāriputta）與目乾連（Moggallāna）等兩大弟子的加入，教團愈發隆盛，遂前往故鄉迦毘羅衛城（Kapilavatthu），與父王太子妃見面，並將羅睺羅等釋迦族子弟收入教團，再回歸摩訶陀，進而接受拘薩羅（Kosala）的舍衛城（Sāvatthī）給孤獨長者（Anātha-piṇḍika）捐贈的祇園精舍（Jetavanavihāra），並以此作為根據地。教團日漸壯大，當時雖有提婆達多（Devadatta）等企圖破壞教團，但在佛陀偉大人格感召之下，佛教在佛陀住世期間，形成一龐大勢力。但如前所述，成道後的二、三年除外，其後的佛陀事蹟不甚清楚，任何佛傳都無法依年代序清楚揭示教團進展的情形，甚是遺憾。

佛陀入滅是在佛八十歲（或七十九歲）時，入滅之前的三個月，雖曾罹患大病，但依其精神力，曾一度療癒〔此名留壽行，留壽一語出自《遊行經》（大正一，一七頁）〕，在吠舍離（Vesālī）郊外雨安居後，偕侍者阿難（Ānanda）前往末羅（Malla）族的拘尸那伽羅城（Kusinārā）遊化，接受純陀（Cunda）供養，但再度發病，最後在拘尸那伽羅娑羅樹（Sāla）下入滅。對於此間事蹟，《長阿含》的《遊行經》有稍微詳盡的記載（《長阿含》卷二～四，大正一，一一～三〇頁，*D.N.* 16. *Mahāparinibbāna Suttanta*）。經中更揭出佛入涅槃之過程，首先是入初禪，進而入二禪、三禪、四禪，又經由四無色，進入滅受想定，阿難等以為此時佛已入滅，但不久之後，佛從滅定出，再出非想非非想定，依序回到初禪，再由初禪入二禪三禪，最後入第四禪，是在此入大般涅槃（《遊行經》卷四，大正一，二六頁中，*D.N.* vol. II. p. 156）。

第四章　阿毘達磨對於佛菩薩的考察

以前述的事實作為背景，此下將一窺阿毘達磨論的考察。

以上來略述的佛陀傳作為基礎，探察其意義、理由與形跡，換言之，對此作神學考察是阿毘達磨的目的。但如此的考察，小乘諸派之間未必一致，因此爾後的佛陀論、菩薩論，在諸派之間成為重要論議。如前所述，此依在《宗輪論》、《論事》以及巴瓦亞的紀錄 *Nikāya-bheda-vibbaṅga*（參照 Lokottaravādin: *Mahāvastu*，其大要是 Winternitz: *Geschichte der Indischen Literatur.* II. S. 187-193. *Milinda-pañha*, book IV.《佛陀論品》S. B. E. part II, pp. 1~202）中，此一問題始終是以種種形態論述，即可知之。此一問題雖以釋迦佛陀為中心，但如前節所述，釋迦佛之前有過去七佛、二十四佛乃至無數的佛陀，從而必須考察此等菩薩時代之事蹟，因此，此一問題即如同羅漢的問題，成為一般的法相問題，尤其是必須探究阿毘達磨論中的此一問題之所以。

若是如此，諸派對於此一問題的態度如何？無庸贅言，各派所見不同，但大體上，上座部系諸派屬於重視事實之系統，對於此一問題是作近於事實的解釋，反之，作為理想派的大眾部系，是採取將佛菩薩理想化而作觀察的態度。換言之，上座部系主張佛陀及其前生的菩薩較為人性化，相對於此，大眾部系著重於其超越的方面，是據此而作解釋。此一態度在與此問題相關的種種情況下有所發揮，此乃必須預先了解的。

此一問題可以大致作成二部分。第一是與佛陀前生的菩薩有關的問題，另一則是與成正覺的佛陀的本性有關。此因如前所述，今生成為佛陀之所以，並非只是今生的修行所致，而是無數的生生世世，此間的菩薩形跡、階次與資格等等究竟是如何，至少作為佛身觀之前提，必須予以論述。如是，論及成正覺的佛陀其本性、作用，以及諸佛相互間的同異等的問題，即是純然的佛身論。亦即如後文所將述及，阿毘達磨的佛陀論可分成四階段中的修行者的菩薩論，以及與佛陀本性有關的問題。

第五章 菩薩論

第一節◆菩薩

如前所述，菩薩（Bodhisattva, Bodhisatta）一語，是用以稱呼佛陀候補者的名稱。是求菩提（bodhi，智）的人，故得此名。菩提有一切智（sarvajña，薩婆若）之義，一般的羅漢其智慧有所限制，然求菩提之人其之所求，是全智者的佛陀之智慧，故特將佛陀之候補者稱為菩薩。但無庸贅言，若將菩薩視為只是求智慧的人，可說是極大的錯誤，之所以是菩薩，如前所述，是捨己為他，行萬善，換言之，是盡力於下化眾生，雖然如此，此行仍是一切智的一部分，是到達一切智的準備，是基於此一立場而將立志於修行的人，稱為菩薩。但此處所說的菩薩，完全是指作為佛陀前生的菩薩，亦即三祇百劫以前，生生死死擁有各種身分，此時尚未含有大乘佛教的文殊、普賢等同時存在的菩薩之意，此當切記莫忘。從而此時所說的菩薩，未必都是戴寶冠、身纏瓔珞，具有端嚴殊勝之妙相，佛陀之前生，如本生譚所載，或作為馬、兔、鳥、國王、商人等等。若是如此，此善慧作為菩薩，在燃燈佛座下，發心修習佛道，直至釋迦佛成道之間，可分成多少階段？通常阿毘達磨論師將此分成四段而作觀察。第一段是三阿僧祇的修行時代（南傳說為四阿僧祇，北傳說為三阿僧祇），第二段是百劫修行時代（南傳說為千劫），第三段是王城降誕與踰城出家，第四段是三十四心斷結成道（降魔成道）。亦即將過去世二分，現在世也二分而作考察。第一的三祇修行時代可說是預科時代，若用術語表現，可說是積集菩提資糧之位；第二的百劫修行時代是本科，而第三、第四的現世時代是畢業的試驗時代。從而依此順序而論述菩薩之修行與資格，應是妥當的，但基於方便處理，今僅分成二期。第一是輪迴時代的菩薩，第二是所謂的最後身菩薩。輪迴時代的菩薩是指從初發心至住於兜率天之間，經由種種生死輪迴的修行，故暫且名為輪迴時代。第二的最後身是終於成為佛陀，再無輪迴之境，從兜率下降至降魔成道之間。此因在法相上，兩期之間差異相當大，故作如此區分，在種種方面較為便利。

第二節◆輪迴時代的菩薩

由於在燃燈佛座下，發菩提心，因此菩薩於三祇百劫（但釋迦佛僅經三祇九十一劫）之間，持續不斷地進行種種修行。在此期間，曾經身為無數有情，此依本生譚與所行讚所載，得以知之。因此，首先此處成為問題的是，大體上在此階位的菩薩，究竟是聖者（ārya）或是凡夫（pṛthag-jana）？亦即究竟是斷煩惱之位或是未斷煩惱之位？上座部系諸派中，有部或雪山部（但依據巴瓦亞所述，雪山部認為菩薩非異生，*Rockhill's The Life of the Buddha*, p. 190），認為仍屬凡夫位。此派所持的理由是，菩薩雖依其修行而時時刻刻朝前方邁進，但直至成正覺之前，不免仍有煩惱，故仍屬凡夫。若非如此，所謂的「降魔成道」之說，不得成立（國譯《宗輪論》有部之條項，四六頁；雪山部之條項，五〇頁）。從而基於此一觀點，至少三祇期間（百劫以後稱為住定位，稍有差別），雖稱之為菩薩，但仍出生於惡趣，亦即地獄、餓鬼，尤其是畜生。但此並非是自願生於其處，而是依以煩惱為基礎的業力而墮於惡趣。雖然如此，但仍異於一般的惡趣有情，菩薩在任何境界皆不放棄其修行，同時，其所處之惡趣，並非如無間地獄般的極惡之處。從而此時的菩薩仍有欲想、恚想、害想，偶爾生起欲望或恚害心，雖然如此，菩薩是菩薩之所以，在於得以制伏此等，毫不恣意。自此——至少依據有部所述——至初阿僧祇終了，種種苦行雖得成就，但尚未有將來成佛之自覺；第二阿僧祇終了，雖能決定自知作佛，猶未發無畏言：我當作佛；第三阿僧祇滿已，積累三十二相之業，決定知我當作佛，亦發無畏師子吼言：我當作佛。具足真正得以稱為菩薩的資格（《婆沙》卷一七六，大正二七，八八六頁下）。簡言之，上座部系雖以「菩薩」一語稱特殊的發心者、修行者，但僅視為是凡夫的修行之位，並非超人。菩薩得以免生惡趣，是在入百劫位（忍位），若以術語表示，是入住定位，在此之前，其境界偶爾不免有所起伏（修妙相業時捨五劣事得五勝事，一捨諸惡趣恆生善趣……參照《婆沙》卷一七六，大正二七，八八七頁上～）。相對於此，大眾部系認為菩薩原本就是凡夫，此一觀點同於上座部系，但此凡夫位僅在初阿僧祇位，第二阿僧祇以降，已入聖位，亦即自利的修行至此已告完成。依據《論事》（*Kathā-vatthu* IV. 8）所載，案達羅派（Andhaka）認為在過去迦葉佛之下，已達正性離生（niyāma），故此時已脫凡夫位（Bodhisatto Kassapassa bhagavato pāvacane okkanta-niyā mo carita-brah-macariyo）。若是如此，第二阿僧祇劫以後的修行是何所為？大眾部系的學者認為此僅是「為他」，亦即不外於是下化眾生的修行。無庸贅言，若以佛陀為標準，化他是成佛的必要條件，雖然廣義上仍屬自利，但至少就非以自身利益而言，是屬於狹義上的利他。從而菩薩現身於種種惡趣，並非業力所致，而是為了濟度，發願而至惡趣。故曰：

菩薩爲欲饒益有情，願生惡趣，隨意能往。（國譯《異部宗輪論》大眾部條，二一頁）

尤其依據《論事》所載，案達羅派有如次主張：

1. Bodhisatto issariyakāmakārikāhetu vinipātaṃ gacchati.
菩薩依其自由意志行使而生於惡趣。（*K.V.* XXIII. 3. Andhaka 的意見）

2. Bodhisatto issariyakāmakārikāhetu gabbhaseyyaṃ okkamati.
菩薩依其自由意志行使而托胎。

3. Bodhisatto issariyakāmakārikāhetu dukkarakārikaṃ akāsi.
菩薩依其自由意志行使而修苦行。

4. Bodhisatto issariyakāmakārikāhetu aparantapaṃ akāsi, aññaṃ satthāraṃ uddisi.
菩薩依其自由意志行使更加修行，隨從異師。（ibid. pp. 623~625）

亦即無論是托胎、苦行或趣於惡趣（vinipāta），皆依其自由意志（issariyakāma），而非因於業報。爾後大乘佛教出現六道能化的地藏菩薩，或現三十三身，救度眾生苦厄的觀音菩薩的信仰，可說是出自於此系統所發展的思想。

如是，對於輪迴中的菩薩的資格，雖出現異論，但無論將此視為自利或視為利他，在此期間，菩薩有種種修行，則是任何部派都承認的。如前所述，其之修行最為主要的是逢遇諸佛，且讚嘆之、供養之，以及行種種波羅蜜（pāramitā，最上行聚）。其所逢遇之佛，南方所傳是二十四佛，《大毘婆沙論》所載是二十數萬佛，初劫阿僧企耶有七萬五千佛（初為釋迦，最後為寶髻）；第二劫阿僧企耶有七萬六千佛（最初是寶髻，最後是燃燈）；第三劫阿僧企耶有七萬七千佛（最初是燃燈，最後為勝觀），最後百劫所逢之佛為六佛，亦即勝觀以下至迦葉佛等六佛（《婆沙》卷一七八，大正二七，八九二頁下）。〔《俱舍論》的業品卷六載為初發心時，逢釋迦佛；一劫終了，逢寶髻（Ratnaśikhin）；第二劫終了，逢燃燈佛（Dīpaṅkara）；第三劫終了，逢勝觀（Vipaśyin），並如次頌曰：「三無數劫滿，逆次逢勝觀，燃燈寶髻佛，初釋迦牟尼。」（《俱舍》卷一八，大正二九，九五頁上，國譯三〇六頁）〕。此間所修的波羅蜜，南方所傳為十種，《大毘婆沙論》提出施、戒、精進、智慧等四種，更且以其布施時是以悲心捨離自己肉體，故波羅蜜圓滿；雖截斷身肉手足，一念瞋心不起，故戒圓滿；七晝一足佇立，讚嘆佛陀不止，故精進波羅蜜圓滿；最後論難天下無敵（或曰金剛喻定成正覺），故般若波羅蜜圓滿。此四者加上忍與靜慮，或加上忍與聞，所成六波羅蜜，即是此派之所主張（《婆沙》卷一七八，大正二七，八九二頁）。

如是積累修行，逐漸趣向百劫位，此劫位之特徵是自覺將來得以成佛，基於此意而名為住定位。故——無論視此為業果，或是隨意——入此劫位，已不生於惡趣。《大毘婆沙論》謂此捨五劣事，得五勝事：

一、捨諸惡趣，恆生善趣，

二、捨下劣家，恆生貴家，

三、捨非男身，恆得男身，
四、捨不具根，恆具諸根，
五、捨有忘失念，恆得自性生念。
（《婆沙》卷一七六，大正二七，八八七頁上）

在此位的修行之中，特應予以注意的是，菩薩的三十二妙相是在此期間修得。所謂的三十二相，即是大人相（mahā-purisa-lakkhaṇa），印度人認為最大權威者應具備此相。雖是脫化自毘紐笯（Viṣṇu）神話，但當時的佛教徒認為此乃轉輪王（Cakravartin, Cakkavattin）應具有之相。〔關於輪王與菩薩三十二相之區別，《婆沙》卷一七七指出相較於輪王，菩薩有①熾盛，②分明，③圓滿，④得處等四事較勝。或有①得處，②極端嚴，③文象深，④隨順勝智，⑤隨順離染等五事殊勝（大正二七，八八九頁中），關於三十二相之名稱，《大本經》（*Mahāpadāna Suttanta, D.N.* II. pp. 17-19）與《婆沙》卷一七七（大正二七，八八八頁上）一一予以說明。參照荻原雲來《梵漢對譯佛教辭典》（pp. 10-11）Grünwedel: *Buddhist Art in India*, pp. 158-161）（tr. by A. C. Gibson, London, 1901）等〕。轉輪王（Cakravāḷa, Cakkav-āla）原意指地方的統治者，但在佛陀的時代稍前，印度人憧憬此世界應有一理想的統理者，故以此作為統一世界的理想王者之名稱。成為此王的資格之一是應獲得象徵毘紐笯之輪寶，依此輪寶之威力，得以和平的統一世界。至於其相貌，可能也是受波斯影響而認為應具三十二相。將此輪王的傳說與佛陀結合在一起，是因於佛陀的太子時代是成長於此企盼的氛圍之中，而成道後佛陀也一直有法界輪王之自覺，彼以正法統治此世界的意願，正如同輪王。因此，將說法視為「轉法輪」（dharma-cakra-pravartana），此如相對於輪王的七寶而立七覺支等等，可以說一直是與輪王的神話及其儀容相結合（關於輪王與如來之對比，參見漢譯《施設論》卷一～三，大正二六，五一四～五二一頁）。而此處所說的三十二相也被轉用於佛陀身上，當然就歷史事實而言，佛陀的確相貌端嚴，但既將其儀容說為三十二相八十隨好（anuvyañjana）等，當然在菩薩論中，必須指出其修得的時期，實則此等完全是脫化自輪王的神話。此相好觀被吸收進入佛教之後，逐漸成為佛陀與菩薩（最後身）之特相，《大毘婆沙論》卷一七七揭出輪王與佛陀三十二相的優劣，依據《論事》所載，北道派（Uttarāpathaka）甚至認為菩薩是相成就者（Lakkhaṇasaman nāgato Bodhisatto, *K.V.* IV. 7），主張此乃菩薩之特相。基於此與美術研究有關，茲揭出三十二相其一一相如次：

dvātriṃśan-mahāpuruṣa-lakṣaṇāni　大丈夫三十二相　dvattiṃsa-mahāpurisa-lakkhaṇāni

1. uṣṇīṣa-śiraskatā　頂上肉髻　uṇhīsa-sīsa
2. pradakṣiṇāvarta-keśa　頭髻右旋　*suvaṇṇa-vaṇṇ akañcana-sannibhattacca（身黃金色）
3. sama-lālaṭa　額廣平　*brahmuju-gatta
4. ūrṇā-keśa　眉間白毫　uṇṇā bhamukantare jātā odātā mudutūlasannibhā
5. abhinīlanetra-gopakṣmā　眼色紺青而　abhinīla-netta　眼睫如牛王　go-pakhuma
6. catvāriṃśad-danta　四十齒具足　cattālīsa-danta
7. sama-danta　齒齊密　sama-danta
8. avirala-danta　齒根深　avivara-danta（aviraladanta）

9. susúkla-danta 齒白淨 susukka-dāṭha

10. rasa-rasāgratā 咽中津液得上味 rasaggas-aggī

11. siṃha-hanu 頰車如師子相 sīha-hanu

12. prabhūta-tanu-jihva 舌覆面至髮際 pahūtā-jihva

13. brahma-svara 聲如梵王 brahma-ssara karavīka-bhāṇī

14. susaṃvṛtaskandha 臂頭圓相 samavattakkhandha

15. saptotsada 七處平滿 sattussada

16. citāntarāṃsa 兩腋滿相 cit-antaraṃsa

17. sūkṣma-svarṇa-cchavi 皮膚細滑 sukhumacchavī sukhumattā chaviyā rajojallaṃ kāye na upalippati

18. sthitānavanata-pralamba-bāhutā 正立不屈二手過膝 ṭhitako va anonamanto ubhohi pāṇittalehi jannukāni parimasati parimajjati

19. siṃhapūrvārdhakāya 上身如師子 sīha-pubbaddhakāya

20. nyagrodha-parimaṇḍala 身縱廣等如聶卓答樹 nigrodha-parimaṇḍalo, yāvatakv assa kayo tāvatakv assavyāmo, yāvatakv assa vyāmo tāvatakv assa kāyo

21. ekaika-roma-pradakṣiṇāvarta 身毛上生青色柔軟 ekeka-lomo ekekāni lomāni loma-kūpesu jātāni

22. ūrdhvaṃga-roma 毛上靡 uddhagga-lomo uddhaggāni lomāni jātāni nīlāni añjana-vaṇṇāni kuṇḍala-vattāni padakkhiṇāvattaka-jātāni

23. kośopagata-vasti-guhya 陰藏如馬王 kosohita-vatthaguyha

24. suvartitoru　足跟圓好
25. ucchaṅkha-pāda　足不露踝　ussaṅkha-pāda
26. mṛdu-taruṇa-hasta-pāda-tala　手足柔軟　mudu-taluṇa-hattha-pāda
27. jālāvanaddha-hasta-pāda　手足縵網　jāla-hattha-pāda
28. dīrghāṅguli　指纖長　dīghāṅgulī
29. cakrāṅkita-hasta-pāda-tala　手足具千輻輪　heṭṭhā-pāda-talesu cakkāni jātāni sahassārāni sanemikāni sanābhikāni sabbākāraparipūrāni
30. supratiṣṭhita-pāda　足下安平　suppatiṭṭhita-pāda
31. āyata-pāda-pārṣṇi　足趺高隆　āyata-paṇhī
32. aiṇeya-jaṅgha　腨如鹿王　eṇi-jaṅgha

此等諸相一一皆是所謂百福莊嚴所致，亦即百思（可解為深刻鄭重義）行十善業道之結果〔（參照《婆沙》卷一七七，大正二七，八八九頁下）。《婆沙》載有一說，曰：「得三十二相中第一目紺青相，以慈眼眺世間故。」（同，八八八頁上）〕。亦即可以解為心之修養能令其形相端嚴微妙。

作為菩薩的階段，原則上，此百劫位雖是必須經過的時期，但未必皆須歷經百劫。若大奮發生起，其劫數可以有某種程度的減少。釋迦牟尼佛即有超劫之表現，相傳菩薩原與彌勒（Maitreya）在底沙（補砂）佛座下一起修行，就根機而言，彌勒應早於釋迦菩薩成佛。但釋迦菩薩的修行極猛烈認真，尤其當睹見在山中入火界定的光明赫耀的底沙佛之相時，歷經七晝夜，翹足片刻不瞬的瞻仰佛之尊容。更且偈曰：

天地此界多聞室，逝宮天處十方無，丈夫牛王大沙門，尋地山林遍無等。

依此精進力，遂超九劫，僅經九十一劫，即得以成佛[10]。釋迦是現在佛，而彌勒是未來佛的原因在此。如此的記載當然是神話，但從強調精進努力的效果看來，將此視為修行的意味不能忽視。如是，歷經百劫修行而終將成佛的前一生，被稱最後身菩薩。此語具有「菩薩的最後」之義，居此位的菩薩在種種方面，異於輪迴中的菩薩，故必須就此論之。

第三節 ◆ 最後身菩薩

關於最後身菩薩，首先要論述的是，從兜率天下生時，是以白象之形進入母胎。依據《宗輪論》所述，此乃大眾部、一說部、說出世部、雞胤部的主張（依據巴瓦亞所述，主要是一說部所說，*Rockhill's The Life of the Buddha*, p. 188），認為此乃最後身菩薩托胎必然採取之形式，故有「一切菩薩入母胎時，取白象之形」之說。無庸贅言，大眾部不承認中有（antarā-bhava）的存在，因此並不認為白象是菩薩

10.《婆沙》卷一七七（大正二七，八九〇頁中），又《婆沙》卷七（大正二七，三三頁上）論及菩薩起順抉擇分否，若起，何故曰：「善根皆一座得」；若不起，何故曰：「九十一劫不墮惡趣」等，進而就順抉擇分可不可轉向餘乘等，作種種論究。

之中有，但仍主張是取白象之形。關於此白象，有二種傳說，《太子瑞應經》（大正三，四七三頁中）與《過去現在因果經》（大正三，六二四頁上）是載為「乘白象」而來，但《普曜經》（*Lalitavistara*）等則是載為「作白象形」而來（大正三，四一九頁上），據此看來，大眾部是依從後者的傳說。若探詢此傳說之根源，應是來自摩耶（Māyā）之夢，故無需堅持白象之說。基於此一見地而駁斥此白象說的是有部，彼等認為菩薩在中有階段，已具三十二相八十隨好，光明赫耀，故絕無如白象的畜類之形。白象之說只是為顯示其夢吉祥，僅為一種譬喻（《婆沙》卷七〇，大正二七，三六一頁下）。因此，對於大德法善現所作如次偈頌：

白象相端嚴，具六牙四足。正知入母胎，寢如仙隱林。

《婆沙》評曰：「此不須通，非三藏故。」（同上），亦即相對於浪漫派的（romantic）大眾部，有部的合理論的（rationalistic），在此完全呈現。

其次就托胎時之心思予以考察。若依據阿毘達磨之法相，通常吾人托胎是對於父母懷著愛心或恚心，亦即對父親懷著恚心，對母親懷著愛心時，將出生為男子，反之則是女子。若是如此，所產生的問題是，最後身菩薩托胎時的心思是如何？一般人其入胎或出胎時並無意識，但菩薩有覺知，此乃諸派之所共認〔參照漢譯《施設論》卷二曰：「菩薩知入胎住胎出胎等事。」（大正二六，五一八頁中）以及《婆沙》卷六〇（大正二七，三〇八頁下）等〕，但問題是，其覺知有否愛憎？依據大眾部與雪山部所述，菩薩本是聖者，是為教化眾生而入胎，故其入胎並無貪愛之念（《異部宗輪論》），反之，有部雖不認為菩薩有貪愛，但認為仍有對父母的認識與親愛之情，是因於親愛之動力而托胎（《婆沙》卷一七一，大正二七，八六三頁）。亦即就此而言，大眾部系完全將菩薩視為是超自然的，而上座部系仍以人視之。如是，菩薩進入母胎，依據一般順序，須經凝滑位（kalala，羯刺藍，一七日）、皰位（arbuda，頞部曇，二七日）、血肉位（peśī，閉尸，三七日）、堅肉位（ghana，鍵南，四七日）、支節位（praśākhā，鉢羅奢佉，五七日以後）等所謂的胎內五位才出胎。但菩薩於百劫位已修得三十二相，因此是否有此過程，諸部對此也有異論。大眾部（依據巴瓦亞所說，是一說部，Rockhill: *The Life of the Buddha*, p. 188）主張菩薩入胎時，因於特殊物質，諸根頓時俱備，故不須經過五位（國譯《宗輪論》大眾部條，二〇頁），但上座部不同意此說。《施設論》卷二雖曰：「菩薩住母胎中，而能不染胎臟諸垢，無血肉垢無雜穢垢，乃至餘諸不淨垢等而悉不染。」（大正二六，五一七頁中），但並非主張可以不經五位，尤其《大毘婆沙論》卷二十（大正二七，一〇一頁中）曰：「菩薩生身猶有種種便利不淨。」故可視為是認為仍有一般的發育過程。

最後關於降誕，菩薩誕生時，諸天承之，天龍降注甘露，自行七步，偈曰：「我乃世界第一——。」諸派對此所傳一致，問題在於是否從其母右脅誕生。菩薩從右脅誕生之說，見於《長阿含》（《遊行經》）的毘婆尸佛傳，以及其他種種佛傳，也見於犍陀羅（Gandhāra）式的雕刻美術之中，此是廣被相信的降誕之相。因此，大眾部認為此乃菩薩（最後身）必然的誕生相，主張「一切菩薩出母胎時，皆從右脅生」（國譯《宗輪論》大眾部條，二〇頁）。有此傳說產生之所以，是古神話與清淨的菩薩不能從產道出胎的觀念兩者相結合所致〔《梨俱吠陀》載有因陀羅（Indra）從其母脇腹出生的傳說（參照《印度哲學宗教史》[11]，第一篇第二章第二節），但因陀羅與轉輪王之間的關係不明〕。古經典之中，對於瞿曇悉達（Gotama Siddhattha）並無如此紀錄，《因緣譚》雖有無產褥汙濁之說，但沒有言及右脅出生。據此看來，錫蘭所傳的上座部不認為此為事實，被視為有部所傳的《施設論》，關於菩薩之出生雖有種種說明，但亦無右脅出生之說，因此可以認為有部是不承認的。《宗輪論》等特將此載為大眾部之主張，視為是與有部相對的特殊之說，上座部系是注重事實的部派，故將此視為只是譬喻而已。

總之，菩薩是以人的形態出生。阿私陀（Asita）仙見其相貌，預言若在家將為轉輪王，若出家將成為佛陀，諸傳對此所傳一致，若依其先前經歷看來，當然必是如此。但由於已是菩薩，因此不是成為輪王，而是成為佛陀，此乃先天的約束。而二十九歲之前的居家生活，只是用以顯示佛陀仍與吾人相同而已。如是，踰城出家可說是三祇百劫以來的修行之終結，阿毘達磨論師對此特為重視，其因在此。問題是，若是如此，出家後的修行以及降魔成道又當如何解釋？大眾部認為在初阿僧祇劫終了，入聖位（ārya），亦即入見道位，其後的修行只是為了利他的斷惑行因，因此最後身的修行只是一種儀式，此如同為已實際掌握國政的國王舉行即位式。雖然如此，但六年的苦行，在菩提樹下安坐，降伏惡魔而成正覺，不能僅僅視為只是儀式而已，此間，消極的言之，所斷的是何等煩惱？若積極的而言，何者是其所證？此等若不闡明，菩薩與正等覺者（samyak-sambuddha）之間的內容無法區別。此乃爾後的大乘佛教有塵沙無明之說之所以，就筆者所知，對此，大眾部流並無詳細說明，故無法得知其真意。反之，上座部系認為菩薩在百劫位才到達下忍位（kṣānti），故最後身菩薩的修行是相當於中忍位至世第一法位，從而無論其修行或降魔或正覺，都是實質的。此乃從有部所主張的「菩薩是異生，諸結未斷」（國譯《宗輪論》上座部條，四六頁）而產生的結論。無庸贅言，菩薩在前生已伏斷修惑大部分（下八地），亦即伏斷大部分情意的煩惱，累積濟度眾生之修鍊，但若欲真正成為佛陀，必須有畫龍點睛的大菩提（大覺）。最後身菩薩的修行即是此點睛之手續，最後下筆的是，所謂的「三十四心的一坐斷結成道」。「一坐」意指並非立於菩提樹下，而「三十四心」是指見道十六心（苦法智忍、苦法智乃至道法智忍，道法智，苦類智忍、苦類智，乃至道類智忍、道類智）加上斷有頂地修惑的九無間道與九解脫道所成的三十四念。簡言之，完全達觀苦、集、滅、道等四諦道理，同時完全破除殘餘的情意迷執，最後三祇百劫之總勘定於此完成。此際，菩薩的心是沉靜的，亦即是在第四禪定，離覺觀，超越苦樂，捨念清淨，不動安住的統一狀態，法相上，稱此為住於第四禪。

〔附帶一提，北道派與案達羅派認為「佛依一聖道實現四沙門果 Ekena ari-yamaggena cattāri sāmaññaphalāni sacchikaroti.（*K.V.* XVIII. 5）」。亦即佛陀不經預流，一來，不還等階段，僅依一羅漢道而成第四果。但上座部不同意此說（有別於三十四心）。〕

11. 編按：中譯本由臺灣商務印書館於二〇一七年三月初版。

第六章 佛身觀

第一節◆佛陀

如是，菩薩成正覺，成為佛陀。如來（tathāgata）、善逝（sugata）、世間解（lokavit）等尊號，是就其成道以後的境界稱之；作為歷史事實的佛陀觀，則是從對成正覺以後的人格如何解釋出發。亦即當從來作為人的悉達多太子成為佛陀時，擁有何等資格與力用，是此佛陀論的出發點，實言之，前述的菩薩論無非是如此觀察的反向延長。

若是如此，大體上，佛陀的直傳弟子是如何觀察作為其師的佛陀？此固然因人而異，但總的說來，彼等認為佛陀是人天導師，是三界救世主，是超人，此依古紀錄所載，應是無可懷疑的。但除此之外，彼等也沒忘記作為人的佛陀的經歷；其幼時之閱歷與修行時的困惑，以及教團中的日常生活，乃至常有病痛，甚至最後是因於腹痛而入滅，凡此乃是彼等之所親見。亦即彼等所見的佛陀，具有超自然的要素與人類的要素等兩方面，佛陀在世時，以及入滅後不久，如此的觀察既是正當更且充分。但隨著年月流逝，愈發緬懷佛陀的偉大，遂逐漸予以理想化，同時，其他方面種種神學的問題也湧出時，只是如此的觀察終究不能滿足。佛陀所顯現的人性方面，究竟是如實相？或是為濟度眾生而示現？佛陀與一般的羅漢在修行上有何差別？過去諸佛與現在的釋迦牟尼佛有否異同？如是等等，法相的問題源源不斷湧出。前述的菩薩論不外於是應此要求而闡明其修行的過程，此如前述，但成為佛陀之後的問題亦必須予以論述。

第二節◆佛陀與聲聞、緣覺之間的差別

基於方便，首先論及佛陀與一般的羅漢及所謂的獨覺（pratyekabuddha）之間的差異。在原始佛教中，佛陀也被視為是羅漢之一，此徵於律藏的《大品》等，有「教化五比丘之後，加上佛，世上遂有六阿羅漢」的記事可以知之。但事實上，佛陀的偉大終究是迦葉、舍利弗、目連所不能及，故其間的區別在法相上必須確立。更且若依據傳說，佛陀成正覺時，對於布教曾感到躊躇，亦即佛陀若不從事布教，終究只是一位覺者而已。由於世上有如此種類的覺者，故有所謂的獨覺思想生起，從而有必要將此與自覺覺他的佛陀相比較，此一問題成為阿毘達磨的問題之所以。從諸派對此的意見看來，無論佛陀或羅漢都是解脫者，二者同一，對此各派所見一致。亦即對於「斷生死之因的煩惱，以及不再受後有」的見解相同。其間的差異是到達解脫的道行，從而是解脫後的力用。若依據《宗輪論》所載，如同化地部也有部派主張佛與二乘是同一道，同一解脫，成佛之道與解脫的內容，聲聞、獨覺也是相同，只是在分量上有差別，但總的說來，認為佛陀與二乘同一解脫，但三乘之聖道有別的，以有部、法藏部為首（依據《異部宗輪論》所載），大抵的部派都持此說。對此，作最詳細述說的《大毘婆沙論》卷一四三，關於具知根的問題，揭出三乘區別之諸說，茲摘出其主要所述如次。

首先就所斷煩惱觀之，依據有部所述，吾人的無知（ajñāna），可作染汙無知（kliṣṭājñāna）與不染汙無知（akliṣṭājñāna）之區分，所謂的染汙無知，主要是指情意方面的煩惱，是令吾人為輪迴所縛之因；所謂的不染汙無知，依據《光記》所載，是以劣想為體，非生死之因，只是令對於事物之真理不能了解（或將隨眠與事分成二種疑惑，但若是如此，則類似染汙、不染汙之分類）。佛陀與二乘之區別若依此見地看來，佛陀斷兩種無知，而二乘只斷染汙無知。因此，在斷染汙無知而解脫生死上是同一解脫。但相對於佛陀也斷不染汙，得一切智與一切種智，擁有對於世界人生之價值的判斷，以及對於各個事物的正確知識，二乘只獲得對於價值判斷的正確知識；亦即是依「無知」作為區別佛陀與二乘之基礎。從而基於稱此為智，亦稱為覺智，可以說佛陀於一切境（爾焰，jñeya），是自覺（非依他），是完全無餘的覺知（遍覺），更且是正確的覺知（無錯謬覺），相對於此，獨覺只有自覺，無其他二覺，聲聞則是三覺皆無，此乃是彼等之差異點（或謂佛陀有自然覺、一切種覺，緣覺有自然覺，聲聞兩覺皆無）。進而關於力用，佛陀有十力、四無所畏、大悲、三念住的所謂十八不共法，反之，二乘無之（以上出自《婆沙》卷一四三，大正二七，七三五頁中）。

其次，是大悲（mahākaruṇā）。關於大悲與聲聞之悲的差異，《婆沙論》卷三一、《俱舍論》卷二七等列出八條，主要是大悲的範圍大，以及絕對（無染）的方面是二乘所不能及，故曰不共。

〔關於以上的十八不共法，參照《俱舍》卷二七的智品第二（大正二九，一四〇頁上～一四一頁上，國譯一～一二頁）。附帶一提，《婆沙論》卷三一（大正二七，一五九頁下）對於大悲的說明，是引用本生譚，又作略帶大乘的說明，此應予以注意〕。

十八不共法

十力：

1. 處非處智力（sthānāsthāna-jñānabala，有關道理與無道理之智）
2. 業異熟智力（karmavipāka-jñānabala）
3. 種種勝解智力（nānādhimukti-jñānabala）
4. 種種界智力（nānādhātu-jñānabala）
5. 根上下智力（indriyaparāpara-jñānabala）
6. 遍趣行智力（sarvatragāminīpratipaj-jñānabala）
7. 一切靜慮解脫三摩地三摩鉢底出離雜染清淨智力（sarvadhyānavimokṣasamādhisamāpattisaṃkleśavy-avadānavyutthāna-jñānabala）
8. 宿住隨念智力（pūrvanivāsānusmṛti-jñānabala）
9. 死生智力（cyutyupapatti-jñānabala）
10. 漏盡智力（āsravakṣaya-jñānabala）

四無所畏：

1. 一切智無所畏（sarvadharmābhisaṃbodhi-vaiśāradya）
   一名正等覺無畏（samyaksaṃbuddha-vaiśāradya）
2. 一切漏盡智無所畏（sarvāsravakṣayajñāna-vaiśāradya）
   一名漏永盡無畏（āsravakṣayajñāna-vaiśāradya）
3. 說障道無所畏（antarāyikadharmānanyathātvaniścitavyākaraṇa-vaiśāradya）
   一名說障法無畏（antarāyikadharmākhyāna-vaiśāradya）
4. 說盡苦道無所畏（sarvasaṃpadadhigamāya nairyāṇikapratipattathātva-vaiśāradya）
   一名說出道無畏（nairyāṇikapratipadfākhyāna-vaiśāradya，道修必出離說怖）

三念住：

1. 於諸敬信者發平等（śuśrūṣamāṇeṣu samacittatā）
2. 於諸不敬信者發平等（aśuśrūṣamāṇeṣu samacittatā）
3. 於諸敬信不敬信者亦發平等（śuśrūṣamānāśuśrūṣamāṇeṣu samacittatā）

大悲（mahākaruṇā）

以上的十八法，佛陀獨有，二乘則無，此乃是兩者的區別。依據《論事》所載，案達羅派主張十力亦通聲聞（Tathāgatabalaṃ sāvakasādhāraṇam, *K.V.* III. 1），但其餘諸派一般都將此視為是佛陀特有之力，用以作為區別聲聞之標準。

上述主要是依有部的立場揭出佛陀與二乘之區別，對於此等大致上大眾部也承認。就筆者所知，對此大眾部並無特別意見，但也可以認為五事之說，即在顯示佛陀與羅漢的區別。所謂的五事，即如前文所述：①為餘所誘、②猶有無知、③亦有猶豫、④他令悟入、⑤道因聲起。

就南傳的《論事》見之，此即：

1. 阿羅漢猶有不淨之漏出。
   Atthi Arahato asucisukkavisaṭṭhi.（*K.V.* II.1）
2. 阿羅漢猶有無知。
   Atthi Arahato aññāṇaṃ.（*K.V.* II.2）
3. 阿羅漢猶有猶豫。
   Atthi Arahato kaṅkhā.（*K.V.* II.3）
4. 阿羅漢猶須他令入。
   Atthi Arahato paravitāraṇā.（*K.V.* II.4）
5. 依苦一語而導入道支與道。
   Dukkhāhāro maggaṅgaṃ maggapariyāpannaṃ.（*K.V.* II.5）

《宗輪論》認為因為此五事，導致上座與大眾部分裂，此五事是相當具有大眾部特色的主張。將此等彙整成五事的，恐是制多山部或案達羅派，其要旨是在揭示羅漢仍是人性的。亦即就其第一項而言，縱使是羅漢，其肉身仍是有漏的，第二項與第三項揭示羅漢雖斷情意的煩惱，但有關事物與法義方面，仍有未能了解的，若用術語表示，是未得一切種智；第四項是揭示羅漢猶未能擁有所謂的自覺，仍需他人告知；第五項是揭示羅漢未必常住於定心，故為入定心，還需努力。雖然表面上看來，此僅是羅漢論，然其底層實暗含與佛陀對比之意。亦即伴隨菩薩論之發展，認為佛陀的身體是無漏，其心力是具足一切智、一切種智，無任何的無知與疑惑，佛陀的覺知完全是自覺的，更且常住於定心，此即大眾部系所持之佛陀觀，此中暗含低貶羅漢階位之意，乃是不能否定的。其所顯示的是，佛與聲聞之間的差異，但此等的差異除外，大體上所見與有部相同。

要言之，佛陀或二乘在解脫生死的方面是相同的，然其方式有別。佛陀是自利利他圓滿，幾乎可說是近於超自然的存在，反之，二乘所及第的，只是自利方面的解脫道上，雖不欠缺利他，但不具有作為佛陀的性格上之必要條件，因此，終究無法與佛陀比肩，此乃是阿毘達磨論師之所見。就此而言，《大毘婆沙論》將此三乘對照經典所說的三獸渡河之譬喻而作說明。兔子渡河時，只是浮在水上，而馬是偶爾觸及地面，未必徹底，唯獨香象渡河能完全觸及水底。用以比喻聲聞、緣覺與佛的此一譬喻，是爾後天台宗等經常使用的譬喻之先驅（《婆沙》卷一四三，大正二七，七三五頁中）。

為前揭事實作極為簡單定義的是《舍利弗阿毘曇論》卷八（大正二八，五八五頁上）中的三乘之說明，茲引用如次：

一、云何聲聞人？若人從他聞，受他教請他說聽他法，非自思非自覺非自觀，上正決定，得須䄠洹果、斯陀含果、阿那含果、阿羅漢果。是名聲聞人。

二、云何緣覺人？若人三十二相不成就，亦不從他聞，不受他教，不請他說，不聽他法，自思自覺自觀，上正決定，得須陀洹果、斯陀含果、阿那含果、阿羅漢果。於一切法心無礙知見，心得自在，心得由力自在心豪尊勝貴自在，非知見無上最勝正覺，非成就如來十力四無所畏大慈轉於法輪。是名緣覺人。

三、云何正覺人？若人三十二相成就，不從他聞，不學他教，不請他說，不聽他法，自思自覺自觀，於一切法知見無礙得由力自在豪尊勝貴自在，知見無上，最勝正覺，成就如來十力四無所畏，成就大慈，成就自在，轉於法輪。是名正覺人。

此外，依據無著《大乘阿毘達磨集論》卷七（大正三一，六九〇頁下）所載，聲聞之現觀與菩薩之現觀有十一種區別，其果之差別也有十種。對此的解釋，參見安慧《大乘阿毘達磨雜集論》卷十三（大正三一，七五七頁上）。

第三節 ◆ 佛陀的身體

如是，佛陀終於成為一切眾生之最上聖者。若是如此，其本性又是如何？對於此一問題之探究，首先是從身體方面開始。佛陀的精神界當然是無漏（anāsrava），且是超自然的（lokottara），因此成為問題的，是身體的方面。此因在身體方面，一方面佛陀的身體既然仍屬於生身，本性上，必然與吾等共通，但從另一方面而言，經過多劫修行，在菩薩時代既已具備三十二相，故於成佛時，必然已是超自然的靈體。抱持後者意見的是大眾部，尤其是一說部與說出世部是其代表。彼等認為佛陀不只是精神界無漏，其肉體亦然，若用術語表示，是所謂的十八界唯無漏（《宗輪論》大眾部條，Bhavya: *Ekavyohāra, Ekavyavahārika*; Rockvill: *The Life of the Buddha* p. 187；《婆沙》卷四四，大正二七，二九九頁上，以及卷七六，三九一頁下）。所謂的十八界是六根、六境、六識之總稱，簡言之，指的是身心組織其全體。佛陀之生身非業力所感，完全是為濟度眾生而顯現，換言之，是權現的托胎。此恐是對應大眾部的菩薩觀而產生的思想（依據《婆沙》卷七六所載，大眾部以「如來生在世間，長在世間，出世間住，不為世法之所染汙云云……」作為經證）。初始其立場僅單就佛陀的肉體，但當形成主張時，當然必須朝向歸結推進。亦即佛陀的肉身是超自然的，故其排泄物也是超自然的，依據《論事》所載，部分的案達羅派與北道派等認為如來的排泄物猶勝於任何妙香（Buddhassa bhagavato uccārapassāvo ativiya aññe gandhajāte adhigaṇhāti *K.V.* XVIII. 4），可以說已如同童稚之言，進而依據《宗輪論》所載，最後從大眾部中出現「如來色身實無邊際」、「如來威力亦無邊際」、「諸佛壽量亦無邊際」之說[12]。此因佛陀的肉體既是無漏、是出世間（超自然）的，自然將到達超越時空制約之結論，再加之，佛陀的誓願既然是濟度眾生，自然是「佛於化度有情，令生淨信，無厭足心」（《宗輪論》大眾部之條），意即依據有情是恆常存在的觀點，必然有此結論。當然從大眾部中最為進步之說，或從所謂「諸佛世尊皆是出世。一切如來無有漏法」（《宗輪論》）之說，到達如此結論之間，必然有不少的論理進展，但就最後的結論而言，自然是臻於此境。爾後大乘佛教的佛身觀實是出發於此，從而就大眾部的佛身觀言之，可以說已朝向法身、應身、報身之思想推進。

相對於大眾部如此之意見，完全以人的觀點看待佛陀本性的是上座部。佛陀之所以為佛陀，完全在於其精神方面，其肉體縱使具三十二相，也擁有大威力（有部等也承認有百千眾之力。《婆沙》卷三〇，《俱舍》卷二七），但肉身仍是肉身。佛陀自己雖斷煩惱，但偶爾仍能令他人生起煩惱，故就此而言，仍屬有漏法。《大毘婆沙論》對此予以說明，佛陀的肉身同樣是無明渴愛之結果，更就仍是他人煩惱之因，作如次說明：

> 若佛身是無漏者，無比女人不應於佛生身起愛，指鬘於佛不應生瞋，諸憍傲者不應生慢，盧頻螺迦葉波等不應生癡云云。（《婆沙》卷七六，大正二七，三九二頁上）

更指出經典謂佛陀不為世法所染之所以，主要是不為世間利害、得失、苦樂等所動，詳言之，不外於是超脫利、譽、稱、樂等四法，以及衰、毀、譏、苦等四法（《婆沙》同上）。從而佛陀之排泄物仍是不淨，壽命方面的自由，只有三月留壽，二十年捨壽，絕非無際限（有部認為依四神足能延一劫），其容積亦非無限。若用術語表現，是十五界唯有漏，後三界無漏，以此作為有部佛身觀之標誌。從而佛陀的本誓是濟度眾生，但在方法上，未必需以己之生身教化一切。建立作為濟度一切之因緣的

12.《增一阿含》卷二（大正二，五五四頁上）：如來體者金剛所成；《增一阿含》卷三六（大正二，七五一頁上）：如來身者金剛之數；《雜阿含》卷二三（大正二，一六八頁中）如來之體身法身性清淨。

法身（即僧伽與法義），才是最合理的。故《婆沙》卷一一六（大正二七，六〇二頁上）將出佛身血與破和合僧罪之輕重作比較，若出佛身血，只是破壞佛之生身，但破和合僧是壞佛法身，更有「一切如來應正等覺敬重法身，不重生身」之說。從而佛陀之入涅槃絕非假滅而是真滅，並非大眾部所說的佛陀之壽命無量。

要言之，見解上的差別，在於上座部所見的佛陀完全是人間的佛陀，而大眾部是以法身（buddhahood）的權化看待佛陀。上座部認為若有僧伽與法義，無論有無生身，佛陀的精神永存，相對於此，大眾部完全以佛陀為中心，僧伽與法義之外，若無作為源泉的佛陀常住，其救濟觀難以完成，此若結合基督教會中的基督與教會兩者之間的關係等問題而作考察，將極具趣味性。

第四節◆佛陀的精神力

對於佛陀的身體，大眾部系與上座部系的意見雖然有別，但有關精神力的部分，兩系的看法大體是一致的。其精神界完全無漏，是超自然的，其意力無邊，此乃上座部與大眾部之所共認（《婆沙》卷三〇（大正二七，一五五頁下）：大德認為菩薩意力無邊，身力無邊，《俱舍》卷二七（大正二九，一四〇頁下）：大德法救認為佛之意力無邊，身力無邊）。但克實言之，兩派之間多少還是有所差別。大眾部系極度強調其無邊之精神力，相對於此，上座部則認為此間某種程度仍有通常的心理法則之作用。例如大眾部系認為佛陀之心力能於一剎那之間，了知一切法，換言之，無論外境，或心之作用（心所），或心之自體，皆能以一剎那心了知之。從而無論任何人詢問任何事物，佛陀皆能不待思惟而直接答辯〔佛一剎那心能起一語，一剎那語能說一字，聲聞、獨覺一剎那心能起一語，一剎那語不能說一字（《婆沙》卷一五，大正二七，七二頁中），又如於一剎那心了一切法，一剎那心相應（心所）般若知一切法（《宗輪論》）〕。又，就解脫智之盡智（kṣaya-jñāna）與無生智（anutpāda-jñāna）言之，如來是二體常同時活動不絕，直至涅槃，故曰諸佛世尊盡智無生智恆常隨轉，乃至般涅槃（《宗輪論》），從而佛陀之心非無記心，常住不斷，解脫智充遍。相對於此，上座部系認為所謂的如來精神力無邊，未必是意指一剎那完成一切。為了知一切法，仍有必要特別的作意（注意）。亦即就其範圍言之，不作意而得知的，僅限於三千大千世界〔《中阿含》（又稱中部，*Majjhima-nikāya*）卷十九，《梵天請佛經》曰：「世尊告曰梵天如日自在明照諸方，是為千世界。於千世界中，我得自在，云云。」（大正一，五四八頁上）〕，佛指出自己僅於三千大世界得自在，是有限制的（參照《俱舍》卷一二，大正二九，六四頁下，國譯七三五頁）〕。為了知十方世界，仍有必要作意。從而需要某些時間，又就對象的性質言之，外境雖能一剎那得知，但對於內境之心、心所及其俱有法，則無法於同時一剎那知之。至少現在認識之當體的心、心所，縱使是佛，若不至於次念，亦不能認知〔法藏與化地部認為能知心所與俱有法知，但不能知心王，有部認為能知外境與共相（例如諸法無我），但不能知此際的心之自性、相應、俱有法（國譯《宗輪論》一九～二〇頁腳註）〕。有部的理由是，吾人的心理活動是一心（注意的焦點）之持續，不能同時二心俱起，縱使是佛陀，亦無例外。從而盡智、無生智的生起是相繼的，不能同時活動，佛陀也有無記心，未必盡智、無生智常恆隨轉。縱使是佛陀，偶爾也有一般的無記狀態；縱使是佛陀，在答問時，也需要某種程度的思惟。如是，同樣認為精神力無限，但兩派的解釋有別，導致產生有關佛陀說法（亦即轉法輪）之議論，在種種方面，成為最應予以注意的論爭之一。

第五節◆轉法輪

佛陀是佛陀之所以，其特徵之一，無庸贅言，是為眾生說法。不說法的佛陀只是緣覺，而非正等覺者，說法是佛陀本質的資格。問題是，所謂的說法是何所指？又，佛陀所說是否都代表佛陀本意？進而佛陀的說法與本地的佛陀之間的根本關係如何？如是等等的問題自然伴隨前述的佛陀觀生起。一如往常，大眾部對於此一方面，仍是極為理想性的。首先從最高見地，亦即以法身觀的佛陀觀的立腳地觀之，佛陀只是為度化眾生而假現的，故其說法也只是一種假現。持此見地的，依據《論事》及其註所載，是案達羅派、北道派等大眾部之部派。依據方等派（Vetulyaka）所述，「佛住於世間之說」（Buddho Bhagavā manu ssaloke aṭṭhāsīti）是錯誤的認知（Na vattabbaṃ *K.V.* XVIII. 1），其本地其實常在兜率天，現於此世的，只是其化身而已（*K.V.* XVIII. 1. *Commentary*）。從而「佛陀為吾人說法之說」也是錯誤的認知，實則佛是以其特殊威力，以化身（abhinimmita）教導眾生，其自身常安住於兜率天（Na vattabbaṃ "Buddhena Bhagavatā dhammo desi to ti." *K.V.* XVIII. 2, *Commentary*）。作為大眾部所計，《宗輪論》曰：「佛一切時不說名等，常在定故。然諸有情謂說名等，歡喜踊躍。」就認為佛陀之本地是在兜率天而言，異於方等派所說，但在認為佛陀非直接說法的方面，所說相同。要言之，此等雖認為佛陀以濟度眾生為其任務，但不離其報身地位，是任運自然而行，非如吾人通常所知的「佛陀依其意志與努力」所致。爾後唯識派中，之所以有說法家與不說法家之爭，其淵源實已存在於小乘之中。

但在大眾部中，此乃屬相當進步的意見，「佛陀為吾人說法」此一認知，上座部當然無庸贅言，大部分的大眾部派也是如此認定。因此，首先的問題是，佛陀是以何種語言說法？此若就歷史問題而作考察，是非常大的問題，故必須就巴利語的性質論之。但就阿毘達磨的法相問題而言，無須觸及於此，要言之，問題是，佛是以一音（一定之國語）或多國語言說法？此因當時有多國語言，佛陀座下有種種人種匯集，自然產生此一問題。對於此一問題，大眾部循例依其理想主義的立場，認為佛陀所用的國語是一音，亦即以梵音（Saṁskṛt）說法，座下的大眾依佛威神力，自然轉化成自己的國語，據此而得利益。《宗輪論》將此載為「佛以一音說一切法」。此雖亦能理解為佛以一語述說多種多樣的內容，但至少若視為是有關語言的問題，則所謂的一音應理解為是「一國之語言」。作為此說之權證，《大毘婆沙論》（卷七九，大正二七，四一〇頁上）引用古頌曰：

> 佛以一音演說法，眾生隨類各得解。
> 皆謂世尊同其語，獨爲我說種種義。

相對於此，上座部，尤其是有部，則認為佛陀是依其所處場所而使用各種語言。亦即彼等作如此會通：佛陀有時是使用梵音，有時使用篾戾車（Mleccha）語，有時使用礫迦國（Śaka）語，若會中有多種人種時，則速疾轉變成該國語言，令眾人得以會得，故人人皆以為是一音〔但對於此頌文，從有部之立場而言，此不必須通，非三藏故（《婆沙》卷七九，大正二七，四一〇頁中）〕。無庸贅言，上座部系所說，較近於事實，但《大毘婆沙論》等對於語言的問題是以過分廣泛的態度處理，故對於歷史的研究無任何助益，甚是遺憾。佛陀是以某種語言說法，此乃是事實，但問題是，大體上所謂的說法是何所指？換言之，所謂的說法僅與轉迷開悟有關？或佛陀所說的一切都是說法？依據歷史的考察，佛陀成道後，曾與帝梨富娑（Tapussa）、跋梨迦（Bhallika）二名商人以及邪命外道（Ājīvika）、優波迦（Upaka）等談過話，但此不被視為是說法（亦即轉法輪），在鹿野苑，佛陀為五比丘說四諦法，才被視為初轉法輪，由此可以衍生，鹿野苑以後，佛陀的談話之中，或許也有不被認為是說法的。對此，大眾部循例提出「諸如來之語皆轉法輪」。此派提出的理由是，說法之主體是言語（《婆沙》卷一八二，大正二七，九一二頁中），更且如來之語縱使是日常語，也是出世間的（Buddhassa Bhagavato vohāro lokuttaro *K.V.* II. 10, Andhaka），如來的談話無論與法義有否直接關係，都是說法。例如佛曾問阿難是否降雨？但此乃是為令阿難精進於道的言說。相對於此，有部認為法輪之體不在言語，而是存於聖道之中，因此佛陀以非思及聖道的無記心所說的，例如雨降與否的言說，不能稱為法輪（《婆沙》卷一二六，大正二七，六五九頁中，參照卷一八二，九一二頁中與下）。取此兩說之中立說法的是多聞部，依據此派所說，說法之體是音聲，但並非一切音聲都是說法，只有無常、苦、空、無我、涅槃寂靜等五音是說法，其他不然（《宗輪論》多聞部之條）。如是，此並非只是上座、大眾兩大部派之爭議，而是兩派的人錯綜複雜的加入論戰，亦即贊同所謂大眾部流的，說假、制多、西山、北山之外，也有上座部中的法藏與飲光；而贊同有部流的，雪山、犢子、法上、賢胄、正量、密林、化地、經量等之外，大眾部中的多聞部所說也與此相當接近。

與此相關的問題是，一切言語無論是說法或不然，總的說來，所說的法是否為完整的？若用術語表示，悉屬了義（nītārtha），或有其限制，其義理是不徹底的，是不了義（neyārtha）。此因依據歷史考察，佛陀明明白白地指出「我正覺以來直至涅槃，一切所說，真實不虛」（《中阿含》卷三四，世間經，大正一，六四五頁中，*A.N.* IV. 23 *Loka Sutta*），但從另一方面所持的理由是，佛陀的自內證與佛的說法之間，多少有所逕庭（《原始佛教思想論》四五～五三頁，中譯本四一～四六頁），此一問題爾後在整理佛陀教法時，產生重大疑義。大眾部徒的看法，無庸贅言，循例認為佛陀的說法一切無不了義。若依先前的一音說法，此乃是自然而然的結論，但若就實際言之，大眾部徒對於一切都依理想而作解釋，對於佛陀的教法也是納入自己的解釋方式，故無需論述教法是了或不了。反之，著重事實的上座部，尤其是有部，認為佛的說法之中也有不了的，也有義理未完成的經典。因此，事實的問題之外，對此若不作論述，對於彙整經法的阿毘達磨，彼等無法作統整的論述，因此著重阿毘達磨的此派，自然持此主張。就此而言，反而從保守的上座部之中，得以窺見爾後判釋思想之根苗。尤其《大毘婆沙論》等，認為佛陀的真意未必呈現於經文表面，有時是隱藏於其內在。「有著文沙門，離經文字遂不得言」（《婆沙》卷五〇，大正二七，二五九頁中，有沙門執著文字離經所說終不敢言……），對於過分執著經句等予以彈呵的記載，實不容忽視。就大乘經典的出現，是出自於大眾部系部派而言，相較於上座部，大眾部可說是大乘的，但雖無大眾部的隨意揮灑，上座部仍某種程度的釋出大乘的氛圍，此中確實有相當值得玩味之處。

第六節 ◆ 諸佛之間的異同

以上所述，當然是以釋迦佛為中心的佛陀論，但就阿毘達磨的法相而言，不只是釋迦佛，一切諸佛都是適用的。既然有種種的佛，則各佛彼此之間自然有相同，同時也有差異，此自是當然。因此在法相上，此即成為問題。但在進入此一問題之前，首先必須確定的是，諸佛的意義。過去有七佛，或二十四佛乃至數萬佛存在，此乃諸派之所共認，問題是，是否其他世界同時也有佛陀。徵於經典，經典所載是：如來與輪王同等，如同無二輪王並出，並無二佛並出〔例如《長阿含》卷十二的《自歡喜經》（大正一，七六頁中，*D.N.* 28. *Sampasādanīya Suttanta*），以及《中阿含》卷四七的《多界經》（大正一，七二三頁 *M.V.* 115. *Bahudhātuka Sutta*）、漢譯《施設論》卷三（大正二六，五二一頁上）等〕。但至少就漢譯「阿含」觀之，可認為承認多佛同時存在的經句未嘗沒有，例如《雜阿含》卷十八第四九八經（大正二，一三一頁上），作為佛之所言，如過去未來諸佛修四念處、七覺支而成無上正等覺，現在諸佛世尊亦然，亦即言及「現在諸佛」，又，在「阿含」中，也可見及作為他土之佛的奇光如來（《增一》卷二九第二經，大正二，七一〇頁上）。如是，對於此問題所作的神學論究，以有部為首，大抵是否定二佛並出，全宇宙唯有一佛，對於其感化範圍的看法一致，但大眾部（《論事》的大眾部之條項有 Sabbādisā Buddhā Eitthamti 之說。*K.V.* XXI. 6），乃至受大眾部影響的經量部則主張多佛同時存在。與此有關的問答，見於《俱舍論》卷十二（大正二九，六四頁下～六五頁上，國譯七三三～七三七頁），據其所載，一佛派主張「如來威力及於十方三千大千世界，故無多佛並出之必要」，反之，多佛派主張「今既有諸多菩薩修行佛道，則其他三千大千世界，也應有他佛出現，故無理由予以否定。再者經中雖無二佛並出之記載，但此僅只就此世界（三千大千世界）言之，故不能以此作為否定多佛的材料」。就此而言，多佛派顯然是爾後大乘佛教佛陀觀之先驅，雖然如此，但尚未如爾後大乘佛教承認他土之佛與此世界有情之間有救度關係，此當切記莫忘。

又，趁此機會，在此簡單就未來佛彌勒（Maitreya, Metteya）菩薩略作論述。

就歷史所作的觀察而言，對於佛陀入滅，覺得孤單無助的人，為獲得補償，因而有所謂的彌勒佛出現。至於何以名之為彌勒，不得而知，恐是脫化自米特拉（Mitra）的神話。但若就法相的問題見之，既已承認過去佛，必然也將承認有未來佛，若不立之，則過去佛的意義也無法完成（關於此彌勒論，有必要予以研究。參照彌勒之出典——《增一阿含》卷四五之不善品第四八，大正二，七九一頁）。

再回歸主題，阿毘達磨論師既然承認諸佛——無論異時或同時——則其同異是如何？概括言之，佛佛平等是阿毘達磨論師之立場。但嚴格說來，此間仍有種種爭論，大眾部承認有十方諸佛（*K.V.* XXI. 6），案達羅派認為彼此之間有優劣之區別（Atthi Buddhānaṃ Buddhehi hīnātirekatā. *K.V.* XXI. 5），依據巴瓦亞所述，一說部主張諸佛的說法未必一致（Rockhill: *The Life of the Buddha*, p. 187）。但大體上，在主要的方面，諸佛是一致的，只是在偶然的條件之下，彼此才有差異，此乃上座部系的觀點。尤其有部視《施設足論》所說為權威，採用「諸佛三事平等，故名平等」之說（《婆沙》卷十七，大正二七，八五頁上，《俱舍論》卷二七，大正二九，一四一頁中，分別智品第二，國譯一二一～一三頁）。三事是指修行、利益與法身等三事。所謂修行同一，是指諸佛悉經三祇百劫；第二的利益平等，是指諸佛皆悉利益眾生；第三的法身同一，是指諸佛同樣成就戒、定、慧、解脫、解脫智見等的五分法身。差別的是，壽命、種姓與家系等三種，亦即依人壽長短，而有長壽佛或短命佛之別；又有婆羅門姓佛或剎帝利種佛之別；或以迦葉為姓之佛，或以喬答摩（Gotama）為姓之佛陀，乃至身體大小以及法存續之期間有所差別等。總之，係依有情根機如何而導致，並非佛之本質有別，因此與佛佛平等並不違背。爾後的大乘佛教承認有種種的佛陀，更且其間至少有本願上的相異，此係來自大眾部系的差別觀，但從另一方面而言，大乘哲學的承認諸佛本性同一，應與上座部系有所關聯。

第二篇

宇宙成立的要素

的，如得[14]、生、住、異、滅、名、句、文、眾同分等，亦即將關係、狀態等視為如同物質要素與精神要素，都是存在的。將萬有解剖成種種要素之後所剩下的，不能納入於物或心，但又與彼等有關的狀態、性質等抽象的觀念，也視為是存在物。就此而言，有部的思想顯然類似勝論思想等，就筆者所見，兩者恐都是受文典派所開發的抽象名詞實在化的思想影響。總之，承認種種要素，主張彼等是實在的，此乃彼輩得名「說一切有部」之所以。更且就有部特徵而言，此等並非只是同時的橫向存在，在時間上也是異時的，是縱向的存在。依據有部所述，三無為法除外的其他七十二法（暫依《俱舍》所載法數），都是生滅變化，然其變化主要是因於繼起的現象，其各個法體依然存續。換言之，依據有部所述，未來是雜亂住，五位數十法的法體是雜然的無數存在。若不許彼等於未來存在，則現在的現象必然是從無所生，此不合道理。之所以未來亂雜的法體於現在有秩序地呈現，並不是因於未來的法體一時現在前，而是因於因緣作用，彼等依序呈現。就未來而言，在可能性上，所有的事態皆是存在的，但彼等並非一時現前，其因在此，此乃有部所說。如是，現前的現象當然是事實有，但依據有部所述，彼只是現在的一剎那顯現，於其次的剎那已落謝於過去。若是如此，其過去落謝的，豈非虛無？依據有部所述，不然。雖落謝於過去，然其法體依然作為過去的存在而存在。此因過去若是虛無，則過去不能影響現在。如是，依據有部所述，法體依其各個的作用與位置，而有過、現、未之區分，但法體的存在依然繼續。有部的現象觀可以說正如同電影的膠捲，膠捲在銀幕上的顯現只是一瞬間，但與彼實質相異，性質相似的膠捲卻源源不絕地繼起，故形成統一的現象呈現在銀幕上，而已放映過的部分，仍是作為膠捲而存在，有部的三世實有觀實同於此。差異的是，若是膠捲，其未來是預定的，反之，有部所述的未來未必是確然不動，過去與現在對於未來大有影響。總的說來，有部的三世實有論雖只是將時間轉為空間，但不容忽視在種種方面上，有其深義存在。

二、三世實有論之教證與理證

若是如此，有部如何證明其所持立場契合佛說，且是合理的？在契合佛說上，是以所謂的教證，即是引用經典中有助於三世實有觀的文句，以《論事》（一之六五六）為首，《婆沙》、《俱舍》最常引用的是《中阿含》（*Majjhimā Nikāya*, III. p. 16）與《雜阿含》（*Saṃyutta Nikāya*, III. p. 47）等的五蘊的說明：

> 比丘！色者云何？一切色即過去，或未來，或現在，或內，或外，或劣，或勝，或遠，或近，此稱爲色。何者爲受？一切受或過去，或未來，或現在……

此中言及過去、現在、未來，若佛陀不許三世實有，則無如此的表現。《識身足論》等對於觀法，引用佛陀所說的「已觀今觀當觀」之文句證明三世實有。例如：

14.《品類足論》卷一載有十六不相應行，此即：得、無想定、滅盡定、無想事、命根、眾同分、依得、事得、處得、生、老、住、無常性、名、句、文（大正二六，六九二頁下）；《法蘊足論》第十載為得、無想定、滅定、無想事、命根、眾同分、住得、事得、處得、生、老、住、無常、名身、句身、文身（大正二六，五〇〇頁下）；《俱舍論》揭出得、非得、命根眾同分、無想果、無想定、滅盡定、生、住、異、滅、名、句、文等十四種（《俱舍》卷四，大正二九，二二頁上，國譯二六二頁）。

有三不善根。——貪不善根、瞋不善根、癡不善根。於貪不善根已觀今觀當觀是不善。

（《識身足論》卷一，大正二六，五三一頁上）

此外，煩惱已斷、今斷、當斷之句也被引用（大正二六，五三三頁上、中）。進而《俱舍論》（卷二十隨眠品第二，大正二九，一〇四頁中，國譯四一〇頁）援用如次契經文句，作為三世實有說的教證之一：

苾芻！當知若過去色非有，不應多聞聖弟子眾於過去色勤修厭捨。已過去色是有故，應多聞聖弟子眾於過去色厭捨勤修云云。

〔*K.V.* I. 6, 63 引用 *S.N.* II. p. 101（《雜阿含》卷三，第七十九經，大正二，二〇頁上）〕

亦即此等煩惱若非涉及三世，則已觀、今觀、當觀等之說，乃至過去色應厭捨等之說，毫無意義。但就前揭二個教證言之，至少佛陀的真意並非認許存在涉及三世，而是有部利用字面上的表現，強將一切說為過去、未來、現在，或說為已斷、當斷、今斷等等。

有部三世實有論之根據與其求於教證，不如求於理證，亦即在道理上必然是如此。其理證有二種：第一是依業論證明，第二是從認識論證明。就業論而言，即依據業說，過去所行業習，現在獲報，過去及現在之業習經營未來，故若無過去未來，此三世因果論不能成立，過去作用現在，未來之出現是依現在之力，故三世皆存在之說必然成立。此係將過去收攝於現在的一剎那，而現在孕育未來之事實轉為空間性的，但基於此業說的實有論是其最原始的根據。依據《論事》等[15]所載，飲光部主張並非全體的過去與未來，而是其中一部分存在，其根據仍是基於業與果的關係，據此看來，業論與三世論的關係並非只是有部獨倡。

再就認識論的根據言之，有部主張在認識論上，非無所緣心。亦即認識必然託於對象而起，識與對象若無共同，則不能起（《俱舍》卷二十，隨眠品第二，大正二九，一〇四頁中，國譯四一一頁）。相對於現在一剎那論者認為有無所緣心，在《識身足論》中，有部強烈的主張此說（《識身足論》卷一，大正二六，五三五頁上）。依據有部所述，吾等既然有認識，必然有其對境存在，從而吾等既然有過去、未來之表象，即得以證明過去、未來之存在。有部在認識論上，素樸的實在論猶未脫盡，故有此結論。例如不相應行，南方論部稱為paññatti（施設），視為實在物的理由也在此（以上參照《俱舍》卷二十，三世實有論）。

三、三世諸法的區別

總之，有部主張三世實有，若進一步言之，若三世實有，則三世之區別何在？亦即三世如何區別？有部論師對此仍有種種爭議。依據《大毘婆沙論》卷七七（大正二七，三九六頁上，《俱舍》卷二十，隨眠品第二，大正二九，一〇四頁中～一〇五頁上，國譯四一三～四一七頁）所載，對於此一

15.《論事》（*K.V.* I. 8）所說以及《婆沙》卷五十一（大正二七，二六三頁下）曰：「如飲光部彼作是說諸異熟因果未熟位其體猶有，果若熟已其體便無。如外種子芽未生位其體猶有，芽若生已其體便無。」以及《成實論》卷三（大正三二，二五八頁下）曰：「迦葉鞞道人說未受報業過去世有，餘過去無。」但《俱舍論》卷二十（大正二九，一〇四頁中，國譯四一二頁）曰：「彼可許為分別說部，非此部攝。」

問題，所謂的四大論師，即法救（Dharmarāta）、妙音（Ghoṣa）、世友（Vasumitra）與覺天（Buddhadeva）分別提出自己的意見。彼等雖從來被視為是編輯《大毘婆沙論》的四大論師，但依據筆者所作研究，並無彼等參預《婆沙》編輯之痕跡（《阿毘達磨論之研究》第四篇一八五頁，中譯本一三二頁），應是彼等之著述或講述被引用於論中而已，遺憾的是，其出處至今無法得知。但應予以注意的是，毘耶舍（Vyāsa）在為《瑜伽經》（*Yogasūtra* III. 13）作註釋時，曾引用此四位論師之意見，用以證明數論流的法體恆有說。

若是如此，此四大論師提出何等意見？首先第一依據法救所述，所謂的三世，只是就狀態（對於bhāva，玄奘譯為類，《雜阿毘曇心論》卷十一（大正二八，九六二頁上）譯為分，《毘婆沙論》卷七（大正二八，四六六頁中）譯為事）所作的區別。如同打破某一金器改作成其他金器，只是狀態不同，其體無異，有如乳之變酪，其本質同一，故所謂的三世，其法體本身並無區別，只是狀態有異。《婆沙》對此的評論是「離法自性，說何為類」，故依類說而表示三世區別，不合道理（《婆沙》卷七七，同上），《俱舍》對此亦作批評，謂此類似數論流之轉變無常觀，不適合用於佛教，《順正理論》卷五十二（大正二九，六三一頁中）、《顯宗論》卷二十六（大正二九，九〇二頁上）等所作的解釋是，其所說的bhāva，實與世友的作用（位）說大同小異。意謂將未來視為是潛在的勢力，現在是活動的勢力，過去是已發散的勢力。第二的妙音認為三世的區別，只是相（lakṣaṇa），亦即只是三世相的表現方式有別而已。妙音認為法體各有過、現、未等三相，在固有之中，依其所現而說為過去，或未來，或現在。妙音作譬喻如次：猶如某人愛戀某一婦女，因於此女，此人具有愛戀之特徵，但就可能性而言，此人也有可能戀著其他婦女，三世之相亦然。對於此處所說的「相」，究竟是《光記》（卷二十，大正四一，三一〇頁下）所解釋的，此四相以外，別有三世相？或如《頌疏》之註者遁麟所理解的「相狀」？無法確定，故其真意不甚明瞭。若是相狀義，則與法救之類說以及世友之位說並無太大差異。若據《婆沙》、《俱舍》對此所作「世相雜亂，三世皆有三世相故」之批評看來，妙音所說的，應是於四相以外，別立三世相，或是介於四相與三世相兩者之間。對此，提出第三種意見的是世友，據彼所述，三世的區別主要在於位置（avasthā）的不同而已，三世正如同算盤之桁，某數若置於個位，即是一，置於十位，即是十，法體在過去位時，稱為過去，在現在位時，或在未來位時，則分別稱為現在或未來。此說乍見之下似與前二說無太大差異，《婆沙》、《俱舍》特將此解為作用義，謂未有作用時，名為未來；有作用時，名為現在；已有作用時，名為過去，認為此說可得真意。最後覺天所說是依「待」（apekṣā），亦即觀察的立場而區別三世，諸法顯現之際，依其前後觀察之立場而名為過、現、未，此間並無絕對的區別。例如同一女人，依見者的立場，或稱為女，或稱為母。將時間歸於主觀作用，雖是頗為有趣的論點，但過去有三世，未來有三世，現在也有三世，同樣不免世相雜亂之過，故《婆沙》與《俱舍》都予以非難。

如是，關於三世之區別，有如此有力的四說被提出，但克實言之，皆屬抽象的議論，不是正確了解，同時，免不了不徹底。主張作用說的世友所說，縱使獲得《婆沙》、《俱舍》認可，但若更細思之，仍是未能徹底。亦即無論過去或未來，對於現在都有影響力的事實應如何解釋的問題，仍然未解。後文所述，此即經部等對此作用說極力予以反駁，據此破斥三世實有論。

要言之，有部的三世實有法體恆有說是原始佛教實在論的傾向必然到達的結論。將此作學術的觀察時，就此中含有所謂「物質不滅，勢力恆存」的思想而言，可說是值得予以注意的。不僅如此，若與西洋哲學史相比較，此極似中世期的實在論，因此在東西思想比較上，也是值得予以注意。但從認識論而言，無論如何，此仍未脫素樸的實在論之域，故三世實有論可以說只是將時間轉換成空間而已。實則到了後世，相較於經部，有部更被唯識佛教納入，同時，實在主義雖受種種批判，但卻促成了觀念論之樹立。

四、有部思想與他教的關係

此處成為問題的是，有部的思想究竟全然是原始佛教論理開展之一，或是此間也有其他教派思想影響？大體上，可以視為是原始佛教論理開展之一。但此間，無論間接或直接，仍受到其他教派影響，終究是不能忽視的事實。簡言之，佛教裡採用極微思想的，即是有部。依據筆者所作研究，其極微論首見於《大毘婆沙論》，此乃受他派影響難以否定之一例。若是如此，是受何派以及多大影響？在佛教前後的時代，尤其與有部思想發展並行的時代（B. C. 400～A. D. 100），印度的思想界中，實在論的傾向相當顯著，此乃不爭之事實。尤其與有部思想有共通的概念，而給予顯著的實在化的是文法派，其可說是首屈一指。遺憾的是，文法派的哲學思想開展次第不明，但大體上應是從西元前四世紀開始，首先就名詞、動詞、形容詞等作分類的研究，逐漸及於實體、作用、性質等觀念，進而探求對應其概念的實在，最後提出所謂的斯波多（sphoṭa，語性），認為各語皆有其對象，探求與此語相對之實體，實與有部將抽象觀念實在化大有關係，尤其有部將不相應法中的名、句、文視為實體，正可視為是受文法派思想影響。但有部思想並非只受此文法派影響，依據筆者的推定，受此文法派刺激，完成其世界觀之開展的是勝論派，而有部也有與此勝論派顯著的共通點，此乃是不容否定的事實。此即二者都是多元論，都是極端實在論的，在物質觀上都承認極微。筆者並不是主張有部直接受此勝論影響〔依據西藏所傳，編輯《大毘婆沙論》時，會中有勝論學者參加（Max Müller: *The Six Sys tems of Indian Philosophy*, p. 440）〕，比較周全的看法是，雙方舉行論戰時，彼此因接觸而多少受其影響。所謂的不相應行法中，類似勝論句義的理論不在少數，尤其在無著所撰的《大乘阿毘達磨集論》中最為顯著。十四不相應法之外，又添加異生性（pṛthag-jana-tva）、流轉（pravṛtti）、定異（pratiniyamā）、相應（yoga）、勢速（jāva）、次第（anukrama）、時（kāla）、方（deśa）、數（saṃkhyā）、和合（sāmagrī）等〔《大乘阿毘達磨集論》卷一（大正三一，六六五頁中），其一一之註釋，見於安慧《大乘阿毘達磨雜集論》卷二（大正三一，七〇〇頁上）〕。此中所說的定異、相應、和合、時、方、勢速、數，都是勝論哲學所立。無庸贅言，《大乘阿毘達磨集論》並非有部所依聖典，而是以大乘唯識主義為依據的阿毘達磨論書，故或許不能因於此論受勝論影響，就認為有部也是如此。但既然此不相應之思想原是有部之所發展，而撰述者無著初始於有部出家，尤其《阿毘達磨集論》將萬有分成五位等等，可說有部的氛圍甚為濃厚，因此既然此不相應法是受勝論影響，則有部特有的十六或十四不相應法，至少在原理上，視為與勝論思想有某種程度的氣脈相通，終究不能否定。但總的說來，被所謂的外道以毘婆沙師（Vaibhāṣika）之名，作為批評對象的有部思想，在某種程度上，也對外道有所影響，此徵於毘耶舍為《瑜伽經》（三之一三）所作的註釋中，是以四大論師的三世觀作為因中有果之證明，得以知之。但有部思想於其成立的途中，至少間接也受到佛教以外的當時思想界影響，此乃是必須承認的。

第三節◆唯象論的傾向

一、唯象論傾向的部派及其學說之特色

如是，有部主張三世實有法體恆有論，無論形勢或是教理上，在部派佛教中大張其勢力。但佛陀的世界觀絕非只是實在論而已，除此之外，也有觀念論的傾向，甚至無宇宙論的傾向也頗為顯著，此如筆者在《原始佛教思想論》（二二一～二二六頁，中譯本一五四～一五六頁）所述。更且此觀念論或無宇宙論的傾向，在佛陀的世界觀中，相較於實在論的傾向，更為強烈。如此的傾向，筆者暫且總稱為唯象論的傾向（phenomenalism）。此因觀念論與無宇宙論之間雖多少有所不同，但就認為現實的事象並非最終的存在，只是現象而已而言，兩者是相同的，因此兩者之間難以作嚴格區別。若是如此，繼承此唯象論的世界觀，並且以此作為其主張的，究竟是何派？可惜有部完全無此方面的材料，但從片段的傳述看來，顯然應是屬於大眾部的部派。總的說來，大眾部派是理想主義者，只要能實現作為其理想的涅槃的理論，皆予以觀察，因此，其世界觀大抵是以滅諦、道諦為標準，故其滅諦之理想也及於事實觀。尤其依據傳說，大眾部第一次分裂時，所分出的一說部、說出世部、雞胤部，特能發揮此世界觀之特徵。雞胤部以「一切有為法只是死灰而已（Sabbe saṃkhārā anodhikatvā kukkuḷā *K. V.* II. 8）」為其主要宗義，此乃《論事》之所明言。其所言的 kukkuṭika，其實應是來自於「kukkuḷa」（灰），但在散斯克利圖（Saṃskṛt）化之際，被翻譯成「雞」（參照國譯《異部宗輪論》之附錄，結集分派史考三七頁）。總之，一切現象被認為全無價值，無其存在的意義，因此，此派的世界觀可說是頗為強烈

的唯象論。有關一說部、說出世部的特殊世界觀，就筆者所知，印度並無權威性的紀錄，但若依據真諦《部執異論疏》所載，一說部以「世、出世法悉是假名實體」（取意引用《三論玄義檢幽集》卷第五，佛教大系本三七九頁，同上，三八六頁）作為宗義，說出世部主張「世間法，亦即現實的世界是顛倒心所起，只是假名，並無實體，而出世法則是涅槃，實在」（同上，取意）。據此可知，三派之間縱使有所差異，但就同樣視世界不具有實在性而言，三者一致。可惜的是，其詳細說明不見流傳，依據何者而有此主張亦不能得知，但大抵可以確定的是，其理由是基於一切無非是情執之產物。予以大成，而提出空之主張的是案達羅派，依據覺音對《論事》（XVII. 6）所作註釋，部派之中，有所謂的方等派（Vetulyaka），或大空派（Mahāsuññatāvādin），但此恐是案達羅派之流的主張。由此而朝向大乘進展的，即是般若。

如是，大眾部系佛教就其出發點而言，是以唯象論的主張為其特徵，但此未必只是為與有部的實在主義相抗衡，而是不滿意上座部所提出的常識的實在論所導致。此因若依《宗輪論》等所載，相較於有部思想之興起與發展，前揭三派具有更早的起源，此思想也未必是支配爾後的大眾部派全部。亦即大體上雖以此作為基調，更依此而有大乘空觀出現，但為數眾多的大眾部系佛教之中，意欲與實在論系之立場某種程度相調和的，其數也不少。例如對於第三次分出的說假部，慈恩在《述記》中指出，彼等謂「世法有假實，出世法也有假實」，故主張分別說（真諦將此譯為分別說部）。尤其飲光部的三世論是某種程度的與實有論妥協，主張尚未形成業果的過去業存在，更定聚業亦存在於未來（*K.V.* I. 8，《婆沙》卷五一，大正二七，二六三頁下），換言之，基本上是左袒三世實有論的。但大體而言，無論如何，對於此問題，大眾部系是唯象論的，從而與有部的三世實有論相對立，認為過未無體，只有現在一剎那存在，應是大眾部全體一致的主張[16]。此因「一切有為法皆剎那滅，過去已過去，未來尚未到來，故真正的存在只有一剎那」之說，是其主張之要點，相對於有部，大肆鼓吹其說。但特為強調此說之所以，無論如何，仍是因於有部興起，為與有部相對抗，故相對於有部的三世實有論，大眾部特別主張過未無體現在一剎那論，此依種種記載皆得以知之。從而相對於此，有部主張其三世實有論時，常破斥此過未無體論，自是無庸贅言。雖是如此，但此早已是提婆設摩的《識身足論》最為著力之處。亦即「目乾連蘊」（卷一至卷二（大正二六，五三一～五三七頁））一章，全是為此所設，其中所揭的沙門目乾連，恐是指大眾部教徒——將此視為佛陀直傳弟子之目連，是錯誤的——，此人主張「過去未來是無，現在無為是有」（化地部，國譯《宗輪論》五五頁），對此，提婆設摩從種種方面予以駁斥。具有批評性的《大毘婆沙論》與《順正理論》，隨處就此問題予以論究，最後此一問題終於成為教團中論爭的種子，此依《成實論》的二世有品與二世無品中，論師訶梨跋摩提出「三世實有非有」此一議題，作為異執之一例，即可知之（《成實》卷二，大正三二，二五五頁中）。

二、過未無體論之論據與諸法觀

若是如此，此過未無體論的詳細論據又是如何？如前所述，大眾部所彙整的論部不見流傳，因此有關此一方面的論述，無法從大眾部方面獲得材料，但值得注意的是，出自於有部，卻受大眾部影響，故持與有部相反之論，屬於上座部的經部所持論點，載於《俱舍論》卷二十（大正二九，一〇五頁上，國譯四一七頁），故作為過未無體論之代表，今揭之如次：

第一，若法體實有，何以一切法不是常於三時恆起作用？究竟是何物令過去與未來無其作用，僅只現在有作用，而阻礙過去與未來之作用？

第二，若曰依種種因緣和合，現在有作用，過去、未來缺此因緣之和合，故無作用，此亦非正理。此因依有部所述，其因緣亦常恆，並無某時因緣和合，某時不然的理由。

第三，若一作用之起，需要其他作用，更依此其他作用之具缺而作過、現、未之區別，則亦需令其他作用起作用的其他作用，結果將是無窮無盡。反之，若作用本身是不涉及過、現、未的不變化的存在，就其不變化而言，應是無為，從而稱其已滅為過去，稱其未生為未來，應是無意義之言。

第四，相對於此，法體與作用實為一體，故無其過失，而說為法體恆有而作用非恆有之理由，是因於所說的未、現、過，不外於是指有為法之未生，已生未滅，或已滅去。

此即經部破斥有部的大要。

若是如此，對於有部用以作為根據的教證與理證將如何看待？經部認為佛陀在言及五蘊時，或言過去，或言未來，或言現在，主要是為顯示所有的一切，未必將此視為是實在的。

此外，佛陀否定三世實有說的說明也不少，故無法僅依一、二句經文的表面意義，就認為三世實有論是佛陀之主張。例如：

眼根生位無所從來，

眼根滅時無所造集，

16. 主張三世實有的是有部、化地部之末計，持過未無體論的是大眾部、經部、化地部之本計等。

本無今有有已還無。

〔《俱舍》卷二十，大正二九，一〇五頁中，國譯四二三頁所引勝義空契經之文。《雜阿含》卷十三（大正二，九二頁下）曰：「眼生時無有來處，滅時無有去處，如是眼不實而生生已盡滅云云。」〕

顯然是現在一剎那論之證明。進而關於其理證，有部雖提出業論與認識論，但業之呈現三世因果的作用，並不是因為過去、未來實在，主要是基於過去之業積聚至現在之一剎那，才呈現效果，而且也是過去、現在之業於今孕育未來運命的理由。其存在只是現在的一剎那，過去與未來只是前後觀念的延長，此乃大眾部與經部的主張。關於其認識論，認識雖依對境與識而成立，然其對境未必是實有的存在。想像的產物也能成為對象（《婆沙》卷五五（大正二七，二八三頁上）載曰：或有執緣無實性，如譬喻者），記憶與推定之產物即是，過去與未來之對象，終究是此追憶與想像之結果，故嚴格說來，非是過去或未來之物，只是過去、未來的影像而已。無可懷疑的，此亦來自大眾部，依據《識身足論》（卷一，大正二六，五三五頁上）所載，沙門目乾連主張有「無所緣心」，經部的意見應是承自於此。

要言之，有部認為法體在空間或時間上是並立的，其所說的三世，猶如複雜並置的棋子，在棋局的進行中，棋面已翻過的是「過去」，現在正在翻的是「現在」，將來需要翻面的，是未來。相對於此，經部（以及大眾部）認為法體恰如不斷向一定方向相繼而起的浪峰，浪起的當下是現在的浪峰，浪起之後或將起之當體分別是過去或未來。爾後的大乘唯識派所提出的「阿賴耶識剎那剎那生滅，連續不斷如瀑流」的理論，不外於是此經部思想必然所至的結果（《俱舍》卷二十，大正二九，一〇五頁上～

補充

關於經量部的起源與發展有種種異論，但可以確定的是，自有部分出之後，逐漸有其特有之發展。此因「經部」一名，大抵是有部所給予的稱呼，從任何系統的分派史所載看來，對於有部與經部的關係並無異說。其初出年代，恐是在有部成立以後，《大毘婆沙論》以前。此因有部勢力大展，是在世友與迦旃延以後，自此，於其部內出現反抗的運動，而其後亦可得見，更且《大毘婆沙論》始終以譬喻師之名稱評破之，故於其中間求其起源，應是妥當的。就此而言，筆者認為其創始者應是從來所傳的末經部主室利邏多（佛滅後四百年）。《唯識述記》卷二本（大正四三，二七四頁上）也載有傳說佛滅後一百年，鳩摩邏多（Kumāralāta）提出經部思想，並名此為本經部，但終究是不可信的傳說。此中所謂的鳩摩邏多之說，可以看出是相當圓熟的有部思想。例如將無表色視為思之種子，否定不相應行為實有，以及色心互薰說等等。故應是佛滅後三百年之誤（《俱舍》卷二，國譯八二頁註）。

譬喻師是經部異師，即日出論者，其名經部。此有三種。一根本即鳩摩邏多，二室利邏多（Śrilāta），造經部《毘婆沙》。正理所言上座是。三但名經部，以根本師造結鬘論，廣說譬喻，名譬喻師，從所說為名也。其實總是一種經部。

《大毘婆沙論》之後，此一方面更加進展，例如細意識論，恐是《婆沙》以後才發展的。

就此經部思想的積極特徵言之，彼等容許細意識之存在。雖然相較於有部，此顯然更朝向實有主義，但從另一方面而言，彼等也傾向爾後的唯識哲學，從而其世界觀有顯著的唯象論，自是當然。從而在說明此等時，從破斥有部特有的實有論看來，正可以證明是反抗有部的，是出自大眾部流的唯象論的產物。

一〇六頁中，國譯四一七～四三二頁）。

如是，經部依其縱向的見地，破斥三世實有論，同時更依橫向的見地，破斥有部所立的種種實體的要素說。此等雖皆與後文所述的問題有關聯，但在此且先略舉其項目見之。首先就有部最具特徵的不相應行而言，經部認為此等只是抽象的建立物心之間的關係，故並非於施設（亦即概念）之外，另有其他（《婆沙》卷三八，大正二七，一九八頁上，《俱舍》卷五，大正二九，二七頁中，國譯三二七頁）。對於有部所立的三無為（擇滅、非擇滅、虛空），經部認為此等只是消極的不存在，或不作用之異名，亦即其自體並不存在（《婆沙》卷三一，大正二七，一六一頁上；《俱舍》卷六，大正二九，三四頁上，國譯四〇二頁），進而對於有部將業習之體的無表色視為實在之舉，也予以破斥，經部認為此不外於是思之種子（《俱舍》卷十三，大正二九，六八頁下，國譯二〇～二二頁；《婆沙》卷一二二，大正二七，六三四頁中）。此外，尚有諸多反對有部之說的，但且待爾後適當時機再作論述，要言之，有部作為立宗根據的重大教理，經部大抵都持反對態度（極微論除外），因此，縱使相較於唯識論，彼等所說猶不完全，但已向相當進步的觀念論邁進，故成為十八部中最具特色的一派，更且其之所基，可見於大眾部，故就此而言，可視為大眾部之代表。

三、特就《成實論》的主張論之

最後有必要就同於經部的具有唯象論傾向，更在種種方面，與經部有共通點，但多少也有歧異的一派的思想予以論述。此即訶梨跋摩之《成實論》。

依據與經部相同的傳說，此派出自有部，卻持反對有部的態度，但在種種方面，仍採用有部思想，因此如同經部，都是必須予以研究之論書，以及予以研究之思想。

依據《四論玄義》卷十所揭的成壞義看來，《成實論》其原名為「闍那迦波樓侮優波提舍」，闍那迦或名「毘留」，此翻為「成」。波樓侮，又稱「夜他跋」，此翻為「實」。優波提舍翻為「論」（《三論玄義檢幽集》卷三，佛教大系本一八一頁）。

訶梨跋摩的出生年代及其為人不清楚，但若依據玄暢〈訶梨跋摩傳序〉（《出三藏記集》卷十一，大正五五，七八頁下）所載，彼乃佛滅後九百年出生，若依據僧叡〈《成實論》序〉（《三論玄義》所引用，大正四五，三頁下）所載，是八百九十年。但不能確定彼將佛滅紀元置於何年，因此，其生年還是不能確定。就此《成實論》係姚秦時代羅什所譯看來，可以認為最遲應與羅什同一時代（A.D. 344～413）。若《大毘婆沙論》成書於西元一百五十年以後，而龍樹、提婆是西元二百五十年以後的人，則與彼相當接近的年代，據此可以推知。《訶梨跋摩傳》中，應予以注意的是，初始彼從有部學者鳩摩羅多學習《發智論》，不滿其名相過於繁瑣，因提出異說而被逐出師門，相傳在摩訶陀華氏城（Pāṭaliputra）恰逢學習大乘的大眾部學者，兩人意氣相投，故應是在此時大受大眾部流感化。如是，為述其志及闡明佛意而撰的是《成實論》。此論全書總計十六卷，五章二〇二品（初發章三五品、苦諦章五九品、集諦章四六品、滅諦章一四品、道諦章四八品）。從而若依據此傳說，本論可說是從有部轉成大眾部的產物。但關於《成實》之本源，另有其他傳說。亦即本論採用諸多經部法義（《三論玄義》所引用，真諦所傳，大正四五，三頁中），或傳說是脫化自多聞部（真諦《部執異論疏》，《三論玄義冠註》所引用，五三丁右，依據《三論玄義》所載），或說出自曇無德部，亦即出自法藏部（《大乘玄論》卷五，大正四五，六五頁中），或說訶梨跋摩是由數論派轉入佛教（《大方廣佛華嚴經隨疏演義鈔》卷一四，大正三六，一〇七頁上）。訶梨跋摩極其博識多聞，曾博覽種種論書，取其所長，因此在各方面，與諸多部派有所共通。但就訶梨跋摩本身言之，大體上，雖其本意在於大眾部所說，但又旁覽種種經論，既觸及中觀佛教，又擷取有部思想之優點，可說是基於所謂理長為宗之立場[17]。從而欲將彼編入十八部中的某一部並決定其地位相當困難。

如是，訶梨跋摩參照種種經論教理，確立其說。應予以注意的是，在進行此事時，彼對於經論與教理所持的批判態度。第一，在判定其說真偽或正與不正時，是以是否契合法為標準，不問說者是誰；第二，若對此有異義時，則依了義經，而非不了義經，亦即種種經典中是依真正得佛真意的，若非佛之真意的，則不取；第三，若更有異論，則以經文內部所含義理為主，不拘泥於文句；第四，判定此等最後的智識之標準是智，亦即依形而上學的直觀，而非依識，意謂非依通常的智識。簡言之，依準無漏直觀智而判定聖典，是契合佛真意之所以，此即是彼之方法論，稱其論為「成實」，不外於用以表示此論正是依此方法而得之正論（《成實論》卷二，四法品，大正三二，二五〇頁）。〔《維摩經》的法供養品卷十三曰：「依義（artha）不依語（vyañjana）。依智（jñāna）不依識（vijñāna）。依了義經（nītārtha-sūtra）不依不了義經（neyārtha-sūtra）。依法（dharma）不依人（pud gala）。」（大正一四，五五六頁下）。《大乘涅槃經》卷六四依品（大正一二，六四二頁上）有相同之論述〕。更且此與《婆沙》、《俱舍》等，將淨慧、隨行名為阿毘達磨，如出一轍，是更為進步的批判法。

若是如此，彼之世界觀又是如何？大略言之，《成實論》所呈現的世界觀，其特徵就某種意義而言，可說是將上座部流的實在論傾向與大眾部流的唯象論傾向統合而成。亦即從常識的科學的立場而言，萬有是存在的，但就形而上學的立場言之，是本性空。若用術語表現，則是世諦故有，第一義諦故空（《成實論》卷二無相品第二十（大正三二，二五五頁上），卷十二滅法心品第一五三（大正三二，三三三頁上））。更應予以注意的是，就四諦論見之，訶梨跋摩在論述前二諦時，是專依世諦立場而論述有的方面，但在論述滅道諦時，則依第一義的立場而提出空說。先前筆者曾經指出若將四諦視為佛教全體的問題，則上座部主要是從苦集諦（所予的事實世界）出發，大眾部則是從滅道諦出發，據此構成各自的世界觀，而此處訶梨跋摩所揭正是如此。若是如此，訶梨跋摩是否依世諦之見地，如同有部主張一切實有，此未必然。對於種種現象與要素，彼予以論究，依據凝然所述，彼所舉之法數大致有五位八十四法（《維摩經疏菴羅記》卷十八（佛教全書本二五七～五八頁），載為色法十四，心法一，心所四九，不想應行十七，無為三），是否如此，僅依本論無法得知，但總的說來，確實是就色、心、心所、不相應行、無為等予以論究。對於就世諦而言，此等是否存在，訶梨跋摩認為基於世諦之見地，可說是假，也可說是實，是有也是無。就三世有無論而言，現在有，過、未非有（卷二無相品第二十～二世無品第二十二），又就中有論言之，中有的特殊態並不存在（卷三無中陰品第二十五）；就色法而言，色味香觸等四塵是實，但地水火風等四大是假；就心與心所而言，所有心所只是同一心的作用之不同方面，心以外別無其他心所存在。就此而言，訶梨跋摩雖認為世諦是有，但大體上，還是左祖大眾部，反對有部的極端實在論。如是，在闡明世界存在的意義時，提出二種二諦說以及三種心說。所謂的二種二諦，第一種是將世諦與第一義諦作區別，而第二種是將世諦的存在分

17. 關於訶梨跋摩的學說，在本書第五篇心理論之下所述，多少旨意有所不同，但此乃是觀點不同與長年累月的研究之中，意見推移所致。據此可以窺見作者其研究進步發展之痕跡，故隻字未改，仍依原貌置之（編者）。

成二重，亦即分成假有與實有。與此相應的認識，亦即三種心，第一種是假名心，例如在物質的存在上，四塵是其實體，但依此而作的瓶等是假體；五陰的要素是實體，而有情是假體，從而對此之認識也是假名心，不具有真實的妥當性。第二種是法心，此乃是對於四塵或五陰之認識。相較於先前的假名心，此較具實在性，雖然如此，但從第一義諦的立場而言，此仍不免於是無常遷流，故非真正的實在。第三種名為空心，此正是與第一義諦相應之認識，但真實之空，並無主觀或客觀，故空之認識亦不可得，因此，此之滅即得以與第一義諦相契，滅諦觀之要旨在此（關於三心，請參照卷十一假名品第一四一）。亦即《成實論》從有的世界觀出發，檢討其存在之意義與價值，逐漸從唯象論推進至無宇宙論，據此而獲得佛陀之真意。從有推進至空此一方面，《成實論》有其特殊意義。依據《成實論》所述，初始所主張的一切空，有陷入斷見之虞，但若視為有，則恐墮於常見，今雖承認有、空等兩方面，卻是立於世俗諦與第一義諦之立場，此乃是契合中道之所以。

要言之，《成實論》的世界觀，在種種方面是與經部並立。亦即主張過未無體論，將心所視為心之作用，認為無表是近於行而非近於色，此外，在各方面如出一轍的，實是不少。但就此觀念論的思想言之，是較經部更前進數步，可以說已能與大乘中觀派相銜接。經部雖已有依細意識說與種子說等而趨向唯識論的準備，但尚未成為真正的觀念論，從而沒有向空說推進。此乃是因於其成立時代之相異，而訶梨跋摩雖將佛說完全局限於阿含部聖典，但作為中觀派成立後之產物的《成實論》，也受其意見影響，因此經由大眾部的解釋而暗中與中觀派銜接。對於此論究竟歸屬小乘或大乘，後世中國的學者產生議論之所以，實因於此。僅只就此見之，《成實論》是到達小乘派思想所應到達之處。但若從教理性質言之，相對於開展出大乘唯識說，且與大乘唯識說銜接的經部思想，則與中觀派銜接的本論，若以大乘為標準見之，此論與經部是小乘派的二大關口，是由此而向大乘推進。

第四節◆形而上學的實在論的傾向（特就無為與真如思想論之）

一、現象界，亦即有為法之剎那滅論

以來所述的實在論的傾向與唯象論的傾向，是代表部派佛教世界觀的二大潮流，此外，另有與此二大潮流有密切關係，但在某種程度上，呈現不同風貌的一股潮流。此即是形而上學的實在論的傾向，可說是止揚前二者的一種思想。實言之，此思想初始並沒有脫離此二大思潮，從而不具有與二大思潮相對的獨立地位，但在爾後的大乘佛教中，開展出一種特殊的教理，就此而言，在此予以特別的處理，應是妥當的，故特設此節述之。

依據原始佛教所述，此現象界——無論視為是實在論或唯象論，都是妥當的，但不免是無常變遷的。此因既無神，亦無自我，一切都是因緣關係而成立，則此間必然無一常恆不變的。如是，諸行無常（Sabbe saṅ-khārā anicca）之說成為佛教世界觀的特徵。所謂的有為法（saṅkhata dhamma, saṃ-skṛta dharma）即此，依據佛教所述，一切現象界是有為法，故一切無常。

若是如此，在部派佛教中，此一思想又如何開展？無庸贅言，意欲完全追求原始佛教精神的，當然是部派佛教，故此無常的世界觀，在種種方面大為發展。從消極的方面言之，原始佛教在常住論（sassatavāda）之否定上，雖提出種種意見予以批評，然其中心只及於常住的自我觀，進而及於梵天為

中心之神觀，而部派佛教特為推進的是，觸及當時所流傳的種種常住論，並指出其所說非為真理。巴利文之七論與有部七論等，在此一方面尚未明顯表現，但不僅《婆沙》、《俱舍》、《成實》等，已觸及此方面的種種問題，馬鳴的《佛所行讚》（卷四，大正四，三四頁～）也明顯論及。破斥常我，故無庸贅言（其代表請參見《俱舍》破我品），對於梵天思想以及繼彼而起，逐漸獲得勢力的自在天（Īśvara, Īśāna）思想，也提出其不合理之處，進而駁斥數論之自性、神我說，更及於勝論之我論、句義論等，此外對於種種的外道說，只要是以承認常住存在的，皆予以駁斥。在阿毘達磨論書中，此乃是相當前進的批評，因為未必所有論書皆是如此，但對於將常住的存在視為原理的論述，各派都是持反對態度（《婆沙》卷九（大正二七，四一頁上）揭出將無因論、自在論、自性、士夫（神我）、時、方、空、等視為第一因之說，並評論此為非因計因。《成實論》卷十一破因果品第一五一揭出自在、世性、微塵等外道論，《俱舍論》亦於其卷七、卷二六等，破斥此等外道說）。

如是，部派佛教認為一切現象皆依關係法則，亦即由種種因緣所成，如後文所述，此導致其因緣論大為發展，同時更令其無常觀進展，產生有名的剎那滅說（kṣaṇa-bhaṅga）。所謂的剎那滅，是指一切現象——無論心的現象或物的現象——是一剎那生滅，流動的持續，完全沒有同一的狀態（kṣaṇabhaṅgavāda）。此乃是佛教世界觀的特徵，如同無我說，是其他教派在批評佛教之際，必然提出的論題。始從何時，此剎那滅論在佛教內部被意識性論述的詳情，筆者尚無法了解。在阿含部聖典中，縱使已有 khaṇa（kṣaṇa）之說，但尚未有 khaṇabhaṅga 之說，而且在較早時代的論部亦未明顯論述，故縱使此乃是經由某一時期之所產生，但關於其起源仍尚未得知。若依據北方所傳，此一教理以有部為首，化地部、飲光部等上座部都持此主張（關於化地部、飲光部，請參見國譯《宗輪論》六〇～

六五頁），若依據南方所傳，此乃東山部、西山部等大眾部派所說，《論事》（二二之八）將此說為「一切法是一剎那心之存在」（Ekacitta-kkhaṇikā sabbe dhammā）。尤其依據《論事》的註釋者覺音所述，北道派，以「無相續緣」（N'atthi kāci āsevanapaccayatā, *K.V.* XXII. 7）作為此剎那論之結論，主張一切都是流動的，並無同一事實之再起。就上座部派或大眾部派所主張的世界觀而言，亦即就諸行無常之說而言，此剎那論是其必然所歸之結論。但嚴格言之，此剎那滅論未必是諸派之所共通。依據《論事》所載，南方上座部派的西山、北山部即是反對此剎那滅論之部派，若依據《宗輪論》所載，犢子部雖認為心所剎那滅，但認為大地與一期之命根是暫住的（國譯《宗輪論》五一頁），尤其化地部之末計認為此大地在「劫住」（亦即成、住、壞三劫之間的住劫）時期，非剎那滅（同上，六一頁）。但此等主要是基於常識的立場而予以反對，彼等不僅承認心的現象之念念生滅，對於大地的外觀上所見的住留，在常識論上仍承認有所變化，故總的說來，剎那滅說可說是諸派共通的世界觀〔此外，正量部也主張大地、薪等色法，以及命根等不相應法是一期暫住，而燈焰、鈴聲等與心法是剎那滅（《俱舍論光記》卷十三，大正四一，二〇二頁）〕。

二、無為法論

如是，部派佛教的世界觀是主張一切流轉變化不居。若是如此，對於某種形態的常住不變，彼等是否完全不承認？當然，對於實體存在的常住體，如前所述，是極為否定的，但仍是承認某種意義的常恆。此因若不承認有某種形態的不變動，則一切將成混沌一片，毫無立腳地。此乃主張萬物流轉的赫拉吉利特（Herakleitos）承認邏各斯（Logos）之所以。就原始佛教看來，大體上佛陀承認有三態是常恆的。第一是現象界的法則常恆，尤其關於緣起法，無論佛出世或不出世，此皆不變，此稱法性決定（dhamma-niyāmatā）、法性常住（dhammaṭṭhitatā）（*S.N.* II. p. 25.《雜阿含》卷十二，大正二，八四頁，參見《原始佛教思想論》九八頁，中譯本五二頁）。第二，最終理想的涅槃境常恆不變，佛陀稱此為不生（ajāta）、不成（abhūta）、無作（akata）、無為（asaṅkhata），又名生、成、作、為之依處（nissaraṇa，Udāna, VIII. 3. Itivuttaka, 43.《根本佛教》二九八頁）。第三，規定現象界與理想界之關係的法則及其教法的四諦是經久不變的。「此四諦是不虛妄性，是不變異法，是真如」，佛陀如此揭示（《原始佛教思想論》一〇三頁，中譯本五六頁：比丘！此四諦是真如。是不虛妄。是不變異。Cattārimāni bhikkhave tathāni avitathāni anaññathāni *S.V.* p. 430）。亦即雖不認為有任何實體的存在，但至少對於作為法則的邏各斯（一種常恆性），是承認的，此應無可懷疑。此中，將涅槃說為不生、不滅、不死、不壞，完全異於現象界之流轉，此乃是佛陀最常強調——關於其內容雖有異論——但佛陀特將此名為無為（asaṅkhata）。亦即相對於現實界之有為法，就其無生滅變化（《增一阿含》的有為無為之定義中（*A. N.I.* p. 152）——有無生無住無異，是為無為），而名為無為。從而依據原始佛教的用例看來，所說的無為，是僅就此涅槃而言，但就此與不變化有關言之，其他二種的常恆態也可包含於此中，此自是當然。

若是如此，部派佛教對此的觀點是如何？如同其他問題，此一方面也有相當的進展。此即部派佛教的無為論，此時將所有不變化的都以「無為」一語表示，更且就此係與有為法並列，或是其根柢而盛加論究。諸部派之中，當然也有如同經部，對於無為，完全作消極的解釋，彼等認為無為不外於是有為法之無的消極的當體，但大體上，無為論逐漸具有重要的意義，此應是無可懷疑的（關於經部的無為觀，《俱舍》指出「經部師說：一切無為皆非實有，不如色受等別有實物。此所無故。若爾，何故名虛空等。唯無所觸，說名虛空……已起隨眠，生種滅位，由揀擇力，餘不更生，說名擇滅。離揀擇力，由闕緣故，餘不更生，名非擇滅。」（《俱舍論》卷六，大正二九，三四頁上，國譯四〇二頁）。《婆沙》卷三十一（大正二七，一六一頁上）載有對於擇滅、非擇滅、虛空，譬喻者以為是無實體，進而《成實論》所揭的無為觀，大致與此相同。該論法聚品第十八（卷二，大正三二，二五二頁中）曰：「有為法者，從眾緣生，五陰是也，無為法者，五陰盡滅是也。」從而凝然等所作的《成實論》立三無為的解釋，值得懷疑」。

就建立無為法的精神見之，大抵可分成二種。第一，將無為法視為是與有為法並列，從而無為法與有為法並無直接交涉。第二，雖不似有為法之具有實體，但至少規定有為法之活動的形式或法則也含於此中。前者主要是上座部系的主張，而後者主要是大眾部系（受大眾部影響的上座部）之所說。上座部原以探索事實世界（苦集諦）為主，不變性的無為並不是其世界觀的主要要素，反之，大眾部專在理想界（滅道諦）之研究，因此從滅諦出發的無為觀遂逐漸廣為擴充。

首先就上座部的無為觀見之，錫蘭的上座部可說是依文解義的傳持原始佛教，因此對於無為，只承認有貪、瞋、癡盡滅之當體的涅槃，不承認另有其他。此依《論事》對於種種無為之說予以論破，即可知之（*K.V.* VI. 1 ～ 6 ; XIX. 3~4）。

《毘婆崩伽》（*Vibhaṅga*）雖有無為之建立，然其所指，只是貪滅、瞋滅、癡滅而已（*Vibhaṅga* p. 72~73）。上座部系的部派，對於無為論特為開展的，若依據《宗輪論》所載，應是有部與化地部。此中，有部的發展雖較弱，但由於不過分浮濫的發展，遂成為部派佛教無為觀之基礎，成為其出發點。依據有部所述，無為有擇滅無為（pratisaṃkhyā-nirodha）、非擇滅無為（apratisaṃkhyā -nirodha）、虛空無為（ākāśa）等三種類（三無為之名稱始見於《集異門足論》卷一，大正二六，三九頁下。《品類足論》卷十二，大正二六，七四一頁上等）。

所謂擇滅無為，是指依擇力，亦即依無漏智慧而得的無為，換言之，是指涅槃法，可說正是繼承自原始佛教的無為觀。

第二的非擇滅無為是因應有部教理而提出的特殊之說。依據有部所述，未來是雜亂住位，所有的要素雖皆存在，但基於一剎那二心不得俱起，亦即不能同時現起的限制，其中必然有不現出的，乃至因為緣缺而不得現出的無數要素。彼等若於一定的時間內不現出，則永遠失去現出機會，基於此一理由，而成為所謂的不生法。譬如課堂上，室外某種聲音突然傳入耳中，一般情況之下，能認知此聲音，但由於專注於上課，故不能認知。此際所起的聽覺，永遠不起。但從三世實有論之立場而言，此應起之聽覺於未來仍是存在，只是不生，因此是不生不滅，從而是一種無為法。此並非是因於智力，用術語表現，而是因於緣缺而不生，是自然的畢竟不生法，故名此為非擇滅無為（非依據智力之無為）。此思想於何時出現，未能得知，但《法蘊足論》將此與其他二無為，並列於法處之中（《法蘊足論》卷十，大正二六，五〇〇頁下），《舍利弗阿毘曇論》（卷一，大正二八，五二六頁下）所揭的「法入」之中，列出智緣盡（擇滅）、非智緣盡（非擇滅）等二種，而《集異門足論》則明顯列為三無為之一（《集異門足論》卷一，大正二六，三六九頁下），據此看來，其出現是相當早，更是伴隨三世實有說而出現。更應予以注意的是，有部立此為無為法之後，正量部等繼承之，但稍加改竄其解釋，大眾部亦予以採用，故只要是立無為法的，都承認此非擇滅無為。

第三的虛空無為是絕對的空間之義，亦即所有的物質變化除去之後，其餘所留存的。有部謂此但以無礙為性，由無障故，色於中行（《俱舍》卷一，國譯一一頁），視此為運動所行之依處。就其自體之不生不滅而名為無為，亦即佛教將時間視為變化之分位，因此只是概念，但關於空間，不只是有部，依據《論事》（六之六）所載，北道派與化地部也承認，更認為是無為。但應予以注意的是，不能將地、水、火、風、空、識中的「空」，與此虛空無為相混淆。佛教之外的教派將前者的空視為如同 ether 的物質，但佛教（依據有部的解釋）則解為竅隙義，以明暗為體（《俱舍》卷一，大正二九，六頁下，國譯七五頁）。此乃是有為法，故不能與虛空無為相混。

此三無為說既經提出，如前所述，雖有南方上座部乃至經量部等不採用此說之部派，但大體上，無為之數遂逐漸增加，尤其大眾部派，更是顯著的增加其數。首先就擇滅無為，亦即與涅槃有關聯的見之，若涅槃是不生不滅，是無為，則與涅槃境界頗為相似的四無色定以及滅受想定（nirodha-samāpātti）也必然是無為。其所持理由是，此等禪定之出入，當然是有變化、是有為的，但禪定本身係以不變化為性，故必然是無為。如是，依據《論事》所載，案達羅派以及北道派提出滅定無為論（Nirodha samāpatti asaṅkhatā, *K.V.* VI. 5），又據《宗輪論》所載，大眾部的九無為之中，有空無邊處、識無邊處、無所有處、非想非非想處等四無為，而化地部所說的不動無為，恐是意欲用以一括前述的五種。更進一步，以涅槃為首，此等禪定既是聖者（亦即沙門）修行的過程或目標，則四沙門果必然也是無為。亦即沙門道的修行雖是有為，但滅某種煩惱而到達的境界不變不動。基於此一見地而主張「沙門果無為（Sāmaññaphalaṃ asaṅkhataṃ）」的，依據《論事》（一九之三）所載，是東山部。

如是，在部派佛教中，已逐漸承認無為法之常恆性，但上述所舉的無為法，其消極的方面較強。

換言之，彼等所說的無為，只是除去有生滅變化的有為法之後的一種狀態。此等無為法的特質是，仍在有為法之中，卻與有為法斷絕關係。從而就世界觀而言，作為世界之隱居所的此等無為法，在某種意義上是與世間沒有交涉的並存，從而如此的無為法，完全以無作用為其特質。

三、真如無為及其形而上學的意義

無為的範圍既已擴展，則不能只是隱居的狀態。不生不滅之常住相不能於變化生滅的有為法見之，故將無為法的範圍更加予以擴展的，同樣是大眾部，更且是從作為原始佛教之法則的常住觀出發。

法則的常恆性中，無論是從佛陀的教理，或是從性質而言，首先必須提起的是緣起。如前所述，佛陀力說其不變性，大眾部作為過未無體論之說明而引用的經句（眼不實而生，生已盡滅。有業報而無作者。此陰已滅，異陰相續。除俗法數，云云——《原始佛教思想論》二二五頁，中譯本一五四頁），正是指出此法則之常恆性。如是，將此立為無為法之一的，依據《宗輪論》所載，是大眾部、一說部、說出世部、雞胤部（*K.V.* VI. 2 特說為東山部），以及上座部中，在此方面受大眾部影響的化地部（有部明白的指出「緣起支性定是有為」——國譯《宗輪論》四三頁），並將此名為緣起支性無為或緣起真如。緣起的法則不變，故視之為無為，基於相同理由，修道與得果的關係也是無為。如佛陀之所明言，修道必定得果，此無關佛出不出世（道與得果之關係（《原始佛教思想論》一〇〇頁，中譯本五四頁）。分別論者認為聖道之體是無為，故曰：「唯一無上正等菩提，常住不滅，隨彼彼佛出現世間，能證者雖異，而所證無別。」並以「我證舊道故，知聖道定是無為」之經文證之（《婆沙》卷九三，大正二七，四七九頁下）」。但將此立為無為的，同樣是前述的諸派，名此為道支性無為或道支真如

（國譯《宗輪論》，二七頁及五八頁）。更進一步，支配現象界的緣起之過程，或支配理想界的還滅之過程，因為是不變，所以是無為，若是如此，結合兩者的四諦理法本身必然也是無為。此因四諦之教法統括流轉與還滅，乃是不變之真理。況且就佛陀的教說看來，既然稱四諦為真如（tathā），是不虛妄性（avitathā，《原始佛教思想論》一〇三頁，中譯本五六頁），則將此視為無為，應是契合佛之真意。將此視為無為法的，依據《論事》（六之三）所載，是東山部，亦即彼等提出四聖諦無為（Cattāri saccāni asaṅkhatāni）的主張。就筆者所知，北方所傳並無與此有關的資料，但有此說之出現，自是當然。

如是，四諦全體既然皆是無為，更進一步，組成四諦的法則或規定既然是常恆的，則必然也是一種無為法。簡言之，善因善果、惡因惡果的理法是緣起中的重大事件，其理法不變，故必然是無為法。依此見地而立善法真如、不善法真如、無記法真如等三種無為的，依據《宗輪論》（國譯，五八頁）所載，是化地部。亦即善業有善果，惡業有惡果，無記業有無記報，此為一定，其理法是不變之真理。《論事》中，據此而立三無為的材料雖不得見，但依據該論（XXI. 8）所載，案達羅派與北道派提出「此業之果決定」（Sabbe kammā niyatā）。縱使案達羅派沒有將此名為無為，但可推定仍視為是無為法的一種。更就理想界的法則見之，所謂的道支真如是指聖道與得果之間有不變的關係，但若更加細分，得果的過程有種種。亦即依正性離生（samyaktva -niyāma，決定位）而進至羅漢四果之間的過程。更且依此間的一定規定，最後到達解脫，若是如此，此等特殊的規定，若從不變的立場而言，必然也是無為。據此，案達羅派主張入決定位者（niyāma）〔關於與 niyāma 有關之種種議論，請參見 *Point of Controversy*, p. 177，覺音的註一〕，縱使迂曲，然其最後仍可到達解脫，此乃是不變，故決定位本身也是無為（*K.V.* VI. 1.），又，如前所述，東山部主張四沙門果之一一果皆是無為（*K.V.* XIX. 3）。

如是，無為的範圍逐漸擴展，已不只是特定的規定與關係而已。只要有不變關係，必然是無為法。就佛教的立場言之，此世並非偶然，一切必依一定的規律而被規定，故實言之，一切法之根柢必然有其無為法。案達羅派與北道派因此主張一切法的性質決定（Sabbe dhammā niyatā, *K.V.* XXI. 7），尤其北道派更將此及於真如（tathatā）的觀念，主張諸法真如無為（Sabbadhammānaṃ tathatā asaṃkhatā, *K.V.* XIX. 5）。此處所說的真如，依據註者所述，即是 sabhāvatā，是與種或類相當的觀念，例如將松就是松或人就是人，稱為松真如或人真如。小乘教諸派中，將真如作如此解釋的，只有此北道派，但不能忽視如此的用法與爾後的真如思想頗有關係。至此，佛教的思想可說頗為近似文典派所主張的 sphoṭa（語性）論。此因若依據 sphoṭa 論，一切現象之根柢皆有不變的 sphoṭa，更且此乃是含於梵之觀念中，此處的真如稍具有此意。但二者的差別是，sphoṭa 論是認為此係脫離個物的存在，反之，佛教則認為是與個物不相離，雖然如此，但在思考的方式上頗為相似，此應是無可懷疑。總之，如此的無為法完全一新有部面目，與其說此乃是與有為法相對的法，不如說是有為法之根柢，實具有形而上學的意義。就此而言，依據《大毘婆沙論》所載，分別論者主張有為相之體是無為（《婆沙》卷三八，大正二七，一九八頁上）。

爾後的大乘佛教談諸法實相，力說萬有真如，進而指出由真如而開展萬有，若視此係與部派佛教有所關聯，則可說實是由此思想之所發展。

四、補充資料

以下作為補充，列出各個部派所立無為法之數及其一多等之解釋如次。

1. 南方上座部（一種）——涅槃法（《成實論》也僅提出一種）。
2. 說一切有部（三無為）——擇滅、非擇滅、虛空。
3. 《舍利弗阿毘曇論》（七無為）——
①智緣盡（擇滅），②非智緣盡（非擇滅），③決定法住緣（緣起支性），④空處智，⑤識處智，⑥不用處智，⑦非想非非想處智（卷第一，大正二八，五二六頁下，法入之說明中）。
4. 大眾、一說、說出世、雞胤部（九無為）——
①擇滅，②非擇滅，③虛空，④空無邊處，⑤識無邊處，⑥無所有處，⑦非想非非想處，⑧緣起支性，⑨聖道支性（《宗輪論》）。
5. 化地部（九無為）——
①擇滅，②非擇滅，③虛空，④不動，⑤善法真如，⑥不善法真如，⑦無記法真如，⑧道支真如，⑨緣起真如（《宗輪論》）。
6. 無著《大乘阿毘達磨集論》卷第一（八無為）——
①善法，②不善法，③無記，④虛空，⑤擇滅，⑥非擇滅，⑦不動，⑧想受滅（大正三一，六六六頁上），其解釋見於安慧《大乘阿毘達磨雜集論》卷第二（大正三一，七〇二頁中）。
7. 案達羅派——滅定無為（*K.V.* VI. 5），決定無為（Niyāmo asaṃkato. *K.V.* VI. 1），業果決定（*K.V.* XXI. 8），一切法決定（*K.V.* XXI. 7）。
8. 北道派——虛空（*K.V.* VI. 6），滅定無為（*K.V.* VI. 5），業果決定（*K.V.* XXI. 8），一切法決定（*K.V.* XXI. 7），真如無為（*K.V.* XIX. 5）。

9. 東山部——沙門果無為（*K.V.* XIX. 3），得無為（Patti asaṃkatā. *K.V.* XIX. 4），緣起無為（*K.V.* VI. 2），四無色無為（*K.V.* VI. 4），四諦無為（*K.V.* VI. 3）。

10. 分別部——諸有為相體無為（《婆沙》卷三八，大正二七，一九八頁上）

附帶一提，關於三無為，諸論所作的解釋，表列如次。

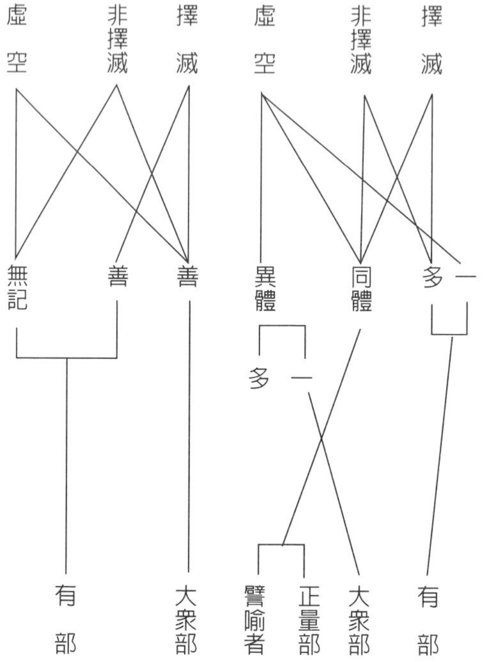

對於虛空無為之體是一或多，《婆沙》卷十（大正二七，四六頁上）有所論述，關於擇滅之體是一或多，《婆沙》揭出有說一物，有說八十九（《婆沙》卷三一，大正二七，一六一頁下）。

第二章 要素的種類及其分類法

第一節◆前言

前文所述是諸部派對於存在的本質之所見。此中可分成實在論、唯象論以及形而上學的實在論。但此等主要是有關本質的問題，若就現象的立場言之，任何部派都承認萬有的存在。更認為萬有是由種種要素所成，乃是原始佛教以來的通則，各個部派都如此承認。亦即諸法是由種種要素以及關係所成立，而非一因所生，乃是諸阿毘達磨共同一致之意見（《俱舍》卷二六，大正二九，一三七頁中～下，國譯七四九頁）。從而一說部的假名無實體說之結論等，雖不容易了解，但至少就現存的阿毘達磨論書言之，任何部派無論所持主張如何，只要是有關現象論，必然是揭舉出種種要素。

若是如此，各個部派所建立的要素其數如何？又是如何分類？嚴格說來，各個部派當然有其特色，但大體上，各派共通的也是不少。此因各個部派都是沿襲原始佛教所揭的有關要素之分類，爾後才逐漸各自發展，再予以數目性揭舉的，如《長阿含》的《眾集經》（十上經）之所揭，乃至《增一阿含經》的說明方式，進而阿毘達磨亦著重其說明法，並應用於各個方面，且在要素論上，也盛行利用此一方式。從而若一一列舉各派所述，恐相當繁瑣，故今先揭其主要的理論，基於最適當的分類，就各個要素之特質予以說明。

第二節◆法及其分類之意義

首先必須略述其先決的問題，亦即在阿毘達磨的法相，是如何看待要素？以及其分類的基礎究竟是如何的問題？此乃屬要素論之根本問題。總的說來，佛教將萬有成立的要素名之為「法」。將萬有稱為一切法（sabba-dhamma, sarva-dharma），其因在此。若是如此，所說的法，其義如何？阿毘達磨論師通常將此說為「自性任持」（svalakṣaṇa-dhāraṇatva），亦即具有一定之特質，為不變之義，進而註釋者（《唯識述記》卷一本（大正四三，二三九頁下），《俱舍論記》卷一（大正四一，八頁下））更加上「軌生物解」的認識論的條件，用於作為法之定義。綜合言之，其具有一定的特質，且據此能令認識生起的，即名之為「法」，換言之，所謂的法，是指具有一定的特質以及能產生認識的。如是，對於要素，佛教的理解是「萬有的組織與活動經過分析與解剖之後，所得的一定的特質以及據此而得以認識的」。但此僅只是大略的論述。若進一步探討「此具有一定特質的法其特殊相是如何」如此具體的問題，將是極為困難。一切現象，無論是物質的，或是心性的，各種要素相互關聯，予以明確的分析相當困難。簡言之，同樣是色，但有不同的青、黃、赤、白等各種特質，實際上其限界亦難以劃分，同樣是感情，但喜、怒、哀、樂等其特質有別，其限界亦難以釐清。因此，此一問題只是以經驗與反省為基礎，方便吾人觀察而已，但原始佛教時代已具有喜好分析研究的趨勢，在部派佛教時代愈發進步，加之，法體恆有論等思想的產生，因此予以適當的訂定，對於部派佛教可說是相當重大的問題。關於要素的種類及其數，大體上諸派共通，但在細目方面大為不同，關於法數之定數及其假實產生異論，其因在此。

進而諸法應如何分類？對於阿毘達磨論師而言，此亦屬重要問題。因若隨機的列出無數的法，在闡明法的性質或作觀察時，實非便利之道，故有必要基於某種原則，盡可能予以簡單且窮盡的分類（當然此依觀察的目的與態度而略有差異，實際上，原始佛教乃至阿毘達磨論師大都已採用基於便利的分類法，但奠立出分類的原則，還是有其必要）。依此目的而成為題目的，即是阿毘達磨諸論書中的「攝品」，亦即從種種立場揭出諸法相攝的方式（攝品之例，見於《舍利弗阿毘曇論》卷二一～二四）。關於其標準，部派之間頗有異論，依據《大毘婆沙論》卷五九（大正二七，三〇六頁中）所載，分別論者認為所謂的「相攝」是不攝自性，但攝他性。亦即依據此部所述，所謂分類，不外於是將不同的事物統攝於一類，因此其原理可說是在於便利。此分別論者所說，換言之，是依一種唯名論的立腳地，將個物視為存在的單位，將彼等統合相攝在種種範疇下，亦即不外於吾人所說的概念之整理。說假部依三科之分類法而主張一切都是假之所以，即來自於此。依據《論事》（七之一）所載，王山部、義成部也倡導相同意見，曰：「任何法皆為他法所攝。」（N'atthi keci dhammā kehici dhammehi saṃgahītā.）反之，較實在論的立腳更為簡單，然其所提出是更為妥當且完整的是《婆沙》（卷五九，大正二七，三〇六頁下）、《俱舍》（卷第一，大正二九，四頁中，國譯四六～四八頁）所揭，今以此作為代表，揭之如次：

依據《婆沙》與《俱舍》所載，分類法的精神可歸納為「攝自性，離他性」一句。亦即將同性質的歸為一類，不同則歸為他類，例如心的現象（心所）有種種，但就以思慮為主體的心的活動而言，所有的活動要素可總括為心所，又，物的現象雖有種種，但基於其特質為變壞與質礙，故類別為色法

（rūpa）。亦即一方面是攝自類，另一方面不容他類混入，此即是其分類之根本規則，用今日所說的方式，是以種或類的概念作為相攝之原理。再者有部是極端的實在論者，因此認為其分類之原理的範疇也應契合法之實在性。如是，對於種種的法，亦即對於具有自性任持軌生物解之特色的現象，有部依序依概念予以統攝，大約其所得有百法（《俱舍》說為七十五法），進而將此依類而予以相攝的，即是《品類足論》以降的《婆沙》、《俱舍》等的分類法。不只如此，依據《婆沙論》以降的有部人所述，未必只限於五位之分類，原始佛教時代以來，萬有分類之典範的五蘊，或十二處，或十八界，皆循此法則，可以說三科之分類具有科學的基礎。

如是，各個部派雖都闡明分類法的精神與基礎，但如前所述，原先只是一時性的，僅基於方便而提出的其數眾多的分類法，實際上未必都是合理。然而以分類、相攝、分別作為主要研究法的阿毘達磨佛教，既然是對此問題予以論究，至少其精神可以說是相當學術性的。

補充

關於三科之假實，諸派對此頗有異論。例如說假部主張「蘊、處、界之分類只是基於方便而已，故一切都是假」，經量部主張「五蘊十二處之分類只是方便（假），唯十八界真實」，進而《俱舍》論主世親主張「十二處、十八界是真實，但五蘊之分類是假」。而有部本來的立場是，三科是真實。

第三節 ◆ 種種的分類法

如是，各部派所採用或提出的諸法之種類及其相攝方式，既有極為簡單的，也有相當複雜的，可以說具有種種的方式。首先從最簡單的而言，此即是將萬有分成有為法、無為法等二類。此乃是佛陀——雖只是從價值的立場——既已提出的分類，更且伴隨無為觀之發展，終於成為重要的分類法。例如《攝阿毘達磨義論》（VIII. 13, *Compendium of Ph.*, p. 197）將此視為分類的標準之一，《俱舍論》在解釋萬有時，首先提出有漏、無漏之分類，其次及於有為、無為（《俱舍論》卷一），實是依此方式。進而予以三分的，就筆者所知，最為重要的仍是《俱舍論》所揭，亦即以一蘊一處一界的三科含攝萬有的所有要素（《俱舍論》卷一（大正二九，四頁中，國譯四七頁）：總攝一切法由一蘊處界攝自性非餘以離他性故）。亦即色蘊攝一切物質，精神收納於意處，法界攝不相應法、無為法以及精神的現象，簡言之，將萬有分成三種，亦即：①物，②心，③與兩者無關的無為，以及與含括兩者的。大體上，此如同《攝阿毘達磨義論》（八之一三）所作的名（心）、色（物）與施設等三種分類。進而將此區分成四種要素的，原始佛教時代亦已行之。例如四食之說，雖主要是在闡明有情之成立要素，但若予以擴展，也可成為萬有全體之要素。所謂的四食，是指段食（kavaḍiṃkārāhāra）、觸食（sparśāhāra）、意思食（mānaḥ-saṃcetanāhāra）、識食（vijñānāhāra）。此中的第一種，是指物質的要素，其他三種是精神的要素，如同食物長養有情身體，此四者能維持有情令有情成立，基於此意而稱之為「食」（關於四食，請參見《原始佛教思想論》一二三頁，中譯本一三六頁）。此四食之說是相當譬喻性的，此中不含無為法，因此在阿毘達磨中，此並非相當重要的分類法。同樣欠缺無為法的，但從原始佛教時代到阿毘達磨佛教時，作為標準分類的是五蘊說。亦即將萬有分成色（rūpa，物質）、受（vedanā，感覺與感情）、想（saṃjñā，表象）、行（saṃskāra，意志）、識（vijñāna，悟性、統覺）等五類，換言之，是將物質分成一類，精神現象分成四類。又，雖不如五蘊說之重要，但在某種意義上，得以與五蘊說並立的另一種分類。此即與五蘊說相反，物質的要素較多，但精神的要素只有一種的「地、水、火、風、空、識」的分類。此說見於《中阿含》的《多界經》（大正一，七二三頁）等，進而成為真言宗的六大緣起說，但阿毘達磨佛教對此不是相當重視。如前所述，五蘊說雖被視為最重要的分類法，但無為不攝於其中，仍有所不足，因此遂添加無為，用以補足。此即被稱為世親之師的悟入（Skandhila）於其《入阿毘達磨論》中，在五蘊之上添加擇滅、非擇滅、虛空等三種無為，將萬有分成八句義〔善逝宗有八句義：一色、二受、三想、四行、五識、六虛空、七擇滅、八非擇滅，此總攝一切義（《入阿毘達磨論》卷上，大正二八，九八〇頁下）〕。

如是，雖有種種的分類法，但從原始佛教至阿毘達磨佛教，作為最重要的分類，一般所採用的，應是十二處與十八界。

無論十二處說或十八界說，都是立於認識論的根柢之上，更且此中合理的含攝一切要素。此二者之外，又添加五蘊說而形成所謂的三科之分類，即成為阿毘達磨的依準方式。茲表列十二處如上：

六根處		六境
眼根處	——	色處
耳根處	——	聲處
鼻根處	——	香處
舌根處	——	味處
身根處	——	觸處
意根處	——	法處

上圖是基於六感及其對象之關係而作的分類。此中，

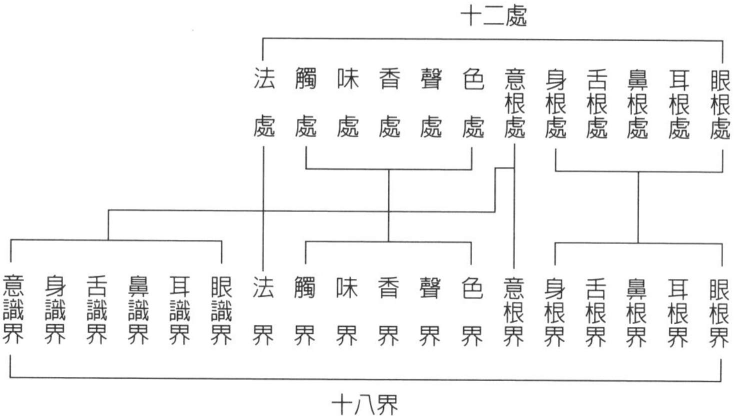

前五根與五境的意義相當清楚，但對於作為第六根的意根與作為第六境的法處，有必要稍作說明。對於意根，在阿毘達磨的法相上，雖有種種解釋，但此處所說的意根，實與第六意識同義，只是就其作為對象認識之機關而名之為「根」。又，法處[18]非前五感之對象，只是意識的對象，故無為、不相應法以及客觀的精神現象等皆包含在內。如是，至少在認識論上，可含攝一切，因此佛陀直稱此為「一切」（《雜阿含》卷十三，大正二，九一頁上，參照《原始佛教思想論》一三九頁，中譯本八六頁），此被視為極為優秀的分類。

其次，所謂的十八界，即是將前揭的六根與六境再與六識配對，故不外於是十二處的精神之擴充。

如此配對之中，成為問題的是，意界與意識界的差別何在？諸派對此的解釋多少有所差異，在阿毘達磨法

18. 對於十二處之體皆是法，卻唯名其中之一為法處之所以，《大毘婆沙論》卷七三（大正二七，三八〇頁上）揭出如次十一種理由：①有譬喻故，②無不共名故，③生相，④四有為相，⑤名、句、文身，唯此處攝故，⑥通生諸法故，⑦空解脫門，⑧擇滅涅槃，⑨如實解慧，唯此處攝故，⑩攝多法故，⑪此處對意故。《俱舍論》卷一（大正二九，六頁上，國譯六六頁）予以節略成「①為差別，②攝多，③增上法故，一名為法處」。又，關於法界，《婆沙》卷七一（大正二七，三七〇頁下）曰：「諸法為意，已正當了，是名法界。」

相上是相當紛雜的問題，雖然如此，今暫且將意界視為是專就心的被動方面，而意識界則是包含判斷推理等某種程度的主動方面。

以上所述的各種分類中，如前所述，五蘊、十二處、十八界等三者作為所謂的三科，是諸阿毘達磨中的基本分類〔關於三科的分類精神，請參見《婆沙》卷七一（大正二七，三六六頁下）〕，此外，又有同樣是諸阿毘達磨盡力論究的另一種方式。此即二十二根論，就筆者所知，巴利文的「尼柯耶」雖未見其彙整，但分散的表現，處處可見。就論部言之，以《毘婆崩伽》（第五章）為首，諸論皆有言及，更就北方的論部觀之，只要是有關問題之總體的，說是任何論典都有論述並無不可〔《發智論》卷五（大正二六，九四三頁中）將二十二根、十八界、十二處、五蘊、五取蘊、六界等視為有關萬有的主要分類〕。諸論之中，以「根論」〔此如《舍利弗阿毘曇論》卷五的問分根品（大正二八，五六〇頁上）、《俱舍論》的根品（卷三～七）。附帶一提，《婆沙》卷一四二（大正二七，七二九頁上）引用揭示二十二根之契經，但該文於現存的《阿含經》不得見之〕作為品題的，彼之所論即此。

所謂的二十二根，如次所揭（依據《俱舍論》所述之順序）：

眼根（cakkhundriya, cakṣur-indriya）
耳根（sotindriya, śrotrendriya）
鼻根（ghānindriya, ghrāṇendriya）
舌根（jivhindriya, jihvendriya）
身根（kāyindriya, kāyendriya）

意根（manindriya, mana-indriya）

女根（itthindriya, strīndriya）

男根（purisindriya, puruṣendriya）

命根（jīvitindriya, jīvitendriya）

樂根（sukhindriya, sukhendriya）

苦根（dukkhindriya, duḥkhendriya）

喜根（somanassindriya, saumanasyendriya）

憂根（domanassindriya, daurmanasyendriya）

捨根（upekhindriya, upekṣendriya）

信根（saddhindriya, śraddhendriya）

勤根（viriyindriya, vīryendriya）

念根（satindriya smṛtīndriya）

定根（samādhindriya, samādhīndriya）

慧根（paññindriya, prajñendriya）

未知當知根（anaññātaññassāmītindriya, anājñātamājñāsyāmīndriya）

已知根（aññindriya, ajñedriya）

具知根（aññātāvindriya, ājñātāvīndriya）

此處所說的「根」，是通常說的「勝用增上」義，意指具有殊勝的作用，此因初始只是將經中所說的「根」予以匯集，故彼此的聯絡並不多。但阿毘達磨認為此間存在一種聯絡。依據《俱舍》、《婆沙》所載，初始係依眼等六根揭示心之所依，其次依男女根顯示有情之區別，依命根顯示生命之根本，換言之，此係有關有情組成要素的部分，自此以下是揭示修行道程的部分。首先揭示五受根，顯示感情生活之雜多相，作為予以淨化之方便的是信、勤、念、定、慧等五根，最後是作為目的之完成要素的三無漏根，此即建立二十二根之原理。《俱舍》卷三（大正二九，一四頁下，國譯一六八頁）所揭之頌曰：

心所依此別，此住此雜染，此資糧此淨，由此量立根。

依據遁麟的《頌疏記》所述，此乃法藏部之所說。《俱舍論》又介紹依流轉、還滅之原理而說明根之建立的一說（卷三，大正二九，一四頁中，國譯一七〇頁）。據此看來，對於此二十二根說，有從種種立場給予根據的諸說，此乃不爭之事實。但無論如何，其初始只是依據事實之分類法，至少從世界觀的立場而言，終究無法認為具有太大的價值。

第四節 ◆ 特就五位之分類而言

如是有關世界觀的諸法之分類雖有種種，但在探索逐漸增加的諸要素之性質時，仍有所不足，因此，不拘泥經典所述，意欲更作新的分類。就筆者所知，其中最為精巧的是，有部世友所提出的五位說，故此處揭出其大要，作為有關分類之論述的終結。

世友（世友的年代恐是佛滅後五百年前後，遲於《發智論》之著者迦多衍尼子），將萬有的成立要素分成色（rūpa）、心（citta）、心所（caitasika）、心不相應行（citta-viprayukta-saṃskāra）、無為（asaṃ-skṛta）等五類。但就此更予以細分的是，彼所撰《品類足論》（辨五事品）之所揭，茲引用其全文如次：

有五法：一色，二心，三心所法，四心不相應行，五無爲。

色云何？謂諸所有色，一切四大種及四大種所造色。四大種者，謂地界、水界、火界、風界。所造色者，謂眼根、耳根、鼻根、舌根、身根，色、聲、香、味、所觸一分及無表色。

心云何？謂心、意、識。此復云何？謂六識身：眼識、耳識、鼻識、舌識、身識、意識。

心所法云何？謂若法心相應。此復云何？謂受、想、思、觸、作意、欲、勝解、念、定、慧、信、勤、尋、伺、放逸、不放逸、善根、不善根、無記根、一切結、縛、隨眠、隨煩惱、纏、諸所有智、諸所有見、諸所有現觀，復有所餘，如是類法與心相應，總名心所法。

心不相應行云何？謂若法心不相應。此復云何？謂得、無想定、滅定、無想事、命根、眾同分、依得、事得、處得、生、老、住、無常住、名身、句身、文身，復有所餘，如是類法與心不相應，總名心不相應行。

無爲云何？謂三無爲：一虛空、二非擇滅、三擇滅。

（《品類足論》卷一，大正二六，六九二頁中）

所述雖極為簡單，但頗得要領，可說是分類之典範。不只如此，此一分類法爾後成為有部典範，進而大乘唯識宗的分類法亦依準於此。更且若就南方的論部見之，七論雖尚未有如此的分類法，但在較遲的同型論書之中，即可見之。此即被視為成書於八世紀至十二世紀之間，由阿㝹樓陀所撰的《攝阿毘達磨義論》。此論書之卷首，首先即將法分成①心識，②心所，③粗色、細色，④涅槃（無為）等四類（*Compendium of Ph.*, p. 81.）。相對於世友之五位說，此雖有欠缺心不相應法之失，但本論於他處指出有所謂的 paññatti（施設、概念、觀念），更且將類似有部所說的心不相應行與因緣之法攝於其中（ibid. pp. 3~6 ibid. chap. VIII），故就其全體而言，可說是立於與世友完全相同的精神。筆者並不是認為世友的影響及於此，而是認為在法的性質上，自然有此分類法產生，無論如何，世友最早提出如此分類法的功績，終究是不能抹滅的。

如是，世友以五位含攝諸法，雖是如此，然其所攝法數未能成為定數。更明確言之，不只是《品類足論》，甚至是《大毘婆沙論》，彼等以五位所含攝之法是否已能窮盡，更且能離過剩之失，仍是未定，其因在於無法確定心所之數。後世的唯識派以五位攝百法，其本源係來自《婆沙》，悟入的《入阿毘達磨論》表面上雖非依據五位而作分類，但暗地裡實是以此為據，更且是以此含攝七十七法等等，心所之數並無一定，其因在此。就此更予以整理的，實是《俱舍論》的五位七十五法[19]，故作為全體之代表，揭之於次頁。

第五節 ◆ 結語

上文述及種種要素之集散離合，此即是世界。對於其種種相，此下將逐篇述之，但在此原理論的部分，首先應說明彼等之特質。所論述的順序，依據上文五位說的精神是①物質觀，②心理觀，③心不相應行觀，④因緣觀，⑤諸門分別世界觀。但無為論將是有情論中所論述的題目，故此處主要是就物質、不相應與因緣予以論述。

19. 一般認為《俱舍論》所揭為七十五法，故木村教授於此處亦沿用之，但嚴格說來，《俱舍論》所揭心所法中的不定法是惡作、睡眠、尋、伺等，其數尚未確定，直至普光《俱舍論記》，才確定惡作、睡眠、尋、伺、貪、瞋、慢、疑等八法，至此才說為有宗七十五法。（編者識）

五位七十五法表

- saṃskṛta-dharma.（有為法）
  - ① rūpa.（色法十一）
    - cakṣur-indriya 眼根
    - śrotra-indriya 耳根
    - ghrāṇa-indriya 鼻根
    - jihvā-indriya 舌根
    - kāya-indriya 身根
    - rūpa-artha 色境
    - śabda-artha 聲境
    - gandha-artha 香境
    - rasa-artha 味境
    - spraṣṭavya-artha 觸境
    - avijñapti 無表色
  - ② citta.（心法一）
  - ③ caitasika.（心所有法四十六）
    - mahā-bhūmika.（大地法十）
      - vedanā 受
      - saṃjñā 想
      - cetanā 思
      - sparśa 觸
      - chanda 欲
      - prajñā 慧
      - smṛti 念
      - manaskāra 作意
      - adhimokṣa 勝解
      - samādhi 三摩地
    - kuśala-mahābhūmika.（大善地法十）
      - śraddhā 信
      - vīrya 勤
      - upekṣā 捨
      - hrī 慚
      - apatrāpya 愧
      - alobha 無貪
      - adveṣa 無瞋
      - ahiṃsā 不害
      - praśrabdhi 輕安
      - apramāda 不放逸
    - kleśa-mahābhūmika.（大煩惱地六法）
      - avidyā 無明
      - pramāda 放逸
      - kausīdya 懈怠
      - āśraddhya 不信
      - styāna 昏沉
      - auddhatya 掉舉
    - upakleśa-bhūmika（小煩惱地法十）
      - krodha 忿
      - mrakṣa 覆
      - mātsarya 慳
      - īrṣyā 嫉
      - pradāsa 惱
      - vihiṃsā 害
      - upanāha 恨
      - māyā 諂
      - śāṭhya 誑
      - mada 憍
    - aniyata-bhūmika.（不定地法八）
      - kaukṛtya 惡作
      - middha 睡眠
      - vitarka 尋
      - vicāra 伺
      - rāga 貪
      - pratigha 瞋
      - māna 慢
      - vicikitsā 疑
    - akuśala-mahā-bhūmika.（大不善地法二）
      - āhrīkya 無慚
      - anapatrāpya 無愧
  - ④ citta-viprayukta-saṃskāra.（心不相應行法十四）
    - prāpti 得
    - jāti 生
    - aprāpti 非得
    - sthiti 住
    - nikāya-sabhāga 衆同分
    - jarā 異
    - āsaṃjñika 無想果
    - anityatā 滅
    - asaṃjñis-amāpatti 無想定
    - nāma-kāya 名身
    - nirodha-samāpatti 滅盡定
    - pada-kāya 句身
    - jīvitendriya 命根
    - vyañjana-kāya 文身

- ⑤ asaṃskṛta-dharma.（無為法）
  - ākāśa 虛空無為
  - pratisaṃkhyā-nirodha 擇滅無為
  - apratisaṃkhyā-nirodha 非擇滅無為

第三章　物質論

第一節◆印度物質觀之發展與心理機關的關係論

對於物質要素的考察，就印度而言，在梵書（Brāhmaṇa）時代既已出現。此中已有五大（pañcamahābhūtāni, ātman，→空→風→火→水→地）之說，此正如奧登堡之所指出（*Die Weltanschauung der Brāhmaṇa Texte*, Göttingen, 1919, S. 61）。但真正意識性處理的，應是始自於奧義書（Upaniṣad）時代，初始在《姜多其亞奧義書》（*Chāndogya* Up. 6. 2. 3~4）中，提出火、水、食（地）等三要素說，而《泰提利亞奧義書》（*Taittirīya.* Up. 2. 1.）提出空（ākāśa）、風（vāyu）、火（agni）、水（āpa）、地（pṛthivī）等五要素說時，可說其基礎觀念大致已見確立。如是，地水火風的四大說，或加上空的五要素說，至少在名稱上，是印度人長久以來的物質觀之基礎，此正如同希臘的恩培多克勒（Empedokles. B. C. 472~400），提出地水火風等四要素說以來，亦成為定說（恩培多克勒的四大、愛憎的原理以及四期的循環等論述，與印度的物質、業、四劫說有何等歷史關係，值得考究）。就印度而言，成為學界問題的是，此四要素或五要素僅只是現實的地水火風等？或是另有能令此現實的地水火風如此呈現的更微細的要素？之所以有此疑問，是因於其起源雖是從現實的要素出發，但若更進一步考察，將現實的地水火風視為大元素，不免有過於粗雜之感。印度學界由此產生種種的物質觀，但大致認為在現實的地水火風之上，有更為微細的要素，現實的要素是由此第一要素所成，各派所見相同。《姜多其亞奧義書》的三要素說，已具有原元素（Urelement）之意，此如筆者在《印度哲學宗教史》（第三篇第三章第二節）所述（《姜多其亞奧義書》的三要素說是所謂的混合說之起源，地水火等三要素的每一要素都含有其他，某一要素中，含有其他二要素的，即是現實的物質。亦即現實的水之中，含有水要素二，火要素與地要素各一，——《印度哲學宗教史》第三篇第二章第二節、《印度六派哲學》[20]第七篇第六章之七），就學派的學說看來，此說最為顯著。亦即數論提出空風火水地等五大之原元素是聲、觸、色、味、香等五唯（tanmātra，詳見《印度六派哲學》第三篇第四章第一節），勝論提出地水火風空等五大是由一一分子，亦即由極微所成立，如是等等，在日常經驗的地水火風之中探求其第一要素。尤其巴達衍那（Bādarāyaṇa）的吠檀多（Vedānta）派，基於《泰提利亞奧義書》的五大說，依據其發展順序，提出由空開展出風，由風開展出火，由火開展出水，由水開展出地的論述，爾後，更提出其特有的物質界是由五大共同構成的主張（此名分化說），如是，據此產生種種的學說。

上來所述，主要是與物質的要素有關，此外，另有與此有關聯的重要問題，也是印度學界議論不已的題目之一——此即物的要素與生理心理機關有何等關係的問題。物質要素的考察初始主要是從有關吾人肉體與心理活動之要素的考察出發，因此闡明其關係自是物質論的重要問題。而此一問題的中心是，五感之構成與物質的要素有何等關係？又，認識之對象的五境（色、聲、香、味、觸）與原素有何關係？對此，各個學派亦出現種種議論。對於物質性的感官，諸派雖都予以承認，然其作用極其微妙，異於普通的物質現象，因此認為彼等應具有特別的結構，乃是根與原素關係論產生之原因。此外，與此感官相對的色、聲、香、味、觸等五境，之所以與其相對應的感官具有一定關係，應是在物質論上的某處有其根據，此即是五境論產生的原因。如是，數論派將五根視為我執之機關，由我慢所生，故分成此非普通的物質的現象，或此係由細原素的五唯所生的二種主張（《印度六派哲學》第三篇第二章第三節），又，勝論派認為是由五大生出五根，更且色、香、味、觸等各具地、水、火、風等屬性（guṇa），故此中有一定的認識關係（《印度六派哲學》第五篇第二章第二節）等等，此外又有種種說明。佛教的物質觀實依如此的背景而作論究，此乃是必須預先了解的。

第二節◆阿毘達磨中的色的意義

五蘊之中，有所謂的色蘊，十二處、十八界之中，至少五根、五境等十種屬於物質，此自是無庸贅言。若是如此，所謂的物質，若用術語表示，亦即所謂的「色」（rūpa）具有何義？色的特相如何？對此，佛陀曾作「變壞（rūpyate）故名 rūpa」的說明〔變壞故名 rūpa 的出處——《雜阿含》卷二第三十五經（大正二，八頁上）、《俱舍論》卷一（大正二九，三頁中，國譯三五頁）〕。此因 rūpa 的語源是 rup = lup（變，破）。但若僅就變壞而言，loka（世間）也可還原成意為「破壞」的語根 √luj（參照《原始佛教思想論》二三一頁，中譯本一五九頁），但此無法特別表現物質的特質，因此，阿毘達磨除此之外，更加上「質礙」（pratighāta）之意，以有變壞質礙之義，作為物質之特質（《俱舍論》

20. 編按：中譯本由臺灣商務印書館於二〇一六年一月初版，中文書名為《梵我思辨：木村泰賢之印度六派哲學》。

卷第一，大正二九，三頁中，國譯三五頁，法救的《五事毘婆沙論》卷上，大正二八，九八九頁下）。《成實論》則提出「對法名色。聲等皆有對故，亦名為色，非如心法等，有形故名色，聲等皆亦有形故，亦名為色，障礙處所，故名為形」之說（《成實論》卷三，色名品第三七，大正三二，二六一頁上）。亦即「其形有種種變化，且有礙性（impenetrability）」，是已見發展的阿毘達磨對於物質所作的定義。其種類如何？經中雖有種種說明，但最常見的解答是「四大種及四大種所造」，以及「諸所有色若過去，若未來，若現在，若內若外，若麤若細，若劣，若勝，若遠，若近，如是一切略為一聚，說名色蘊」的解釋〔《雜阿含》卷二（大正二，一四頁下），《婆沙》卷七四（大正二七，三八三頁上）引用此文作為色之說明〕。亦即以地、水、火、風（pṛthivī, ap 'tejas, vāyu）等四大種，以及依此而構成的種種物質現象之義，作總括性的說明。就佛教而言，縱使如《分別六界經》（《中阿含》卷四二，大正一，六九〇頁中）已立有虛空（ākāśa, ether），但很難視此即是與地水火風相同程度的物質〔關於虛空非大種的理由，請參見《婆沙》卷一二七（大正二七，六六二頁中）、《五事毘婆沙論》卷上（大正二八，九九〇頁上）〕，只是將四大說視為標準的要素觀而採用之。而阿毘達磨的物質觀主要也是以上述所作說明為基礎為背景而出發的。

第三節 ◆ 阿毘達磨四大種本質

阿毘達磨佛教中，首先成為問題的是，何者是四大種的本質？如前所述，若認為是現實的地水火風，此將是相當粗略，難以明確獲得要素之觀念〔認為是粗略觀念的論據，例如《長阿含》卷二十的

「有四大天神，何等為四？一地神，二水神，三風神，四火神。昔者，地神生惡見言：地中無水火風，——我（佛陀）時語言：汝勿生此念，謂地中無水火風，所以者和？地中有水火風，但地大多故得名地大——乃至水神、風神、火神亦然——」（《長阿含》卷第二〇，忉利天品，大正一，一三六頁上）」。再以水為例，水凍則堅如地，蒸發如風輕，熱則如火熱。現實的地水火風是由各種要素所混合，此皆明顯可見，更且漢譯《長阿含》業已就此言之。如是，阿毘達磨諸論師從地水火風中探求其特色，用以作為真正的原素，最後是以堅（khara, khakkhaṭa）、濕（sneha, drava）、煖（uṣṇa）、動（īraṇa）等作為四大之本質，稱此為真實之四大，地水火風則是假四大〔《品類足論》卷一（大正二六，六九二頁下）、《婆沙》卷一二七（大正二七，六六三頁中）、《俱舍》卷一（大正二九，三頁上～中，國譯三一～三三頁）〕。當然在阿毘達磨初期時代此未必已成定說，就筆者所知，無論是巴利六論，或漢譯古論都不得見之，故此應是隨著物質觀之發展而形成的。《品類足論》等有部諸論對此的意見一致，而南方所傳，如《論事》等，則語帶保留（例如 *K.V.* VI. 8; XVI. 5），直至註釋者才予以明白的表示，此徵於《攝阿毘達磨義論》所載即可知之（*Compendium of Ph.* p. 155, ibid. pp. 268~271）。應予以注意的是，此堅濕煖動之說，雖出自於地水火風之性質，但在阿毘達磨的法相上，並非視此為其性質，而是視為實體的要素。就此而言，此堅濕煖動之說，頗為近似數論所說的五唯（細物質，且各自擁有色、聲、香、味、觸等其中之一的性質）。從而此實四大，雖具有作為物質之特質的礙性，卻是不可見，阿毘達磨的法相上，依可見不可見之標準而分別四大時，常將此說為不可見（anidassana），此乃是南北論部之所論〔依據 *K.V.* VI. 8 所載，案達羅派認為地界（pathavī-dhātu）是可見的（sanidhassana），但此主要是就假四大而立論〕。從而稱此為大種（mahā-bhūta），對於細種（sūkṣma-bhūta）以「大」

稱之，雖非適當，但阿毘達磨論師變更「大」的意義，對於一切所造色之所依，作如此註釋：「遍到一切，有大用故稱大。」（《俱舍》卷一，大正二九，三頁中，國譯三二～三三頁，《婆沙》卷一二七，大正二七，六六三頁上，《成實》卷三，四大假名品第三八，大正三二，二六一頁中～）。

若是如此，此四大種的業用如何？地之業用，在於持（dhṛti）；水之業用，在於攝（saṃgraha）；火之業用，在於成熟（pakti）；風之業用，在於長養（vyūhana），此同樣是南北論部之所論（《婆沙》卷一二七，大正二七，六六三頁中，*Compendium of Ph.* p. 269.《俱舍》卷一，大正二九，三頁中，國譯三二頁）。亦即就一切物質現象言之，其相之確立是因於地之作用，得以相攝不離，是水之作用；成熟是火之作用，長養是風之作用，依據《婆沙》卷一二七（大正二七，六六三頁中）所述，此係來自《入胎經》（《毘奈耶雜事》卷十一，大正二四，二五四頁上）的說明。

如是，作為要素的地水火風其特相極為清楚，但此完全是分析的考察結果，實際上，作為具體現象，四大完全不能別立而發揮其特相。任何現象至少都具有堅、濕、煖、動、持、攝、熟、長等特質，故只是從其特為顯著的，而說為是特殊的現象。簡言之，以水為例，水以流濕為其特相，但如前所述，彼仍具有堅、煖、動等任何一種性質，同時，既具有攝合之特用，但又有持、熟、長等作用。從而依據阿毘達磨的法相，實四大不能單獨存在，必須相互結合，以現實的地水火風為首，而成為種種物的現象。此名「四大共生不離」。就筆者所知，《吠檀多精要》（*Vedānta-sāra*, 125）等，是就各個要素構成現實四大的過程而論述各個要素的比例，但佛教並無此類之論述，只是指出彼等係依其優勢而分別形成現實的四大。從而何故所以如此的根本理由，不得而知。又，阿毘達磨只立前述四大，不立虛空作為第五要素，若是如此，或將生起運動的原則將於何處探求的疑問。若依據佛教所述，運動所行的虛空並不是作為第五要素的虛空，而是無為的虛空。亦即「無障故色於中行」之說。

補充

關於此要素論，此處至少必須作為補充而略述之。以堅、濕、煖、動作為四大之實性，此乃阿毘達磨一般之所承認，此如上文所述，但有一例外。此即訶梨跋摩的要素觀，彼以色香味觸作為物質之要素。訶梨跋摩認為堅濕煖動是地水火風的重要特相。但既然將此說為感覺對象，則與觸覺有關，但實際上，地水火風既有色，也有味，也有香，因此不能僅依觸覺的立腳地定其要素。既然將感覺視為是物質的要素，則更進一步，須將色香味觸（彼不將聲視為要素之一）全體都納入才是妥當，此即是其立論根據（《成實論》卷三，色相品第三十六以下至四大相品第四十四，尤其是四大假名品第三十八。大正三二，二六〇頁下～二六五頁中）。如是，訶梨跋摩認為現實的地水火風固然無庸贅言，包括阿毘達磨所立的堅濕煖動都是物質的現象（假名），並主張只有色香味觸等四塵才是真實的。若以抽象物質的感覺的性質而探求其要素，自然有此歸趨。由於此說類似依色聲香味觸等五唯而成立地水火風空等五大的數論所說，故彼之所論遂被視為脫化自數論。但應予以注意的是，據彼所述，四大未必是由四塵全部所成。或由四塵全部，或由四塵之二三，不同的組合，固然造成地水火風之區分，但即使同樣是地大，也有土、金、木材等種種的差別，此即是彼所持意見（卷三，四大相品第四四，大正三二，二六四頁中）。從而就此而言，是異於數論的五大各依特定的五唯所成之說（關於數論的五唯與五大之關係，請參見《印度六派哲學》第三篇第二章第三節及第四章第一節）。

第四節 ◆ 能造的四大種與所造色之關係

訶梨跋摩雖有異說，但將堅濕煖動視為四大之本性乃是一般之所認定。而一切物質現象皆以此四大為其基礎，此亦部派之所認定。但成為問題的是，能造的大種與所造的物質現象之間的關係如何？換言之，所造的色法是因於能造的大種之變化，但變化之外，是否另具有獨立性？常識上的認知是，能造的大種是實，其他都是假。但若是如此，則十二處十八界之中，占其大部分的五根五境，除去觸的一部分的堅濕煖動，其他必然都是假法，從而如此的分類不夠完整。尤其有部立五根五境作為色法之代表，更且主張法體恆有，並不承認四大以外，另有獨立的色法。此說看似頗為可笑，但能造種與所造種之間的關係是極為重要的問題，如《婆沙論》等對此是盛加論究。應予以注意的是，對此，有部的大論師之間有種種異說。依據《婆沙》所載，尊者覺天謂「一切色法皆是能造之大種，此外，無別有色（《婆沙》卷一二七，大正二七，六六一頁下，附帶一提，將所造的五根視為假名，認為其實質是四大的《成實論》亦持此說。（《成實論》卷四，根假名品第四五，大正三二，二六五頁中））」。反之，法救主張大種之外，別有造色（根），唯僅觸中所攝色法（堅濕煖動）以及法處中所攝色法（所謂法處攝色，是指無表色等）非實有（同上，六六二頁中）。但婆沙之評者認為此二說皆非，若依有部正義，所造色全部別立於四大種之外（同上，六六二頁中）。可說是極不徹底且難以理解的教理，亦即初始只是將五根五境視為萬有之要素，給予獨立的意義，但逐漸及於詳細的物質論之後，將四大視為能造種，最後終於得出如此結論。若是如此，稱為能造大種，稱為所造色有何意涵？兩者有何等關係？凡此都是必須更作探討的題目。毘婆沙師對此給予種種解答，要言之，是以親子關係喻之。基於「親而有子」的理由，故親為能造，子為所造，但親與子是個別獨立的存在。如是，毘婆沙師基於四大種是一切物質的五因，故稱之為能造。所謂的五因，是生因（janana-hetu）、依因（niśraya-hetu）、立因（pratiṣṭhā-hetu）、持因（upastambha-hetu）、養因（upabṛṃhaṇa-hetu）（《婆沙》卷一二七，大正二七，六六三頁上；《俱舍》卷一，大正二九，三頁上，國譯三〇頁），要言之，能生所造色，且能維持之〔①依彼而起，故說為生因。②生已，隨逐大種而轉故，如依師等，說為依因。③能任持故，如持壁畫，說為立因。④不斷因故，說為持因。⑤增長因故，說為養因。（《俱舍》卷七，大正二九，三八頁中，國譯四五二頁）〕。基於此意，又將大種以國王喻之，以所造色比擬大臣，又以樹身比喻大種，以枝枒喻所造色（《婆沙》卷一二七，大正二七，六六四頁下）。但此等乃是雜住（同上，六六三頁下），依據有部所述，凡是被稱為色法的，若以欲界為標準，縱使是最少限度的存在，仍是依能造四大與所造四塵而成，此外，並無其他。《俱舍論》將此說為「八事俱生隨一不滅」（《俱舍》卷四，大正二九，一八頁中，國譯二二一頁），是物質現象（極微）的單位，五根更是依存於此。之所以如此，恐是此等初始是出自於肉體與五根的關係而作考察。肉體由物質的四大所成，此容易了解，但諸根（勝義根）非依存於物質，而是與物質稍異，更且是獨立於物質性的筋肉，是由物質性的筋肉所包圍，因此作為一般的物質論，遂有上述的說明。就此而言，有部的論述與數論的「根與物質」的觀點頗為類似。勝論認為五根正是由五大之極微所成立，故就其範疇論而言，根並非獨立的存在，但數論認為無論五知根（與五作根），或五唯，或五大，此等在二十四諦中，皆占有地位。

除此之外，數論主張根是物質性的，認為此或是依我慢而與五唯同時發生，或是由五唯所生，更有主張是由五大所發生的，雖然如此，但就認為根是由其他要素所生而言，彼等所見同一，更且從給予同於我慢、五唯、五大等的地位看來，可說類似有部所說的四大與所造色的關係。據此看來，有部的物質觀中，含有不少數論之所論，此乃是不容忽視的。

如是，四大種與所造色的關係，在有部成為極其麻煩的問題。此主要是因於有部特有的教理，從一般的立場而言，四大是一切物質現象之根源，從而若欲還原一切物質現象，都應歸於四大，此應是最穩當的見解。追根究柢，佛教硬將出自物理觀察的四大論置入於從認識論的立腳地出發的五根五境的考察之中，但又異於數論與勝論，不承認大要素的性質與五根五境之間有一定的組成關係，正是造成此困境的最大原因。從而就此而言，佛教的物質觀相較於數論與勝論，是較為不徹底。

第五節 ◆ 所造色的種類

如是，物質現象成立，若是如此，其數如何？當然若各別揭舉其數，應是千差萬別，但將此彙整成十數種類，則是阿毘達磨論之特色。就筆者所知，最為詳盡的是阿耨樓陀《攝阿毘達磨義論》的色品（*Compendium of Ph.* pp. 154~157）所揭。據彼所載，物質現象總有十一種類。

1. 四大種色（bhūta-rūpa）——地界、水界、火界、風界。
2. 淨色（pasāda-rūpa）——眼、耳、鼻、舌、身。
3. 境色（gocara-rūpa）——色、聲、香、味等。
4. 有色（bhāya-rūpa）——女性（itthatta）、男性（purisatta）。
5. 心色（hadaya-rūpa）——心臟（hadaya-vatthu）。

6. 命色（jīvita-rūpa）——命根。
7. 食色（āhāra-rūpa）——段食。
8. 斷色（pariccheda-rūpa）——空界（ākāśa-dhātu）。
9. 表色（viññatti-rūpa）——身表、語表（kāya-viññatti, vacī-viññatti）。
10. 變化色（vikāra-rūpa）——色輕、輭等。
11. 相色（lakkhaṇa-rūpa）——色生、住、老、滅等。

亦即只要是被視為物質現象的種類，都予以列舉。但阿毘達磨論的一般通例，仍是基於十二處、十八界之分類，以五根五境等十類總括一切。此外，雖有以法處（亦即法界所攝色）比擬物質現象的，但可以說此乃屬特殊的教理，一般仍以此十類作為所造色之代表。但此十類既是所造色，同時，也有感覺機關（五根）與對象（五境）的關係，因此有關此等，將在第四篇作為心理作用的感覺論（第三章）中，再詳細論述。

第六節◆關於極微論

最後關於此物質觀的一個重要問題，必須予以考察。此即物質分子的極微（paramāṇu）。此因極微論，未必是各個部派都予以承認，更且若依據筆者所作推定，此乃是相當遲晚的考察。先前主要是以一般的考察為其目的，無需觸及於此，但在本章終了，必須對此問題大致予以論及。由希臘的恩培多克勒等開啟的物質考察，到了留基伯（Leukippos）、德謨克利特（Demokritos，B. C. 460）等提出

atom（原子論）而達到頂點，而印度也從四大說等的物質觀推進至分子論（亦即極微）的考察。更且此等的考察逐漸獲得勢力，爾後，只要是具有實在論傾向的教派，大抵都採用之。勝論、尼夜耶此兩派固然無庸贅言，耆那教、佛教的一部分（有部、經部、正量部），此外依據中國所傳（《唯識論述記》卷一，末，大正四三，二六三頁中），順世派（Lokāyata）也包含在內，如此一來，甚至初始不談極微的數論派，其《僧佉耶頌》（*Sāṅkhyakārikā*）的註釋者迦烏達帕達（Gauḍapāda）也將五唯解為極微之義。

若是如此，其起源如何？對此，學者之間有種種異論，此中也有學者認為是受希臘影響（例如 *Keith Indian Logic Atomism*, p. 17）。筆者當然不贊成此說，據筆者推想，恐是出自堪稱印度唯物主義（materialism）之代表的順世派（《印度六派哲學》第五篇第一章），可惜順世派建立極微論的確實文獻不存於印度，故未能獲得證明。在文獻上，最早提及極微論的是，將物質（pudgala）分割成極微的耆那教的教法〔Jacobi: *Atomic theory* (Indian); J. Hastings: *Encyclopaedia of Religion and Ethics*, Vol. II. pp. 199~202〕，但從學派的性質上，難以認為極微論最初是出自耆那教。要言之，對此仍未能明白，但無論如何，印度的極微論之產生是相當早期，此應無可懷疑。

若是如此，此教理是於何時被佛教採用？當然極微論者認為此乃是基於佛說。亦即在說明色法之際，佛陀或說為細，或說為粗，而佛所說的細，不外於即是極微之義，又毘奈耶（何等毘奈耶？）曰：「七極微集名一微等。極微為初指節為後。」（《順正理論》卷三二，大正二九，五二一頁下）。但實言之，就筆者所見，明確論及極微問題的，絕非在很早的時代。無庸贅言，阿含聖典中，漢巴皆無關乎此等之記載，阿毘達磨中，成書於《大毘婆沙論》之前的、特別論及極微的著作，也不得見之，尤其無論是《婆沙》以後，有部最為盡力論述的問題，或是《婆沙》之前的《發智論》、《品類足論》等，亦無與此有關之記載，可以說是非常奇特。但不能據此而認為直至《婆沙》成立，佛教內才採用極微觀，此因在《婆沙》第八卷，載有被視為佛教典籍的「六法論」中的有關極微觀之議論。亦即對於能否緣一極微而起薩迦耶見而論述時，言及「六法論」所說。

問：……如彼論（六法論）說極微是常各別住故。此各別住非無常因。是故極微決定常住……

答：彼論所說不順正理，不可引證此緣極微。謂彼論中更說多種不順理因不可爲證。

（《婆沙》卷八，大正二七，三七頁中、下）

若從通常不甚重視其他佛教典籍的《婆沙論》對於此論的態度看來，此論確是成書於《婆沙》之前，更且對於佛教的極微顯然相當重視。但問題是，此論究竟是何時及何人所造，迄今全然不知。從而佛教內於何時採用極微論，今亦無法了解，故甚是遺憾，但大體上，應是稍早於《婆沙論》之編輯，即西元一世紀前後，若《尊婆須蜜菩薩所集論》撰述於《婆沙》之前，則應是由此而傳入佛教，在此之前，尚未作佛教的消化，此徵於先前「六法論」所載即可知之。當時的佛教界，有部等作為先驅，盛行論及種種問題，自然觸及當時可以說是物理學上的極微論，而予以採用改造成佛教的，即是佛教有極微論之所以。更且因於《婆沙論》，在佛教見地的物質觀中，此極微論遂成為重要的一環，自此以來，無論是正量部或經量部，都紛紛論述極微論。但此中特含與勝論潮流氣脈相通的，此徵於有部一般的思想類似勝論，即可知之〔依據西藏所傳，《婆沙》之編輯與勝論教徒之間多少有所關聯（Max Müller: *The Six Systems of Indian Philosophy*, p. 440）〕。

亦依此說，但有部不承認有絕對獨住之極微。依據有部所述，單獨的極微只是理論上的，或只有聖者得以見之，實際上彼不能獨存。實際存在的，由七個極微所集成的「微」（aṇu），亦即一極微的六方分別都有一極微，如是，七個極微合集而成一「微」。有部持此說之所以，恐是因於若依據勝論所述，世界破壞之時，物質將分散成各個極微，但有部認為此世界破壞時，極微亦滅，故無極微獨住的情況。更且對於極微集合之過程，勝論認為是以父母二微為開始，此亦異於有部所論。但依據中國的註釋者所述，佛教中正量部主張有單獨的極微存在（《唯識二十論述記》卷下，大正四三，九九八頁中），可惜的是，就筆者所知，對此並無更詳細的說明，故此說與勝論有何等關係無法確定。

更成為問題是，若極微的存在至少是由七個極微聚為一體，則其集合之狀態又是如何？換言之，所謂的集合是相互接觸，或是有某種程度之距離的集合？對此《婆沙論》中有種種論述，揭出世友、大德、有說等三說，但主要可歸結為非直接的接觸，而是最接近的集合（《婆沙》卷七三，大正二七，三八〇頁上）。彼所持的理由是，若真正接觸，則應合而為一。更且彼等不散亂之所以，是因於四大之中，具有收攝作用的水大[22]攝持所致（《頌疏慧暉鈔》大系本卷一，一〇六頁）。亦即有部將吾等所說的引力（親和）說為水大之作用。但在《順正理論》中，此說稍作變更，亦即縱使說色、香、味、觸之極微相互接觸並無不可，彼等性質異故（慧暉引用同上）。

最後就極微之存續期予以考察，無論德謨克利特，或是勝論，都認為極微常恆不變。但佛教基於其教理，故不認為此乃常恆不變，意謂極微亦屬有為法。對此，《婆沙論》指出一一極微有三世之別（《婆沙》卷十九，大正二七，九六頁下）。但此係從其最根本的教理而論，若就通俗的意義，有部依然承認某種程度的極微之常住。此因極微雖有三世之變遷，但前極微引出與其同樣性質的後極微，同一性質的極微不斷的依次出現，故與同一物之常恆無異。對於如此的極微，有部認為是恆時存續的。但如前所述，依據《婆沙》所載，一切物質皆由極微所成立，而此等是否都是如此的恆時存續，《婆沙》對此並無觸及。雖然如此，但若依據思想的推進，大致上應是必然如此。此因從經驗言之，炭若成為灰，則炭之極微是變成灰之極微。對此，新薩婆多的《順正理論》更將極微分成假實。曰：

極微略有二種一實二假，其相云何？實謂極成色等自相，於和集位現量所得。假由分析比量所知，謂聚色中，以慧漸析，至最極位。（《正理》卷三二，大正二九，五二二頁上）

亦即合能造四大種與所造四塵所成的實色（八事俱生隨一不滅）的極微（如五境五根決定）是實，而對於五根五境等作觀念分析時的極微是假，從而實極微是恆時存續，但假極微則不然。若是如此，其恆時之存續可至於何時？依據佛教所述，主要是在世界大破壞時。世界大破壞，亦即劫滅時，極微亦全破壞，此乃是有部之教相。故《俱舍論》卷十二曰：

此三災（水火風）之力壞器世間，乃至極微亦無有餘。（大正二九，六六頁中，國譯七四七頁）

此因勝論等認為世界破壞之際，極微不被破壞，仍然存在，但有部不許有單獨存在之極微，因此

18.《婆沙》卷一三二（大正二七，六八四頁上）說為風界攝持。（編者）

微聚（aṇu）破壞時，極微亦不能維持其存續。有部認為法體恆有，就形而上的而言，此等極微仍恆存於過去已滅位或未來雜亂住位，但劫滅時，此等不能現在化，不能作為現在法而存在，故說為極微亦有破壞。對此，《俱舍論》抨擊勝論派，歸結為一切是業之作用（同上，大正二九，六六頁上，國譯七四六頁），而令此思想推進一步，完全否定極微之實在的，實是唯識派，世親《唯識二十論》一書正是特為破斥此極微論而撰述。

補充

有部的物質觀的矛盾如次所見：（以下五點有再研究之必要）

1. 四大論與十處之不調和。
2. 能造以外，別有所造。
3. 四大種之極微與所造極微的量的關係如何？
4. 不許極微獨住的理由？
5. 劫滅時，極微亦滅的理由？

第四章　心理論

接繼前章物質觀之後，今將論述的是阿毘達磨之心理觀。此心理觀乃是諸阿毘達磨最為著力之處，認為阿毘達磨的主要特徵在於就吾人的心理活動作最詳細的分析與考察並無不可。此徵於路易斯‧戴維斯夫人將南方論部之一的《法集論》譯成 *A Buddhist Manual of Psychological Ethics* 即可知之，此因阿毘達磨的目的不外於轉迷開悟。所謂的轉迷開悟，若就心理層面而言，主要是心理的事實，阿毘達磨論師為此目的而盛行對於心理活動作種種分析，藉以揭示修行道程，心理觀遂因此而大為發展。從而部派佛教所以產生與心理觀有關聯之種種議論，亦不足稱奇。

若就其主要者言之，首先關於心之主體，各個部派所主張的，當然是無我論，但對於無我的解釋，則有種種異論。或說心全然是因緣生，予以機械論的說明；或某種程度的認為心是主體，為此而爭論不已。又，吾等有六識之說，乃是原始佛教以來之共識，但對於六識究竟彼此有別，或只是一心的不同方面，也有異論，尤其對於心體及其活動之種種相的心所是異是同，不僅在不同的部派之間，即使在同一部派，也有種種異論產生。此外，對於五感的認識，或說五根是認識者，或說五識才是認識者，也是議論不已；乃至迷的本質是有意識的，或是無意識的，如是等，對於繁雜的問題產生分歧的異論（根見、識見論，心所有、無論，相應、非相應論，一心、多心論，識暫住、無住論。參照《成實論》

第四至第五卷）。探究此等異論，並且從一般的心理活動及於其特殊相，實是心理觀之題目。從而詳論此等問題時，其所觸及範圍甚廣，關聯至種種事項，此自是無庸贅言。但相較於一般論，此應納入於特殊論中，就此篇之題目言之，此不免不恰當，因此在世界形體論之次，也收有情論於同一篇之中。但在此篇之中，若略去此一題目，將有損論文體裁，故暫揭主要問題於此，用以作為後文伏線。

第五章　物心兩者的概念（心不相應行論）

第一節◆心不相應行法思想之起源

心與物是萬有成立的根本要素。從而若說物心除外，更無第三要素並無不可。但從現象的立場而言，此中既有不屬於物，亦不屬於心，而是跨越兩者的，此乃是無可懷疑的事實。此即關係、狀態、地位等。從而若就現象之成立要素作窮盡的考察，物心之外，也必須將此種類的觀念納入於考察之中。對於究竟是視為如同物與心，是以存在之形看待，或只是視為兩者交涉之間的樣式（mode）而處理，雖是另外的問題，但若不予以納入，則作為材料的，只是物與心，從而此間將有難以說明的，此乃不能否定之事實。如是，南方論部的《品類論》於論述因緣論而分類萬有時，是提出物與心，以及所謂的施設（paññatti）等三項（*Abhidhammattha-saṅgaha*, VIII. 14 - *Compendium of Ph.* p. 198 引用），就阿毘達磨而言，此乃是最早作意識性的論述。所謂的施設（Skt. Prajñapti），是觀念或概念之義，意指有關存在之樣式的概念。此一觀念，在南方逐漸發展，到了阿耨樓陀的《攝阿毘達磨義論》，則將此分成義施設（attha-paññatti）與名施設（nāma-paññatti）等二種。義施設是概念的對象，名施設是指概念移至言語之當體（ibid. VIII. 14. ibid., pp. 198~201）。依據解說者安溫所述，義施設有十二種：

第一，真如施設（tajjā-paññatti）：有關存在本身的觀念，亦即第一義的存在。

第二，執施設（upādā-paññatti）：由第一義的存在所導出的觀念，進入吾人之認識而被限定（modify）的存在觀念。

第三，集合施設（samūha-paññatti）：對應物之集合的觀念。

第四，類施設（jāti-paññatti）：關於種或類的觀念。

第五，形施設（saṇṭhāna-paññatti）：物之形體的觀念。

第六，方施設（disā-paññatti）：物之地位與方向的觀念。

第七，時施設（kāla-paññatti）：時間的觀念。

第八，空施設（ākāsa-paññatti）：空間的觀念。

第九，相施設（nimitta-paññatti）：現象的觀念。

第十，非有施設（natthi-bhāva-paññatti）：物的不存在的觀念。

第十一，相續施設（santati-paññtti）：物的相續的觀念。

第十二，世俗施設（sanketa-paññatti）：通俗的表示的觀念（the idea of the conventional sign by which a thing is generally signified）（*Compendium of Ph.*, pp. 5~6）

此思想是經由何等順序而形成，可惜至今猶不能了解，總之，應是南方論師長久經營之所成。

第二節 ◆ 北方論部中的心不相應行法觀之發展

在此一方面，應給予最多注意的是北方論部。在心不相應行法之名下，以有部為中心，此一思想遂具有重要的意義。《法蘊足論》與《舍利弗阿毘曇論》等論書中，已明顯可見其思想，尤其在《發智論》與《品類足論》等，更占有重要的位置，若特就《品類足論》言之，作為五位之一，相對於色、心、心所、無為等，具有獨立的意義。此因所謂的心不相應行法（citta-viprayukta-dharma），其性質異於吾等之心理作用（也與物質作用有別），亦即具有跨越兩者的性質，此固然無庸贅言。對於視此心不相應行法為實有，經部等雖持否定態度，但至少據此方便於作宇宙考察，故頗受唯心論系部派青睞，此徵於《成實論》與《唯識論》等皆採用之，即可知之。

若是如此，北方論部認為何等種類的觀念是心不相應行法？若就存在的樣式而言，此同於南方論部所說的施設，但關於其之所立，則大為不同，此依前揭的五位，即可知之。就筆者所見，最早攝於此概念之中的是生（jāti）、住（sthiti）與老（jarā）。此因在「阿含」中，此等作為三有為相，佛陀既已揭示，但在定其地位時，此等無法攝於心或物。爾後，恐是添加命（jīvita）此一觀念，進而得（prāpti）等之觀念再納入時，逐漸趨於複雜。就文獻見之，北方論部中，與南方論部關係最深的《舍利弗阿毘曇論》，其所揭的法處所攝法之中，種種心所與無為等之外，也納入生、老、死、命、結、無想定、得果、滅盡定等（《舍利弗阿毘曇論》卷一，大正二八，五二六頁下，《阿毘達磨論之研究》一二〇頁，中譯本七八頁引用），雖尚未明顯的稱此為心不相應行法，但已含有此一觀念，應是無庸贅言。《法蘊足論》同樣於其法處的說明中將此等攝入，然其所述，較《舍利弗阿毘曇論》大為進步。亦即將得、無想定、滅定、無想事、命根、眾同分、依得、事得、處得、生、老、住、無常、名身、句身、文身與種種心所以及三無為並列（《法蘊足論》卷十，大正二六，五〇〇頁下）。與此大致相同，《品類足論》有「得、無想定、滅定、無想事、命根、眾同分、依得、處得、事得、生、老、住、無常性、名身、句身、文身、復有所餘如是類法與心不相應總名心不相應行」之文（《品類足論》卷一，大正二六，六九二頁下）〔《發智論》卷十七（大正二六，一〇〇八頁中）將四相與得並列，但沒有言及不相應行法〕。將此等更詳予論述的是《大毘婆沙論》，而將此整理成十五項的是悟入的《入阿毘達磨論》（卷下，大正二八，九八六頁上～九八八頁上），以及訶梨跋摩的《成實論》（《成實論》卷七，不相應行品第一九四，大正三二，二八九頁上）。此即：得（prāpti）、非得（aprāpti）、無想定（asaṃjñi-samāpatti）、滅盡定（nirodha-samāpatti）、無想事無想果（āsaṃjñika）、命根（jīvitendriya）、眾同分（nikāya-sabhāga or evaṃ-bhāgīya）、異生性（pṛthag-janatva）、生（jāti）、住（sthiti）、異（jarā）、滅（anityatā）、名身（nāma-kāya）、句身（pada-kāya）、文身（vyañjana-kāya）。除去此中異生性的，即是《俱舍》的十四不相應行，通常中國與日本的俱舍學者所說的心不相應行法即此。但如《品類足論》所載：「復有所餘，如是類法，與心不相應，總名心不相應行。」心不相應行法絕非僅只如此而已。從而依其見地而更增加其數的，即是大乘唯識派，無著於其《大乘阿毘達磨集論》卷一（大正三一，六六五頁中）所揭如次：得、無想定、滅盡定、無想異熟、命根、眾同分、生、老、住、無常、名身、句身、文身、異生性、流轉（pravṛtti）、定異（pratiniyama）、相應（yoga）、勢速（java）、次第（anukrama）、時（kāla）、方（deśa）、數（saṃkhyā）、和合（sāmagrī）〔其一一之解釋，見於安慧《大乘阿毘達磨雜集論》卷二（大正三一，七〇〇頁上）〕。

如是，對於不相應行法的樹立方式雖有種種，但主要是出自於抽象萬有之存在及其活動樣態的觀念。尤其有部認為此等是如同物與心一般的存在，更且是以種種方式令物與心活動的原理。例如世上所以有所謂「發生」的現象，雖然是由於「因緣」所致，但主要是因於有所謂「生」的心不相應行法，是因於有此「內因」，同樣的，由於有住、滅，所以萬有有住、滅，若無此等原理，則萬有住、滅的根本原因無從解釋。就此而言，有部的觀點類似勝論派所說的——依實、德、業、同、異等原理之和合而產生具體現象。從而就此而言，此心不相應行法實有之說，最能顯示有部教理的特徵，同時也是勘查有部思想發展痕跡的基準。但對此特為反對的，如先前所述，即是經部，更且《成實論》、《唯識論》等視此為假立，特為反對其實有說[23]。但此不相應行法之說既經有部大為提倡，無論贊成或反對，對於萬有的考察是愈發緻密，此乃不能否定之事實。

第三節 ◆ 心不相應行法各自之相狀

若是如此，各個心不相應行法的意義又是如何？若予以詳述，將是極其困難，故僅略述如次：

首先就「得」（prāpti）言之，此乃心不相應行中，最具特色的概念。初始如同說為「得滅盡定」或「得無想定」，只是指到達某一境界的狀態，但逐漸的，「得」的觀念被獨立出來，遂成為不相應行法之一。

23. 唯識派明顯視此為假立（《大乘阿毘達磨集論》卷一，大正三一，六六五頁下），但《成實論》卷二法聚品第十八（大正三二，二五二頁中、下）定義為「無作之業」。

此乃是抽象心中獲得一定習慣而此習慣不失去的狀態所得的一種概念。亦即若將現象解剖成各個要素時，因於此等要素都是獨立的，故必須另有結合此等的要素存在，此乃成立此「得」的理由。依據《大毘婆沙論》等所作說明，聖者與凡夫二人皆一時住於無記心。若單從當下觀之，亦即就同樣住於無記心而言，可以說聖者與凡夫無異。但其間的差異是，聖者成就無漏智時，其心不失，反之，凡夫有煩惱，故一旦無記心離去，其煩惱心又再次產生活動，此乃兩者的差異，必須立「得」的原因在此。亦即縱使是住於無記心，之所以聖者有無漏智而凡夫有煩惱，是因於「得」，此即視「得」為獨立的原理之緣故。《入阿毘達磨論》下卷（大正二八，九八六頁中）或以「起得，成就十無學法，故名聖者，永斷五支」，或以「苾蒭當知！若有成就善不善法，我見如是諸有情類，心相續中，善不善得增長無邊」等文作為經證，而作「故知法外定有實得」之結論，即容易了解。從而此必然是將心與心所予以分別考察以後才發展的。東山部就此具有與其所得結合不離的不變性，而主張「得」可視為是無為（*K.V.* XIX. 4）。但此只是大致的說明，若更予以詳論，得又可開出「獲」（未得今得）與「成就」（得已不失），此又可分成法前得、法俱得、法後得等三類，終致開展成極其複雜之教理。詳見《婆沙論》卷一五八（大正二七，八〇一頁下）、《俱舍論》卷四（大正二七，二二頁上～二三頁中，國譯二六三～二七八頁）。又，應予以注意的是，此得之作用僅行於心理作用之中，不適用於米錢等。

第二的非得（aprāpti），是與得相反的作用，意指能令「已得的」失去的法。《婆沙》之前，不將此視為心不相應行法之一，直至《婆沙論》，伴隨「得」之發展而被別立出來。

第三的無想定，第四的滅盡定，第五的無想果等三種，是指杜絕心的活動的狀態。但此非絕無之境，又是非心非物，故稱心不相應行法。大眾部與化地部等視為無為，此則視為心不相應行法。

第六的命根，是壽命（āyus）之義，令吾等之生存於一生之中，相續不絕之原理。就此而言，此處所說的命根，似乎類似化地部所說的窮生死蘊，或犢子部的非即非離蘊我，但至少依有部所述，此既不屬於物，亦不屬於心，而是抽象心身相續狀態而成的一種原理，完全不具有靈魂之意（南方論部將此視為物質之一），因此，兩者是不同的。

第七的（眾）同分（sabhāgatā, nikāya-sabhāga, evaṃ-bhāgīya），此係種類或概念的原理化，令種種的法依其種類而得以相同。此有二種，即無差別與有差別，所謂的無差別，例如稱之為人的，無論男女老幼，就稱之為人而言，是同一的；所謂的有差別，是同樣的人之中，有男或女的差別，此相當於類（genus）與種（species）之區別。可以說也相等於勝論將「同」（sāmānya）分成高等同與劣等同的概念。

第八的異生性（pṛthag-janatva），此係抽象凡夫之位而立，有部一般都立此法，但《俱舍論》不立此法。

第九至第十二的生、住、異、滅。此等作為有為四相，是《婆沙》以後爭論不已的題目。此因初始《發智論》、《品類足論》將此四相視為是令萬有生住異滅之原理，並沒有特別看待，但到了《婆沙論》（《婆沙》卷三九，大正二七，二〇〇頁下），遭逢到令生住異滅等四相成為生住異滅的原理是何者的問題，因此才逐漸複雜化。《婆沙論》遂提出生住異滅之外，又有能令生住異滅成為生住異滅的原理，亦即提出所謂的小四相或隨相的觀念渡過此難關，但克實言之，此舉只是令問題更為複雜，並不是真正徹底的解決。

第十三至第十五的名、句、文（譬喻者認為名、句、文身非實有，聲論師認為名、句、文以聲為自性，但此宗將此等攝於心不相應行法，《婆沙》卷十四，大正二七，七〇頁上）。此係總括語言及其內容為三種原理。名是名詞之義（名詮自性）；所謂的句，如說為「山高川流」等，亦即能詮釋義理（句詮差別）的；所謂的字，是指 a、i、u、b、c、k 等母或子韻。吾人得以說出「字」，依「名」而詮釋對象，依「句」而發表義理之所以，即因於有此等特殊的原理存在。此與文典派的 śabdārtha 或 sphoṭa（語性）相通，此當切記莫忘。

以上所揭的十五種，是有部一般都採用的，以下所揭的流轉、定異等，主要是唯識派所立。雖然如此，其源流仍見於《婆沙》等的議論之中，故進而予以說明。

第十六的流轉（pravṛtti），此意指因果相續不斷。

第十七的定異（pratiniyama），此意指因果有種種差別。

第十八的相應（yoga），此意指因果關係一定不相離。

第十九的勢速（jāva），此意指因果迅速流轉。

第二十的次第（anukrama），此意指因果流轉是有次第。

第二十一的時（kāla），此意指因果相續涉及三世。

第二十二的方（deśa），此意指東西南北四維上下皆有因果。

第二十三的數（saṃkhyā），此意指一、二，等數目。

第二十四的和合（sāmagrī），此意指因果依眾緣和合而成立

（《大乘阿毘達磨雜集論》卷二，大正三一，七〇〇～七〇一頁）。

可以說是以因果關聯的方式，將勝論派的概念予以佛教化。

第四節 ◆ 心不相應行法與無為以及因緣觀的關係

在此章最後，另有若干必須予以注意的。此即是心不相應行法與前述的無為觀，以及後文所將述及的因果觀，彼此的關係與對比是如何？無庸贅言，所謂的無為，當然是以不變不動為其標準，而因緣觀則是揭出萬有的動態之規定，從而此兩種觀念可說是立於正反的位置。相對於此，心不相應行法居於何等位置？大體而言，是居於兩者的中間。此因心不相應行法，就其是有關萬有活動樣式的觀念而言，則與萬有動態之規定的因緣類似，但又異於因緣所具的動態性；另就其樣式不變而言，則類似無為所具的固定不動之性，因此可以說是位於其中間的觀念。但被視為是正反兩面的因緣與無為，彼此卻有密切聯絡，此徵於大眾部等，將因緣法則視為無為即可知之。因此，位於中間的心不相應行法或被視為無為或因緣之一，亦不足怪。如東山部主張「得」（prāpti 或 patti）是無為，又如將四無色定視為無為的大眾部與化地部，顯然也是將無想定、滅盡定、無想事攝於無為。此外，其他的心不相應行法可攝於廣義之因緣的，其數不少，此徵於南方論部的《攝阿毘達磨義論》將全部的施設攝於因緣論而論述，即可知之。從而此心不相應行法之觀念若予以擴大，則無論無為或因緣，都可攝於其中，反之，若將無為或因緣的觀念予以擴大，則無須另設心不相應行法之分類。總的說來，無為、心不相應行、因緣等三種觀念是立於極為密切聯絡的心理之上，此乃論述此等問題時，當切記莫忘的。

所談，最後必然是重重無盡之說。縱使無須臻於此境，但至少從眾多立場作分類的考察仍有其必要。而懷此企圖的，正是阿毘達磨論師，因此在種種論書中，因緣論遂成為重要的問題。

第三節◆六因四緣論之起源

北方的阿毘達磨論，作為因緣論的部分，最常論及的，大體上有二種分類法。其一是四緣論，另一是六因論。六因論是將萬有的成立條件分成六種，亦即認為是由能作因（kāraṇa-hetu）、俱有因（sahabhū-hetu）、異熟因（vipāka-hetu）、相應因（saṃprayuktaka-hetu）、遍行因（sarvatraga-hetu）、同類因（sabhāga-hetu）等六因，成立內外一切現象〔七卷《楞伽》卷二（大正一六，六〇〇頁上）揭出與此有別的六因：①當有因（bhaviṣyad-dhetu），②相屬因（saṃbandha-hetu），③相因（lakṣaṇa hetu），④能作因（kāraṇa-hetu），⑤顯了因（vyañjana-hetu），⑥觀待因（upekṣā-hetu）〕。相對於此，四緣論是將因緣分成四種的分類，認為是由因緣（hetu-pratyaya）、次第緣（sama nantara-pratyaya，等無間緣）、所緣緣（ālambana-pratyaya，境界緣）、增上緣（adhipati-pratyaya）等四緣，成立一切法。對於此等一一的說明，此處從略，今僅就此兩種分類的成立過程，稍作探究。

首先就六因論言之，此主要是由有部宗發展出的教理。尤其是由《發智論》之著者迦多衍尼子大成之（參照《發智論》卷一，大正二六，九二〇頁下）。此因就筆者所知，《發智論》以前的論書並無此說，更且無論《婆沙》或《俱舍》，都明白將其大成歸於迦多衍尼子。無庸贅言，依據有部宗徒所述，此六因論原收錄於《增一阿含》所揭的六法之中，但時經久遠，已告散佚，今之所見，是迦多衍尼子依其願智力之所感悟（《婆沙》卷十六，大正二七，七九頁中）。要言之，如此的救釋，無非意欲將此歸屬為佛說，實際上，此應是迦多衍尼子之所見或是由彼集大成。六因論爾後僅只有部宗採用，他派不予依用的原因在此。從而闡明此六因論成立之過程，在闡明有部思想發展上，極為必要，可惜筆者尚未觸及於此。大體上，認為是由迦多衍尼子集大成，應是無可懷疑，但究竟是迦多衍尼子的新見，或是迦多衍尼子將先前的思想予以大成，至今仍不得而知。從《發智論》中的「有六因。謂相應因乃至能作因。云何相應因……」（大正二六，九二〇頁下）看來，顯然是六因既已成立，只是再加以說明，故難以認為迦多衍尼子是創始者。但對於究竟是何人在彼之前既已收集此等材料，則完全不得知之，因此，有關六因成立之情事，至少在目前仍屬似有還無的階段。有關此一方面，他日仍有再加以研究之必要，要言之，六因之分類，從其性質上看來，顯然有部宗內的心所論已有相當複雜的發展，故能提出與彼相應的因緣論，但以此作為宗義，顯然是得自於迦多衍尼子。

其次，就四緣論見之，異於先前的六因論，不僅是小乘論部，大乘教亦依用此說，作為因緣論之分類，此乃是一般都予以承認的。不只如此，其所依據是某種經說，此依《大毘婆沙論》（卷十六，大正二七，七九頁上）或《俱舍論》（卷七，大正二九，三六頁中，國譯四三一頁）所載，即可知之。但時至今日，就筆者所知，巴利本固然無庸贅言，漢譯阿含中亦無明顯言及四緣說的文獻，僅只屬於大乘經的《分別緣起初勝法門經》卷下（大正一六，八四〇頁中）得以見之，但至少有部所傳的三藏中，四緣之分類是首先被整理成經說形態的，此乃是無可懷疑的事實。從而在將因緣的分類觀察作發展史的研究時，前揭的六因論，可以說只是其支流，此四緣論才是與本流有關的問題。

第四節 ◆ 各種的緣論與四緣論的成立過程

四緣的分類是否自初始就定為四種？古契經所載不明，故暫且不論，若徵於論部，相傳出世於佛滅後百年前後的提婆設摩，於其《識身足論》卷三已揭出四緣之名目（大正二六，五四七頁中），進而《婆沙論》曾引用《施設足論》中有關四緣之論述（《婆沙》卷二一，大正二七，一〇八頁下，《阿毘達磨論之研究》一六六頁，中譯本一一七頁）。據此看來，縱使佛陀時代尚未定此為四緣，但最遲佛滅後百年前後，已是如此。但克實言之，此僅只是將傳說視為事實而作的推定。《識身足論》未必是佛滅後百年所成立，而《施設足論》之完成雖較《婆沙》為古，但究竟是多早以前並不清楚。因此無法認為四緣論的成立是在相當早期的時代。不僅論部有此情況，載有四緣論的契經也是如此。此因不只是巴利本不見有該經流傳，即使漢譯亦然，故無法判定此乃是古時既已成立，更且是一般之所認許的。

若是如此，對於四緣之成立過程應如何研究？漢譯所傳之中，有一值得注意的材料。此即《舍利弗阿毘曇論》中的十緣說。所謂的十緣，是指因緣、無間緣、境界緣（所緣緣）、依緣、業緣、報緣、起緣、異緣、相續緣、增上緣（《舍利弗阿毘曇論》卷二五～二六（大正二八，六七九～六八七頁））。有關此等的一一說明，此處從略，此處應予以注意的是，十緣的分類與文中畫曲線的四緣之分類具有何等關係？乍見之下，可能以為先有四緣說，爾後才增加成十緣；亦即從單純而至於複雜最契合歷史發展。但克實而言，如此的假定並非可以無條件的接受。尤其在印度思想的發展上，更是如此。若從論理以及有關認識的量（pramāṇa）的制定方式的變遷看來，並不是由單純而進於複雜，至少在數量上是由複雜而單純化，對此，筆者已曾述及（《印度六派哲學》第六篇第一章）。而此處所觸及的問題，或許也具有如此的關係，因此至少必須大致的予以探討。

再從另一方面言之，現存漢譯論部中，關係與南方巴利論藏最深的是主張前揭十緣說的《舍利弗阿毘曇論》。此論與南方的《毘婆崩伽》、《人施設論》有密切不離的關係，要言之，基於與南方論部共通的材料，於北方大成的作品，是此《舍利弗阿毘曇論》，對此，筆者在《阿毘達磨論之研究》中既已指出。亦即此十緣論與南方論部的思想顯然在某種方面有所聯絡，此依前述的研究，即容易發現。

如是，就南方論部看來，雖然《毘婆崩伽》或《人施設論》中未曾言及，但在《論事》中，曾觸及於此，尤其《大品類論》（*Mahā-pakaraṇa* 或 *Paṭṭhānapakaraṇa*）正是以此問題之論究為主。無庸贅言，《論事》中的因緣論，是在駁斥大眾部之因緣觀而提及的，因此未能窮盡，而《大品類論》的羅馬字版尚未出版，研究有所不便，因此有關此一方面，尚未能進行確實的研究，雖然如此，南方的因緣觀大體上據此可知。

《論事》（*K.V.* XV. 1）所揭的因緣之數，就筆者所知，有九〔十〕種。此即：因緣（hetu-paccaya）、增上緣（adhipati-p.）、俱生緣（sahajāta-p.）、根緣（indriya-p.）、食緣（āhāra-p.）、道緣（magga-p.）、境界緣（ārammaṇa-p.）、無間緣（anantara-p.）、相續緣（āsevana-p.）、〔等無間緣（samantara-p.）編者〕。

《大品類論》所揭是二十四種，更且是南方派通常所揭的定型之數。

1. 因緣（hetu-paccaya）condition
2. 境界緣（ārammaṇa-p. 所緣緣）object
3. 增上緣（adhipati-p.）dominance
4. 無間緣（anantara-p.）contiguity
5. 等無間緣（samanantara-p.）immediate contiguity
6. 俱生緣（sahajāta-p.）co-existence
7. 互為緣（aññamañña-p.）reciprocity
8. 依緣（nissaya-p.）dependence
9. 近依緣（upanissaya-p.）sufficing-condition
10. 前生緣（purejāta-p.）antecedence
11. 後生緣（pacchājāta-p.）consequence
12. 相續緣（āsevana-p.）succession
13. 業緣（kamma-p.）karma
14. 報緣（vipāka-p. 異熟緣）effect
15. 食緣（āhāra-p.）support
16. 根緣（indriya-p.）control
17. 禪緣（jhāna-p.）jhāna
18. 道緣（magga-p.）means
19. 相應緣（sampayutta-p.）association
20. 不相應緣（vippayutta-p.）dissociation
21. 有緣（atthi-p.）presence
22. 非有緣（natthi-p.）absence
23. 離緣（vigata-p.）abeyance
24. 非離緣（avigata-p.）continuance

此即所謂的二十四緣（*Compendium of Philosophy*, pp. 191~192；參照 *Visuddhimagga*, vol. II. p. 532）。

關於《論事》與此《大品類論》孰先孰後，嚴格說來並不是很清楚，但大體上，前者的成立較遲，此依其九〔十？〕緣之名目是以此二十四緣為其依據，即可推知。從而若現今所見的《論事》是在阿育王朝時代整理而成，則前揭的二十四緣說，最遲應在阿育王的時代，亦即西元前三世紀中葉既已成立。但《論事》一書其完成的年代，尚未能確定是否如一般所傳，總之，南方所傳的有關因緣的此二種材料，在決定北方所傳之上，可以說是有力的線索。

若是如此，此二十四緣與《舍利弗阿毘曇論》的十緣有何等關係？無庸贅言，《舍利弗阿毘曇論》的十緣全部包含在二十四緣之中。十緣之中，第七的起緣與第八的異緣，乍見之下，似乎不見於二十四緣之中，但若就性質論之，起緣相當於所謂的近依緣（upanissaya-paccaya），異緣恐是相當於南方所傳的互為緣（aññamañña-paccaya），因此十緣全都含於二十四緣之內。如是，北方所傳的十緣與南方所傳的二十四緣顯然是互有聯絡，若是如此，二者的前後又是如何？無可懷疑的，《舍利弗阿毘曇論》所揭應是脫化自《大品類論》。此因如同筆者曾於他處指出，相較於南方的論部，《舍利弗阿毘曇論》的法相有顯著的進步（《阿毘達磨論之研究》一一八～一二三頁，中譯本七七～八〇頁）。亦即鑑於二十四緣說過於廣泛而且籠統，故擇其中最為主要的十種，作為因緣之分類，此即《舍利弗阿毘曇論》所揭十緣成立之所以，此終究是不能否定之事實。

二十四緣與十緣的關係既是如此，進而十緣與四緣的關係亦必須以此方式解釋，亦即並不是由四緣而進展至十緣，而是四緣是較十緣作更進一步的整理，此依南方論部所載得以證明。阿耨樓陀的《攝阿毘達磨義論》於揭出二十四緣之後，更指出此等可攝為所緣緣、近緣、業緣、有緣等四種（VIII. 12；*Compendium of Philosophy*, p. 197）。亦即相對於北方的彙整成所緣緣、等無間緣、增上緣、因緣等四緣，南方立於稍異的立場，同樣也將此彙整成四緣。就此而言，對於因緣觀之分類其發展軌跡，筆者曾經預想應正如同論理史上的量之發展，如今此一預想在此獲得證明。

又，應予以注意的是，雖說從二十四緣說推進至十緣說，從十緣說推進至四緣說，此乃因緣分類的發展史之過程，但二十四緣說或十緣說並沒有被廢止。四緣說成立以後，南方派仍堅持其二十四緣說，以《舍利弗阿毘曇論》為所依聖典的某派仍是主張十緣說。上文所提出的順序，只是為說明以四緣說作為基點的分類的過程而已。不只如此，此中也有雖然相信四緣說是佛所說的，但仍企圖以某種形態保存近於十緣說之分類的，此不能忽視。僅揭出名稱的《分別緣起初勝法門經》，其所持立場即此。亦即在此經中，雖承認四緣說是佛說，但又另外揭出八門緣起，主張此乃契於佛之真意的分類。所謂的八門緣起，即：

1. 境界緣起（詳稱受用世俗境界緣起）
2. 任持緣起
3. 食因緣起
4. 相續緣起（詳稱一切生身相續緣起）
5. 依持緣起（詳稱一切生身依持緣起）
6. 差別緣起（詳稱一切生身差別緣起）
7. 清淨緣起
8. 自在緣起

（玄奘譯，《分別緣起初勝法門經》卷下，大正一六，八四一頁上）

由於譯語不同，故與前揭十緣與二十四緣之間合否不明，但大體上，彼此有密切關係，此依譯語之比較，即可知之。在漢譯藏經中，此雖被列於方等部（實則帶有小乘論部之性質），但無庸贅言，其成立屬於相當遲晚。又，《瑜伽師地論》（*Yogācārabhūmi-śāstra*）採用四緣五果說，但另一方面，又立十因說，可以說是間接乘此風潮而起。《瑜伽師地論》所揭的十因是隨說因、觀待因、牽引因、生起因、攝受因、引發因、定異因、同事因、相違因、不相違因（《瑜伽師地論》卷五，大正三〇，三〇一頁中）。其之所立雖與十緣論頗異其趣，但至少就列出「十」之數看來，應有某種關係。從而可以認為彼經（或此論）在揭示緣起時，雖揭出四緣說，但又認為只有四緣過於簡單，因此有意再回歸於十緣說。此一方面，也頗為類似量論之發展。亦即古彌曼瑳派籠統的立八量位，尼夜耶派彙整為四，經由世親、陳那再彙整為二，但其後所出的新彌曼瑳派則又意欲保存古傳中的六量，佛教中對於因緣數量多寡之成立也與此類似。在因緣發展的研究上，此乃不容忽視的，故特記於此。

第五節✦因緣論的作用

上文專依歷史的見地，論述有關因緣之分類的發展，若是如此，其作用又是如何？要言之，其根本精神是以「此有故彼有，此生故彼生（imasmiṃ sati idaṃ hoti, imass' uppādā idaṃ uppajjati）」的原理作為基礎，從種種立場觀察一切現象，揭示其相互關係，此外，消極的而言，是據此對抗當時流行於世的無因論（偶然論）、一因論（自在神、自性、時）等，揭示佛教的相對主義的世界觀（《婆沙》卷十六，大正二七，七九頁上）。但此因緣觀，若就其全體見之，其中有一顯著特徵，此乃任何人都容易看出的。亦即此因緣論雖是有關現象界全體的法則，但主要是就吾人的生命活動，尤其是以心理活動的法則為主而建立的。無論是從四緣的性質，或六因之性質，或從二十四緣的名目看來，此都是容易了解的。更且在探討佛教世界觀的特徵上，此極為重要。因部派佛教中，雖有具實在論傾向的部派，但既然立此因緣觀，則佛教全體可說都是唯心論的。若是如此，此等的因緣作用又是如何？可惜的是，說明二十四緣的《大品類論》，其原典尚未以羅馬字版出版，因此關於其一一之作用，筆者尚未得以了解。《舍利弗阿毘曇論》的十緣雖相當曖昧，但仍有交錯的說明，尤其關於六因四緣，《婆沙》與《俱舍》等皆詳作說明，今據此述其大要如次：

第六節◆關於十緣的作用

有關二十四緣其一一緣之作用，且留待他日再敘，今以《舍利弗阿毘曇論》卷二十五至卷二十六作為基本，進而參照南方論部以及《俱舍》、《婆沙》的四緣說，首先就十緣論述之。所謂的十緣，如前所述，即：①因緣，②無間緣，③境界緣，④依緣，⑤業緣，⑥報緣，⑦起緣，⑧異緣，⑨相續緣，⑩增上緣。

第一的因緣（hetu-pratyaya），諸緣之中，此扮演最為重要的角色，但關於其意義，諸論所述並無一定。依據《攝阿毘達磨義論》（III. 4；VII. 4）所載，「因」有貪、瞋、癡、無貪、無瞋、無癡（amoha）等六項，是指主要的心理活動，從而因緣，是指依此等心理活動所生起的種種現象的關係。但《舍利弗阿毘曇論》不僅將此等視為能招其果的心理活動，更且將物質的四大也攝入其中（《舍利弗阿毘曇論》卷二五，大正二八，六七九頁中），進而指出「因者，生義，如母對子（卷二五，同，六八〇頁中）。又，若依《大乘唯識論》對四緣之一的因緣所作解釋，所謂的因緣，是指阿賴耶識的種子具有開展萬有的關係。綜合看來，所謂因緣，大體上是可說以材料因為主，進而加上動力因之觀點，換言之，若就房子的建築而言，木材是因緣，工匠也是因緣。從而可以說其之所及，極為廣泛，最後遂將某一事件的成立，無論是間接或直接的關聯，都包含於此因緣之中。將因緣的意義如此擴展的，是《婆沙》、

《俱舍》等，彼等依有部特有的六因論解釋因緣，認為能作因除外，因緣是其他五因（俱有因、同類因、相應因、遍行因、異熟因）都包含在內的作用（《俱舍》卷七，大正二九，三六頁中，國譯四三〇頁）。此中所謂的能作因，無障礙的消極原因是其主體，是其他五因之全體，故仍意指有間接直接關聯的一切原因或事情。如是，無論稱之為因（hetu）或緣（pratyaya），原是用以指稱現象成立的原因、條件與事情等，爾後因緣論雖有種種發展，但依然保存之，更且給予特定的意義，可以說其中經過種種變化。就此而言，可以說因緣的範圍，主要是質料因（material cause），否則應如六因論之所為，不特別立之，才是得當。範圍若過分擴大，即將形成毫無意義。

第二的無間緣（anantara-pratyaya），此相當於二十四緣說的第四緣。但《舍利弗阿毘曇論》並沒有將「二十四緣說」的第五，或「四緣說」的第二的等無間緣（samanantara-pratyaya）納入，因此十緣中的無間緣應也包含等無間緣。若是如此，對於無間緣等或無間緣又如何規定？此主要是就法之存續，揭示其前後關係。此中，所謂的等無間緣，是指前念的心的作用（心心所）與後念的心的作用之間的關係。如前所述，就佛教的心理學言之，吾人此心是不斷的生生滅滅，一刻未曾停止，但就心之相續而言，前後念之間，必然有其相續之規定。揭示此規定的，即是此緣，簡言之，前念之心退去，此退去之心成為後念繼出之緣，此即是等無間緣。此正如同某人還在舞台上時，他人不能現身，他人若欲取代之，前人即應退卻。前者的隱退而帶出後者的關係，即是等無間緣，基於此意，等無間緣又名開導依。《舍利弗阿毘曇論》（卷二五）謂此為補處之義，亦即如同代坐。之所以名為等無間，是基於前念之心心所引出同樣的後念之心心所，其性質雖有別，但至少其量同等（前念心所之體一，後念之心所亦體一），更且此間沒有雜入其他要素，此乃《俱舍論》所作的解釋（《俱舍》卷七，大正二九，三六頁中，國譯四三二頁）。更且等無間緣與無間緣（anantara-pratyaya，南方二十四緣中之第四）的差異，即在於此，若依據《俱舍》、《婆沙》的解釋，物質之相續是無間的，前物質是後物質的無間緣，但前後之量未必一定，此乃其異於心心所相續的等無間緣之處（《俱舍》卷七，大正二九，三六頁中～下，國譯四三二～四三三頁。關於世友與大德等對此所持意見，請參見《婆沙》卷十，大正二七，五〇頁中）。

第三的境界緣，或稱所緣緣（ālambana-pratyaya），此在二十四緣說中位列第二，四緣說中位列第三是客觀之義。亦即總稱心之對象的一切。就佛教的心理學而言，心之生起，必然托境，從而若無境，心即不起，心若欲起，必須有境（內外），因此是重要的一緣。《舍利弗阿毘曇論》謂此為「的」之義，亦即其關係如同射箭時之標的（卷二五，大正二八，六八〇頁中）。

第四的依緣，此相當於二十四緣說的第八緣的依緣（nissaya-paccaya），但在四緣說中，並沒有特別立為一緣。《舍利弗阿毘曇論》將「依」解為「猗」之義，例如依口而有口業，依地而有稼穡，依眼與色而有眼識，故稱此為依緣，又解為「物」之義，猶如舍宅。亦即是指依某種作用而表現的材料性的根柢，主要是就作用與質量的關係而言。

第五的業緣，此相當於二十四緣說的第十三緣的業緣（kamma-paccaya），四緣說中，此非獨立的一緣。依據《舍利弗阿毘曇論》所載，此一概念涉及的範圍相當廣泛，但主要是一切作用之義。未必僅意指善惡業行為，而是含括相當廣泛的活動。所謂的業，是作之義，如同使作（卷二五）。

第六的報緣，此相當於二十四緣說中第十四緣的異熟緣（vipāka-paccaya），也相當於六因中的異熟因。意指業緣中，特招善惡果報的作業，進而也意指作業的根本煩惱。此因《舍利弗阿毘曇論》將

「報」解為津漏之義，如樹之生果（卷二五，大正二八，六八〇頁中）〔報緣與異熟識及名色的關係，請參見《清淨道論》（*Visuddhi-magga*, II. p. 558）〕。

第七的起緣，恐是相當於二十四緣中第九緣的近依緣（upanissaya-paccaya）。相較於第四的依緣，此與吾人的生活更有密切關係，《舍利弗阿毘曇論》將此解為令自或他起善惡業，乃至令意、識、想、思、覺以及四大生起。又說此有生之義，如種之芽。恐是介於依緣與報緣之間。

第八的異緣，此乃二十四緣中第七緣的互為緣（aññamañña-paccaya）之譯，因此譯為互為緣或許比譯為異緣將更為妥當。此因《舍利弗阿毘曇論》稱此為共有法，又說為不相離之義，如同眷屬。六因中之俱有因與此相當。

第九的相續緣，此相當於二十四緣中第十二緣的相續緣（āsevana-paccaya）。意指法之相續次第增上。應是就惡業習之相續不斷而名之。

第十的增上緣（adhipati-pratyaya），位於二十四緣中的第三，或四緣論中位於第四，在諸緣之中極為重要。但如同因緣，其意義相當曖昧。依據《攝阿毘達磨義論》（VII. 4, *Compendium of Philosophy*, p. 177）與《舍利弗阿毘曇論》所載，所謂的增上，即強烈的精神作用之義。亦即以欲或以精神、以心，乃至以思惟，總之是以強烈的志向行事之義，從而所謂的增上緣，是指依中心動機而支配吾人行為，相當於亞里斯多德（Aristóteles）所說目的因（final cause）的概念。《舍利弗阿毘曇論》將增上解為自在義，如王者，但此無非是指動機之力。只是主張四緣的《俱舍》、《婆沙》與《唯識論》等，認為此緣具有非常廣泛之意，尤其《俱舍》、《婆沙》謂此緣如同六因中之能作因（《俱舍》卷七，大正二九，三七頁中，國譯四四一頁）。對於能作因，《俱舍》、《婆沙》的解釋是，自體除外的一切法（《俱舍》卷六，大正二九，三〇頁上，國譯三五五頁），只要能成就某者成立的，無論積極或消極（不障礙）都可攝於此中，從而增上緣之意不外於此。尤其就能作因其特有意義為不障言之，增上緣其強烈精神作用被無力的作用取而代之。此正如同位列第一的因緣，初始是最為有力的原因，但當其有力的原因逐漸被種種分解之後，終於喪失其特有的性質，徒存模糊籠統的概念。但應予以注意的是，在將種種緣彙整成四種時，此消極的原因仍被保留。不作為障礙，當然是事物成就的原因。

上文主要是依據《舍利弗阿毘曇論》所述，一一闡明十緣之性質，可以說是在現象的成立上，從種種立場抽出必要的條件所成，從而縱使是同一事件，但隨其繁雜的關係，以及依所持觀點而成立種種緣，因此未必限定於特定之一緣，此應無庸贅言。簡言之，吾等若起某種欲心，基於以此為緣的立場，此欲心從舞台上退出而引生他心時，此即是等無間緣；而對象是所緣緣；其他同起之心心所是俱有緣或相應緣；進而，就此欲心是中心動機，或就不妨礙事件之成立（與此無直接關係）而言，是增上緣；依此能起種種作用，所以是業緣；依此能招異熟果，因此是報緣；此外，又依種種立場而成為種種緣。

對此，《舍利弗阿毘曇論》（卷二十五～二十六）於分別說明十緣之後，又就十緣的相互關係，一一予以組合，揭示其異同，因此在闡明各緣的性質上，是極為必要的研究法。從而既將種種的現象視為因緣所生法，令彼等成立的條件（亦即緣）是無數，最後終將是重重無盡。但此將形成無盡緣起，對於既已限定緣之數量的阿毘達磨論而言，此乃是相當籠統不正確的判斷，因此各個阿毘達磨對於諸法之生起，是依特定之緣而作說明。例如若依據「二十四緣說」，在述說前念之心心所與後念之心心所之間的緣的關係，是依據無間緣、等無間緣、非有緣、離緣、相續緣、相應緣等六緣（*Abhidhammattha-saṅgaha*, VII. 9）；又就「四緣說」而言，心心所之作用雖是依據四緣全體，但對於無想定，亦即對於無心定，是說為只依三緣（缺所緣緣）；對於物質作用，則說為只依因緣與增上緣等二種（《俱舍》卷七，大正二七，三七頁下，國譯四四四～四四七頁）。原因在於只取其主要的，沒有納入間接的。

第七節 ◆ 六因論

如前所述，二十四緣、十緣、四緣是「緣論」發展的本流，相對於此，有部的六因論又是如何？可以說此僅屬於旁系而已。通常是將「因」（hetu）視為親因，而緣是疏因，從而重視因果律的佛教，重視因更甚於緣，意欲給予常識性的解釋，但至少在阿毘達磨中，「緣論」之重要性大於「因論」，此不能忽視。如前所述，在原始佛教中，若於因與緣之間作出區別，則是「因狹緣廣」，因此從廣義立場說明諸法關係的佛教是重視緣更甚於因。此即如前所述，無論有部人如何救釋六因論（《婆沙》卷十六，大正二七，七九頁中），其典據仍難以探求至迦多衍尼子以前之所以。佛教內將因分成六種之風習，未必是始於有部。南方論部亦將因分成貪、瞋、癡、無貪、無瞋、無癡等六種，此如前文所揭（*Abhidhammattha-saṅgaha*, III 4, VII 4；*Compendium of Philosophy*, p. 177），大乘佛教的十卷《楞伽》卷三（大正一六，五三〇頁中，相當於四卷與七卷的《楞伽》卷二），有當因、相續因、相因、作因、了因、相待因之區分，乃是顯著之事實。迦多衍尼子的六因論無非是乘此風潮而作的分類法。雖然如此，但將因分成能作因（舊譯隨造因）、俱有因、同類因、相應因、遍行因、異熟因（舊譯果報因）之舉，無論如何，總是《發智論》特有之說，此乃無可懷疑之事實。不僅有部對此甚為重視，本書在四緣論之後，提出此六因的理由，也在於此（應探討唯識與因明的三因論）。對於六因的簡單說明如次：

第一的能作因，依據有部所述，是「除自餘能作」（《俱舍》卷六，大正二九，三〇頁上，國譯三五五頁）之意，亦即自體除外，其他一切法之總稱。意指消極的或積極的，有助於此法成立的一切條件，同於四緣說的增上緣（《大乘阿毘達磨集論》卷三揭出二十種能作因。①生能作，②住能作，③持能作，④照能作，⑤變壞能作，⑥分離能作，⑦轉變能作，⑧信解能作，⑨顯了能作（對望宗、因、喻的所成之義），⑩等至能作，⑪隨說能作，⑫觀待能作，⑬牽引能作，⑭生起能作，⑮攝受能作，⑯引發能作，⑰定別能作，⑱同事能作，⑲相違能作，⑳不相違能作，——大正三一，六七一頁中、下）。

第二的俱有因，是「互為果」（《俱舍》卷六，大正二九，三〇頁中，國譯三五九頁）之意，意指相互資助而令一事成立之條件。例如主觀與客觀的關係，主觀是客觀的原因，客觀是主觀的原因，就兩者相輔而成立世間（loka）而言，此兩者彼此為對方之因。經量部認為因果必然有時間的前後（經部因果論之出處，《俱舍》卷六，大正二九，三〇頁下～三一頁上，國譯三六五～三六六頁），反之，有部以承認有同時因果為其特徵，此俱有因正是發揮其特徵之立論。依據有部所述，此俱有因有二種情況。其一是所謂的同一果俱有因（ekaphala-sahabhūhetu），種種原因結合而生出一果，相當於所謂協同的原因（co-operative cause）。另一是互為果俱有因（anyonyaphala- sahabhūhetu），此如前舉的主觀客觀之對立，是互相作用的原因（reciprocal cause）。

第三的同類因，是「相似」（《俱舍》卷六，大正二九，三一頁上，國譯三六七頁）之意，亦即因與果其性質相同時，前者稱為同類因。雖然一切是剎那滅，但同樣的狀態持續不斷之所以，完全是由於此同類因及其果（等流果）之相續。

第四的相應因，對此是以「決定，心心所同依」（《俱舍》卷六，大正二九，三二頁中，國譯三八四頁）揭示吾人心理活動中的聯想規定。亦即某心生起，或為令生起，必然有隨之而起的心的作用。此等一起進行具體的心理活動，因而有特定的結果，故稱此為相應因。從而相應因之體是俱有因，但相對於俱有因亦通於物質，此僅只是心理活動的法則，故成為特殊的一因。不只如此，依據有部所述，所說的相應，不只是俱時的存在，也以所謂的五事相應，亦即所依（同一根）、所緣（同一對境）、行相（相似考察）、時（同時併起）、事（各為一體）等五時平等為條件，而俱有因則無此限制，此乃是兩者的差異所在（關於五事平等，詳見《婆沙》卷十六，大正二七，八〇頁下）。

第五的遍行因，在吾人的煩惱之中，此最為強烈，是其他煩惱的原因，稱此為煩惱為遍行之惑。後文的煩惱論（第五篇）中，將再就此因述之。

第六的異熟因（報因），此正是善惡業之異名，能招將來幸不幸果之因。狹義的善因善果，惡因惡果，即意指此因果律。之所以稱此為異熟（vipāka），《婆沙》、《俱舍》等種種有異論（依據《俱舍》卷六，大正二九，三三頁上，國譯三九〇～三九二頁所載，毘婆沙師解為此乃異類熟故，經部解為：①由業種相續轉變差別，②由隨因勢力勝劣時有分限，故名異熟），要言之，是就業習次第成熟而形成與因相狀不同之果而有此名稱。

上文簡單的說明六因，若與前揭四緣論作比較，就著重於心理活動的分類而言，四緣論與六因論是相同的，但四緣論主要是認識論的，而六因論則以生命活動為主，此乃兩者相異之處。但至少在生命活動上，此六因論涉及種種題目，故勝於二十四緣或十緣說。此即六因論雖不屬本系，但有部等特為重視之所以。

所謂遍行惑，意指七見、二疑、二無明。

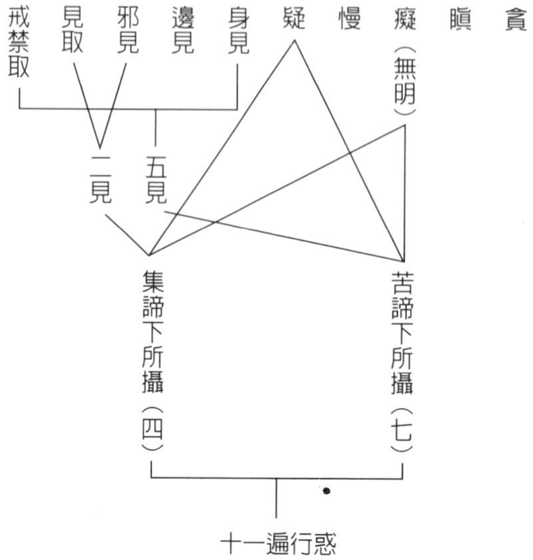

十緣、六因、四緣配置圖

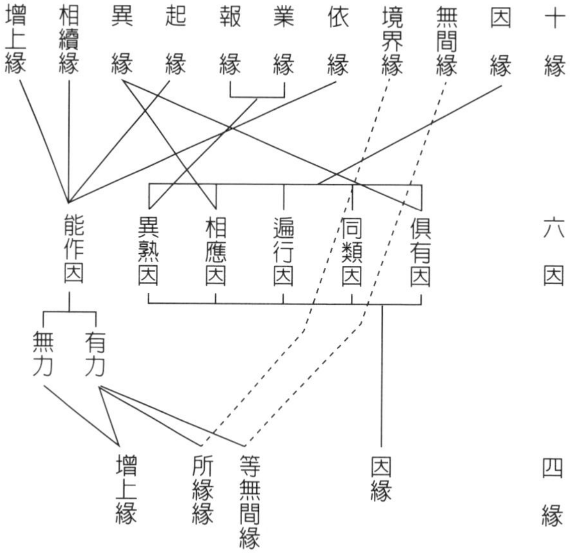

第八節 ◆ 五果論

上文所述雖是廣義的因果律（causality），但主要著重於因的方面的觀察。若是如此，果的立場又是如何？可惜的是，筆者對此尚未作詳細調查，從而無法探求原始佛教以來其發展變遷之痕跡。此係因於將佛教的因果律收納於因緣論之中，更且對於果論特作詳細說明的，至少在早期的論書不得見之。而最早作此嘗試的，應是在《婆沙論》前後，亦即隨著六因論之提出，果論也被注意。總之，有關此一方面的詳細研究，且留待他日，但將果論與因論視為同一題目而論究的，應是始自於《婆沙論》，此乃無可懷疑之事實，從而可以說此僅只是有部所開展的思想。若是如此，彼等所立之果有幾種？通常是說為「五果」（五果論之出處《婆沙》卷一二一，大正二七，六二九頁下；《俱舍》卷六，大正二九，三三頁下，國譯三九七頁），依據《婆沙論》所載，另有九果之說（依據《婆沙》卷一二一，大正二七，六三〇頁所載，立九果的是西方師）。所謂的五果：①異熟果（vipāka-phala），②增上果（adhi-pati-phala），③等流果（niṣyanda-phala），④士用果（puruṣakāra-phala），⑤離繫果（visaṃyoga-phala）。所謂的九果，是五果之外，又加上安立果（pratiṣṭhā-phala）、和合果（sāmagrī-phala）、加行果（prayoga-phala）、修習果（bhāvanā-phala）等四果。

此中，所謂的異熟果，是指對應善惡業的果報，可以說是與異熟因相對的果。吾人之身心即是異熟果，無覆無記，亦即不涉於善惡，是此異熟果之特徵。此因涉於善惡的是由遍行因、同類因等所生，從而屬他種之果。「因是善惡，果是無記」之說所表現的，正是此異熟因、異熟果之間的關係。

第二的等流果，是指與因性質相同之果。例如因善則果善，因惡則果惡。與同類因相對之果，即此，此外，遍行因是所有煩惱的原因，故依此而起之果（煩惱）是等流果。

第三的士用果，此可以擴及至依吾人之作為而產生之果。亦即與動力因（efficient cause）相對之果。《俱舍論》所作的「依彼勢力而生，即說此法為士用果」（卷六，大正二九，三五頁中，國譯四一九～四二〇頁）定義，不外於此意。從而其果具有極廣之意義，只要其因可視為是動力的，其果都是士用果，但此處主要是指與俱有因、相應因相對之果。亦即就依某者之力而成立其他而言，彼此相互為俱有因，為士用果。

第四的增上果，即與有部所說的增上緣，亦即能作因相對之果，其範圍最廣。自己除外，其餘的一切法悉是能作因（增上緣），同此，已生法除外，一切都是增上果。亦即並沒有無條件而得以成立之法，無論消極的或積極的，其法必然受無數條件之所規定，故其法必然是各個條件之果。就此而言，其他四果也是增上果，但此處特指此四果除外之果，因此應視為是與消極因、間接因相對的無障果、間接果。

第五的離繫果，是涅槃之義，即智慧之結果。就此而言，也是士用果的一種，或特稱為不生之士用果（《俱舍》卷六，大正二九，三五頁中，國譯四一九～四二〇頁，同上之註），其他的果都是有為法，但涅槃是無為，所以是特別之果。

前揭五果是有部之正義，但認為此仍有不足之處，故又多立四果。所謂的安立果，若就「十緣論」言之，此係與依緣相對之緣，亦即相對於立足點的立者。就《俱舍》所揭之例而言，立於風輪之上的水輪，即是安立果（卷六，大正二九，三六頁上，國譯四二六頁）。所謂的加行果，是指相對於初始出發點的爾後到達點，此係特就意志活動而言。例如以初始的不淨觀為因，遂有爾後的無生智生起。

所謂的和合果，內在的依存關係上的「此」相對於「彼」。例如根之相對於識。最後的修習果是指修行之結果的所得果報，例如依靜慮而有變化心（《俱舍》卷六，大正二九，三六頁上，國譯四二六頁）。此四果相較於前五果，其意義較輕，且皆可攝於前五果之任一，例如和合果若與俱有因相對，即可攝於士用果，故《俱舍》認為此四果之一一果，皆可攝於增上果與士用果，不具有特別獨立之資格（《俱舍》卷六，大正二九，三六頁上，國譯四二六頁）。

如是，相對於六因，有部立五果（九果），問題是，若是如此，因果之間的時間關係如何？此因經部認為因果必有時間的前後，此乃其必然條件，反之，如前所述，有部承認有同時因果，如詹姆士・米爾（James Mill）所說，因果關係是一切條件之總計（total sum of all conditions），因此，此間有必要揭出其前後與俱時等之區別。對此，有部立「取果」（phalaṃ pratigrhṇāti）、「與果」（phalaṃ dadāti）等二種區別。所謂「取果」，是指果體實成之當體，就因之本身而言，取果是其必然條件，就此而言，此可說與質料因（material cause）相當。「與果」是指實現其果之作用，故與動力因（efficient cause）相當。亦即「因」都含有此二種作用，故《俱舍》作「能為彼種，故名取果，正與彼力，故名與果」（《俱舍》卷六，大正二九，三六頁上，國譯四二五～四二六頁）之定義。據此而就六因五果的關係觀之，能作因除外，其他五因的「取果」是現在。既然是「因」，必然含有生果的實質意味。但「與果」與五因之間有區別。俱有因與相

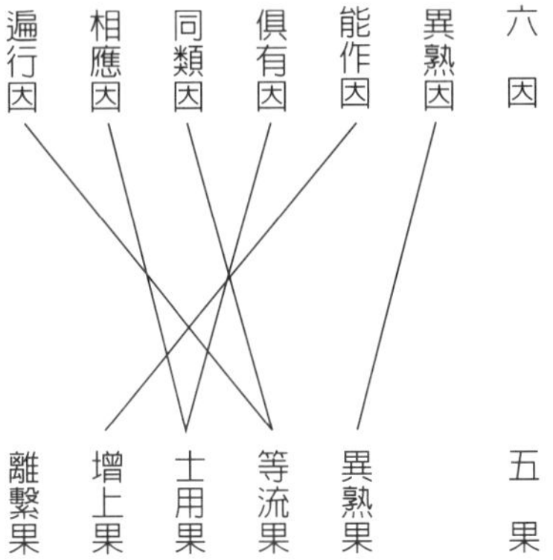

應因此二者之果（士用果）同時，故「與果」與「取果」都屬於現在。異熟因是過去之業於現在酬報，故其「與果」必在過去；同類因與遍行因之果，就現在的立場言之，若其等流果是過去因帶來的產物時，其「與果」是過去；若其等流果是無間斷承續的產物，則「與果」是現在。因與果之間幾乎無間斷故。最後的能作因，大體上能作因之「取果」是現在，但此中也含無為法、未來法等，故並非都是現在。無為法與未來法不能稱為「取果」。但若將其「與果」視為不障因，則可說是在過去與現在。要言之，「取果」與「與果」的區別，是就各因分成質料與動力因兩者，並揭出其時間的規則，故不失為相當值得玩味的觀點（取果、與果之偈頌，載於《俱舍》卷六，大正二九，三五頁下，國譯四二二～四二三頁）。

第九節◆結語

上文論述如此繁瑣的阿毘達磨因緣觀之所以，因於佛教的世界觀中，此具有相當重要的意義。實言之，此因緣論主要仍是從常識的立場而趨向科學的，尚未真正以形而上學的立場進而論究因果必然的普遍根據。此即其因果論有種種變化之所以，也是大乘中觀論等主張此因果不得成立之所以（《成實論》卷十一破因果品第一五一，介紹說無者的因果不得成立之議論（大正三二，三三一頁下），其次在世諦品第一五二，論證世諦故，有因果。但並無六因五果之說明）。雖然如此，但對於一切現象，以如此緻密的方式，從種種方面揭出其成立條件，可說是大為發揮其作為阿毘達磨論之特徵，因此，縱使此中有若干應予以非難之處，但仍應示以莫大之敬意。

第七章　關於諸門分別

前面以六章的篇幅，就萬有之本質乃至其成立要素，從種種方面予以論述。此等要素的種種結合，即是此具體的宇宙，更且是此下所欲論述之題目。但在論述之前，對於相關於其要素論的，仍有必要稍加言及。此即阿毘達磨中所說的分別或諸門分別之論究法。阿毘達磨之論究法雖有種種特徵，然其最大特徵在於此諸門分別，可以說若無此諸門分別，阿毘達磨不具有其獨立之意義。對此，覺音對於阿毘達磨的特質作如次說明：

經中對於五蘊只是作大略說明，其說明並不充分，阿毘達磨中，依經分別、論分別、問答分別而作充分說明。

Suttantaṃ hi patvā pañca khandhā ekadesen' eva vibhattā na nippadesena. Abhidhammaṃ patvā pana suttantabhājaniya abhidhammabhājaniyapañhāpucchakanayānaṃ vasena nippadesato vibhattā.

（*Atthasālinī*, p. 2）

就此而言，龍樹在《智度論》中，對於何謂阿毘達磨之提問，其回答可說完全是採取諸門分別之形式。《智度論》卷二曰：

如說：五戒幾有色、幾無色？幾可見、幾不可見？幾有對、幾無對？幾有漏、幾無漏？幾有爲、幾無爲？幾有報、幾無報？幾有善、幾不善？幾有記、幾無記？如是等是名阿毘曇。

復次七使：欲染使、瞋恚使、有愛使、憍慢使、無明使、見使、疑使。是七使，幾欲界繫、幾色界繫、幾無色界繫？幾見諦斷、幾思惟斷？幾見苦斷、幾見集斷、幾見盡斷、幾見道斷？幾遍使、幾不遍使？

十智：法智、比智、世智、他心智、苦智、集智、滅智、道智、盡智、無生智。是十智，幾有漏、幾無漏？幾有爲、幾無爲？幾有漏緣、幾無漏緣？幾有爲緣、幾無爲緣？幾欲界緣、幾色界緣、幾無色界緣、幾不繫緣？幾無礙道中修、幾解脱道中修？四果得時幾得、幾失？如是等分別一切法，亦名阿毘曇。

（智度論卷二，大正二五，七〇頁上）

如是，提出種種問題，依據種種標準，揭出其性質，此即是阿毘達磨之論究法。若是如此，其標準的種類有幾種？此依論書之別，所載並無一定。

就筆者所見，南方論部的《毘婆崩伽》所揭是四十七種，與此有關聯的《舍利弗阿毘曇論》揭出四十種（參照《阿毘達磨論之研究》九七～一〇二頁，中譯本五九～六三頁），進而《俱舍論》在分別十八界時，是列出二十四、五種部門（卷二），因此並無一定。可以說其所定標準，完全是基於方便，今日吾等縱使新立標準而作分別，仍應以不違反阿毘達磨旨意為基礎，因此不能特別予以固定。雖然如此，但此間仍有其一定的主意，此仍是不能否定之事實。亦即大體上，含有依準修行之見地而分別的精神。今揭出數例說明如次：

首先就三性門觀之，此係以善（kuśala）、惡（akuśala）、無記（avyākṛta）等三種標準而對種種問題予以分別。亦即「某某要素屬善，某某屬惡，某某屬無記（不涉善惡）」等，對於所提出的要素之性質，是依據道德的標準而論述，薦善抑惡是其目的。

其次就界繫門觀之，此乃是對於十八界、二十二根乃至五蘊等各種分類，分別其中何者屬欲界，何者屬色界或無色界。二十二根或十八界，是以人間為標準的要素觀，因此異於人間的色界、無色界等，自然與人間有所不同。總的說來，階層越高，其具備的要素逐漸減少，此即是阿毘達磨的世界觀。階層越高，越是得以脫離肉體的繫縛，而精神的生活也越是提升。如是，界繫門的目的無非是意在揭示由低處往高處的吾人身心生活之道。

進而就三斷門觀之，依據佛教所述，吾人之迷，大體可分為二種。其一是智識上的，另一是情意上的。從而欲去其迷，也有二種方法，此自是當然，前者稱為見道斷，後者稱為修道斷。若依此標準而見諸法，此中含有於見道所斷的，或是修道所斷的，乃至如同無為的無斷之必要（非所斷）的。揭示此等的，即是三斷門，在阿毘達磨中是頗受重視的分別門之一。

此外，又有有漏無漏門、有為無為門乃至苦、樂、捨之三受門，有尋有伺門等，總括一句，其分別之目的在於幫助修行，此終究是無可懷疑的事實。據此看來，種種繁瑣的分別門仍具有值得玩味之處，此不容忽視。不只如此，此諸門分別中——縱使最後的目的在於修行——相較於修行，直接為揭示智識性質的部門也不少。例如可見不可見門，或障礙無障礙門，或燃不可燃門，或積聚非積聚門等等。

從而適當利用此等分別，不只是修養，在理解諸法性質與世界之組織上，能為吾等提供極為必要的理解，此亦是不能否定之事實。諸阿毘達磨論書每當在論及煩雜的種種問題時，皆特設此分別門，其理由不外於此。閱讀阿毘達磨論書時，最令人倦怠不堪的部分，實是此諸門分別，但筆者認為此間具有前述之意義，為顯示有必要努力汲取其精神，故特設此章於此。但由於過於繁瑣，在此無暇一一予以說明之，故略去不談。

第三篇

世界觀

第一章 總論

第一節◆世界觀之定義

此處所說的世界觀，並不是在論究世界之本質，或其形成的原因與意義等。此因在本書的第二篇，已以宇宙觀的題目述之，此處所說的世界觀，並不是Weltanschauung或cosmology之義，而是對於世界起源論（cosmogony）以及世界現象論（cosmography），阿毘達磨是作如何觀察？是就此而論究。可以說並非宇宙實體論，而是有關此所予之事實的宇宙現象論。

第二節◆原始佛教的世界觀

首先循例就原始佛教對此問題的態度述之。如屢屢所述，佛陀的目的在於轉迷開悟，但佛陀主張為到達轉迷開悟，「首先必須正視此客觀之事實」。無視於事實，只是基於要求而構成宗教對象，正是不能開真實之悟之所以。就此而言，可以說佛陀具有與此客觀的事實世界有關的世界觀。但應予以注意的是，佛陀雖如是主張，但佛陀所具的如實智見，是專就此客觀的事實世界，作價值性的正當批判，未必是以探究事實的本身為主。此因對於世界，作價值性的正當批判，乃是對吾等宗教的要求給予直接的指導原理，而事實本身之探究，不僅對於事物是極為間接，更且只要拘泥於事實之探究，則將怠惰於宗教最必要之實修。基於此意，佛陀雖主張正視事實，但對於注予太多心力於與解脫無直接關係的，皆強烈告誡之。對於世界有邊無邊，或身心之一異，或聖者死後有否靈魂等問題，都視為無記答，不予以回答是佛陀之通例。從而對於世界觀的問題，若欲一窺佛陀的態度，可以發現佛陀雖以所謂的世間（Die Weltfüruns）作為其觀察對象，但對於物理的世界，或生物現象本身，並沒有給予太多注意。或許有人認為佛陀對於上自天文地理，下至動植物等種種事象都予以論究，但此乃是非常大的誤解。

若是如此，大體上佛教的世界現象論（有關物理的世界以及生物世界的觀察）又是如何？佛陀在揭示世界價值之際，縱使非其目的，但有時仍不得不觸及事實世界的問題。此因脫離事象，只論價值是不可能的。如是，佛陀採用當時行於世的世界觀，提出須彌山說，也言及南閻浮洲，乃至地獄、鬼神等，亦即某種程度的觸及事實問題，此即是佛教對於事實世界予以觀察的起源。雖只是片段的，但此等的記載散見於被視為最古老的經典之中，可惜無法確定其所採用的是何等時代、何等方面所流傳的世界觀，但無可懷疑的是，為方便說明，佛陀所採用的是在彼之前流傳於某地的世界觀。此因對此的說明既非佛陀目的，則無理由將此歸於是佛陀的創見。

第三節 ◆ 阿毘達磨的世界觀

無可懷疑的，原始佛教的事實世界觀出自於當時的學術常識。從而就此而言，佛教的世界觀雖出現的相當早期，然其本身並不具有太大特色。但如同佛陀本身所呈現之例示，佛教的特色在於採用當時的種種思想而改造成佛教的。從而恐是佛陀已將此事實的世界觀多少變更成佛教的，但直至阿毘達磨論師逐漸將此視為自身的問題時，又逐漸予以改造後，才得以與當時一般的世界觀有所聯絡，更於此間發揮出其特色。此因佛教所立足之倫理的心理的世界觀有必要與事實的世界觀兩相調和。但既然是予以改造，則無需事事受制於當時一般的世界觀，此乃是相對於其他的世界觀，意即相對於婆羅門教、耆那教所述，佛教得以成立其自己的世界觀之所以。就此而言，吾人在研究佛教世界觀之發展時，一方面應注意作為源泉的、當時一般的世界觀，同時也必須探究佛教本身的發展過程與因由。

第四節◆關於世界觀的資料

若是如此，得以顯示佛教世界觀之發展的資料又是如何？若一一予以列舉，其數眾多，但今揭其主要的如次：首先是散見於阿含聖典內的片段資料，尤其是漢巴一致的部分。此因彼等雖不能說是原始的，但至少可以代表相近於原始的思想。更且在《長阿含》（*Dīgha-nikāya*）、《中阿含》（*Majjhima-nikāya*），乃至《雜阿含》（*Saṃyutta-nikāya*）與《增一阿含》（*Aṅguttara-nikāya*）之中，對於此等之拾集，可以提供種種材料，尤其巴利本的《增支部》（*Aṅguttara*），更含有不少材料（例如 *Aṅguttara*, I. p. 227 以及 V. p. 59 等，載有「如一日月周遍照映一世界，千世界亦然。千世界有千日、千月、千須彌山王、千閻浮提、千拘耶尼、千鬱單越……」）。因此，首先必須依據此等資料探察佛教的原始世界觀，並且常加以注意，用以作為與爾後所發展作比較時的準備。

經過如此的準備，其次應予以研究的是，巴利本、梵本、漢譯本之中所見的，此中巴利本方面，主要以《本生譚》（或本生經）及其註釋所見的（*Jātaka* VI. p. 125 與 p. 432 等）的，或見於《殊勝義論》（*Attha-sālinī*, p. 297）等的材料，梵本方面，是《天業譬喻》（*Divyāvadāna*, p. 216）與《大事》（*Mahāvastu*, II. p. 300）（參照 Kirfel: Die Kosmographie der Inder, S. 186）等。但此等研究之中，最為重要的是，僅只見於漢譯的《樓炭經》（*Lokadhātu-sūtra*，世起經）。此係收錄於《長阿含》（後秦，佛陀耶舍與竺佛念共譯）卷十八至卷二十二（另有別譯的《起世經》十卷，隋闍那崛多譯。《起世因本經》十卷，隋達磨笈多譯），含有如次諸品：①閻浮提洲品，②鬱單曰品，③轉輪聖王品，④地獄品，⑤龍鳥品，⑥阿修倫品，⑦四天王品，⑧忉利天品，⑨三災品，⑩戰鬥品，⑪三中劫品，⑫世本緣品。

無從得知此等究竟成立於何時，但無可懷疑的，必然是佛教教團對於阿毘達磨的神學問題密切關注下的產物。若確實有第四次結集，則此等聖典被收納於《長阿含》之中，應是在第四結集時（初始應是作為世界觀的經文而獨立出來的部類，此依彼有二異譯本，即可知之）。總的說來，佛教的世界觀是據此而得以統一，且其形式也趨於固定，但相較於爾後更為整然的論述，仍有諸多不及之處。

此《起世經》實質上雖是阿毘達磨的，但至少在名目上仍屬於契經。進而在名目上，可說是阿毘達磨的是真諦譯的《佛說立世阿毘曇論》十卷（大正三二，一七三～二二六頁）。此係將《起世經》的十品分成二十五品〔立世阿毘曇的二十五品：①地動品，②南剡浮提品，③六大國品，④夜叉神品，⑤漏闍耆利象王品，⑥四天下品，⑦數量品，⑧天住處品，⑨歡喜園品，⑩眾車園品，⑪惡口園品，⑫雜園品，⑬波利夜多園品，⑭提頭賴吒城品，⑮毘留勒叉城品，⑯毘留博叉城品，⑰毘沙門城品，⑱天非天鬥戰品，⑲日月行品，⑳云何品，㉑受生品，㉒壽量品，㉓地獄品（以十品述說十一地獄），

㉔小三災品（更含疾疫、刀兵、飢餓等三品），㉕大三災品（火災）」，主要是以世界現象論為基本，就活動於其中的種種有情予以論述。雖冠以佛說之名，實是後世的阿毘達磨論師整理所成，更且無可懷疑的，是以《起世經》為基礎而製作。

如是，佛教的世界觀逐漸被整理，同時阿毘達磨論書的統合製作也盛行，從來某種程度被當作獨立題目而處理的佛教世界觀，終於成為具有統合性的阿毘達磨論書的分科之一。而最早對此進行處理的，是《施設論》。漢譯的《施設論》，只有因施設（Hetu-prajñapti）一品七卷（大正二六），但藏譯本於此因施設之外，又有業施設（Karma-prajñapti）、世間施設（Loka- prajñapti），共計三品，蒲仙於其所撰的《世親與稱友》（*Vasubandhu et Yaśmitra*）一書中，將前二品當作該書附錄。此中的世間施設，即是有關此世界觀之論述，主要是以《長阿含》的《起世經》為依據，作阿毘達磨的論究。而此已可見於龍樹時代，亦即《智度論》卷二有如次的述說：

有人言：六分阿毘曇中，第三分八品之名分別世處分（此是樓炭經作六分中第三分）是目犍連作。（大正二五，七〇頁上）

亦即六阿毘達磨中（有部六足論？），位於第三的即是論述世界的施設論，更且在割註中指出此係基於《樓炭經》而撰，顯示此論是脫化自《長阿含》的《起世經》。更且若實際將《起世經》與「世間施設」作對照，可以發現二者頗為一致，此一事實，筆者業已在《阿毘達磨論之研究》第三篇中提出（《阿毘達磨論之研究》一五一～一五五頁，中譯本一〇三～一〇六頁）。

雖然漢譯僅部分流傳此《施設論》，但在印度，此論具有極為重要的意義，不只是作為有部的六足論之一，其他部派也頗為重視。從而其「世間施設論」可說是整然的佛教世界觀之權威。尤其就有部而言，其他論部只是片段的述及世界觀（例如《集異門足論》第十一卷的五趣，以及十七卷的七識住與十九卷的九有情居之說明，《法蘊足論》第十至十二卷的根品、多界品、緣起品，以及《識身足論》第二至第三卷的補特伽羅蘊，《品類足論》第六卷的異生法與第八卷的九有情居等的說明），只有此《施設論》所述最為整然，故特受重視。《大毘婆沙論》所註釋的是不含此世界觀的《發智論》，因此並無與此有關之章節。雖然如此，但仍片段的，隨處言及世界，而其材料皆出自於前揭的世間施設如是，《大毘婆沙論》之綱要書的法勝《阿毘曇心論》亦不含有關世界之章節，但大成此書的世親其《阿毘達磨《俱舍論》》第三章的世間品，可以說是仿效前述《施設論》之體裁而撰。《俱舍論》不僅繼承《大毘婆沙論》的批評的精神，且更為徹底，因此其世間品所表現的世界觀，就某種意義而言，是達到阿毘達磨論書之最高點。從來凡是言及佛教世界觀時，即直接思及《俱舍論》之世間品，其因在此。值得慶幸的是，蒲仙已將梵本《俱舍論》中的此章，附上藏譯及法譯並予以出版（*Vasubandhu et Yośomitra*, London 1914~1918），因此在研究上極為便利。

上文所述，雖是以此等作為依據，但必須預先說明的是，作為主要基準的材料，仍是《俱舍論》之世間品以及予以敷衍而成的《順正理論》與《顯宗論》之所揭。

第五節◆世界的分類（亦即器世間與有情世間）

在進入本題之際，首先有一事必須言及。此即世界的分類法。佛教所說的「世界」（Loka，世間）有二義。其一是物器世間（dhātu-loka or bhājana-loka），另一是有情世間（sattva-loka）。所謂的物器世間是指此世界之形態，亦即有情的住處；所謂的有情世界是指住於此物器界的生物其總體。固然兩者不相離，但至少為方便觀察，需作前述的二種分類，此乃是佛教教學之通例。因此，在論述此世界時，為方便觀察，大體上也作如此二種區分。但佛教世界觀之發展，是以有情世間的觀察為主，因此縱使是器世間論中，仍然也包含有情論，此固然無庸贅言。

參考書目

上文所揭資料之外，在研究此一問題之際，又有如次的主要參考書：

1. 圓暉《俱舍論頌疏》卷八～卷一二。
2. W. Kirfel: *Die Kosmographie der Inder*（2te. Abschnitt. *Die Kosmographie der Buddhisten*）Bonn 1920.
3. Hastings: *Encyclopaedia of Religion and Ethics*（Vol. IV. pp. 129~138）*Cosmogony and Cosmology*（Buddhist）by De la Vallée Poussin.

第二章　婆羅門教的世界觀（特就物器世間觀之）

第一節◆前言

如前所述，佛教世界觀的基礎是人生觀。此因原始佛教的立足點，可說是倫理的唯心論，依善意的心態與行為開展出各種世界。例如三界說，不外於是由此人生觀而推想出的，亦即對應吾人精神狀態而提出的禪定修行階段，將有情界分成欲界（kāmāvacara）、色界（rūpāvacara）與無色界（arūpyāvacara）等三態（bhāva），用以作為有情的大致分類。從而相對於古傳所具物理性的，其名稱完全屬於精神的境界，精神大異於古傳，此固然無庸贅言。但當原始佛教的教理被逐漸整理時，如此的分類不再僅停留在精神的境地，而是也有特殊的世界，此即是從人生觀轉而擴及世界觀之因由。而且其出現相當早，《中阿含》卷四十三的《分別意行經》（大正一，七〇〇頁。*M.N.* 120, *Saṅkhāruppatti Sutta*）等，將禪定境地之三界與有情先天地位的三界，視為二義等同，無所差異。如是，佛教的宇宙形態論不外於是將三界結合當時行於世的空想的神話乃至文學、物理學的觀察而作說明。當然，三界之中的無色界是精神的存在，並無物質界，從而並無形態，不能納入世界現象論中，但大體而言，揭示三界的組織形態，是現象論之課題。因此首先就當時一般所行的神話的宇宙觀述之。

第二節◆吠陀、奧義書等的世界觀

梨俱吠陀時代的宇宙觀完全是物理的。首先是將此世界分成天（rodasī）與地（kṣoṇī）而作觀察，爾後中間界也被納入，三界說於此成立。亦即將此大地稱為地界（pṛthivī）；有氣流現象之處，稱為空界（antarikṣa）；有日月星辰之處，稱為天界（div），又秘名稱為svar、bhuvar、bhūr。如是，種種神以及各種生物居於此三界之中。當想像力更往前推進，前揭的三界又被作更小的區分，如《梨俱吠陀》（*R.V.* VII. 87. 5）等，將天與地各分成三個階段，若作論理性的推測，空界也應有三個階次，此即是三界九地之萌芽。此係依住於三界的諸神與諸有情其地位高低而作分類。當然，就筆者所知，吠陀文書中並無將諸神、諸有情配對三界九地之文獻，但將太陽（Sūrya或Āditya）配於天，風（Vāyu）配於空，火（Agni）配於地，且分別是其主神之舉，已萌芽於《梨俱吠陀》，成立於梵書時代。進而在《梵書》、《奧義書》等之中，明顯分成八界或九界，揭出諸神與有情的地位。例如《百道梵書》（*Śatapatha Br.* XI. 6. 3）中，揭出如次八神（Vasu）：①火神（Agni），②地神（Pṛthivī），③風神（Vāyu），④空神（Antarikṣa），⑤太陽神（Āditya），⑥天神（Div），⑦月神（Candramas），⑧星神（Nakṣatra）。進而《普利哈多阿拉奴亞卡奧義書》（*Bṛhadāraṇyaka Up.*, III. 6）揭出位於地界的如次九種：①風（Vāyu），②空界（Antarikṣa-loka），③乾闥婆界（Gandharva-loka），④太陽界（Āditya-loka），⑤月界（Candra-loka），⑥星界（Nakṣatra-loka），⑦天界（Deva-loka），⑧因陀羅界（Indra-loka），⑨生主界（Prajāpati-loka）。如是，大體上此等諸神逐層於此三界中占有其位置，更且其中心者是生主（Prajāpati），此即是梵書時代至奧義書時代的世界觀。

若是如此，此世界其形狀如何？有關《梨俱吠陀》的早期時代，雖然未能了然，但大體上應是不出於地載天覆之觀念。《梨俱吠陀》（*R.V.* X. 89. 4.）曾將天地比喻為車之兩輪，而兩者的中間是由軸聯絡之，《百道梵書》（*Śatapatha Br.* VII. 5. 1. 1. 2）指出世界之形似龜。亦即蒼穹相當於龜背，地相當於其內殼，中間相當於空界（Kirfel: *Die Kosmographie der Inder*, Abschnitt 1, *S.* 6.）。更進一步整理的是《愛伊達雷亞奧義書》（*Aitareya Upaniṣad*, 1. 1. 2），亦即提出此世界的上下是被水包圍，中間有空（光）與地（死）之說。但後世空想之產物的諸山、諸川、諸洲的思想，在古婆羅門教時代〔從《梨俱吠陀》至經書（Sūtra）時代〕尚未顯著發展。「須彌山」（Mahāsumeru）之名稱雖已見於《泰吉利亞阿拉奴亞卡》（*Taittirīyāraṇyaka*, 1. 7. 1. 3.），但尚無言及以此為中心的世界之形狀。此因隨處皆然，古代民族的世界形態論通常是以實際的居住地理為基礎，加上空想、傳說以及某種程度的實際觀察而構成，因此，對於外國固然無庸贅言，在尚未有全印之預想的時代，自然產生前述的觀念。而真正大規模、完整的世界形態論產生，是在學派時代以後。亦即隨著民族南下，方知有雪山，有海，也某種程度的知曉有印度以外的諸國之後。

第三節◆新婆羅門教的世界觀

學派時代所發展的印度的世界觀，大體上有三種：第一是新婆羅門教的，第二是佛教的，第三是耆那（Jaina）的。此三種世界觀彼此之間有若干共通，但也有相當大的差異。此因彼此雖都以前述的古代思想作為背景，但當各派作獨立的考察後，逐漸產生差異。尤其佛教所說大異於耆那與新婆羅門教所說，有其特有的發展，但如前所述，佛教的世界觀，不外於是就當時行於世的加以改造，因此在研究佛教的世界觀時，還是有必要了解新婆羅門教以及耆那的世界觀。但若一一予以敘述，將極為複雜，故今僅略揭新婆羅門教所說，用以作為後文所作比較之準備。

若是如此，何者是新婆羅門教世界觀的材料？其中，最古老的是《摩訶婆羅多》（*Mahābhārata*）與《摩笯》（*Manu*, 1. 5）中的世界觀，其次被製作出的種種「往世書」（Purāṇa）所論的，正是此一問題。主要的往世書有如次十八種：①《博伽梵歌往世書》（*Bhāgavata P.*），②《未來往世書》（*Bhaviṣya P.*），③《梵卵往世書》（*Brahmāṇḍa P.*），④《梵轉往世書》（*Brahma-vaivarta P.*），⑤《女神薄伽梵往世書》（*Devī-Bhāgavata P.*），⑥《迦樓羅往世書》（*Garuḍa P.*），⑦《龜往世書》（*Kūrma P.*），⑧《林伽往世書》（*Liṅga P.*），⑨《摩根德耶往世書》（*Mārkaṇḍeya P.*），⑩《魚往世書》（*Matsya P.*），⑪《蓮花往世書》（*Padma P.*），⑫《濕婆往世書》（*Śiva P.*），⑬《室犍陀往世書》（*Skanda P.*），⑭《侏儒往世書》（*Vāmana P.*），⑮《野豬往世書》（*Varāha P.*），⑯《風神往世書》（*Vāyu P.*），⑰《毘紐笯往世書》（*Viṣṇu P.*），⑱《那羅陀往世書》（*Nāradīya P.*）。

一般而言，此等往世書所論是：①世界之大起源，②破壞、新造，③神譜論，④摩笯（Manu）之統治，⑤天孫系諸王之歷史等，此稱往世書五相（Pañca-lakṣaṇa，但那拉提亞往世書中沒有言及世界觀）。稱此等為新婆羅門教聖典之所以，是因於此等作為基礎，遂有印度教諸派之成立。然其成立年代不明。就名稱而言，《普利哈多阿拉奴亞卡奧義書》等雖已有往世書之名目，但真正於何時定型，則不得而知。但大抵應成立於西元後，此徵於作為往世書基礎思想的所謂數論（Sāṃkhya）的思考方式，於彼等之中隨處可見，即可知之。雖然如此，但究竟是多早之前，無法確定。

阿瑪拉辛哈（Amara Siṃha）將往世書的特色說為五相，此阿瑪拉辛哈是維克拉瑪提多雅（Vikramāditya）王朝的九寶之一，基於此一理由，威爾遜認為往世書的基本架構是成立於紀元前。但又在註釋中，標註為不確定（Wilson: *Viṣṇu Purāṇa*, Vol. I, p. VII.）。從而此中的世界觀與其說是佛教宇宙觀之淵源，不如說兩者是同時發展，應較為適當。但就格式言之，此思想系統仍在佛教之前，故今略述其要如次。

第四節◆往世書的世界起源論

首先簡單論述其世界起源論。此因有關《梨俱吠陀》乃至《奧義書》的起源論，筆者已於種種機會中述之，但有關往世書之所論述的，尚未述及。

以大敘事詩《摩訶婆羅多》為首，尤其是往世書，可以說是以通俗信仰為中心。亦即從當時的多神教出發，以毘紐笯（Viṣṇu）、濕婆（Śiva）予以統一的信仰是其基礎，因此，彼等既是繼承古風的婆羅門教，同時又意欲改造一般民心。從而其世界起源論——此中當然有新立場之開展——就其要素言之，是基於《梨俱吠陀》以來之所述，更且與新的神話、也可以說是與新哲學相結合，是其主要任務。此處所說的新神話，是指梵天漸失其勢力，毘紐笯與濕婆居於優勢，尤其毘紐笯神話被盛行利用。亦即毘紐笯權現（avatāra）種種形態，救度眾生，特別是在世界創造觀中，毘紐笯現身為西耶西亞龍（Śeśa Nāga）入於禪定時，從其臍出生蓮花，從蓮花而有梵天誕生，由梵天造此世界（Fausböll: *Indian Mythology*）。雖然通俗是其趣意，但既是種種哲學說產生之後的世界起源論，則僅以如此單純的神話性說明，不能令人滿足。為彌補此一缺陷而將神話予以哲學化的，即是有神的數論。亦即將毘紐笯（又將此名為梵）視為最高原理，其下統合自性（Prakṛti）與神我（Puruṣa）等二種原理，由此而開展出大、我慢、五唯、十一根等，世界遂由此形成。此因從奧義書終期至學派時代，在種種形式上，數論的思想支配著印度思想界，而如此趨勢亦及於此。雖有諸多學者認為此乃將迦毘羅（Kapila）的數論有神化所致，但依筆者所見，相較於迦毘羅立於無神論而提出的數論說，如此的數論是屬於較古的系統，對此，筆者已在《印度六派哲學》中論及（《印度六派哲學》第三篇第二章第三節）。

若是如此，此數論思想與通俗的神話是以何等形態統合而成為新婆羅門教之開闢論？《摩訶婆羅多》、《摩笯》與「往世書」等所載雖大為不同，但都是立於共通的觀念之上，此無庸贅言。今略述（依據耶可畢在 Hätings: *Encyclopaedia of Religion and Ethics*, Vol, IV. pp. 155~161 所說）《摩笯》與《毘紐笯往世書》所載如次：

《摩笯法典》（*Manusmṛti*）第一章言及世界之創造乃至社會制度發生之過程，據其所述，宇宙初始是混沌未分的暗黑狀態，換言之，一切都是休眠的狀態。此時，永遠之自存者（Svayaṃ-bhū = Viṣṇu = Brahman）欲去此暗黑，令萬有開展，故首先從其自體產水〔可與梨俱吠陀至梵書時代的原水說，巴比倫的阿普斯（apsu），日本的飄浮的水母，泰勒斯（Thales）的水，希伯來的地等諸說作比較〕。彼進而將種子播於此水之中，此種子即成為灼耀如太陽光芒的金卵，而梵天（Brahman）即顯現於此金卵之上（可以認為此中有吠陀時代之最高原理↓物質↓人格神之關係）。梵天止住於此金卵之上，一年之後，此卵一分為二，上者為天，下者為地，中間中空，三界至此形成。作此器界之同時，彼亦欲造有情界，首先由自己作意（manas），由意作我慢（ahaṅkāra），由我慢作大我（覺）等五唯、五根，又依五唯與我慢等六者作生命之依處（āśraya），依此作五大，終至一切皆完成，其之所述，大異於所謂的數論說，但精神上並無太大差異。如是，依此流義，《摩笯》進而說明有情之種種作用特質乃至山川草木、三吠陀、四姓、善惡等。但依據《摩訶婆羅多》所載，此世界並非永久相續，創造以後，仍有種種循環變遷，最後再回歸原先的暗冥。此即所謂的劫滅說，產生於學派時代。就此年月而言，《摩笯》所載（I. 69ff）的是人類社會有四期循環。此即黃金世代（kṛta yuga）、白銀世代（tretā yuga）、青銅世代（dvāpara yuga）、黑鐵世代（kali）等四世代（yuga）。黃金世代是正法完全施行的時代，此中有曙光時代（四百年）、本期（四千年）與黃昏時代（四百年）之分，共計四千八百年，人壽四千歲；而白銀世代是正法缺四分之一的時代，加上曙光與黃昏，計有三千六百年，人壽三千歲；青銅世代是正法滅四分之二的時期，此計有二千四百年，人壽二千；最後的黑鐵世代，是正法僅剩四分之一的時期，此即當時之現在，計有一千二百年，人壽不定。當黑鐵世代終了，又將反方向朝黃金世代方向推進，如是不斷的循環（關於世代的劃分，請參照 Wilson's *Viṣṇu Purāṇa*, Vol. I, pp. 50~54 之 Note）。由此筆者聯想到自恩培多克勒的四期（Sphairos ——①唯愛→②憎生→③唯憎→④愛再生）思想。若是如此，是在何時世界終將破壞？若依據《摩笯》所載，人間此四世代的一萬二千年（4,800+3,600+2,400+1,200=12,000），是諸神的一世代。進而此諸神的一千世代，是梵天的一日，而且只是日中的一日。此時，梵天終止其作業，進入夜眠，此即是劫滅。一夜的世界暗黑之後，梵天再繼續活動，此即是世界之再造（Deussen: *Allgemeine Geschichte, der Philosophie*, I. 3. SS. 45~47）。無可懷疑的，此思想是由人類一日一夜的活動與休息所導出，但存在於其根柢的理論應是意欲調和世界之創造與無窮的輪迴。此因自《梨俱吠陀》以來，世界之創造已被認定，無法棄之，但若是如此，無窮的輪迴不能成立，因此，欲予以調和，無非是採用循環說。實言之，如此的思想究竟是《摩訶婆羅多》等的思索家之創見，或是其他學派的產物，無法遽下判定，因此有必要再深入研究。但無論如何，爾後此思想是以種種形態支配全印的思想界，此當切記莫忘。

上文所揭是《摩笈法典》的開闢論，而「往世書」所述與此大同小異，雖然如此，今暫且依據《毘紐笈往世書》所載，揭其大要如次：

無庸贅言，自存者（Svayaṃbhū=Vāsudeva）是唯一的，但由此開展出如次三種大要素：神我（Puruṣa）、自性（Pradhāṇa）與時（Kāla）。神我是精神的原理，自性是物質的原理，時則是結合兩者的原理。如是，時結合兩者，自存者入於其中時，由自性開展出覺、我慢、五大、十一根。進而此開展的五大相互結合，成為一箇梵卵（Brahmāṇḍa，器世界），立於水上，四周有水、火、風、空、我慢、覺、自性包圍之。自存者自成梵天之形，依憂德而造作萬物；依喜德，作為毘紐笈而保存之；最後依暗德，作為魯多拉（Rudra）而破壞之，此即是劫滅。大體上，彼之所述與《摩笈》、《摩訶婆羅多》類似，但宗派色彩濃厚，更且就含有調和諸思想之意而言，可說是更為卓越（*Allgemeine Geschichte der Philosophie*, I. 3. SS. 38~47, Hasting: *Encyclopaedia o Religion and Ethics*, Vol. IV, pp. 155~161, *Cosmogony and Cosmology* by Jacobi, Wilson: *The Viṣṇu Purāṇa*, IV. 30）。

第五節 ◆ 閻浮提洲

若是如此，已成立的宇宙形態又是如何？亦即世界現象論的世界是如何？依據「往世書」所載，此無限的空間之中，有無限的宇宙組織。總稱此為梵卵（Brahmāṇḍa）。亦即將「發生論」的梵卵之名移用於「形態論」。但「往世書」主要目的不在於論究無限的宇宙其一一之組織，而是就其中之一，亦即吾等所住的此宇宙形態予以論究，因各個宇宙皆有相同的組織。就此而言，所謂的梵卵，正是一大宇宙之義。

如前所述，此梵卵依序是由水層（ghana-toya）、火層（ghana-tejas）、風層（ghana-vāta）、空層（ghanā-kāśa）、我慢（bhūtādi）、大（mahat，覺）、自性（pradhāna, prakṛti）之所圍繞。其厚度是以十倍遞增（參照略圖）。此添加自性→覺→我慢——此一系列所成的宇宙觀，可說

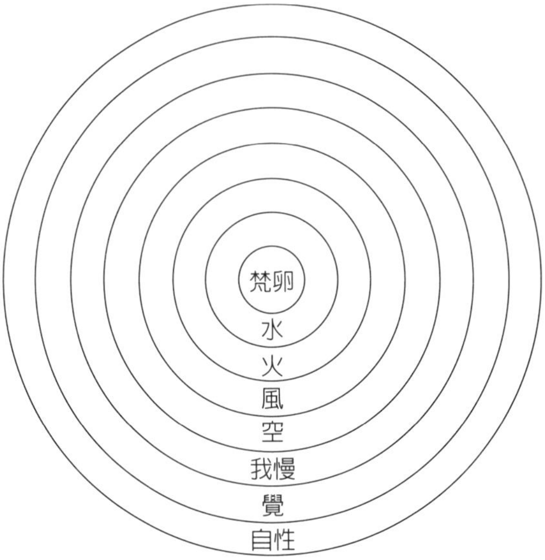

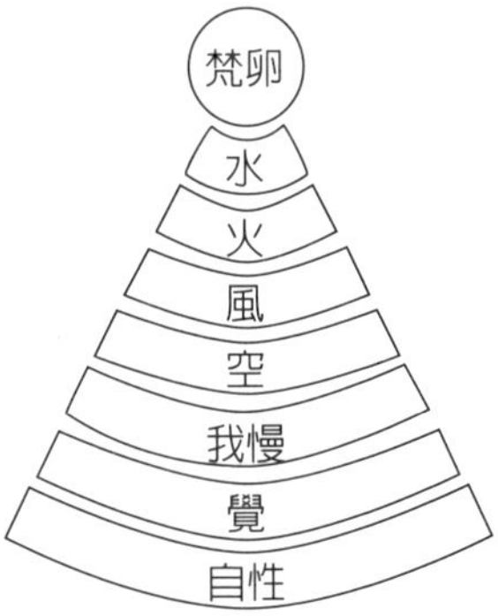

是混合奧義書流的梵→空→風→火→水→地之發展說而成，但此等是同時的存在。若是如此，其中樞部分是由何者所成？一般將此分成物質界（Bhūr）、粗鈍心界（Bhuvas）、精細心界（Svar）、超心界（Mahar）、昇華界（Janas）、光明界（Tapas）、真界（Satyam）等七層，此即是此土以上的世界。此中，物質界、粗鈍心界、精細心界在梵書時代已是天空地等三界，在《泰吉利亞阿拉奴亞卡》（*Taittirīyāraṇyaka*, X. 27）中，加上超心界、昇華界等，而「往世書」更藉此揭出諸天其地位上之區別。相對於此地上的七界，另有地下七界。此即下界（Pātāla），亦即阿修羅（Asura）等之住處，其下更有地獄。下界的七界，是無底界（Atala）、離下界（Vitala）、善下界（Sutala）、下下界（Talātala）、大下界（Mahātala）、液下界（Rasātala）、下界（Pātāla）。今無暇就此一一說明，故僅略述其大要如次：

吾等所居此地，無庸贅言，是物質界。此係由環狀的七洲、七海（參照圖表）所成立。

七洲（陸）	七海（海）
閻浮提洲　Jambūdvīpa	鹽海　Lavaṇoda（Kṣāroda）
波叉洲　Plakṣadvīpa	甘蔗汁海　Ikṣurasoda
設拉末梨洲　Śālmalidvīpa	酒海　Suroda
俱薩洲　Kuśadvīpa	奶油海　Ghṛtoda Sarpis
鶴洲　Krauñcadvīpa	乳酪海　Dadhimaṇḍodaka（Dadhi）
薩伽洲　Śākadvīpa	牛奶海　Kṣīroda（Dugdha）
青蓮華洲　Puṣkaradvīpa	水海　Svādūdaka（Jala）

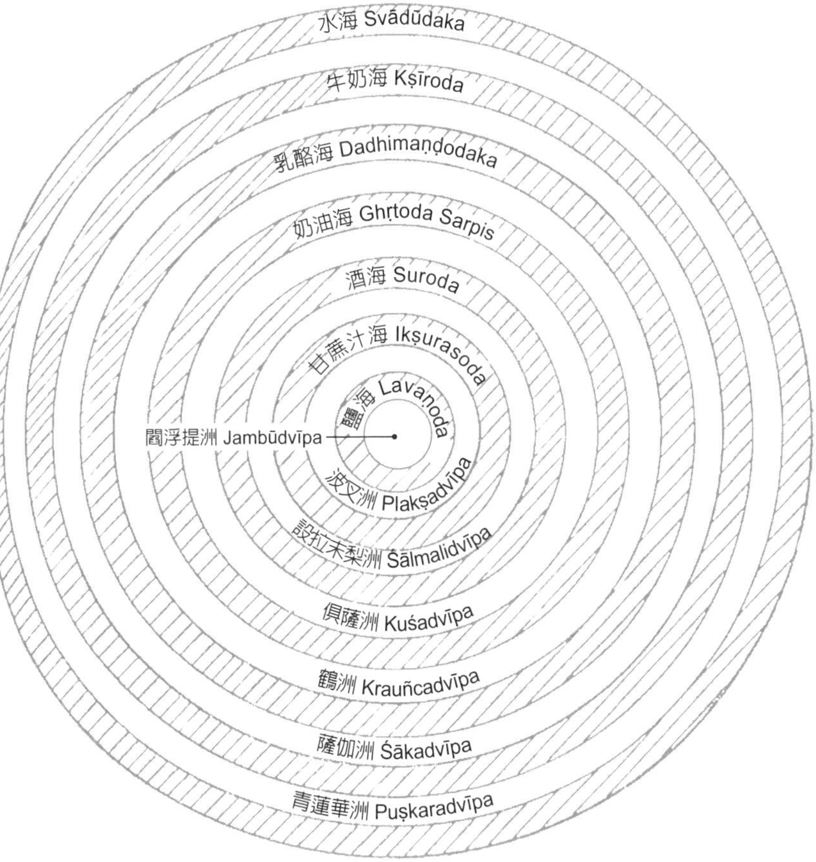

包含當時全印度在內的閻浮提洲，是位於七洲之中心，鹽海環繞於其外。此異於佛教所說的閻浮提洲是以須彌山為中心，且是四洲中的南方一洲，據此可知，無論婆羅門或耆那，皆將全印度視為世界的中心。此閻浮提洲其徑十萬由旬（yojana），周圍三十萬由旬〔佛教認為徑二千由旬，周圍六千三由旬，《立世阿毘曇論》卷二，大正三二，一七九頁下〕，由東西向的山脈區隔出七國（varṣa），此即：

① 婆羅多（Bhārata），山是雪山（Himavat）
② 金補魯沙（Kiṃpuruṣa），山是黃金峰山（Hemakūṭa）
③ 哈利瓦沙（Harivarṣa），山是牡牛山（Niṣadha）
④ 東—賢馬（Bhadrāśva）
　 中—伊拉維他（Ilāvṛta），山是青山（Nīla）
　 西—計都鬘（Ketumāla）
⑤ 羅麻那（Ramyaka），山是白山（Śveta）
⑥ 喜蘭麻（Hiraṇmaya），山是角山（Śṛṅgavat）
⑦ 俱盧（Uttarakuru）

此係以婆羅門中心地的婆羅多（〔今德里（Delhi）北方之周邊〕為中心，基於某種程度的事實，再加上某種程度的想像所作的全印的分類。

茲略述各國的特色如次：婆羅多是善惡混交之國，更且對應其善惡交織，其壽命與果報遂有差等。

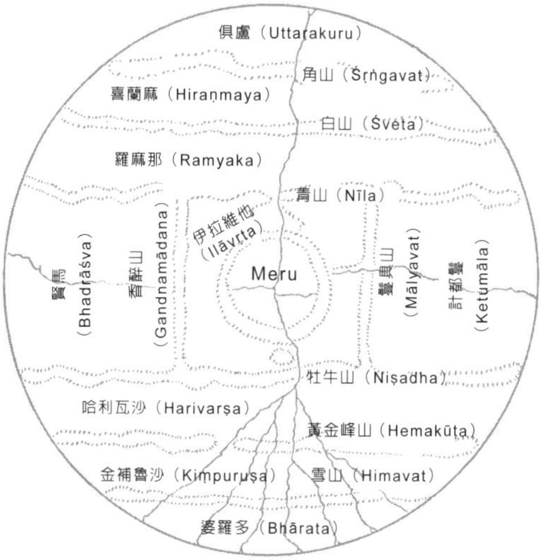

此圖係依據齊魯赫《印度之世界觀》之附錄而製，但賢馬與金補魯沙的東西位置有別。

此有四期之分，前文所述的四世代（caturyuga）說即此。

相對於此婆羅多，第二的金補魯沙，位於雪山與黃金峰山之間。其國人食用布羅叉果實（plakṣa），無病患，人壽一萬壽。男子金色，女子形如天女（apsaras）。依據《博伽梵歌往世書》（*Bhāgavata-Purāṇa*）所載，毘紐笯在此國是現羅摩（Rāma）之形，頗受哈笯瑪多（Hanumat）尊敬。

第三的哈利瓦沙，位於黃金峰山與牡牛山之間，其住民皆由神界下降。以甘蔗為食，人壽一萬一千歲，離病老衰患。毘紐笯現笯利辛哈（Nṛsiṃha）之形，此處又是檀那婆（Dānava）與達伊提耶（Daitya）等鬼神之住處。

第四的伊拉維他位於閻浮提洲之中心。亦即南北由牧牛山與青山兩座山脈，東西由鬘具山（Mālyavat）與香醉山（Gandhamādana）兩座山脈圍繞。而所謂的迷盧（Meru）山，坐落於此國中，高十萬由旬（地上八萬四千由旬，地下一萬六千由旬）。其基底直徑一萬六千由旬，頂上三萬二千由旬。所謂的須彌四洲，即位於此國四方，北方有烏達拉庫爾，南方有帕拉達，東方帕多拉修瓦，西方有克茲瑪拉〔*Mbh.*, VI. 226、*Padma P.*, III. 3. 49 將南方載為閻浮提洲，此與佛教所述相符（Kirfel: *Die Kosmographie der Inder*, S. 93）〕。此須彌山有各高一萬由旬的四山環繞，東是曼得拉山（Mandara），南是彌盧慢達羅山（Merumandara），西是毘富羅山（Vipula），北是蘇波首山（Supārśva）。各山之山頂各有代表該山之大樹，其樹各高一千一百由旬。亦即東是迦曇婆樹（Kadamba），南是閻浮樹（Jambū），西是菩提樹（Pippala），北是印度榕樹（Vaṭa），此洲之所以名為閻浮提洲，源自位於南山之樹名（「閻浮提」一名所涉及的廣狹程度，顯示出其世界觀的發展程度，將須彌視為位於南方是初期思想，而將印度全體視為閻浮提，則是後期思想。此可以與「大和」此一名稱相比較）。

此須彌山頂之中央是梵天都城，廣一萬四千由旬，其周圍有八守護神，各神都擁有各自的都城。亦即東方的因陀羅神（Indra）有阿摩羅婆提城（Amarāvatī，又名 Vasvaukasārā），東南方的阿耆尼神（Agni）有忒州瓦提城（Tejovatī），南方的炎摩神（Yama）有薩彌亞瑪尼城（Saṃyamanī），西南方的維魯帕庫夏神（Virūpākṣa）有奎師南嘎納城（Kṛṣṇāṅganā），西方的瓦魯那神（Varuṇa）有蘇達瓦提城（Śuddhavatī），西北方的瓦優神（Vāyu）有犍陀越城（Gandhavatī），北方的蘇摩神（Soma or Kubera）有瑪胡達亞城（Mahodayā），東北方的伊夏那神（Īśāna）有雅首瓦提城（Yaśovatī）。要言之，伊拉維他的特色是擁有閻浮提洲（廣義）中最高大的山，更且是梵天等守護世界的神明之住處。

又，位於此伊拉維他之東西方的賢馬（東）與計都鬘（西），其特色如次，賢馬雖有種種住民，然其全民自然有德，幾乎不知法與非法之區別。人壽一萬歲，無諸苦患，常如壯年。毘紐笯在此是現馬頭（Hayaśiras）形，備受尊敬。相對於此，西方計都鬘也有種種人種，男子黑色，女子青蓮色。人壽同樣一萬歲，毘紐笯在此現伽摩（Kāma）之形。

第五的羅麻那國，位於青山與白山之間。住民富樂，歲一萬一千五百年（或一萬年）。有高大的尼拘盧陀（Nyagrodha）樹，毘紐笯在此現摩蹉（Matsya）之形。

第六的喜蘭麻，位於白山與角山之間，此國有希蘭瓦提河（Hiraṇvatī），蓮華遍生，住民力大，富樂，歲一萬二千五百。或說是迦嚕達（Garuḍa）統領之地，或說是毘紐笯現俱利摩（Kūrma）之形而統領之地。

第七的俱盧，亦即北俱盧洲（又稱 Airāvata），位於角山之北。七國之中，最大的樂土，有月光軍（Candrakānta）與日光軍（Sūryakānta）兩山，中間有巴達拉梭瑪河（Bhadrasomā）流貫。河川皆是蜜乳與甘露等，香風吹襲，地由寶石所成，塵埃亦皆純金。此乃是前往天國的人誕生之處，夫婦同時出生，相同姿容，相同性格，死亡也是同時。壽命一萬四千五百歲，在此期間，完全幸福無垢，亦無病患或罪惡。與佛教的傳說相似，但較佛教所說，規模更大。毘紐笯在此是現瑪亞（māya）之形（以上是依據 Kirfel: *Die Kos-mographie der Inder* S. 57 ff.）。

上文所述是有關閻浮提洲的大要，可以說主要是由奇特的地理考察、空想與神話交融而成。

第六節 ◆ 其他六洲

若是如此，其他六洲又是如何？可以說是更為空想，且極為複雜，因此連予以略述都不可能。但值得稍加注意的是，有關環繞此閻浮提洲的鹽海的論述。據說鹽海是鹽水，海中有眾多島嶼。而位於鹽海南方一萬由旬遠的島最值得注目。島上寶石豐富，有千百都城，住民膚色黧黑，且無教養。似乎是暗指今日錫蘭島、爪哇、蘇門答臘等地。但若依據「往世書」所載，楞伽（Laṅkā，亦即錫蘭島）是閻浮提洲的附屬島，因此，應將實際的錫蘭以及以此為基礎而成的想像島區分開來。又，在此海中，又有一居於北俱盧洲北方之島。此島名為月洲（Candradvīpa），是月亮之休憩所，月由此處升往天上，故得此名。但如後文所述，若依據彼等所作的天文學觀察，月亮所居之處還高於太陽，故以月洲為休憩所之說，恐是各種傳說之一而已。

以此鹽海為起點，位於最外側之洲的青蓮華洲，是居於牛奶海外側與水海（甘水）內側之間。在此洲中，有高五萬由旬之摩那須闥羅山（Mānasottara），此山將其國二分。住民悉皆平等，無四姓區別（悉皆婆羅門），無憂悲苦惱，亦無吠陀，乃至倫理、政治，人壽一萬歲。有尼拘盧陀樹，梵天住於其上，保護崇拜諸神之人民。又，此摩那須闥羅山是四守護神之住處，印陀羅（帝釋）住於東方，其都名為阿摩羅婆提城，南方是炎摩（Yama）之住處，其都名為薩彌亞瑪尼城，西方是瓦魯納（Varuṇa）之住處，都名蘇卡（Sukhā）或母卡亞（mukhyā），北方是蘇摩（Soma）之住處，都名微巴瓦利（Vibhāvarī）。

此國乃是宇宙最後之洲，環繞此洲之水海，是世界之終點（loka-saṃsthiti）。此甘水海中雖有黃金所成之島，但日月不及於此處，故無有情居住於此。

如是，以閻浮提洲為中心，包含七洲七海的宇宙，是一直徑五億（50koṭi）由旬的一大圓體，此乃是「往世書」之所述。

第七節◆空界與天界

以上是有關地界（Bhūr-loka）之大要，若是如此，空界（Bhuvar-loka）又是如何？空界即是氣流界。依據《博伽梵歌往世書》所載，太陽之下方至千由旬之處，即是空界，此地為夜叉（Yakṣa）、羅剎（Rakṣa）、畢舍遮（Piśāca）、辟荔多（Preta）、部多（Bhūta）等遊履之處。但在「往世書」之中，對於此界並無詳述，故不得知之。

種種「往世書」所述最詳的是天界（Svar-loka），亦即對於日月星辰之記事甚詳。依據「往世書」所載，日月星辰之高度並非相同，最低的是太陽，最高的是北極星，其間有月亮、七星、二十八宿等。

日月星辰之高度如次所示：

太　陽（Bhānu）	地上	十萬由旬
月　（Śaśin）		二十萬由旬
恆　星（Nakṣatra 二十八宿）		三十萬由旬
水　星（Budha）		五十萬由旬
金　星（Uśanas 太白星 Śukra）		七十萬由旬
火　星（Aṅgāraka）		九十萬由旬
木　星（Devapurohita, Bṛhaspati）		百十萬由旬
土　星（Sauri, Śanaiścara）		百三十萬由旬
大熊星（Saptarṣi）		百四十萬由旬
北極星（Dhruva）		百五十萬由旬

依據「往世書」所載，此等天體現象之中，有種種有情，尤其是有諸神住之。更且日月行星等是以車為座，由馬或神拖曳，其所作觀察可說極為幼稚。但若將此視為古代天文學之一種，依文明史的角度而言，是值得注意的。

第八節◆以太陽（Sūrya）為中心的年時

首先就太陽述之，如前所述，太陽距地上十萬由旬遠，是直徑九千由旬之一大圓體。所具二輪，長則一千九百七十萬由旬，短則四萬五千五百由旬。依據「往世書」所載，此輪體中住有十二日神，彼等乃是發光體〔太陽中有十二日神（āditya）、十二牟尼（muni）、十二仙（ṛṣi）、十二乾闥婆（gandharva）、十二阿普薩拉斯（apsaras）、十二姑拉瑪尼（grāmaṇī）、十二蛇（sarpa）、十二羅剎（rākṣasa）住之〕，又太陽得以行動之所以，是因於有吠陀七韻〔Gāyatrī、Bṛhatī、Uṣṇi、Jagatī、Triṣṭubh、Anuṣṭubh、Paṅkti〕現為馬形拖曳之。

此太陽以須彌山為中心，由東迴轉向西，因此有晝夜之別。亦即以須彌山為中心，依南洲（Saṃyamanī）日中是西洲（Sukhā）日出，北洲（Vibhāvarī）夜半是東洲（Vasvaukasārā）日沒之順序迴轉。雖然洲名不同，但此一方面的解釋，與佛教相同（《俱舍》卷十一，大正二九，五九頁中，國譯六七九頁）。

印度將一晝夜分成三十牟呼栗多（muhūrta）。亦即一牟呼栗多是$\frac{24}{30}=\frac{4}{5}$小時，而太陽之行程是一小時三百十五萬由旬〔Mānas 山[24]之周圍是九千四百五十萬由旬〕。

若是如此，何以有晝夜長短與四季之差別？依據「往世書」所載，太陽雖以須彌山為中心，呈圓線狀的迴轉，然其所行圓線並非同一，總計有一百八十線，更且是逐漸遠離須彌山，亦即可以說太陽的行程是在以須彌山為中心的一百八十條迴轉螺線上。如是，其線與須彌山最靠近時，正是印度（亦即帕拉達國）靠近太陽的節氣，也就是所謂的夏至，白晝的時間有十八牟呼栗多，夜有十二牟呼栗多。

自此，太陽每日以一線的幅度遠離須彌山，至第九十日時，此時晝夜平分，亦即是秋分，進而至最終的第一百八十線時，帕拉達國離太陽最遠，此即是冬至，晝有十二牟呼栗多，夜有十八牟呼栗

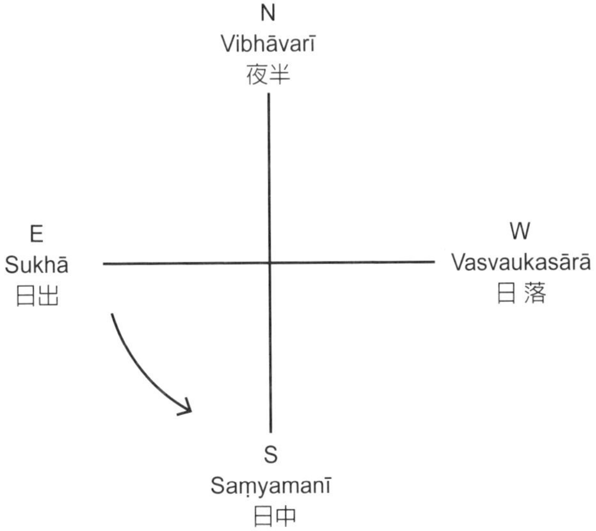

24. 編按：此處作者標示不明。若從太陽以須彌山為中心環繞這方面來看，則Mānas應是Meru之誤；但若此山是被七洲環繞，則為摩那須闥羅山（Mānasottara）。

現今	月	日	熱量	
1～2月	磨迦 Māgha	瓦魯那 Varuṇa	5000	寒季 Śiśīra
2～3月	頗勒窶拏 Phālguna	普善 Pūṣan	6000	
3～4月	制呾羅 Caitra	安莎 Amśu	7000	春季 Vasanta
4～5月	吠舍佉 Vaiśākha	達多 Dhātṛ	8000	
5～6月	逝瑟吒 Jyaiṣṭha	因陀羅 Indra	9000	夏季 Grīṣma
6～7月	頞沙荼 Āṣāḍha	娑維德利 Savitṛ	10000	
7～8月	室羅伐拏 Śrāvaṇa	毗婆藪 Vivasvat	11000	雨季 Varṣā
8～9月	婆達羅鉢陀 Bhādrapada	跋伽 Bhaga	10000	
9～10月	頞濕縛庾闍 Āśvayuja	波闍尼耶 Parjanya	9000	秋季 Śarad
10～11月	迦剌底迦 Kārttika	陀濕多 Tvaṣṭṛ	8000	
11～12月	末伽始羅 Mārgaśīrṣa	米特拉 Mitra	7000	霜季 Hemanta
12～1月	報莎 Pauṣa	毘紐笯 Viṣṇu	6000	

參照 Kirfel: *Die Kosmographie der Inder*. S. 134 及《印度哲學宗教史》第四篇第三章中。

多。其月是摩迦（Māgha），相當於一月、二月。此一行程名為南道（Dakṣiṇāyana），進而又有從第一百八十一日開始的北道（Uttarāyaṇa），亦即太陽逐漸向須彌山靠近的行程。當第二百七十日時，再次晝夜平分，正是春分之時，進而第三百六十日是夏至，此即是所謂的一年。

成為問題的是，若太陽於半年內每日迴轉不同半徑的圓線，則由於季節的不同，晝夜的時間應有長短，何以都是三十牟呼栗多，又，若同樣以須彌山作為中心而迴轉，無論其半徑如何，晝夜應都是平分，何以因於季節的緣故，晝夜之間有長短之區別？對此，「往世書」的作者認為由於不同的半徑，故太陽的速度也有不同，因此同樣是以三十牟呼栗多作一次迴轉，在時間上並無區別。又，之所以有晝夜之差別，是南行（逐漸遠離）之際，太陽白晝早走夜晚遲走，因此夜逐漸增長，反之，北行之際，白晝遲走夜晚早走，故白晝逐漸增長。在尚未了解地球無論自轉或公轉，其軌道都是橢圓形的年代，提出如此的解釋也是情有可原，但毋庸贅論，可說是相當信口開河的。從而「往世書」對於因季節而導致寒暖之差異，是作神話性的解釋，亦即與其認為是與太陽的距離有關，不如說是因為支配日輪的諸神性質。今依據齊魯赫（Kirfel）所述，試將梵書與《博伽梵歌往世書》所載，列表如上。

第九節 ◆ 關於月與星座

其次就月亮與主要的星座述之，月亮位於距地上二十萬由旬之處，亦即太陽高度的二倍，直徑一萬八千由旬，也是太陽的二倍。其軌道在諸天體之中最短，以二十八日為一周。月有盈虧之所以，依據「往世書」所載，白分（亦即逐漸趨向圓體時）的時期，是彼從太陽光的蘇修姆納（Suṣumna）接受甘露之時，其第二十八日（吾等所說的十五日），是其充滿甘露之時。此時有諸神（三萬六千三百三十三神）來飲甘露，即黑分之伊始，印度人將此日視為月初。如是，因諸神飲食甘露，月逐漸虧損，最後僅剩十六分之一（名為Kalā）之時，諸神皆去。自此，來飲其餘十六分之一的是祖先（Pitṛ），至第十四日，甘露全盡。此即是新月。此時，月亮進入太陽軌道內，住於稱為阿瑪（Amā）的光線中，在此一晝夜浸於水中，其次，移至木芽與枝，進而又趨向太陽接受甘露一如先前，故白分遂再復歸。

此月於二十八日間，繞其軌道一周時，是經過所謂的二十八宿。此即是星宿（*Nakṣatra*），自吠陀終期時代（例如 *Atharva Veda*, XIX. 7. 1; *Kāṭhaka Saṃhitā*, XXXIX. 13; *Taittirīya Brahmaṇa*, I. 5. 1. 等——參照 Kirfel: *Die Kosmographie der Inder*, S. 36）以來，此星座說長久支配印度人的思想，而佛教也予以採用。星座（亦即宿曜）有二十七或二十八，由單獨或多數的星群所成。試揭其名如次：

《慈氏本集》（Maitrāyaṇī Saṃhitā II. 13. 20.）

1.	克雷提卡 Kṛttikā	η 金牛座 Tauri, etc.	昂
2.	洛希尼 Rohiṇī	$\alpha, \vartheta, \gamma, \delta, \varepsilon$ 金牛座 Tauri	畢
3.	印瓦迦 Invagā（Mṛgaśira）	$\lambda, \varphi_1, \varphi_2$, 獵戶座 Orionis	觜
4.	巴芙 Bāhu（Ārdrā）	α 獵戶座 Orionis	參
5.	普那瓦蘇 Punarvasu	β, α 雙子座 Geminorum	井
6.	提斯亞 Tiṣya（Puṣya）	$\vartheta, \delta, \gamma$ 巨蟹座 Cancri	鬼
7.	阿斯列沙 Āśleṣā（Sarpā）	$\varepsilon, \delta, \sigma, \eta, \rho$ 長蛇座 Hydrae	柳
8.	摩迦 Maghā	$\alpha, \eta, \gamma, \xi, \mu, \varepsilon$ 獅子座 Leonis	星
9.	普拉瓦婆求（Pūrva）Phalgunī	δ, ϑ 獅子座 Leonis	張
10.	帕古尼 Phalgunī	β 獅子座 93 Leonis	翼
11.	哈斯達 Hasta	$\delta, \gamma, \varepsilon, \alpha, \beta$ 烏鴉座 Corvi	軫
12.	其特拉 Citrā	α 室女座 Virgins	角
13.	尼斯提亞 Niṣṭya（n.）（Svātī）	α 牧夫座 Bootis	亢
14.	微沙卡 Viśākhā（n. s.）	$\iota, \gamma, \beta, \alpha$ 天秤座 Librae	氐
15.	阿耨拉達 Anūrādhā	δ, β, π 天蠍座 Scorpionis	房
16.	傑也斯他 Jyeṣthā	α, σ, τ 天蠍座 Scorpionis	心
17.	母拉 Mūla	$\lambda, \gamma, \kappa, \iota, \vartheta, \eta, \varsigma, \mu, \varepsilon$ 天蠍座 Scorpionis	尾
18.	普拉瓦阿沙荼（Pūrva）Aṣāḍhā	δ, ε 人馬座 Sagittarii	箕
19.	烏他拉阿沙荼（Uttara）Aṣāḍhā	o, ζ 人馬座 Sagittarii	斗
20.	阿鼻吉 Abhijit	$\alpha, \varepsilon, \zeta$ 天琴座 Lyrae	牛
21.	斯洛那 Śroṇā （Śravaṇa）	α, β, γ 天鷹座 Aquilae	女
22.	斯微斯他 Śraviṣṭhā	$\beta, \alpha, \gamma, \delta$ 海豚座 Delphini	虛
23.	沙他鼻沙吉 Śatabhiṣaj	λ 寶瓶座 Aquarii	危
24.	普洛斯他帕達 Proṣṭhapadā（Pūrvabhādrapadā）	α, β 飛馬座 Pegasi	室
25.	烏他拉普洛斯他帕達（Uttara）Proṣṭhapadā（Uttarabhādrapadā）	γ 飛馬座 Pegasi, α Andromedae	壁
26.	雷瓦替 Revatī	ζ 雙魚座 Piscium	奎
27.	阿斯瓦優糾 Aśvayujau（Aśviṇī）	β, γ 白羊座 Arietis	婁
28.	巴拉尼 Bharaṇī	白羊座 35, 39, 41 Arietis	胃

Kirfel: *Die Kosmographie der Inder*, S. 36

第十節◆天界（其二）

以上是天界的概況，至於摩訶界（Maharloka）、天人界（Janarloka）、苦行界（Tapoloka）、真實界（Satyaloka）等，主要是就天界住者的功德而對天界所作的區分。此中的摩訶界，是劫住者（Kalpavāsin）的住處，天人界是薩楠達拉（Sanandana）等梵天子之住處。又，依據《希瓦往世書》（*Śivapurāṇa*）所載，也是迦毗羅（Kapila）、阿蘇利（Āsuri）、窩茲（Voḍhu）、旁遮西卡（Pañcaśikha）等數論聖者之住處。恐是解脫者所住淨土之義。依據《林迦往世書》（*Liṅgapurāṇa*）所載，苦行界是生主界，其居住者身長八千萬由旬（8 koṭi）。最後的真實界，是梵天界，生於此界，已得不死，身長四億八千萬由旬（48 koṭi），唯有得婆羅門之真智者，才可到達此處。

又，應予以注意的是，根據為《瑜伽經》作註釋的毘耶舍所述，①地界（Bhūrloka），②空界（Antarikṣaloka），③大因陀羅界（Mahendraloka），④生主界（Prājāpatyaloka），⑤天人界（Janarloka），⑥苦行界（Tapolaka），⑦真實界（Satyaloka）等，名為七界。而更應予以注意的是，依據那拉亞拉提魯達（Nārāyaṇatīrtha）所作的複註，亦即依據《瑜伽經註》所載，阿米達婆（Amitābha）神作為第四的生主界之一員，故居於此界。在佛教彌陀神話的研究上，此乃是應予以注意的名稱。

此《瑜伽經註》中的世界觀，與佛教所述頗為相似，值得予以研究。例如天人界有梵輔天、梵眾天；苦行界有光音天（Ābhāsvara）之說（參照 Kirfel: *Die Kosmographie der Inder*, SS. 142~143）。

第十一節 ◆ 下界（Pātāla）

關於上界的大略說明，已告結束，進而將就下界述之。如前所述，下界（Pāta，有落下之意）有無底界（Atala）、離下界（Vitala）、中下界（Nitala）、善下界（Sutala）、下下界（Talātala）、液下界（Rasātala）、大下界（Mahātala）等七層，各以千由旬之地殼為境，總計七萬由旬。

各層皆是阿修羅（Asura）、羅剎（Rākṣasa）、龍（Nāga）等之住處。更且此中也有其莊嚴堪比天國的居城。此因此等地位雖在人類之下，但其力勝於人類，因此在地下構成如此的世界。有關七層之間的區別不甚清楚，但無非是將種種神話的鬼神作配對而已，故此處略去其一一之說明。

第一層：有那牟質（Namuci），亦即阿修羅之宮殿。

第二層：有迦刺（Hayagrīva）之宮殿。

第三層：有三頭者（Triśiras）、室獸摩羅（Śiśumāra）、宮毘羅（Kumbhila）等都城，
也有迦毗羅等之宮殿。

第四層：有伽羅尼彌（Kālanemi）等之都城。

第五層：有達伊提耶（Daitya）、微羅恰那（Virocana）之都城。

第六層：廣財子龍王（Vāsuki）住於此處。

第七層：有伯利（Balī）之都城，阿修羅、毒龍等住於此處。

（以上出自 Kirfel: SS. 145~146）

第十二節◆地獄

地獄（Naraka）被視為是在此下界之下，但初始是視為等同於下界，此徵於耆那教以七地獄取代下界，即可知之。地獄之思想在梨俱吠陀時代雖已萌芽，但猶不明顯，直至《阿闥婆吠陀》（*Atharva-veda*）與《梵書》等，才逐漸浮出表面，到了佛教時代最為盛行。從而其記載是隨著年代而逐漸規模增大，佛教的原始聖典與《摩訶婆羅多》（第十二），以及《摩笯法典》（四之八八）都可見有關地獄的記載，尤其在「往世書」中，可說是到達圓熟之極。從而有關地獄之記載大體上是共通的，但彼此之間難免有所參差，故今僅揭其大要如次。

首先就其數言之，地獄有二十八種，此為通例，但摩笯的《達瑪夏經》（Manu: *Dharmaśāstra*, 4. 88 ff.）、《毘濕奴斯姆利提》（*Viṣṇu-smṛti*, 43. 1 ff.）；雅修尼亞瓦魯其亞的《達瑪夏經》（Yājñavalkya: *Dharmaśāstra*, 3. 222 ff.）等，載為二十一種，此相較於說為二十八種的較為原始。今依據《摩笯》所述，試揭其名如次：

①暗黑地獄 Tāmisra
②盲暗地獄 Andhatāmisra
③大叫喚地獄 Mahāraurava
④叫喚地獄 Raurava
⑤捺落迦地獄 Naraka
⑥黑繩地獄 Kālasūtra
⑦大捺落迦地獄 Mahānaraka
⑧等活地獄 Saṃjīvana
⑨大阿鼻地獄 Mahāvīci
⑩炎熱地獄 Tapana
⑪等熱地獄 Saṃpratāpana
⑫眾會地獄 Saṃhāta or Saṅghāta

⑬眾毒地獄 Sakākola
⑭含苞地獄 Kuḍmala
⑮惡臭地獄 Pūtimṛttika
⑯鐵釘地獄 Lohaśaṅku
⑰釜入地獄 Ṛjīṣa
⑱狹徑地獄 Panthāna
⑲棘地獄 Śālmali
⑳劍葉林地獄 Asipatravana
㉑撕裂地獄 Lohadāraka〔鐵枷地獄 Lohabhāra（*Agni P.*）、銅地獄 Lohacāraka（*Viṣṇu P.*）
血水地獄 Lohitoda（Yājñavalkya）〕

說為二十八種的，大體上，是就此二十一種再予以增加，但或有缺此二十一種之某一種的，並無一定。今暫且依據《博伽梵歌往世書》、《戴維博伽梵歌往世書》（*Devībhāgavata Purāṇa*, VIII. 21. 11. ff.）所載，揭其名如次（Kirfel: *Die Kosmographie der Inder*, S. 157）。

①暗黑地獄 Tāmisra
②大暗黑地獄 Andhatāmisra
③叫喚地獄 Raurava
④大叫喚地獄 Mahāraurava
⑤瓶煮地獄 Kumbhīpāka
⑥黑繩地獄 Kālasūtra
⑦刀葉林地獄 Asipatravana
⑧豬口地獄 Sūkaramkha
⑨暗井地獄 Andhakūpa
⑩食蟲地獄 Kṛmibhojana
⑪火箸地獄 Saṃdaṃśa
⑫鐵管地獄 Taptasūrmi
⑬金剛刺地獄 Vajrakaṇṭaśālmalī
⑭糞尿溝地獄 Vaitaraṇī
⑮不潔池地獄 Pūyoda
⑯塞息地獄 Prāṇarodha
⑰殺傷地獄 Viśasana
⑱唾飲地獄 Lālābhakṣa

⑲獄犬地獄 Sārameyādana
⑳無間地獄 Avīci
㉑鐵飲地獄 Ayaḥpāna
㉒鹽水池地獄 Kṣārakardama
㉓羅剎群食地獄 Rakṣogaṇabhojana
㉔槍嘴地獄 Śūlaprota
㉕齒槍地獄 Dandaśūka
㉖穴滅地獄 Avaṭanirodhana
㉗返報地獄 Paryāvartana
㉘針口地獄 Sūcīmukha

《瑜伽經註》（一二七頁）所載的地獄即是脫化自此，更一一揭出其苦，今暫依其所載，略述其相如次：

1. 暗黑地獄（Tāmisra）：行盜竊者所趣之處（盜他人妻者亦然）。在此處，受飢渴及刀杖之苦，屢屢氣絕。
2. 大暗黑地獄（Andhatāmisra）：殘害他人生命，奪取他人妻子、財產者所趣之處。所受之苦如大樹之根斷。
3. 叫喚地獄（Rurava）：只知自利，不顧慮其他有情者所趣之處。受被稱為 Ruru 的蛇齧咬之苦。
4. 大叫喚地獄（Mahā-rauravа）：其苦較前者更甚。
5. 瓶煮地獄（Kumhīpāka）：殺害二足、四足者所趣之處。以油釜煮之。
6. 黑繩地獄（Kālasūtra）：殺害父母及婆羅門者所趣之處。受熱銅燒炙之苦，其熱銅廣有一萬由旬，上下皆然，而所經年月如毛髮之數。
7. 刀葉林地獄（Asipatravana）：捨棄吠陀，趨於異端者所趣之處。

8. 豬口地獄（Sūkaramukha）：將無罪之人判以死刑的國王大臣所趣之處。由閻魔（Yama）的使者蘇卡拉（Sūkara）斷其手足。

9. 暗井地獄（Andhakūpa）：損害其他生物者所趣之處。在此暗井中，曾受彼所害之生物常加苦於彼身。

10. 食蟲地獄（Kṛmibhojana）：不行祭祀、不布施與人者所趣之處。成為惡蟲之食。

11. 火箸地獄（Saṃdaṃśa）：盜取金銀財產者所趣之處。獄卒以火箸燒灼之。

12. 鐵管地獄（Taptasūrmi）：強迫行淫者所趣之處。受灼熱的鐵棒捶打。

13. 金剛刺槍地獄（Vajrakaṇṭaśālmalī）：與種種生物行淫者所趣之處。依據《布拉夫瑪往世書》（*Brahma-purāṇa*）所載，與多男行淫之婦女所趣之處。

14. 糞尿溝地獄（Vaitaraṇī）：對於異端者，誤用法律的國王大臣所趣之處。Vaitaraṇī 即是環繞地獄之溝穴，其中充滿不潔之物。

15. 不潔池地獄（Pūyoda）：與品行不良之婦女行淫者所趣之處。身處不潔之液體中，且以之為食。

16. 塞息地獄（Prāṇarodha）：婆羅門或其他人為狩獵而輕率殺害生物者所趣之處。獄卒以彼等為標的，射擊之。

17. 殺傷地獄（Viśasana）：藉言祭祀而殺害動物者所趣之處。獄卒斷其身軀。

18. 唾飲地獄（Lālābhakṣa）：婆羅門為情欲所驅，以其精液令同族婦女飲者所趣之處。前往精液地獄。

19. 獄犬地獄（Sārameyādana）：強盜、搶劫者所趣之處。受閻魔使者的七百二十隻犬齧咬之苦。

20. 無間地獄（Avīci）：虛偽者所趣之處。反覆從百由旬高的岩頂墜落。

21. 鐵飲地獄（Ayaḥpāna）：身為再生族，於修行中或禁身中醉酒者所趣之處。獄卒以熱鐵令飲之。
22. 鹽水池地獄（Kṣārakardama）：於生前自讚毀他者，死時墮入此地獄。
23. 羅刹群食地獄（Rakṣogaṇabhojana）：以人為犧牲，或食啖作為犧牲的人肉的婦女所趣之處。羅刹食之。羅刹因食彼肉，吸其血，歡娛而舞蹈。
24. 槍嘴地獄（Śūlaprota）：以無實之罪將人放逐於遠島，或令彼成為流放者的人所趣之處。有種種可怖之嘴的鳥啄之。
25. 齒槍地獄（Dandaśūka）：猶如大蛇，瞋怒人者所趣之處。死時為大蛇所齧。
26. 穴滅地獄（Avaṭanirodhana）：生前幽閉人於洞穴者所趣之處。死時被繫閉於洞穴中，受毒焰所焚。
27. 返報地獄（Paryāvartana）：以嫌惡顏色待客者所趣之處。惡鳥啄其眼。
28. 針口地獄（Sūcīmukha）：生前貪欲，僅注目於財寶者所趣之處。獄卒以針刺其肢節。

第十三節 ◆ 閻魔的世界

上文所揭，是地獄的名稱及其解釋，但種種的「往世書」中，除此之外，另有種種的數目與組合。然今無暇一一詳述，有興趣者可參閱齊魯赫[25]之研究。但在此有必要稍作論述的是，究竟是何人將亡者送往地獄？依自業自得的立場言之，所謂的地獄，完全是自業所造，但「往世書」認為此乃物理的存在，

25. Kirfel: *Die Kosmographie der Inder* SS. 147~173.

因此需要有其分發者。

而司掌此事的，即是閻魔。依據《布拉夫瑪往世書》所載，惡人死時，閻魔使者現身驅逐亡者，行經險道，最後抵達閻魔都城。此都城由鐵所成，廣十萬由旬，四邊各有高一萬由旬之城壁。此閻魔都城未必都是惡人所趣，作為死者總宰，此處也收容善人。彼等之入口有別。東門以幢幡飾之，固以寶石，乾闥婆、阿普薩拉斯等詠歌迎之，此處是諸神仙人（ṛṣi）、瑜伽行者（yogin）、聖者（siddha）等所入之處。北門以貝螺、天冠等飾之，既有簫、笛等音樂，亦有吠陀之歌誦，此乃有德行、能行布施、堅守真實、孝順父母者所入之處。西門較劣於北門。但仍有種種裝飾與音樂等，此是禮拜濕婆、巡禮聖地、行火祭者之入處。

南門係惡人之入處，縱使身處門外，已可聽聞叫喚之聲，可怖的惡獸、惡蟲等四處徘徊。亡者入此門後，作為可畏裁判官的閻魔，坐於其座席，吉多拉古普多（Citragupta）書記官誦出亡者於娑婆所犯罪狀，故閻魔給予適當審判，最後依其罪而被遞送至前述種種地獄，於一定期間償還其罪。《布拉夫瑪往世書》亦言及其地獄之大，以及所處之期間等等，今從略。

閻魔也是天國之主，此乃必須注意的。

（參照 Kirfel: *Die Kosmographie der Inder*, SS. 163~4）

第三章 佛教的世界觀

第一節 ✦ 器世間（bhājana-loka）

一、前言

如前所述，佛教也將此世界分成三界，此無異於婆羅門教所說。但就佛教的特色言之，異於婆羅門教將天、空、地等三界視為物理立場，佛教是用以對應吾人的精神境界，依禪定修行階次而提出欲界（kāma-dhātu）、色界（rūpa-dhātu）、無色界（ārūpya-dhātu）之說。所謂欲界，是指欲望熾盛之處；所謂色界，是指欲望已滅，但尚未完全脫離物質束縛之處；所謂無色界，是指完全脫離物質束縛，全然是精神獨立之當體，因此，可說完全是吾人精神修養之階次。此徵於《中阿含》卷四十三的《意行經》為生地三界同於修地三界，即可知之。從而呼應當時神話的物理世界觀，阿毘達磨某種程度的將三界視為物理的存在，但最後還是依倫理的唯心論立場予以解釋，此即是婆羅門教與佛教大為不同之處。亦即婆羅門教在言及世界之起源終滅時，指出此乃神之覺醒或睡眠，反之，佛教認為此完全是由於因緣，並不認為此中有絕對的意志存在，更且指出其關係在於有情的業力，萬有的破壞或成立皆因於吾人的意志。在理解佛教的世界觀時，此乃必須切記莫忘的。佛教對此所持論點稍稍類似耆那教，而大異於著重世界起源論的婆羅門教。就此而言，佛教的世界觀中，在字面上並無世界起源論此一題目。

若是如此，立於阿毘達磨之立場，是如何物理的看待此三界？三界之中的無色界，是完全脫離物質關係之處，故無世界現象的問題，可納入於世界現象論中的是色界與欲界。就色界而言，若物理的看待，主要是指尚未脫離物質的束縛，雖是如此，但處所的束縛仍是較少，而境界的方面較為殊勝。如是，得以成為器世間論之題目的是欲界，亦即以須彌山為中心，下自地獄，上至三十三天，鐵圍山（Cakravāḍa）為外側，須彌山為中心的九山、八海、四洲、日月等即是。但應予以注意的是，佛教不認為僅只如此，即得以囊括世界。婆羅門教已有世界無數之說，佛教更言及小千世界、中千世界、大千世界等，最為圓熟的阿毘達磨是將大千世界視為一個宇宙。所謂的小千世界（Sāhasra-cūḍika- loka-dhātu），即是前述由日月、須彌、四洲等構成的世界，有一千個，而中千世界（Dvisāhasra-madhyama-loka-dhātu）是小千世界的一千倍，大千世界（Mahāsā hasra loka-dhātu）則是中千世界的一千倍，亦即 1000×1000，可以說是由百萬個小千世界所成，此等成壞的運命共同（《俱舍》卷十一，大正二九，六一頁上，國譯六九七頁）。如是，多數的世界形成一群，大體上彼此相同，故理解其一，即理解其全部，此自然無庸贅言。

二、風輪、水輪、金輪

此等是以虛空（空間）為其依止，因此，於空間之上，出生風輪（Vāyu mamaṇḍala），其厚度，依據《俱舍論》所載，是十六洛叉（lakṣa，意為億，相當於現今所說的十萬）由旬，若依據《立世阿毘曇論》卷一所載，是九億六萬由旬。所謂的由旬，依據《頌疏》所載，是十六里（六丁為一里）。

其廣無邊，此乃《起世經》以來，乃至《俱舍論》之所共論，但《立世阿毘曇論》謂其徑十二萬三千四百五十由旬。風輪之上更出生水輪（Jala-maṇḍala），依據《俱舍論》所載，其深八億由旬，廣是徑十二億三千四百五十由旬；《立世阿毘曇論》載為厚四億八萬由旬，然其廣同於《俱舍》所述。依據《大樓炭經》所載，深四百六十萬由旬，《起世經》載為六十萬由旬，《世記經》謂三千三十由旬，其廣無邊。水輪之上，更有金輪（Kāñca na-maṇḍala），其廣同於水輪，其厚度依據《俱舍論》所載，是三億二萬由旬，《立世阿毘曇論》載為二億四萬由旬（詳細的比較，參見《俱舍論法義》卷十一以及《俱舍論》卷第十一，國譯六五六頁之註）。彼等所謂的此金輪，即是吾人所居地球，亦即地球上種種的現象，即是此金輪上之形態。

三、以須彌山為中心的九山八海

首先是橫向的觀察，此小世界以須彌山為中心，由九山八海所成。亦即相對於「往世書」說為七海七洲，佛教說為九山八海。其中心是須彌山，依據《俱舍論》、《立世阿毘曇論》與《天業譬喻》等所載，諸山諸海依如次所列之順序環繞須彌山。

蘇迷盧山（妙高，Sumeru）
踰健達羅山（持雙，Yugaṃdhara）
伊沙馱羅山（持軸，Īṣādhara）
佉地洛迦山（檐木，Khadiraka）
蘇達梨舍那山（善見，Sudarśana）

額濕縛羯拏山（馬耳，Aśvakarṇa）

毗那怛迦山（象耳，Vinataka）

尼民達羅山（持山或魚名，Nimiṃdhara）

鐵圍山（Cakravāḍa）

〔依據《麟記》所載，此等名稱是從其形而來（《頌疏》卷十一，大系本第一，五五二頁）。齊魯赫更指出從持雙至持山等七山，恐與日、月、木、火、土、金、水等七星有關（Kirfel: *Die Kosmographie der Inder*, S. 186）〕。

但諸傳所載順序未必與此一致，依據《本生經》（*Jātaka*, VI, p. 125）所載，與此七山相當的，①蘇達舍那山（Sudassana），②伊沙馱羅山（Īsadhara），③尼民陀羅山（Nemindhara），④頞濕羯拿山（Assakaṇṇa），⑤佉陀羅山（Karavīka），⑥踰健達羅山（Yugandhara），⑦毘那多迦山（Vinataka），此外，《殊勝義論》（*Atthasālinī*, p. 298）、《大事》（*Mahāvastu*, II, p. 300）、《樓炭經》與《起世經》等所載，多少有所差異，此當切記莫忘（Kirfel: *Die Kosmographie der Inder*, s. 186，《俱舍》卷十一，大正二九，五七頁中，國譯六五八～六五九頁）。無論其順序

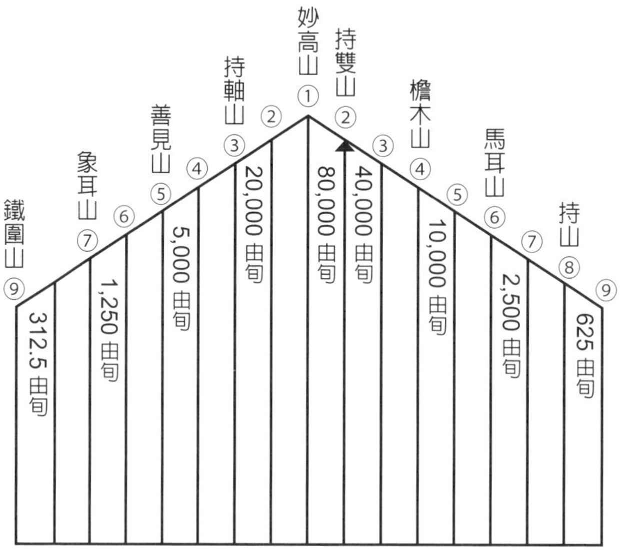

如何，此等確實是以須彌山為中心，以海（輪海，Paribhaṇḍasāgara, *Jātaka*, 6 p. 432）相隔，依序並列於外側的輪山（Paribhaṇḍapabbata, Jātaka 6, p. 125）。若是如此，此等是如何並列？依據《俱舍論》卷十一所載，此等皆立於金輪之上，皆深入於水中八萬由旬，但水面上的高度並無一定。須彌山在水面上的高度也是八萬由旬，其次的持雙山是四萬，第三的持軸山二萬由旬，漸次減半，至最後的鐵圍山，僅出水三百一十二由旬半。諸山之廣（ghana）與高（ucchrāya）相等〔samocchrāya ghanāś ca te，《俱舍論》卷十一，大正二九，五七頁中，國譯六五八頁，Poussin: *L'Abhidharmakośa de Vasubandhu*, Vol. II, p. 143〕，因此，對應其高度，其廣也逐漸減少。亦即以須彌山為中心的此世界，如右圖所示（但也有認為隨著距離須彌山越遠，諸山在水中的深度也依序減半的——《立世阿毘曇論》卷二，大正三二，一八二頁上，cf. Kirfel: *Die Kosmographie der Inder*, S. 187）。依據《俱舍論》所載，間隔此九山的八海的前七海，稱為內海，屬甘水帶，另一，亦即鐵圍山之內海，稱為外海，鹹水充滿。對於其廣度，《俱舍論》之頌文載曰：

山間有八海，前七名爲內。最初廣八萬，四邊各三倍。
餘六半半陿，第八名爲外。三洛叉二萬，二千踰繕那。
（《俱舍》卷十一，大正二九，五七頁下，國譯六六二頁）

51. Ardhārdhahānir aṣṭāsu samocchrāyaghanāś ca te, sītāḥ saptāntarāṇy eṣām ādyāśīti sahasrikā
52. ābhyantaraḥ samudro'sau triguṇaḥ sa tu pārśvataḥ, ardhārdhenāparāḥ, sītāḥ śeṣaṃ bāhyo mahodadhiḥ
53. lakṣatrayaṃ sahasrāṇi viṃśatir dve ca (Poussin: *l'Abhidharmakośa de Vasubandhu*, Vol. II, p. 144)

亦即從須彌山外側至持雙山內側，直徑有八萬由旬，持雙山亦如須彌山，有四角，其內側各邊有二十四萬由旬，故總計全周為九十六萬（印度的算法是九億六萬）由旬。其餘是逐漸減半，因此就持雙山外側的內海而言，從持雙山外側至持軸山內側，其徑（sīta）為四萬由旬。此內海外側其各邊是持雙山之廣的四萬與海幅之四萬的二倍，加上先前的二十四萬，合計四十萬由旬，亦即四億，整體的海外岸線是一百六十萬（十六億）由旬，以下依此類推。最後的外海，亦即從持山至鐵圍山之間，徑三十二萬二千（三億二萬二千）由旬，更且鐵圍山是圓體，故其全長若就內側而言，是須彌山的中心至此之距離的二倍，亦即直徑乘以圓周率（若是外側，須再增加三百十二由旬半）。《立世阿毘曇論》所計算的鐵圍山周圍是三十六億一萬三百五十由旬（《立世阿毘曇論》卷二，大正三二，一八一頁，此是否誤算，還需再作計算），就此而言，《立世阿毘曇論》所載多少有別於《俱舍論》。尤其《俱舍論》載為入海之深度同一——《俱舍》卷十一曰：「九山住金輪上，入水量皆等八萬踰繕那。」（大正二九，五七頁下，國譯六六一頁）——反之，《立世阿毘曇論》載為須彌山最深，深度漸減，直至鐵圍山，其深度如同厚度，都是三百十二由旬半。

上文是此大地界的鳥瞰圖的解說，若是如此，吾等所居世界，位於其中何處？以須彌山為中心的外海中，亦即在鐵圍山內，持山之外，有四洲。位於南方的閻浮提洲，其形如車，北廣南狹。三邊相等，各有二千由旬，但南邊僅僅三由旬半。圖示如次，此實是印度地形擴大的世界觀，而吾人所居之處即此（婆羅門教認為閻浮提洲是世界中心，其中有須彌山，須彌山之南有帕拉達，兩者所說，可作比較）。位於其東方的，是東勝身洲（Pūrva-videha），其形為半月體，依據《俱舍論》所載，東邊有三百五十由旬，其餘三邊各有二千由旬，其形如下右圖示。若閻浮提洲的思想是出自於半島地形，此則是出於自東方的

九山八海　　四州之圖

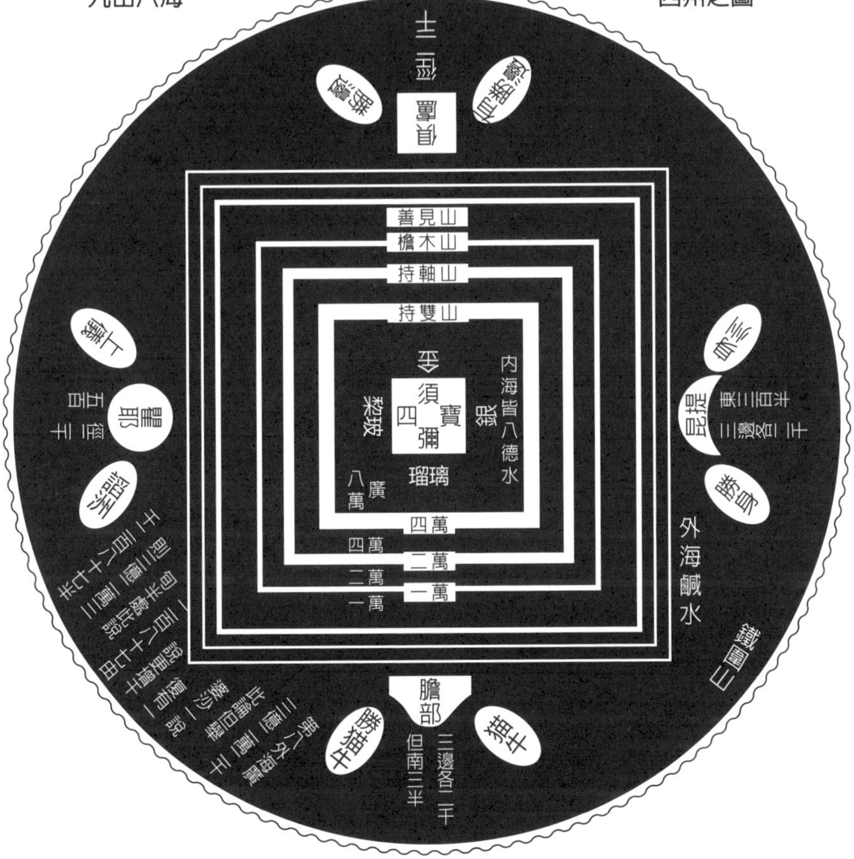

善見山
檐木山
持軸山
持雙山
須彌
四寶
瑠璃
玻黎
內海皆八德水
廣八萬
四萬
二萬
一萬
外海鹹水
瞻部
俱盧

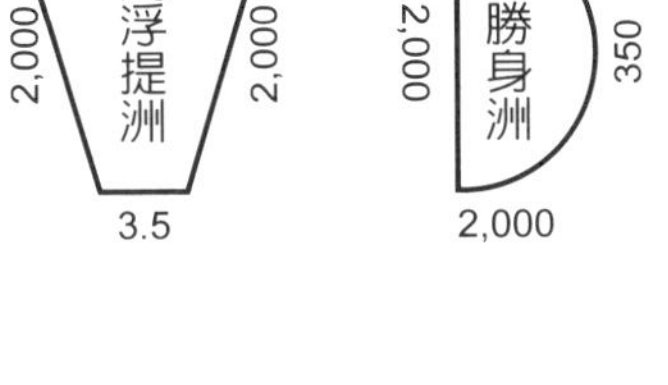

2,000
閻浮提洲
3.5
2,000
東勝身洲
350
2,000

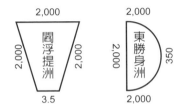

毘提訶（Videha），既是想像之物，當然有別於吾人所居世界。位於北方的是北俱盧洲，婆羅門教的理想國是位於須彌山之北。其形方形，各邊都是二千由旬，故其總長大約八千由旬。最後位於西方的西牛貨洲（Avara-godānīya），其形圓體，直徑二千五百由旬，大體周長七千五百由旬。關於此等的距離，《立世阿毘曇論》載為閻浮洲中央至西牛貨洲之中央為三億六千由旬，閻浮洲北端至北俱盧洲北端是四億七萬七千五百由旬（《立世阿毘曇論》卷二，大正三二，一八一頁下）。此四洲皆是人類之住處，其壽量與生活狀態有別，但就都屬於人趣而言，彼此相同。有趣的是，形狀上的差異，亦即各洲的人其容顏恰似其洲形。閻浮洲人臉上廣下狹，西牛貨洲人臉圓，北俱盧洲臉四角，東勝身洲臉如半月。

各洲皆有其附屬島，婆羅門教的世界觀也有此說，但佛教所說是各洲各有二個附屬島。亦即閻浮洲所屬是遮末羅洲（Cāmara，貓牛）與筏羅遮末羅洲（Varacāmara），而此正是從錫蘭島發想出來的。東勝身洲的附屬島是提訶洲（Deha）與毘訶洲（Videha），北俱盧洲是矩拉婆洲（Kurava）與憍拉婆洲（Kaurava），西牛貨洲是舍樜洲（Śāṭhā）與嗢怛羅漫怛里拏洲（Uttaramantriṇa）。此等皆有人居住，或說遮末羅洲、筏羅遮末羅洲是羅剎住處，此恐是因於錫蘭有鬼島之義。

四、關於須彌山

若是如此，須彌山的狀態又是如何？如前所述，須彌山高有八萬由旬，其四角寬廣，至少其基底之四邊也是各有八萬由旬。其下半部分，亦即從水際至四萬由旬處，有四層，各層皆有一萬由旬，而且各層是從須彌山中軸部分旁出而圍繞之。亦即第一層旁出一萬六千由旬，第二層八千由旬，第三層四千由旬，第四層二千由旬。如圖所示。

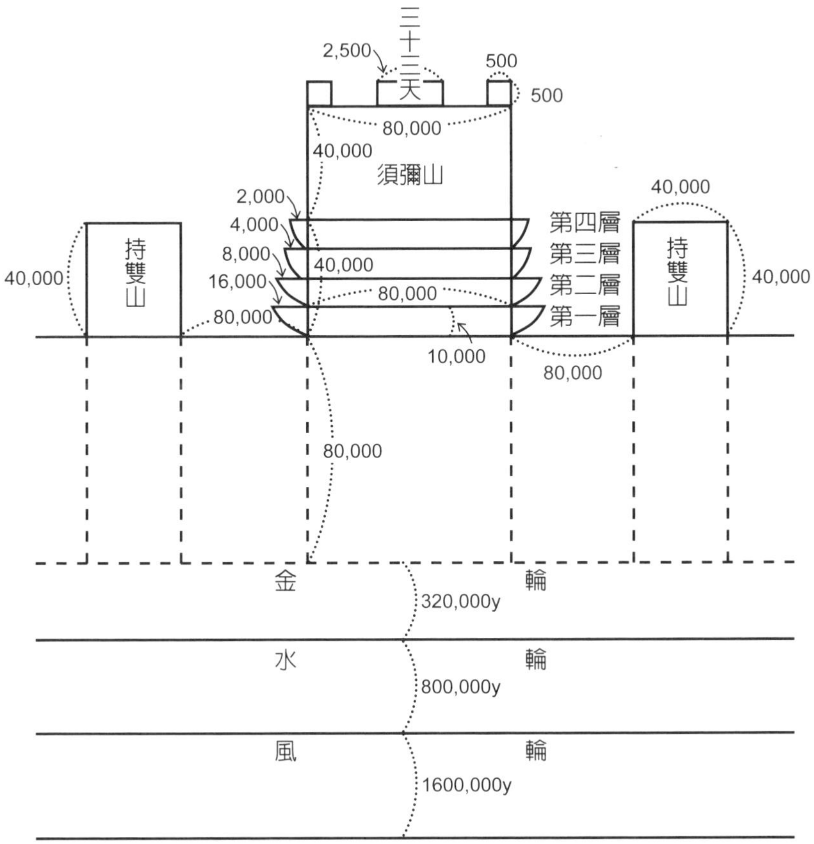
三十三天
2,500
500
500
80,000
40,000
須彌山
2,000
4,000
8,000
16,000
80,000
40,000
80,000
第四層
第三層
第二層
第一層
40,000
持雙山
40,000
持雙山
40,000
40,000
80,000
10,000
80,000
80,000
金
輪
320,000y
水
輪
800,000y
風
輪
1600,000y

此等是諸神與鬼神之住處，第一層是堅手（Kurutapāṇi or Karoṭapāṇi or Kalotapāṇi）夜叉神之住處，第二層是持鬘（Mālādhāra），第三層是恆憍（Sadāmāda，舊譯為恆醉），此等皆是夜叉神，是四天王之眷屬。第四層是四天王（Cātur-mahārāja-kāyika）之住處，東方有持國天王（Dhṛtarāṣṭra），南方有增長天王（Virūḍhaka），西方有廣目天王（Virūpākṣa），北方有毘沙門天王（Kuveravaiśravaṇa，多聞天）住之，守護全世界〔但《起世因本經》卷六（大正一，三九四頁下～）、《立世阿毘曇論》卷四（大正三二，一九一頁中～）、《瑜伽師地論》卷二（大正三〇，二八七頁中～）所載是此四天王住於持雙山頂〕。須彌山頂是三十三天（Trāyastriṃśa = Tāvatiṃsa = 忉利天）的住處，《俱舍論》舉出其廣或各邊八萬由旬，或各邊二萬由旬等兩說（《俱舍》卷十一，大正二九，五九頁下，國譯六八五頁）。三十三天之名稱，來自於吠陀時代將天上的諸神稱為三疊十一天，此正如同日本人所說的八百萬神，只是用以表示一個集團，因此，並非與三十三的數字有關。此忉利天之天主因陀羅，即是帝釋天（Śakra），故以 Śakra -devānām indra 稱之。對於此忉利天之光景，《起世經》（卷二十忉利天品）為首，諸經論極口讚之，試揭其光景如次：須彌頂上其四隅各有五百由旬高峰，此乃金剛手（Vajrapāṇi）之住處，肩負須彌門衛與巡視之責。頂上平地有都名善見（Sudarśana，或譯為妙見、喜見），此城四邊各二千五百由旬，周圍一由旬半之金城，其地柔軟如毛氈。城中毘闍延（Vajjayanta）殿，是帝釋住處。又，城外四方有四苑，東為眾車苑（Caitrarathavana），南為麤惡苑（Pāruṣyakavana，惡口苑），西為雜林苑（Miśrakāvana），北為喜林苑（Nandanavana）〔《立世阿毘曇論》第三卷又載此四園之外，有波利夜多園（Pārijāta）。又指出麤惡園之名來自於園中有名為麤惡之池與樹，又來自於諸天入此園後，互爭前後，嫉視，惡口。〈《大正》三二，一八七頁上〉〕。此等皆是忉利天與諸天遊樂之處，又，四苑之外，城外東北有波利夜多園，亦即圓生樹園。此園有圓生樹，其高百由旬，枝枒旁出四方，及於五十由旬，如一茂密大傘。諸天於此中歌舞宴樂，恣意享受（關於忉利天四苑，參見《長阿含》卷二十，忉利天品；《立世阿毘曇論》卷二至卷三；《俱舍論》卷十一，大正二九，五九頁下，國譯六八四頁等）。

五、日月曆數

其次就照耀此世界的日月以及依此而起的曆數見之，在此一方面，相較於「往世書」，佛教所談較為科學。「往世書」所述極為粗略，更且所作說明過於神話性，反之，佛教所言，縱使同樣出自想像，但對於事實之探索及其說明較為緻密。言及此日月運行的佛教文獻甚為龐大，但就筆者所知，所述最詳的是《立世阿毘曇論》卷五的日月行品（大正三二，一九五頁上～），今以此為據，略述其大要如次。

依據《立世阿毘曇論》所載，日月的高度相等，都位於須彌山中腹四萬由旬處，亦即其高度與持雙山頂相等（「往世書」載為太陽（Sūrya）十萬由旬，月（Candra）二十萬由旬）。之所以高懸空中而不掉落，更且不斷運行，是風力所持（依據《長阿含》卷二二《世記經》的〈世本緣品〉所載，支撐此日月且令彼等運行的，有持風、養風、受風、轉風、調風等五風（大正一，一四五頁下），又，《起世經》十卷（大正一，三六〇頁下）及佐田介石所撰《視實等像義詳說》下卷（二一丁）載為持風、住風、順風、攝風、行風）。關於其大小，太陽徑五十一由旬，月亮徑五十由旬，都是圓體（相較於閻浮洲三邊各有二千由旬，顯然認為日月體積較小於閻浮洲）。就認為此中有所謂的日月宮殿而言，所見同於婆羅門教，但對於其下部之構成要素，亦即月是玻璃覆以白銀，水占其大部分，太陽同樣是玻璃，但所覆者是赤金，且火占大部分的說法異於婆羅門教。

若是如此，其運行之相如何？無論月或日，皆以須彌山為中心、以四洲為界限，迴轉於同一軌道。之所以有晝夜之分，即因於此，太陽由東向西迴轉，故北洲夜半是東洲日沒，南洲日中是西洲日出，此說同於婆羅門教。關於晝夜有長短之所以，「往世書」載為因於日月軌道是由一百八十條螺線所成，但《立世阿毘曇論》認為是因於有外路內路之分，而其距離是二百九十由旬。所說的外路，是於南閻浮與北俱盧等二洲最南端（各洲皆以對向須彌山之方向為北）六十由旬之處，各定一點，進而於東勝身與西牛貨等兩洲南端三百九十三由旬三分一之處，亦各定一點，四點相連所畫的一圓，即是外路。其徑四億八萬三百八十由旬，周圍十四億四萬四千一百四十由旬。所說的內路，是距此各二百九十由旬通過北方的路線，亦即於閻浮洲與北俱盧洲南端三百五十由旬之處，以及東勝身洲與西牛貨洲六百八十三由旬三分一之處所畫成之圓線，其直徑四億八萬八百由旬，周圍十四億四萬二千四百由旬。日月是在此二線之間作周期性的運行，更且二百九十由旬的差別是日月曆數有種種相之所以。

以此為基礎，首先略述太陽之運行，一年為三百六十日（五年一閏），而太陽的軌道有一百八十種不同，亦即有從外路進入內路，或從內路進入外路之間的差別。當然太陽（月）絕非只在外路或內路運行，而是橫跨於外路、內路之間，依其跨法的不同而產生一百八十種差別。其基本的跨法有四種：第一線是閻浮的外路與北洲之內路，並貫串東西兩洲之中路，此洲冬至之日即此；第二線是太陽運行此洲與北洲之中路，以及西洲之外路與東洲之內路，此洲的秋分之日即此；第三是結合北洲外路與南洲內路、東西二洲之中路的路線，南洲之夏至是太陽行此軌道之；最後的第四是結合南北二洲之中路、東洲外路、西洲內路之路線，此洲的春分之日即此。以此四種軌道為標準，彼此交錯而成一百八十線，

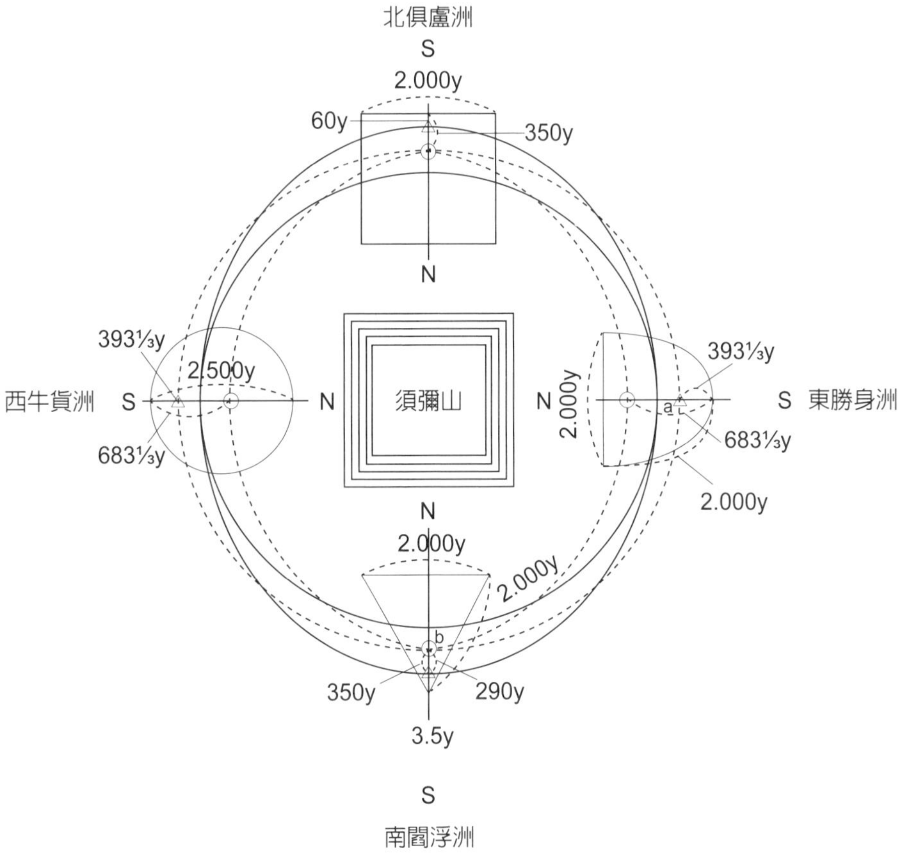

太陽在四洲運行的四種軌道
△外路軌道在各洲的盡頭
○内路軌道在外洲的盡頭

依據《立世阿毘曇論》所載，大體上太陽一日是周行$\frac{1444140+1442400}{2}\div360=4009\frac{1}{2}$由旬，旁行（內路外路或外路內路）$\frac{290}{180}=1\frac{11}{18}$由旬。晝夜有長短的原因全在於此，太陽通過自洲內路時，費時最長，通過中路是平分。佛教如同婆羅門教，都將一晝夜分成三十牟呼栗多或牟休多，而晝夜最長是十八牟呼栗多，最短是十二牟呼栗多之說，也同於婆羅門教所說。依據《立世阿毘曇論》所載，一日之差異是$\frac{1}{30}$牟呼栗多＝1羅婆或臘縛，亦即從夏至每日晝減一臘縛，而從冬至是每日晝增一臘縛。但問題是，此冬至、夏至與晝夜平分之日應是何日？實際上，此因緯度的不同而多少有所差異。《立世阿毘曇論》揭出二種異說：

第一說

五月十五日——夏至
八月十五日——平分
十一月十五日——冬至
二月十五日——平分

第二說

六月九日——夏至
九月九日——平分
十一月九日——冬至
三月九日——平分

（《立世阿毘曇論》卷五，大正三二，一九六頁中）

《婆沙論》卷一三六（大正二七，七〇一頁下），也如次揭示：

磨伽月白半第八日（十二月九日）——冬至

室羅筏拏月白半第八日（六月九日）——夏至

《俱舍論》曰：「從雨際第二月後半第九日，夜漸增，從寒際第四月後半第九日，夜漸減。」（卷十一，大正二九，五九頁中，國譯六七九～六八〇頁），但對於雨際第二月以及寒際第四月，並沒有指出是何月，故《光記》揭出種種說法。亦即《泰疏》曰：

八月九日（雨際第二月）——秋平分

二月九日（寒際第四月）——春平分

《光記》曰：

五月九日（雨際第二月）——夏至

十一月九日（寒際第四月）——冬至

（《頌疏》卷十一，大系本卷一，五六四～五六五頁）

亦即對於夜增，或認為是從平分遞增，或認為是從夏至以後，但兩者對於雨際、寒際的認定，顯然是錯誤的。更進一步言之，所說的寒際、雨際，所說的日夜長短，實因緯度的差別而有不同，縱使僅就印度一國言之，亦難以一定，何況若及於中國、日本，欲予以一定自是極為困難。若依據今日所知，地球繞太陽一周是費時三百六十五又四分之一日，從而若以一年為三百六十五日，則每四年將有一次閏日，何況印度是用大陰曆，一年三百六十日，尚餘五又四分之一日待處理，故有設置閏月之必要。《立世阿毘曇論》載為五年置一閏月，但對於如何定其日數並無詳述，曆數不詳，故在此無法詳論，甚是遺憾。

上文所述是太陽運行之概略，其次就月亮述之，如同太陽，月亮也是運行於內外兩路之間，但月亮是經十五日後，再回歸原先軌道運行。亦即大致上是以三十日繞完整個軌道，從外路進入內路十五日，從內路移往外路十五日。就此而言，月之旁行較速於太陽，一日是$\frac{290}{15}=19\frac{1}{3}$由旬。但就其周行而言，月之速力較遲於太陽，太陽快於月大約一日是四萬八千八十由旬（內路1442400÷30的比例），從而兩者或合或離。兩者合時，其光每日蔽月三又三分之一由旬，遂逐漸黑分，至第十五日，全部遮蔽，故暗黑不得見，進而逐漸每日遠離三又三分之一由旬，獨立之月再現，至第十五日，完全不受太陽遮蔽而成為滿月（白分），此即是盈虧之原理。就今日而言，雖非正確見解，但相較於「往世書」所載，是因於甘露盈虛遂有月之盈虧，可說是極為科學的（對於《俱舍》卷十一所載的「先舊師釋：由日月輪行度不同，現有圓欠」，《頌疏》說為是經部舊師。若是如此，則《立世阿毘曇論》所載應是經部所說）。

第二節◆關於地獄（naraka, niraya）

一、文獻

其次就佛教的地獄思想述之。地獄的思想在原始佛教時代既已被納入佛教之內。但初始只是通俗的倫理論，未必含有世界觀之要素。對於其數或位置，不如後世阿毘達磨論書所說之確定（*A.N.* I. p. 141, *V.* p. 173, *M.V.* 3, p. 166, *S.I.* p. 151。《雜阿含》卷四七。《增一阿含》卷三六。《中阿含》卷十一天使經）。大體而言，初期的地獄說只是片段的，具有譬喻性質的，且與婆羅門教的地獄思想多所聯絡（例如將地獄之數說為七），但隨著日月推移，次第予以整理，終於發揮出佛教的特色，更且在世界觀與有情觀中，占有極為重要的地位。

作為地獄思想的研究資料，如次所列是吾等不能忽視的材料：巴利《增支部》（*A.N.* I. p. 141）、《中部》（*M.V.* III. p. 166）等，是初期思想中較為整然的，進而《本生經註》（*V.* p. 271）、《大事》（*Mahā-vastu*, I. p. 244），以及《長阿含》卷十九地獄品等，乃至《立世阿毘曇論》卷八地獄品、《世間施設論》、《俱舍論》卷十一的世間品等，至於《瑜伽師地論》卷四所揭，則屬終結性的。

二、位置

首先就地獄的位置見之，在文獻上，初始是將地獄視為在世界之盡處。亦即《長阿含》的地獄品言及此世界之盡處有挾一大海水的二大金剛山，在此二山中間，日月光明不及之處，即是地獄之所在（大正一，一二一頁下），《立世阿毘曇論》卷一載為是在鐵圍山外（大正三二，一七三頁中），但《俱舍論》等認為將地獄所在視為位於世界的盡處不合理，應是在地下，亦即此閻浮洲下二萬由旬（其底是在表層的四萬由旬之下）之處，是阿鼻地獄（無間地獄）之所在，以此為基底，其上有地獄七層（《瑜伽師地論》卷四載為此下三萬二千由旬，有等活那落迦（大正三〇，二九四頁）。若是如此，可知八地獄各有一千由旬之間隔）。

三、其數與種類

其次，對於地獄之數量與種類，如前所述，《中部》（*M.V.* III. p. 166）載為七地獄，《立世阿毘曇論》載為十寒、八熱、十六增（大正三二，一七三頁，二〇七～二一五頁），《長阿含》卷十九地獄品載為十寒、八熱、十六增數。《俱舍論》等是將八寒八熱以及八熱一一各有附屬的十六小地獄視為地獄主體，而佛教的地獄觀至此奠定。故今以此為基礎，揭其名稱如次。

首先就八熱見之，所謂的八熱是，①等活（Saṃjīva，舊譯更活）〔《長阿含》卷十九地獄品將Saṃjīva誤植為Saṃjñā〕，②黑繩（Kālasūtra），③眾合（Saṃghāta，舊譯眾磕），④號叫（Raurava，舊譯叫喚），⑤大號叫（Mahā-raurava，大叫喚），⑥炎熱（Tapana，舊譯燒），⑦極熱（Pratāpana，舊譯大燒），⑧無間（Avīci）。此等皆是極惡業者所趣之處，皆受炎熱之苦，故稱熱地獄。此中，入等活（更生）地獄者，於熱鐵上受獄卒（Narakapāla）——關於獄卒的身分，阿毘達磨論師所見不一。大眾部、正量部認為是有情，有部與經量部認為非有情，是惡業所感的大種所變。大乘所見亦然（《唯識二十論述記》卷上，大正四三，九八七頁上），依據《論事》（XX. 3）所載，案達羅派亦持此論，——斷其身之苦，冷風一吹，再度蘇生，再受同苦，故得此名。若墮於黑繩地獄中，則受獄卒以鐵繩在亡者身上作圖案，再依圖案切斷，此正如同木匠以黑繩於木材上作記號後斷之，故得此名；在眾合地獄中，罪人被獄卒追趕，遁入二山之中，但前後皆發火，進而兩山相合，壓榨罪人，故得此名。進而炎熱、大炎熱、號叫、大號叫等等，皆依其所受之苦，或罪人號泣狀態而命名。最後是無間地獄，之所以名為無間地獄，即因於其他地獄所受之苦，尚有休止之時，但在此地獄，其苦一刻不得停止〔關於八大地獄之相狀，《瑜伽師地論》卷四（大正三〇，二九五頁下～二九七頁上）與《施設足論》等皆有記載。「施設論亦說殺生業道若習若修若多所作，最上品者墮無間地獄，次微劣者墮大炎熱地獄，次微劣者墮炎熱地獄，次微劣者墮大號叫地獄，次微劣者墮號叫地獄，次微劣者墮眾合地獄，次微劣者墮黑繩地獄，次微劣者墮等活地獄，次微劣者墮傍生趣，最微劣者墮餓鬼界」。《婆沙》卷四七（大正二七，二四三頁上），《阿毘達磨論之研究》一五二頁，中譯本一〇四頁）。

若依據《俱舍論》所載，以上八大地獄，各廣二萬由旬，此外，各地獄各有名為增（Utsada）的十六附屬地獄。此因佛教雖基於某種理由，而將八大地獄視為主位，但也有意將一般自古以來所相信的其他地獄納入，因此有此附屬地獄之設立。從而十六增之名稱初始未必一定，《中部》（*M.V.* III. p. 166）載有第七大地獄（Mahā-niraya）之四門有種種副地獄，《長阿含》的《世記經》是作如次整理（《長阿含》卷十九地獄品，大正一，一二二頁下）：①黑沙，②沸屎，③五百釘，④飢，⑤渴，⑥一銅釜，⑦多銅釜，⑧石磨，⑨膿血，⑩量火，⑪灰河，⑫鐵丸，⑬釿斧，⑭犲狼，⑮劍樹。⑯寒冰。可惜《長阿含》的《世記經》其原典業不存，無法了解其一一之原語，但無可懷疑的，大致上應是脫化自「往世書」等所載的種種地獄。《立世阿毘曇論》卷八（大正三二，二一一頁下）與《俱舍論》卷十一等載有八大地獄的四門各有同樣之四增，合而成為十六，異於《長阿含》所說的一一各異之十六。亦即各自的四方，各有：

1. 煻煨增（Kukūla，舊譯熱灰園）
2. 屍糞增（Kuṇapa，舊譯死屍園）：於死糞中，有稱為娘矩吒（Nyaṅkuṭā，舊譯攘鳩多）之針口蟲。

3.鋒刃增（Asidhāra）
- ①刀刃路（Kṣuradhāramārga）
- ②劍葉林（Asipattravana）
- ③鐵刺林（Ayaḥślmalīvana）

4.烈河增（Kśāranadī）

等四種（細分為七種）。此等其廣皆數百由旬，從根本地獄出之罪人再入此地獄受苦，故名為「增」，此係《俱舍論》所作之解釋。

相對於以上的熱地獄，更有所謂的寒地獄。《長阿含》卷十九地獄品（大正一，一二五頁下）與《立世阿毘曇論》卷一（大正三二，一七三頁下）揭出十種，《增支部》（*A.V.* p. 173）與《相應部》（S. I. p. 151 f.）、《經集》（*Suttanipāta*, p. 123 f.）等列出九種（參照 Kirfel: *Die Kosmographie der Inder*, S. 201），《俱舍論》所載為八種。

《長阿含》所載的十種：

①厚雲	⑥須乾提
②無雲	⑦優鉢羅
③呵呵	⑧拘物頭
④奈何	⑨分陀利
⑤羊鳴	⑩鉢頭摩

《立世阿毘曇論》所載的十種：

①頞浮陀 Arbuda
②涅浮陀 Niarbuda
③阿波波 Ahaha（Hahava）
④阿吒吒 Aṭaṭa
⑤嚘吼吼 Huhuva
⑥欝波縷 Utpala
⑦拘物頭 Kumuda
⑧蘇健陀固 Sugandhika
⑨分陀利固 Puṇḍarīka（Mahāpadma）
⑩波頭摩 Padma

《俱舍論》所載是除去第七與第八兩者的其他八種。都是依據極寒的身體狀態，或依其苦聲而命名〔元代發合思巴所造《彰所知論》卷上（大正三二，二二九頁上）與《瑜伽師地論》卷四對於八寒有所說明〕。關於其位置，《立世阿毘曇論》卷一載為在鐵圍山外，但《俱舍論》卷十一指出是在前八熱地獄之外邊。更且作如次註解：南贍部洲其表面雖非極廣，但越往下越廣，故可以包容如此眾多數之地獄。

四、閻魔地獄

上文所揭八熱、八寒、十六增地獄，總計8+8+（8×16）的地獄，是佛教的主要地獄觀，此外，《長阿含》卷十九、《立世阿毘曇論》卷八等，另載有閻羅地獄。閻魔王（Yamarājan）是最初之死者，依據《長阿含》所載，此王居住華美宮殿，享受快樂，但晝夜三時，於熱鐵上受熱銅灌口之苦（《長阿含》十九，大正一，一二六頁中）。就筆者所知，閻魔受苦之說，不見於婆羅門教，佛教有此說之所以，應是為顯示閻魔也是鬼（preta）之一員。但閻魔同時也具有裁決罪人、教誡罪人的任務，此亦見載於《長阿含》。《立世阿毘曇論》則無閻魔受苦之說，只是純然的裁判官。閻魔的裁判方式是極為倫理的教訓的，此乃佛教閻魔觀之特色。閻魔的使者或三或五，若三，則是老、病、死；若五，則是生、老、病、死、監獄。此等皆是閻魔為警誡吾等而派遣的使者，吾人對此等使者不加以注意，不行善事，反作惡行，最後必受地獄之苦。閻魔對於新亡，如此教誡：「汝自作邪惡業，故自受，非父母所作，非國王所作，非天所作，非先亡、沙門、婆羅門等所作，自作自受，雖不願求，業報決至。」（大正三二，二一三頁下），《中阿含》的《天使經》（大正十，五〇四頁中）曰：

> 汝此惡業非父母爲，非王非天亦非沙門梵志所爲汝本自作惡不善業，是故汝今必當受報。

> Na Vessabhū no pi ca Pettirājā
> Somo Yamo Vessavaṇo ca rājā
> Sakāni kammāni hananti tattha
> Ito paṇunnaṃ paralokapattan ti
>
> （引用 *K.V.* XX. 3）

如是，閻魔常作此教誡。就此而言，閻魔雖已失去其裁判官之意義，但佛教依據傳說，暫且予以保留。關於此閻魔之住所，依據《長阿含》所載，是在閻浮洲之南的大金剛山內，但《俱舍論》載為地下五百由旬之處，是鬼所屬（《俱舍》卷十一，大正二九，五九頁上，國譯六七六頁）。

五、孤地獄

除此之外，依據佛教所述，又有所謂的孤地獄。此等或在地上或江河、山邊、曠野等，日本的箱根大地獄、南部的恐山以及別府的地獄恐是與此等相當。由於分散在各處，故得名為孤。

〔關於地獄、餓鬼、畜生、天等，詳見於《正法念處經》全七〇卷（大正一七，一～四一七頁）〕

第三節◆有情世間（sattva-loka）（生物現象論）

一、五道或六道

以上文所述地物器世界為舞台而活動於其中的生物，即是有情世界。佛教將此有情世界作種種分類，此中最普通的是，五道或六道（pañca-gati or ṣaṣ-gati），或三界（tri-dhātu）之說。所謂的五道，是指地獄（niraya）、餓鬼（preta）、傍生（tiryagyoni）、人（manuṣya）與天（deva），此係上座部與有部所採用的分類；所謂六道（六趣），是於傍生之次，再添加阿修羅，此係犢子部或案達羅派等所採用之說（參照《智度論》卷十，大正二五，一三五頁下，*K.V.* VIII. 1等）。此中，關於地獄，前文既已論及，故無需再作說明。所謂的鬼，原是用以指稱逝者，亦即意指死者，但依據佛教所說，其範圍相當廣，不只是餓鬼，以閻魔為首，種種的鬼神、夜叉等也可攝於此中，從而也有不少其境界是超越於一般的人類〔僧伽提婆所譯《三法度論》曰：「餓鬼者，無財、少財、多財。……——炬口針口臭口是三種無財，少財者，針毛、臭毛、癭者，此三種是少財，多財鬼者，棄者、失者、大勢此三者是多財。棄者，若宿命施，故得殘，彼終身得祭祀，由此故得樂。失者，街巷四道所遺落者，彼終身得，由此故得樂。大勢者，夜叉、羅剎、毘舍遮。」（大正二五，二八頁上中）」。巴利《小部》的《餓鬼事》[26]（Peta-vatthu）所載，是與鬼有關之記事。

所謂的傍生，舊譯為畜生，舉凡禽、獸、魚、蟲、龍、蛇等皆納於此中，而阿修羅，自吠陀時代以來，已被視為是與天部對抗的族類，佛教大體上也承繼婆羅門教的此一思想，認為彼等住於海底，常與帝釋天對抗，《長阿含》卷二十有所謂的阿修羅品。從而在有情之分類上，將彼等攝為一類，不足為奇。此阿修羅也有種種種類。最後的二道是人與諸天，此中，人類有四洲之別，但今略去其說明，關於諸天，依據佛教所述，所謂的天，是指四大天王與忉利天等的境界，此中雖有六欲天、色界天、無色界天等種種區別，但都同樣勝於人類，故稱之為天。

二、三界之有情

如是，佛教將有情分類成五趣或六趣，但就世界觀的立場而言，最整然的，應是三界之分類。亦即欲界（kāma-dhātu）、色界（rūpa-dhātu）與無色界（ārūpya-dhātu）之分類。欲界是欲心，尤其是愛欲心最熾盛之處，色界是不再有如欲界般的熾盛物質欲，但仍未完全脫離物質繫縛。而無色界則是全然脫離物質束縛的精神存在。如前所述，此原是以吾人修行進程為標準所作的分類，但隨著世界觀發展，也將此用於事實世界。若是如此，此三界之有情若更予以細分，又分為幾種？就整然的阿毘達磨而言，大抵是分為四十一、二種。圖示如次：

- 欲界－20
  - 地獄－8（八大熱獄）
  - 鬼　－1
  - 傍生－1
  - 人間－4（四洲有別）
  - 欲天－6
    - 1. 四大天王，亦即四大王衆天（Cāturmahārājakāyika）
    - 2. 忉利天，亦即三十三天（Trāyastriṃśa）
    - 3. 夜摩天（Yāmadeva）
    - 4. 都史多天（Tuṣitadeva）
    - 5. 樂變化天（Nirmāṇarati）
    - 6. 他化自在天（Paranirmitavaśavartin）
- 色界－17
  - 初禪－3
    - 1. 梵衆天（Brahmakāyika）
    - 2. 梵輔天（Brahmapurohita）
    - 3. 大梵天（Mahābrahmāṇa）
  - 第二禪－3
    - 1. 少光天（Parīttābha）
    - 2. 無量光天（Apramāṇābha）
    - 3. 光音天（Ābhāsvara）（極光淨天）
  - 第三禪－3
    - 1. 少淨天（Parīttaśubha）
    - 2. 無量淨天（Apramāṇaśubha）
    - 3. 遍淨天（Śubhakṛtsna）
  - 第四禪－8
    - 1. 無雲天（Anabhraka）
    - 2. 福生天（Puṇyaprasava）
    - 3. 廣果天（Bṛhatphala）
    - 4. 無煩天（Avṛha）
    - 5. 無熱天（Atapa）
    - 6. 善現天（Sudṛśa）
    - 7. 善見天（Sudarśana）
    - 8. 色究竟天（Akaniṣṭha）
- 無色界－4
  - 1. 空無邊處（Ākāśānantyāyatana）
  - 2. 識無邊處（Vijñānānatyāyatana）
  - 3. 無所有處（Ākiñcanyāyatana）
  - 4. 非想非非想處（Naivasaṃjñānāsaṃjñāyatana）

26. 關於餓鬼事的回向思想（uddisati ādisati anvādisati pattim dātvā），H. S. Gehmann曾作過研究（J. A. O. S. Dec. 1923.）又，關於餓鬼、地獄的思想，*Peta-vatthu* 一書的研究有其必要。

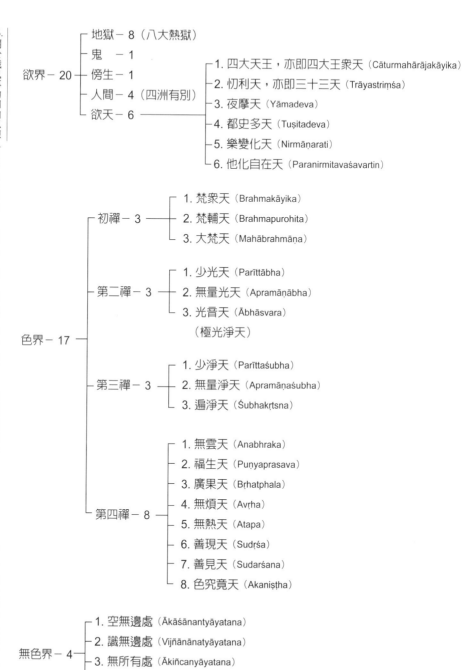

〔依據《長阿含》卷二十忉利天品（大正一，一三五頁下）所載，欲界眾生有如次十二種：①地獄，②畜生，③餓鬼，④人，⑤阿須倫，⑥四天王，⑦忉利天，⑧焰摩天，⑨兜率天，⑩化自在天，⑪他化自在天，⑫魔天。色界十七之說是健馱羅派所說，迦濕彌羅派之有部說為十六。亦即將大梵天王歸於梵輔天（《俱舍》卷八，大正二九，三六頁上，國譯四二八頁）。但《長阿含》卷二十忉利天品（大正一，一三六頁上）載為二十二種。亦即：①梵身，②梵輔，③梵眾（Brahma-pāriṣadya），④大梵，⑤光天，⑥少光，⑦無量光，⑧光者，⑨淨天，⑩少淨，⑪無量淨，⑫遍淨，⑬嚴飾，⑭小嚴飾，⑮無量嚴飾，⑯嚴飾果實，⑰無想（Avṛha?），⑱無造，⑲無熱，⑳善見，㉑大善見，㉒阿迦尼吒。〕

今略去其一一之說明，要言之，其境界是循序漸進，依序而作配列。筆者所欲探討的是，對於此三界，佛教樹立種種有情，尤其就天部予以種種區分，但極小部分除外，就筆者所知，並無與婆羅門教所述一致之神。六欲天中，四天王、三十三天、夜摩天等某種程度與婆羅門教之神有關聯，而初禪的梵天屬顯然是婆羅門教之神，但其他諸神則與婆羅門教所說有顯著差異。尤其第二禪的光音天，在佛教世界觀中占有甚為重要的地位，但據筆者所知，毘耶舍為《瑜伽經》所作的《瑜伽經註》（*Yogasiddhānta-Candrikā*, p. 127 f.）除外，不得見於婆羅門其他典籍。因此，此等究竟完全是佛教新創？或是利用某派於某處所立之神？在探索佛教思想淵源上，是值得予以注意的題目。

若是如此，此等有情是以何種狀態安布而住之？下自無間地獄，上至三十三天，是所謂的地居（Bhauma）有情，依地分層而住；從夜摩天至究竟天，雖猶依據物質，但非依地而住，而是以空界為其住所，故有空居（Āntarikṣa-vāsin）之稱。以空氣或乙醚作為住所，是表示其物質關係較弱，從而其精神生活較為豐富。至於四無色界，全無物質之束縛，亦無作為其境界之處所。從而此四無色界之處所非吾人所能見聞覺知，雖然如此，但此處或許仍有四無色界之有情也未可知。

阿毘達磨論書立如是種種有情，更就其生活方式、壽命、出生狀態，乃至種種題目，作極為詳細的說明。今無暇一一述之，僅就其中較為重要的若干事項，稍作說明如次。

三、出生法

首先就出生的方式見之，眾生出生的方式有四種類，此已見於《愛伊達雷亞奧義書》（*Aitareya Up.*, 3. 3）。此即胎生（jarāyu-ja or mātāpitṛ-ja，父母所生身）、卵生（aṇḍa-ja）、濕生（sveda-ja）、種子生（udbhij-ja）。佛教所說同此，但佛教不將草木視為有情，故以化生（upapāduka）取代第四的種子生，通常即說為胎、卵、濕、化等四生。胎生是指由母胎所生，卵生是由卵而出生，濕生是指如同虻蚊是由濕地所出，化生則是指諸根自然具備的化身。若依此四生而區分三界有情，則畜生通於胎、卵、濕、化（《長阿含》卷十九龍鳥品謂龍鳥通於四生——大正一，一二七頁），此外，若依據《俱舍》、《婆沙》等所載，人類也通於四生（《婆沙》卷一二〇，大正二七，六二六頁，《俱舍》卷八，大正二九，四三頁下，國譯五一一頁以下）。此因依據傳說，人類或從卵出生，或從濕地湧出，或世界初始之人是自然出生。鬼神通於化生與胎生，因此閻魔等是化生，但若依鬼子母生育多子的傳說看來，可知也有胎生之鬼神。地獄與天部都是化生，毫無依胎、卵、濕而出生的。此中，依據種種徵證，可知地獄眾生自初始就是以成人的形態墮於地獄，至於天人，至少就六欲而言，其初生之子未必已然成熟。依據《長阿含》卷二十忉利天品（大正一，一三四頁上～）所載，四天王界之初生男女，是以相當於閻浮洲一、二歲童之形化生，初生於忉利天者是以相當於二、三歲童，夜摩天者以相當於三、四歲童，兜率天者以相當於四、五歲童，樂變化天者以相當於五、六歲童，他化自在天者以相當於六、七歲童之形化生。但若依據《施設論》與《俱舍論》等所載，初生於四天王界者，相當於閻浮洲五歲童，以下直至他化自在天，分別是以相當於六歲、七歲、八歲、九歲、十歲之形化生（《俱舍》卷十一，大正二九，六〇頁中，國譯六九一頁，《婆沙》卷七十，大正二七，三六五頁中，*Vasubandhu et Yaśomitra*, p. 300；《阿毘達磨論之研究》一五二頁，中譯本一〇四頁）。此等初生男女是於天人膝上忽然化生，父母生起此乃是己之子女的意識而養育之。但在色界天中，其初生之子恐是已非童子，應是自初始就以成熟狀態化生。

此等之出生與行淫的方式又是如何？大體而言，行淫是胎生的手段，但若依據佛教的解釋，男女的行淫未必能產生胎生之結果。此因雖有行淫，但仍有實是依化生而出生的。依據佛教所述，有男女性交行為的是部分鬼畜、四洲中的人類以及六欲天（東、西、南三洲的男女之間有固定的婚姻，而北洲無固定的婚姻，龍、金翅鳥、阿修羅有婚姻，同樣的，六欲天也有婚姻之制。色界以上無男女之區別——《長阿含》卷二十忉利天品，大正一，一三三頁下）。但在行淫的方式上，多少有差別。男女相抱而行淫的是人類與地居天（四天王與忉利天），以及鬼畜的一部分。天部並無如人類的射精，僅只風氣之泄出，就得以滿足，故異於人類。進而夜摩天則無形交，僅只兩者相抱，就得以滿足；兜率天僅兩手相握；樂變化天是彼此相視而笑；他化自在天則是僅只互見，就得以滿足（《施設論》所載。《婆沙》卷一一三，大正二七，五八五頁中，《俱舍》卷十一，大正二九，六〇頁中，國譯六九〇頁）。階位越是往上，其戀愛關係越是淡泊，只是基於仍有男女關係，故稱為欲界。如是，六欲天雖有戀愛，但未必依此而有生殖關係，其生殖是依化生之方式，據此可見佛教未必將生殖與戀愛畫為等號。

四、生活資料

其次就此等有情的生活資料述之，《瑜伽師地論》卷二（大正三〇，二八八頁中）提出六依持，亦即維持眾生生活的資料有六種：第一是建立依持，意指大地（包含風輪水輪）；第二是藏覆依持，意指家宅等住所；第三是豐稔依持，意指田畑等；第四是安穩依持，意指刀杖等護身具；第五是日月依持，意指日月；第六是食依持。此中，任何有情皆依食（āhāra, anna）而生活，就此而言，可謂相同，但彼此所食未必相同。依據佛教所述，食有四種類：第一段食（kavaḍiṃ kāra-āhāra，摶食），第二觸食（sparśa-āhāra），第三思食（manaḥ-saṃcetanā- āhāra），第四識食（vijñāna-āhāra）。第一的段食是指一般的食物，第二、第三、第四是指依感覺、意志以及觀念之力維持生命。依據《俱舍論》（卷十，大正二九，五五頁上，國譯六三八頁）所載，所謂的食，須具備①資益自根，②資益其依止之大種（生理組織），③資益他根與大種等條件，一般的食物固然無庸贅言，其他的精神力若有此作用，皆得名為食。《品類足論》卷七對於食，作如次說明：「諸根長養；大種增益；資助，隨資助；充悅，隨充悅；護，隨護；轉，隨轉；益，隨益。」（大正二六，七一九頁上）。例如眼見繪畫，心生喜悅，身心達暢，此即是觸食，依希望與氣力而維持生命是思食（關於思食，昔有一父，時遭饑饉，欲造他方，自既飢羸，二子嬰稚，意欲攜去，立所不任，以囊盛灰，掛於壁上，慰喻二子，云是麨囊，二子希望多時延命。後有人至，取囊為開，子見是灰，望絕便死。（參見《俱舍》卷十，大正二九，五五頁中，國譯六四二頁）」。僅依純粹的觀念力支撐生命的是識食。一般而言，精神力強弱確實與生命之持續大有關係，但印度人認為僅依精神力亦得以生存，故將觸、思、識等視為食物之一，亦不足奇。若以此四食作為標準而探究有情的生活，可以說生活在四洲的人，主要是依段食（南閻浮、西牛貨、東勝身三洲食米菜魚肉，北俱盧洲食自然生長之硬米——《長阿含》卷二十，忉利天品，大正一，一三三頁中）。又，依據《長阿含》卷二十忉利天品所載，諸龍與金翅鳥以魚鼈為食，而四天王以上的六欲天是依清淨的一種段食維持生命。此因段食的範圍亦及於他化自在天，至於四禪、四無色天則全無段食，僅依精神力而得以生存，因此是依觸、思、識等三食，尤其四無色完全僅依識食一種。此因至於此境，既無觸之作用，亦無思（rūpī 是欲界之食，manomaya 是色界之食，saññāmaya 是無色界之食，*Poṭṭhapāda Sutta*, D. I. p. 186）。各個有情如何得其食？尤其是段食？大體上是酬其前世業之果報，但若欲特別區別其方法，則閻浮洲人是依金銀珍寶穀帛奴僕而得食，西洲人依牛羊珠寶，東洲人依穀帛珠璣之賣買而得以生活。北洲並無商賣，故採取治生自活之方法。相對於此，六欲天其百味段食是從欲自然出現，完全無需特殊勞力（以上出自《長阿含》卷二十忉利天品（大正一，一三三頁下）。對此，《施設論》所載如次：天欲食時，取空之寶器，以衣覆上，置於座前，經須臾頃，隨其福力，麤妙飲食，自然盈滿（《婆沙》卷二九，大正二七，一五二頁中所引用，《阿毘達磨論之研究》一五二頁，中譯本一〇三頁）。對於此中所說之麤妙，《長阿含》卷二十忉利天品載曰：福力上者之食白，中者之食青，下者赤（大正一，一三四頁上）」。

色界天與無色界天之識食（以及地獄之識食），完全是酬報其前世業之果，因此其食亦任運，無須功力，此固然無庸贅言。而欲界有情若欲得識食，需要努力修行。

五、身長與壽量

其次就有情身長與壽量述之，諸阿毘達磨論書對此一問題有種種論述。此等原是想像之下的產物，故彼此所述未必一致，但大體上，其位置與力用越優，其壽命與身長更將增大，在此一方面，所說一致〔《立世阿毘曇論》卷七壽量品（大正三二，二〇六頁），《長阿含》卷二十忉利天品（大正一，一三三頁上），《俱舍論》卷十一（大正二九，六一頁上～六二頁上，國譯六九八～七〇七頁）〕。首先就身長見之，贍部洲人平均三肘半（一肘是一尺六寸，故三肘半是五尺六寸）至四肘，此如事實之所呈現，依據《長阿含》卷二十所載，東洲與西洲人身長同此贍部洲人，北洲是此等之二倍，亦即七肘，依據《俱舍論》（卷十一）所載，東、西、北洲人是依次倍增，故南洲人四肘（六尺四寸），東洲是八肘，西洲十六肘，北洲三十二肘。又依據《俱舍論》所載，六欲天中，位列最前面的四天王天，其有情身長四分之一俱盧舍（krośa），自此逐漸遞增四分之一，故位居第六的他化自天身長達一俱盧舍半。進而色天最低階的梵眾天，其身長半由旬，自此逐漸增加二倍，但第四禪最初階的無雲天，減三由旬，進而又倍增，直至色究竟天，即成身長一萬六千由旬〔依據《長阿含》卷二十所載，阿修羅身長一由旬，四天王半由旬，忉利天一由旬，焰摩天二由旬，兜率天四由旬，如是，直至他化自在天為十六由旬（大正一，一三三頁上），但沒有言即色天之身長〕。

相對於此身長之差異，其壽命也不同。依據《長阿含》卷二十忉利天品所載，閻浮洲人壽命大約百歲，西洲二百歲，東洲三百歲。但達此定數者稀，唯獨北洲人壽一千歲，且中間無夭折。相對於此，餓鬼七萬歲，阿修羅一千歲，四天王五百歲，忉利天千歲，非想非非想處八萬四千劫（大正一，一三三頁中）。但有關此一方面，異說不少，《瑜伽論》曰：「贍部洲人壽量不定。彼人以三十日夜唯一月，十二月為一歲。或於一時，壽無量歲，或於一時壽八萬歲，或於一時壽量漸減，乃至十歲。東勝身洲人壽量平均二百五十歲，西牛貨洲人壽量平均五百歲，北俱盧洲人平均千歲。」（《瑜伽師地論》卷四，大正三〇，二九五頁中），又，《立世阿毘曇論》（卷七壽量品）與《施設論》、《俱舍論》等所揭的人間以外的歲時計算，有別於人間，雖同樣是五百歲，但相較於人間，都是非常長的年時。今依據《俱舍論》所載，簡單略述如次：

首先南贍部人壽今雖百歲，但將從劫增減，故嚴格說來，並無一定。北洲一千歲，西洲是其減半的五百歲，東洲更減半，為二百五十歲。四天王天五百歲，忉利天千歲之說，同於《長阿含》，然其意義大為不同。依據《俱舍論》與《立世阿毘曇論》所載，人間的五十年相當於四天王的一日，其百歲是忉利天之一日。故四天王之五百歲，若換算為人間的歲數是九百萬年（500×360×50），而忉利天的千歲是三千六百萬年（1000×360×100）。如是，六欲天之壽命依序倍增，二千、四千、八千、一萬六千，同時，其一日是人間的二百歲、四百歲、八百歲、千六百歲，因此，他化自在天的一萬六千歲，相當於人間的九億二千一百六十萬歲（16000×360×1600）。進而就色界言之，其計數單位是一劫，身長是以由旬計算，身長半由旬的梵眾天壽半劫，一由旬半的大梵天壽一劫半，身長一萬六千由旬的色究竟天有一萬六千劫之壽命。無色界更長，空無邊處之有情是二萬劫，識無邊處四萬劫，無所有處六萬劫，非想非非想處八萬劫（但關於劫，有小劫、中劫、大劫之區別，更且同稱為劫，又依天界而有別，若一一依據標準數而勘算，真是極其複雜）。

天界的壽命是無可想像之長，但比起天界更為長壽的是地獄。以八大地獄之最前端的等活地獄為例，此地獄之一日是四天王之一生，亦即五百歲（人間的九百萬年），三百六十個五百歲，是其一歲，而其壽是五百歲。亦即若依人間的年時計算，是一兆六千兩百億年（500×360×50×360×500）。若依序及於眾合地獄、炎熱地獄等，則更為長遠，總的說來，八大地獄中前六獄的壽命同於六欲天，亦即與彼等相當的天部總壽命只是彼等的一日，但彼等所擁有的壽命正如同天部的總壽命。如是，大炎熱地獄是半中劫（中劫是四十個小劫），無間獄及於中劫，同樣的，八寒地獄的年時也極其長遠，佛典喻以二十佉梨（khārī 意為一斛）胡麻，每百年取去一粒，猶有終盡之期，但墮頞部吒之眾生終究難以救助（參照《長阿含》卷十九地獄品）。佛教雖不談永遠的地獄，但為令知罪業之可怖，遂有此說。

六、閻浮洲的人與修行

阿毘達磨佛教立種種有情，並從種種方面加以說明，然其中心仍在於人類，尤其是身處南洲的吾等。亦即以吾等為主要的經驗事實，以及一般所知的神話傳說而論述，更且佛教的特色在於其中心觀念是以修行的階次作為基底。或在人界，或在天上，甚至有時還處於龍鬼之間的現實的南洲人，雖是果報最為劣等，但畢竟得以據此而出發，逐漸趨於理想境地。更且此現實的人間是所有修行的出發地，從修行的立場而言，實有勝於其他有情之處。《長阿含》卷二十忉利天品曾將各個有情作比較，並指出閻浮提人相對於其他有情有三事殊勝。所謂的三事，是指能造作，修梵行，以及佛陀現於此土等三方面，更且其根柢是勇猛強氣（《長阿含》卷二十，大正一，一三五頁中）。亦即從另一方面而言，吾等的生活在諸有情中其力最強，從而造惡之外，有關善事的造作，可說是諸有情之第一。

第四節 ◆ 世界（物器、有情）之生、住、滅

一、劫波說與四瑜伽說

上文所述的物理世界與有情世界，大體上是以現狀為基礎而作的觀察。但諸行無常，因此無論物器世界或有情世界，絕非永遠可以維持現狀。如同有情作為個體，有種種輪迴，世界（其中包含有情）也有變化生滅，換言之，是極大範圍的輪迴。此即是「劫波說」（kalpavāda），而此亦採用自當時一般的觀念。就阿含聖典見之，佛陀原是以我人的問題作為主要關注對象，對於此世界並沒有付出太多注意力，因此，劫波說至少在原始佛教沒有成為大問題，但當世界觀逐漸發展，此一問題終於成為極其重要的題目，以《長阿含》的《世記經》為首，種種阿毘達磨論書對此皆多加探討。

佛教如同婆羅門教，將世界的運命分成四期。不同的是，婆羅門教認為是在黃金世代（kṛta yuga）、白銀世代（tretā yuga）、青銅世代（dvāpara yuga）、黑鐵世代（kali）等四世代之間往復循環，直至梵趨於睡眠期時，世界即告破壞，而佛教是以四期（kalpa）區劃世界之成立、立住、破壞與混沌，有情之壽命及其道德狀態的循環變遷，是就其立住期而論。但若就同樣是分為四期、同樣是論述道德狀態的循環性變遷，更且若基於悠久的立場，世界是一直不斷地循環而言，佛教與婆羅門教是立於相同的思想之上。

二、劫之種類

若用術語表示，此四期是由成劫（vivarta-kalpa）、住劫（sthiti-kalpa）、壞劫（saṃvarta- kalpa）、

空劫（saṃvatsara-kalpa）所成。合此四者，即稱大劫（mahā-kalpa），是世界從成立至破壞的一個單位。但佛教所說的劫（Kalpa），未必是定說，有時稱一小劫為劫，有時稱二小劫（中劫，antara- kalpa）、二十小劫為劫，乃至或稱四十小劫、六十小劫、八十小劫為一劫（《立世阿毘曇論》卷九，大正三二，二一五頁中），並無一定。若是如此，大體上一小劫有多少時日？此有種種異說，但一般的解釋是，自人壽八萬四千歲起始，每百年減一歲，如是逐漸遞減至人壽十歲，或從人壽十歲起始，每百年遞增一歲，至人壽八萬四千歲，此皆分別稱為小劫，而中劫是減劫、增劫兩者合併的名稱〔《智度論》卷五（大正二五，一〇〇頁下）引用佛陀所說的磐石劫、芥子劫作為說明。磐石劫是指在周四十里的大石上，每百年以細軟衣擦拭一次，直至大石磨滅，劫尚未盡；而芥子劫是在周四十里的大城中納滿芥子，每百年取去芥子一粒，直至一粒不存，猶未滿一劫——要言之，對於劫，初始並無確定其數量，而是意指無量的年歲〕。

若是如此，成、住、壞、空等四劫是由幾多小劫所成立？此等各由二十中劫（亦即四十小劫）所成，大劫是由八十中劫所成。劫的概念原是意指長遠的年月，因此對於其數量縱使以數量的方式表現，仍是相當籠統，雖然如此，但若不依上文所述而作了解，恐將無法知其然，此當切記莫忘。

三、成劫

首先就成劫述之，先前由於破壞期（壞劫）所致，此世界從最下方的地獄及至最上方的第三禪天，皆被破壞，有情移住其他世界，器界散壞，直至僅存極微（乃至極微亦不存在——《俱舍論》卷十二，大正二九，六六頁中，國譯七四七頁），可說是呈現完全虛無的狀態。此時名為空劫，此空劫的時間猶需經二十中劫。從空劫之初始至二十中劫終了，藉由即將出生於此世界的有情共業之力，此世界先是漸起微風，進而逐漸增大，即是此世界成立（成劫）之相。首先產生的是，從最上方依序往下至第三靜慮以下、須彌山以上的空居界，其次住於此界的有情也產生，進而是地居界。但此際改成是由下往上，順次發生，首先是大風輪生起，一方面，上仰周布，成一土台；另一方面，往旁側布，形成水輪之圍（此見載於《瑜伽師地論》卷二，大正三〇，二八六頁中）。

進而水輪生於其上，水輪之上有金輪生起，乃至九山八海四洲等等之生起，此器界之成立需費時一中劫。自此又費時十九劫，完成有情界的成立，對此，阿毘達磨論師是將婆羅門教的信仰作佛教式的解釋。而此即是有關大梵天是世界創造者的信仰之起源。依據阿毘達磨論所載，有情居住於依此順序而成立的世界是由上界逐漸及於下界，亦即首先是第二禪最上位的極光淨（光音天）的某一有情，下生為初禪的大梵天。此時大梵天誤以為自己是初禪以下的最初有情，是世界之創始者，其後，同樣從光音天下生，作為初禪梵輔天與梵眾天之有情，也誤以為大梵天是創造者。婆羅門教徒之所以將梵天視為世界之主，無非是此一誤解的擴散。如是，有情先是出生於初禪，逐漸及於欲天，進而四洲的人界，乃至餓鬼、傍生阿鼻地獄等，至此有情世界之完成，亦即成劫之二十中劫（《俱舍》卷十二；《長阿含》卷二二世本緣品，大正一，一四五頁；《立世阿毘曇論》卷十之卷首）。

四、住劫

成劫終了，即是住劫，此時，世界仍有二十中劫的維持時期。但此間一直有種種變化，尤其是閻浮洲，我人於此長久的時間內，面臨種種的命運。最為顯著的是，壽命的長短與道德完否之循環。婆羅門教認為四世代的顯現是在閻浮洲，而佛教也是特就南洲而論。無庸贅言，其理由是南洲人其思想剛強，善惡特強，從而運命遂有種種。

首先略述劫初，亦即住劫初期的狀態，劫初時，人皆是化生（此又稱有色意成（rūpino manomayāḥ）——《俱舍論》卷十二，大正二九，六五頁中，國譯七四〇頁——，或意生化身（《立世阿毘曇論》卷十，大正三二，二二三頁下））」，未有男女之區別，四肢圓滿，自在飛行於空中。此時亦尚未有日月，自身放出光明，更且以喜樂為食，無須段食，其生命幾近於無量壽。然爾後地味（植物）逐漸出生，眾人漸執其味，身體沉重，最後原先的輕妙完全喪失，光明亦隱蔽不現。此時，因於有情業力，遂有日月生起，取代有情身上的光明，亦產生男女之別，欲心逐漸熾盛，壽命亦逐漸短縮，最後至於八萬歲，此即是所謂的人類。自此以降，以八萬歲與十歲為界限，其生命呈現增減。人類社會組織之成立，大致在此前後。依據《俱舍論》所載，轉輪王之出生是在人壽八萬歲以前（卷十二，大正二九，六四頁中，國譯七三二頁），據此可知八萬歲之前，已有統一的國家或社會，雖然如此，此僅僅是理想而已，事實應是在此二十中劫之間，八萬歲以降的壽命增減之期間，才有真正的社會組織。由於有男女之出生，遂有父母兄弟，更且逐漸進入經濟生活，此中自然產生利害共通之團體。依據佛教所述，人類所以採取有統制的社會或國家生活是為限制利己心。亦即當人們逐漸味著於段食時，初始是取天然生長的食物維生，當其盡時，逐漸封田宅、分疆畔，開始擁有私人財產。從而貧富懸隔滋生，互相侵擾，鬥爭不絕。既為緩和，又為保護，同時，為裁決其爭，遂選擇具有威力有德望之人作為國王，繳納各自收入的六分之一，便利國王行其權利與義務，此即是國王以及國家產生之原因（《長阿含》卷二二世本緣品，大正一，一四八頁，《俱舍》卷十二，大正二九，六五頁中～下，國譯七四〇～七四二頁）。佛教如此的國家起源說類似於霍布斯

（Hobbes）的契約說。

如是，南閻浮人為圖其生活確定，希望能維持正義，但若私欲之念生起，則依然造作惡事，更有甚者，是應維持正義的國王反令人民受苦，因此，此世界遂逐漸成為澆季。與此相應，八萬歲的年齡亦百年一減，人壽逐漸縮短，隨著罪惡深重，壽命亦縮減至百歲，而此正是吾等所處之現在。但諸佛出現於此世，亦在此期間，故尚有拯救餘地〔若佛不出世，每百年減一歲，若佛出世，正法行於世時，壽命不減。正法滅時，壽命亦減。（《立世阿毘曇論》卷九，大正三二，二一七頁中）〕。但當佛陀正法逐漸澆薄，世人又逐漸為惡時，即成為所謂的五濁〔五濁（pañca-kaṣāya）者，①壽濁（āyuṣ-kaṣāya），②劫濁（kalpa-k.），③煩惱濁（kleśa-k.），④見濁（dṛṣṭi-k.），⑤有情濁（sattva-k.）。（《俱舍》卷十二，大正二九，六四頁上，國譯七二八頁）〕惡世，最後人壽縮減成十歲。此即住劫二十中劫中的第一中劫終了，是最惡的狀態。八萬歲時，女人五百歲出嫁，十歲時，女人出生五個月即出嫁。（《立世阿毘曇論》卷十，大正三二，二二一頁下；《長阿含》卷二二中劫品，大正一，一四四頁上）。當此之時，人們只是「人髮衣服以為第一，唯有刀仗以自莊嚴」（《立世阿毘曇論》卷九，大正三二，二一七頁中），常耽美食、懶墮，德義心全無，十惡業道無一不犯。遂有所謂的小三災生起。第一是刀兵（śastra），第二是疾疫（roga），第三是饑饉（durbhikṣa）。所謂的刀兵災，是指人人相見，互起瞋恚之念，互相爭鬥殘害；所謂疾疫災，是指大疾病流行，饑饉災是五穀歉收。此三災有其時限，依據《俱舍論》卷十二所載，刀兵災七日，疾疫七月七日，饑饉七年七月。此三災非同時生起，而是第一小劫終，疾疫生起；第二小劫終，刀兵生起；第三小劫終，饑饉生起，是以此狀況循環（《長阿含》卷二二中劫品，《立世阿毘曇論》卷九）。無論何者生起，其勢極為猛烈，閻浮提人幾近滅盡，依據

《立世阿毘曇論》所載，僅存男女一萬餘人而已（卷九，大正三二，二二〇頁）。此時，人心漸起善心，發現有必要相互扶助，同情心被喚起，此世遂趨向於增劫，道德與壽命相伴逐漸增長，再度回到原先的人壽八萬歲。此八萬歲之時期，相較於劫初，雖是相當墮落，但與十歲時相較，幾乎可說是理想的境界，人們只有大便小便、寒氣、熱氣、婬心、飢渴、老衰等七惱，此外，並無任何疾病，國土富樂，亦無盜賊，僅行十善業道（《立世阿毘曇論》卷九，大正三二，二二一頁上）。由此再向減劫趨進，進而又向增劫，如是一再反覆，大約二十次，此即住劫之二十中劫（嚴格說來是十九中劫。初劫只有減劫，終劫只有增劫）。依據《立世阿毘曇論》所載，現在相當於第九中劫之減劫，從而劫終時，將有第三災的饑饉之苦。此劫之未來，猶有六百九十年，譯者註曰：「至梁末已卯年，翻度此經為斷。」（卷九，大正三二，二二五頁中）。又，東西兩洲也有類似此小三災之現象生起，但北洲全無（《俱舍》卷十二，大正二九，六六頁上，國譯七四六頁）。

五、壞劫與空劫

住劫二十劫過後，此世界趨向破壞，此即是壞劫，同樣有二十中劫。此際的大破壞是自然運行，並非隨著道德墮落，故人們不受此破壞之苦。反而是人們的精神狀態最為向上，此乃世界大破壞之初期。

世界的破壞有二種，其一是有情壞（sattva-saṃvarta），另一是外器壞（bhājana-saṃvarta），或稱此為趣壞（gati-saṃvarta）、界壞（dhātu-saṃvarta）。首先出現有情壞的是地獄，在世界大破壞時，地獄眾生自然生起悔心，其業習盡，生於人中，再無墮地獄的人，此即是地獄破壞，同時是壞劫之最初（有地獄之定業者，趣往他界之地獄）。其次，餓鬼、傍生等亦依序受生於人界，進而人類，尤其閻浮洲的人自發菩提心，修習禪定，從初禪依次進入二禪、三禪，死後受生於天界。同樣，東洲、西洲的人也生起同樣的心，依序進入上界（但北洲人不修禪，故首先生於第一欲天）。如是，人界再無有情存在，此即是人趣壞，同樣的情形，六欲天，進而初禪界，乃至其上界，亦即二禪界以下全無有情存在，此即稱為有情壞。此間須經十九中劫，其後的一劫是物器世界的破壞。

物器世界的破壞有三種方式。亦即火災、水災或風災其中之任一（並無三災同時併起）。茲就火災之際的相狀述之，火災之起因是太陽，首先是同時有二個太陽出現，逐漸增加到七個，諸海涸渴，大風吹起，遂燒盡一切物器界，乃至往上及於大梵天王界，此即是火災破壞之狀態（可以對比地球與太陽之間的衝突）。同此，水災發生之際或風災發生之際，其勢猛烈，以須彌山為中心的地界當受破壞，固然無庸贅言，此水災的破壞是及於第二禪，而風災是及於第三禪，如是盡皆破壞，此世將如虛空般之洞然。此名為大三災。此大三災亦非一時併起，而是有其秩序。依據《俱舍論》（卷十二，大正二九，六六頁下～六七頁上，國譯七五五～七五八頁）所載，火災的破壞七次之後，是水災的破壞，如此的順序反覆經過七次，即是風災生起，風災的破壞也是依此順序。換言之，火災五十六次、水災七次，風災一次之後，即是壞劫之終末。此名六十四轉劫。三災所及的範圍有別，亦即火災到初禪，水災到第二禪，風災到第三禪。從而同樣是壞劫，但有僅至於初禪界以下，或第二禪界以下，或第三禪以下，並無一定（《瑜伽師地論》卷二，大正三〇，二八五頁中）。就吾等的精神修養而言，三禪以下雖是微細，但仍有動搖，遂由此而推及於世界觀。第四禪，在修養上是稱為不動地，是所謂的界地，再無破壞之災害。自此以降的二十劫是空空寂寂，故稱空劫，但依據佛教所述，此大虛空裡有無數三千大千世界，故除此三千大千世界之外，另有其他三千大千世界，仍有有情世界與物器世界之種種活動。從而大虛空裡，隨處必有大千世界之破壞，此無庸贅言。

六、結語

上文所述是阿毘達磨佛教的世界現象論，此等論點在阿毘達磨大致已告完成，爾後的大乘佛教，必要之際，也採用前述之世界觀，並沒有別立大乘特有的世界現象論，就此而言，前文所述，可以說是佛教全體之世界觀。但當切記莫忘的是，正如筆者一再提起，前述的世界觀，未必是佛教特有，而是將當時行於世的，作佛教式的改造而已。從而嚴格說來，所述未必與佛教的根本教理一致，有不少完全是神話的世界觀。雖然如此，但前述的世界觀，其最顯著的特徵是，以倫理的修養作為論述基礎。例如雖言及世界之終期與破壞，但將小三災與倫常之敗　與世界有情之困厄結合，但若以此困厄為機緣，社會仍得以改善，就此而言，是相當值得玩味的。之所以有大三災之說，是基於認為吾等生理組織要素的水火風之動搖，僅至於第三禪，故此中顯然是暗寓修行之力乃水火風所不能及。就此而言，上文的世界觀可說是有關存在（Sein）的問題，就今日所見，雖極其幼稚，但若將此視為「當為」（Sollen，應然）時，可說此中含有相當大的教訓意味。

第四篇

心理論

第一章　總論

前篇所述的世界觀，作為阿毘達磨佛教的教理之一，當然是重要的題目，但克實言之，此未必是佛教的特徵，而是將當時行於世的世界觀採納入佛教中，逐漸予以佛教化，此徵於諸多方面，其所述與「往世書」的世界觀類似，即可知之。反之，此下所欲論述的心理論，在阿毘達磨佛教的教理上最具特色，更且最能發揮其學問的特徵。此因印度的各個學派雖多少觸及心理論，但並沒有如佛教一般的予以詳細論究。更且其心理論在種種方面是所謂的科學範疇，甚至也有與近代心理學共通的，就學問本身的立場而言，也有不少是值得玩味的。路易斯．戴維斯夫人曾經指出佛教的心理論，在科學方面，猶勝於亞里斯多德的心理論（*A Buddhist Manual of Psychological Ethics*, pp. XVI-XVII），從某種意義而言，此乃是無可懷疑的，可以如此作此解釋。更且戴維斯夫人所見的典籍，只是巴利文經典與阿毘達磨論書，並未觸及漢譯的阿毘達磨，可以說尚未觸及佛教心理論真正的妙味。佛教心理論最為發達的，當然是漢譯所傳的圓熟的阿毘達磨論書，因此研究佛教心理論的義務與特權，可以說在於吾等。

但在進入本論之前，首先作為概說，略述應予以注意的若干事項。

首先必須指出的是，至少就古代觀察而言，佛教的心理論是非常進步的，但未必是從科學的角度出發。換言之，了解心理組織及其活動樣式並非佛教的目的，只是作為實用的準備而已。此因在某種意義上，佛陀可說是徹底的實用主義者，對實用角度無所助益的層面，佛陀並不予以注意，此一態度直至後世仍然延續。然此所謂的實用主義，淺近而言，是為抑止吾人惡心，助長善心；深入言之，是為抑止煩惱，發揮真智，最後到達解脫。此因依據佛教所述，無論善惡迷悟，不外於吾人的心理活動，因此為增進修養，首先必須如實（yathābhūta）了解此客觀的事實的心理活動，此即心理論產生之根源。從而就如實了解此客觀的事實的心理活動之意義而言，此中含有純粹的科學態度，但既然以實用為其目的，則採用適合目的之觀察，自是當然。就此而言，佛教的心理論是廣義的應用心理學，可以說是倫理的心理論，此乃吾人首先必須認知的，否則無法理解佛教心理學中所具種種特徵之精神。例如在心所論中，亦即將心的作用作分類時，如同說為善心、惡心、煩惱心、清淨心等，完全以善惡為標準而揭出心的作用，而此無非是為增進吾人德行之手段。尤其在佛教心理論中，乍見之下，頗令人覺得不可思議的是，不只是人類的心理活動，甚至上界，亦即色界、無色界也予以論及。但若探尋其精神，其所說的上界，不外於只是吾人精神的向上境界，因此，有關上二界的心理研究，不外於也是為揭示吾人精神的向上之過程，就佛教的立足點而言，並非不可思議。此外，佛教心理論中，類此的論述不勝枚舉，對此，皆應依此見地看待，此乃吾人當切記莫忘的。從而就此而言，佛教的心理論雖立於與倫理論、宗教論不離的關係之上，但基於方便觀察，仍可以僅依心理論之立場而作研究，此乃本書於倫理（修行論）之外，別立心理論之所以。

若是如此，其研究資料（方法）又是如何？如筆者在《原始佛教思想論》中所述，佛教的思考方式，自其初期已是極為心理的，其心理說相當進步（《原始佛教思想論》一三五～一五五頁，中譯本八三～八九頁）。從而為研究佛教心理論，如同其他問題，首先應從阿含部聖典出發，此固然無庸贅言。

實言之，阿含部聖典中隨處可見有關「認識論」與「心理說」之教說，若予以適當整理，即可組成完整的心理論（尤其《中阿含》卷五八，第二一一經的《大拘稀羅經》；*M.* 43. *Mahā-vedalla*, 參照《中阿含》卷五八，第二一〇經的《法樂比丘尼經》；*M.* 44. *Cūla-vedalla* 等）。筆者在《原始佛教思想論》中所揭的不完全的心理論，實是基於此等材料所成。但佛教的心理論僅依原始佛教的材料，猶未能完整。此因阿含部聖典中，對於所謂的「心所」，仍欠缺詳細說明。將心所論逐漸發展開來的，即是阿毘達磨論書，更且隨著歲月推移，逐漸有詳細的論述。在論述阿毘達磨論書之發展傾向時，其初期主要是處理實際的修行事項，逐漸才趨向事實的說明，而心理論正是對於事實說明的最重要題目。從而為充分了解佛教的心理論，需要將種種阿毘達磨論書分成數個部分，據此探尋其發展痕跡。但此舉恐流於過分繁雜，若分成二部分而作考察，將是較為便利。亦即第一段是屬於尚未將心所作分類說明之前的立場，巴利本的七阿毘曇正屬此類。此因巴利本的毘曇其心理論已有顯著的發展，尤其如同對於《法集論》，戴維斯夫人是以 *Buddhist Psychological Ethics* 之名譯出[27]，雖然如此，但論中尚未揭出心所之數，也未作性質的分類說明。而漢譯方面，如《舍利弗阿毘曇論》，又，有部七論中，世友的《品類足論》與《界身足論》除外，——縱使已就心所作相當複雜的開展——但總體而言，仍應攝於第一段中。而所謂的第二段，即是將心所論推進至一個獨立的題目以後，巴利本方面，阿耨樓陀的《攝阿毘達磨義論》首先開展，漢譯方面，是始自於《品類足論》，直至《大毘婆沙論》、《雜阿毘曇心論》、《俱舍論》、《正理論》、《顯宗論》等。此因此等所述的心所論甚有秩序，從而其論究也頗為精密。簡言之，大抵應以《大毘婆沙論》（此中含《品類》、《界身》）為界，分成前後而作觀察。但應予以注意的是，依據如此分類的發展史的研究，只是便宜之計，不能堅執。此因今日吾等所見論書，未必得以代表所有部派的思想，此等之外，仍有雖無論書之流傳，但仍開展出具有種種特色的心理論的諸派（例如本上座部、大眾部、經部、犢子部等）。尤其關於心之作用（心所）的所有者的心之本質，自部派興起以後，產生種種意見，表面上是說無我，但暗地裡卻開展出一種有我的思想，如此的心理論實最應予以注意。西洋的心理學之發展，其特徵是從有我的思想移行至無我的思想，但佛教的情況是——至少以大乘的《唯識論》為標準——可以說其進展是朝有我的傾向移轉。但此等的思想大抵都只是片段的，大乘唯識論系論書除外，小乘阿毘達磨論書並沒有被彙整出來。從而若僅依據南北上座部系的部分整理的論書而意欲釐清心理論之發展，恐是佛教全體的心理學史未必得以闡明。因此，為闡明佛教心理史，除了前述部分的論書除外，更應參考諸部派的思想。就此方面而言，所採用的方法是，首先當然是以阿含作為出發點，將部派中，最不表示特殊意見的錫蘭根本上座部所述，置於首位，一方面，探究大眾部思想，另一方面，檢討有部思想，進而釐清犢子部、經部的心論，最後觸及於唯識佛教。至於材料方面，不外於南方是《論事》，北方是《成實論》、《三彌底部論》、《婆沙論》、《俱舍論》、《順正理論》、《顯宗論》、《宗輪論》、《瑜伽師地論》、《唯識論》等所傳的片段材料。

如是，基於論書、基於部派思想，更且基於兩者共有的種種特徵——例如心所之數量及其分類法、說明法，乃至對於心體的不同看法——闡明心理論之開展的，即是佛教心理論研究的歷史的方法。

此處的問題是，若是如此，佛教心理論中，導致諸派之間產生爭議的，究竟是何等問題？嚴格說來，當然是後世心理論的滋生，遂導致種種問題產生，但最為顯著的，可說是如次的問題。首先是關於心

27. Mrs. Rhys Davids: *A Buddhist Manual of Psychological Ethics*, London 1900.

的本質，就同樣破斥「常我」而言，諸派是一致的，但對於輪迴之主體，是以何種形態，換言之，對於是否有業之持有者，諸派之間有不同意見。對於識（亦即認識之主體，或主要的機關），佛教立六識，但關於此六識究竟是各別獨立，或是一識的不同作用，也產生六識一異之議論，故成為相當熱門的問題。更且對於可說是佛教心理論之特徵的心所（亦即種種的心的作用）的看法，亦即究竟心所與心王之識是不同的作用，或者只是心王本身的種種作用等等，諸派與學者對此也是所見不一。此外，關於根見、識見之議論；關於根、境、識和合與觸的關係之爭議等等，都是相當顯著，隨手拈來不計其數。亦即隨著諸派對於此等問題的爭論不已，佛教的心理論亦隨之而有顯著進步，但隨著心理論的進步，又產生新的種種異見，終致呈現他派所不得見之壯觀。

佛教的心理論若欲予以精細論述，是如此複雜的論究題目，故予以彙整可說是相當困難。如前所述，探察其歷史的開展痕跡，無疑的，將是最為重要的題目，然其次第大都不甚清楚，若過分著重於歷史，統一整然的心理論恐難獲得。戴維斯夫人於其 *Buddhist Psychology*（London, 1914）一書所提出的阿含心理論、阿毘達磨心理論，以及《彌蘭陀王問經》心理論，可說是稍稍得當，但克實言之，由於缺乏漢譯材料，導致其開展次第頗多不明之處。西洋人甚為重視《彌蘭陀王問經》，意欲將此視為佛教教理開展中的一段，例如馬克斯・瓦勒沙（Max Walleser）於其 *Die Philosophische Grundlage des älteren Buddhismus*（Heidelberg, 1904）一書中，同樣將《彌蘭陀王問經》之哲學置於最後，但如此的處理未必得當。無疑的，《彌蘭陀王問經》是卓越的論書，但此中的思想只是錫蘭所傳上座部系思想的敷衍說明，並不含有特殊的哲學。總的說來，歷史的論述，雖極為必要，但若以一定的論書作為基礎，其所得結果未必有價值，依此例即可知之。因此筆者在本書——當然是以阿毘達磨論書作為中心材料——是常將最圓熟的思想置於心中，就此而分成種種題目，對於各個題目，一方面闡明其所以至此的發展過程，另一方面勾勒出能得出最後結論的架構。此因據此既可發現動態的歷史的開展，同時也能發現靜態的思想之統合。若是如此，佛教的心理論將分成何等項目？雖有種種分類法，但筆者目前是分成心體論與有關心之相狀的問題，乃至一般心理作用論等三章而作論究。

參考書目

1. Mrs. Rhys Davids: *Buddhist Psychology: An Inquiry into The Analysis and Theory of Mind in Pāli Literature*, London 1914.

2. Bohn Wolfgang: *Die Psychologie und Ethik des Buddhismus*, München 1921.

3. 橘惠勝《佛教心理の研究》（大正五年東京丙午社），雖是拙劣不堪的著作，但材料上，多少具有值得參考的價值。

4. 木村泰賢《原始佛教思想論》，第二篇第二章～第四章（尤其第三章的心理論，中譯本，釋依觀譯，新北：臺灣商務印書館，二〇一九年一月）。

5. 又，研究此心理論或揭示問題所在的參考書，大致皆可視為是一般的心理學。因此，筆者多少曾參考詹姆士的《心理學原理》（*Psychology*）以及馮特《心理學概論》的 *Grudriss der Psychologie*）。

第二章　心體論

第一節　前言

此處所說的「心體論」，是暫且將心視為一種統一體或統一的機關，意欲闡明何者是吾人心之作用依憑而起的本源。此因佛教心理的特質在於將心視為只是作用的過程，但阿毘達磨不只認為此間有一種主體，更且還論述其心性淨或不淨，換言之，此間混入一種形而上學的考察。亦即此處意欲以「心體」作為主題，揭示與心有關的基礎觀念。

第二節　心體論

一、佛陀當時諸學派的心體論

從佛陀住世時，世人對此問題的考察看來，大體可分成二種。其一是將心體視為常住不變的靈魂，亦即所謂我論者（ātmavādin）的主張。此即馮特（Wundt）所說的唯心的心理學（Spiritualistische Psychologie）。另一種認為心的作用是與物質混合而產生，若無物質作用，亦無心的作用。此即是唯物的心理學（Materialistische Psychologie），乃是當時的唯物論者，亦即廣義的順世外道（Lokāyata）之所主張。若是如此，佛陀的心理觀又是如何？大體而言，佛陀的心理觀是所謂的中道說，是採取一方面破斥靈魂論與唯物論，另一方面又調和兩者的態度。亦即若認為吾等的主體固定不變，換言之，若主張靈魂固定如磐石，即是一種迷信，是不契如實智見的觀察。此因若探查吾等之心，可說是念念生滅，一刻不得停止，此中並無堪稱是固定的要素之物。而此即是佛教最大特質的「無我論」（anātmavāda, anattavāda），此至少是就奧義書系哲學，以及當時宇宙精神主義的哲學（animistic philosophy）所提出的駁斥。除此之外，佛陀對於唯物論的抨擊可能更甚於對於「有我論」。就筆者所知，佛陀並不是從純心理論的立場破之，而是從倫理論中揭出其非理，這類的破斥之例，實不勝枚舉。此因若從心理論的立場而言，唯物論者所說不合理之所以，在於意欲從「無」（無心之物）導出「有」（意識），而此即成為得以用因緣說加以抨擊之根據。如是，佛陀既破斥兩邊（兩種極端），同時在某種意義上，又止揚兩者，藉此提出其中道說。依據佛陀所述，吾人的心理活動是成立於種種要素，以及聯絡其要素的種種關係之上，絕非只是依存於物質或心體，予以總括，或可稱之為「識」（vijñāna），但此絕非是單獨的要素或由單獨的要素所導出，要言之，不外於是諸要素之複合體。雖然如此，至少就現實的活動立場而言，其要素中，含有心理的要素與物質的要素，而兩者是立於相互不離的關係。佛陀對於身（物）與心同異的問題避不作答，其因在此，可以說心理的要素與物質的要素立於不一不異，換言之，是一如的關係而顯現心理的活動。又，依據佛陀所述，此等要素並非固定不變，將依其關係而有種種變化，因此所謂的心，不外於是心的活動之過程。

二、原始佛教的心體論

如是，就佛陀的心理觀言之，①破斥從前的固定觀念，②將心的活動視為複合的作用，③生理作用與心理作用不一不異（一種物心平行論），④將心視為流動的過程。從以上所揭四項看來，可以說佛陀心理觀實與近代最進步的心理學相契合（《原始佛教思想論》一三二頁，中譯本八〇頁）。

從而佛教心理學可以作心的要素之剖判，以及闡明其活動狀況，而此間並無有關心之本質的形而上學的問題。而佛教心理學得以朝此方向大為邁進，大體上仍在於其所說的心所論。但應予以注意的是，佛教的心理的考察並非只是就現在心的活動，基於輪迴論，故亦及於過去與未來，同時基於與世界觀的關係，並非僅限於人類，亦及於上二界。尤其佛教立足於無我論，卻又提出輪迴說，因此，有關何者是輪迴主體的問題，終究必須予以闡明。原始聖典所言：

有業報，無作者，此陰（五陰）滅已，異陰相續。

（《雜阿含》卷十三第三三五經，大正二，九二頁下）

即是在解釋此一問題。但此一解釋，非常深奧，故其真意，至少是難入俗耳。因此，早在佛陀時代，已有意欲以心為中心，藉以探索輪迴主體的企圖。例如漁夫之子的嗏帝（Sāti）比丘提出人死後，依然相續而無變化的，即是「識」（《中阿含》卷五四，第二〇一經《嗏帝經》；*M.I.* p.256）的主張。當然如此的主張大為違背佛陀的立場，因此佛陀為彼揭示「識也是因緣生」（關係的產物），勸其改變觀念，雖然如此，但類此的見解仍暗中流傳於佛弟子之間，此亦得以容易想見。不只如此，在某種意義上，佛陀也認許心的一大要素是所謂的無意識，此即是無明與業的觀念，在佛教的心理觀或生命觀中，此最為重要。所謂的無明，就筆者所了解，近似叔本華所說的「盲目的生存意志」（Blinder Wille zum Leben），而業又稱「無意識的性格」（或氣質），佛教將此視為吾人存在與輪迴之根據。如是，佛陀的心理觀既然如此，故若不認許其根柢實有某物存在，則無論作何解釋都難以解決，也是自然之數。

三、從無我論而至有我論

基於上文所述的原始佛教的心理學的背景，應如何予以發展、予以組織，給予確定解釋的，可說是部派佛教（阿毘達磨）時代的心理的題目。就主要的部派看來，以正當上座部自居的錫蘭派或說一切有部等，徹底是無我論者，更且是相當機械論的（mechanical）無我論，然其末流中，仍然產生有我論，也可說是生氣主義（vitalism）的種種意見。此因異於觀念論的大眾部，上座部是傾向於著重事實的學派，較著重於輪迴問題之解決，然而為了解決輪迴論，自然逐漸傾向於有我論。而大眾部其學風是觀念論的，總括而言，是強調空的思想，朝向反對有我論的方向推進，雖然如此，但此中也產生出一種類似有我說的生氣主義。如是，心之本質（亦即生命的問題）隨著小乘佛教教學之發展，逐漸成為熱門問題，成為教理史上最為顯著的問題，此乃是不爭之事實。就正量部所傳的《三彌底部論》（失譯附秦錄）見之，當時（？）諸派中，實有如次的不同意見。第一，無庸贅言，當然是無我論；第二是不可說有我，也不可說無我論；第三是有我論；第四是人（pudgala）即五蘊；第五是人異於五蘊論；第六是主張人是常；第七是主張人是無常（《三彌底部論》卷上，大正三二，四六二頁中～四六四頁上）。第三之前是就我之有無，第四、第五是就五蘊與心體之同異；第六、第七是就心之常與無常而立論，故說為七種，但未必是不同的七論，雖然如此，但總的說來，對於心之主體的「見先師意，互相違故」（大正三二，四六二頁中）記載，依此記事即可知之[28]〔就此等理由見之，《俱舍》破我品所介紹的，極為類似，故兩者的關係需更作研究〕。如是，佛教的立足點當然是無我論，但對於無我論的內容，可以分成前述的有我論，以及真正的無我論，而兩者皆依某種理由，主張自己才是獲得佛陀真意。

四、機械的無我論

立於機械的無我論之立場的阿毘達磨論師，是如何解釋心，尤其如何將自我（pudgala，人格）的觀念，作心理學的解釋？要言之，此不外於是繼承原始佛教表面立場的因緣說而予以論證。亦即主張吾人之心，不外於是基於關係的心的現象之總名。阿毘達磨論師在予以證明時，最常使用「教證」。亦即引用佛陀的說明，證明佛陀的真意是主張無我。佛陀依據心理的根據而揭示無我時，既有以靜態解剖的方式，述說心的構成要素，但也有以樣式來述說心的活動之過程。所說的構成的要素，即是色、受、想、行、識的五蘊說，認為吾等的心理活動不外於是此五要素之結合。就此而言，雖說為心，或說為我，終究如依種種零件所集成的一部車子，若無此等零件，車子即不存在[29]，此跋吉拉（Vajirā）比丘尼所用的有名譬喻，是阿毘達磨論師最經常引用的說明。

其次，心理活動的樣式是從感覺移至複雜的心理現象之過程，此下所引用的經句可說是其代表。

眼[30]色緣生眼識，三事和合觸，觸俱生受、想、思，此四無色陰。眼（根）（含）色此等法名爲人。

於斯等法作人想，眾生、那羅（nara）、摩菟闍（manuja，意生）、摩那婆（mānava，儒童）、士其（poṣa，養者？）、福伽羅（pudgala）、耆婆（jīva，命）、禪頭（jantu，生者）……

（《雜阿含》卷十三，大正二，八七頁下；《俱舍》卷二九，大正二九，一五四頁上，國譯一四二頁）

如是，主張無我論的，完全將心視為現象，從而為得心之真相，必須闡明構成其現象的心的要素，以及要素間的關係。例如複雜的心所之分析，例如規定心生起之條件的種種因緣論，乃至為闡明種種心的作用之俱起或繼起的相應論，都是由此而產生，阿毘達磨論師對於心理學的任務，在於盡可能的詳細分析心的作用，而機械論的闡明彼此聯絡關係的有部，以及錫蘭系的上座部的複雜心理論即是依此而生起。

此外，也有證明無我論的種種經說，更且此乃阿毘達磨論師用以作為其之所論的根據。但主張無我論的論師在破斥有我論時，主要是從消極方面，對於無我論的理論並沒有注予太多心力。例如《論事》中的錫蘭上座部，雖破斥犢子部與正量部之有我說（*K.V.* 1. 1），但沒有作積極說明，世親在《俱

---

28. 此外，《成唯識論》卷一（大正三一，一頁中、下）揭出如次各種有我說，並予以破斥。
①我是遍在。②我是伸縮。③我是微少。
如次的三種有我說也予以破斥。
①即蘊我。②離蘊我。③非即非離蘊我。

29. 《雜阿含》卷四五第一二〇二經（大正二，三二七頁中）載為尸羅（Sela）比丘尼，《俱舍論》破我品（國譯一四四頁）以世羅之名引用此喻，又，車喻亦見於《彌蘭王問經》（*Milind-apañha*）。

30. Cakkhuñ c'āvuso paṭicca rūpe ca uppajjati cakkhu viññāṇaṃ, tiṇṇaṃ saṅgati phasso, phassa, paccayā……, *Sumaṅgala.* p. 125引用，cf. *M.* 8. Vol. I. p. 111 f.; *S.* 35. 93., Vol. IV. p. 67 f. cf.

舍論》的破我品中，大破犢子部等之有我論，但對於理論性建立自己主張之根據，並沒有投注相同心力。此因無我論乃是佛教的根本立腳地，有我論思想的傾向若破，佛陀真意自能契合。更且有我論者對於無我論所作的非難——至少就後世的文獻見之——其數不少，因此，作為阿毘達磨論師的任務，有必要予以回答，發揮佛陀真意，此當切記莫忘。而無我論者的理證，主要也是發表於此際，故略述其大要如次。——基於方便，茲就材料最為豐富的《俱舍論》卷第三十破我品（大正二九，一五六頁下～，國譯一六七頁～）所揭有部的解釋見之——，世親在破我品所破的，主要是佛教中的犢子部，以及外道文典派與勝論派等的我論，以及彼等所提出的問難。此等問難是伴隨無我論而生起，而其中最為主要的是，若是無我，①生死流轉者是誰（同上，一五六頁下，國譯一六四頁～），②記憶如何生起（同上，一五六頁下，國譯一六七頁～）〔以上犢子部〕[31]，若是無我，若是剎那滅，③何者是認識的主體（同上，一五七頁中，國譯一七三頁～），④自我如何持續（同上，一五七頁下，國譯一七四頁）〔以上主要是文典派所提之問難〕，⑤何以我人得以造業（同上，一五八頁中，國譯一八二頁～），⑥何人作業，何人受業（同上，一五八頁中，國譯一八五頁）〔以上是勝論所提之問難〕等。世親論主雖將彼等分成三派而回答問難，但由於是大同小異之問，故可以依一貫的理由予以回答。茲變更其順序，首先就較細微的予以說明，依據論主所述，吾人的認識無須另外假定有知者（jñātṛ）的自我，亦能說明其成立。此因所謂的認識，仍是因緣之作用，根境和合時，其境之相（tad-ākāratā，表象）浮現於腦中的，即是認識，此間並無必要另立一固定的知者（亦即所謂認識作用，不外於只是一種心理的過程）。從而認識雖是念念生滅，但就其相似相續，暫且名之為心或識。雖是自我持續的，但由於具意識性，故名之為相續。更且此相續未必是前念後念同一，一般而言，有為之相是因於異相的作用，但特殊的情況下，心有相生之作用，亦即有聯想的作用，因此，由甲引出乙，由乙引出丙，如此相續不絕（同上，一七一～一七五頁，回答文典家之問難）。論主是如此會通文典派之問難。

此一理由亦適用於說明記憶[32]。有我論者指出「若無我，則無記憶之主體，尤其若意識是念念生滅，將如何記憶（smarati）或再認識（abhijānāti）經驗的事實」，但此非難不當。此因記憶是吾人心理過程中的所謂念（smṛti）的作用，對於先前的經驗投以注意時，或遭遇與彼有關聯的事件時，由於相生作用，與先前相似的意象會再現於意識之中[33]。更且心雖是念念生滅，但前念的經驗與後念的再認識之間有其一定的聯絡，並不是天授（Devadatta）的經驗由祠授（Yajñadatta）憶知，而是由於其生滅之間，有不絕地連續，前念規定後念，後念以前念為基礎，同時是以前念作為含蓄的要素而生起，此中實有源源不絕地相續[34]（《俱舍》卷三十，大正二九，一五六頁下～一五七頁中，國譯一六七～一七一頁）。將此理由擴及於三世時，無論是輪迴主體的疑問，或何故我人造作業，以及作業者與受報者之關係的疑問，自能解決。亦即依據論主所述，所謂的輪迴，並非意指固定的自我的輪迴，而是生命活動的變遷之相續。論主如次指出：「燎原火雖剎那滅，而由相續說有流轉，如是，蘊聚假說有情，愛取為緣，

31.《大毘婆沙論》第十一言及犢子部之有我說：「補特伽羅既不可得，又無前心往後心理，何緣能憶本所作事，乃至廣說。問：何故作此論？答：為止他宗，顯己義故。謂或有執，補特伽羅自體實有，如犢子部，彼作是說。我許有我，可能憶念本所作事，先自領納，今自憶故，若無我者，何緣能憶本所作事。」（大正二七，五五頁上）

32. 關於記憶論，《大毘婆沙論》卷十一與卷十二（大正二七，五五頁上～五九頁上）有詳細說明。可參見之。

33.《俱舍》卷三十破我品：緣彼作意，相似相屬想等不為依止差別，愁憂散亂等緣損壞功能（德）損壞心差別起。（大正二九，一五六頁下～，國譯一六七頁）。參照伯格森（Bergson）之記憶論。

34.「從業相續轉變差別，如種生果……業為先後，色心起，中無間斷，名為相續。即此相續，後後剎那異前前生，名為轉變。即此轉變，於最後時，有勝功能，無間生果，勝餘轉變，故名差別。」（《俱舍》卷三十，大正二九，一五九頁上，國譯一八八～一八九頁）

生死流轉。」（《俱舍論》卷三十，大正二九，一五六頁下，國譯一六四頁）。

在分析性的闡明心的現象上，如此機械論的觀察，無可懷疑，有相當大的貢獻，就某種意義而言，佛教的心理論實因於如此的觀察而大有進展。更且將事實作分析性的觀察，是原始佛教的一大特徵，因此論者所言，可以說近於原始佛教之學風。雖然如此，然其弊端是容易傾向於作機械的解剖說明。總而言之，心之集合體雖可用車子的形成作比喻，但若過分的使用，終將成為不合理。此因車子是無機性的結合，先有部分，再由部分組成全體，但吾等之心是有機的結合，部分與全體不相離，更恰當的說法是全體在先，部分在後。雖然如此，機械的無我論者卻是最常使用此車喻，輕率的、隨意的以吾人之心是五蘊機械性的集合而作說明，遂無法契合事實真相。況且若只依據機械的無我論將無法說明何者是結合部分而形成全體的原動力？亦即無法說明膠料及其原動力是何物？因此導致輪迴論的說明極不徹底。機械的無我論者雖也談業是其膠料，且是其動力，但僅只限於五蘊，其所說的業終究只是行的一部分，在結合主宰五蘊全體時，身分太輕。因此，雖也認許五蘊假和合說，但對於業，再稍給予更深的實質意義，不只是意識的心理現象，無意識的生命意義也得以說明，即是產生機械的無我論之同時，佛教界也產生另一種運動。《三彌底部論》中的有我說，或不可說有我無我之論，實是意指由此傾向而產生的意見，筆者暫且將此稱為生氣主義的潮流。

論主所採用的此說，是經部師的意見。又，《俱舍》卷二十曰：「經部師作如是說。即過去業能生當果。然業為先索引相續，轉變差別當令生果。彼破我品中當廣顯示。」（《俱舍》卷二十，大正二九，一〇六頁上，國譯四二九頁）。

五、生氣的有我論

小乘教的十八部或二十部中，其大部分雖是名實皆屬無我論者，但從種種紀錄看來，至少實質上，主張近似有我論的部派也不少。提婆設摩在《識身足論》中設一補特伽羅品（第二～三卷），其中揭出補特伽羅論師與性空論師的論爭[35]，其所說的補特伽羅論師，雖不明其派名，但仍是佛教徒之一，此應無可懷疑。南方的《論事》，於其第一章卷首，即就補特伽羅論予以駁斥，依據註釋者所述，其所駁斥的是，犢子部與正量部等二派的主張。又，依據《異部宗輪論》所載，大眾部雖具有空的傾向，然其末計提出「心遍於身。心隨依境，卷舒可得」（國譯《宗輪論》三二頁）之說，近似耆那教所談（稱為根本識，此依世親《攝大乘論釋》[36]與《成業論》所載，得以知之）。尤其上座部中，犢子部提出非即非離蘊我，經量部[37]將蘊分成二種，稱一般的五蘊為根邊蘊，稱以四蘊為屬性的，為一

35. 補特伽羅論者，作如是言：「有我、有情、命者、生者、養育、士夫、補特伽羅。由有補特伽羅故，能造諸業。或順樂受，或順苦受，或順不苦不樂受。彼造順樂受業已，領受樂受。造順苦受業已，領受苦受。造順不苦不樂受業已，領受不苦不樂受。」（識身足論卷三，大正二六，五四二頁中）

「補特伽羅論者作如是言……由有補特伽羅故。於所見聞覺知法中，已得已求，意隨尋伺。」（同上，五四三頁中）

36. 世親《攝大乘論釋》（真諦譯）卷二曰：「根本識是摩訶僧祇部所立名。窮生死陰是彌沙塞部所立名。等者正量部立名果報識。上座部立名有分識。」（大正三一，一六〇頁下）

又，無性《攝大乘論釋》卷二曰：「等謂聖者上座部中，以有分聲亦說此識……分別說部亦說此識，名有分識。」沒有揭出正量部之果報識。（大正三一，三八六頁中）

37. 作為有執，《大毘婆沙論》揭出與經量部二蘊說相似之說。其文曰：「或復有執，蘊有二種，一根本蘊，二作用蘊。前蘊是常，後蘊非常。彼作是說，根本作用二蘊雖別，而共和合成一有情，如是可能憶本所作，以作用蘊所作事，根本蘊能憶故。」（《婆沙》卷十一，大正二七，五五頁中）

味蘊（細意識），更且主張此一味蘊即是心之主體。進而基於赤銅鍱部[38]（Tāmraparṇīya。銅葉部，Tāmraśāṭīya）所持之經提出有分識之說；大眾部所持之經提出根本識之說；化地部[39]則提出窮生死蘊之說，故世親於《大乘成業論》（玄奘譯，大正三一，七八五頁上，或《業成就論》，元魏毘目智仙譯，大正三一，七八〇頁上）中，指出阿賴耶識之說，於小乘之間顯然已被暗許[40]。綜合此等記載，可以認為諸派之中，屬於有我派的是如次所揭部派：①犢子部，②大眾部末計，③正量部，④化地部，⑤經量部，⑥赤銅葉部（錫蘭的小派），⑦法上部，⑧賢胄部，⑨密林山部等，此外，若更增加屬於大乘佛教的瑜伽派（亦即唯識派），此等在佛教界中，既已形成相當強烈的一股潮流。

但此等是於何時形成？何者為其先驅？並不容易得知。依據傳說，提婆設摩是佛滅後百年前後的人，此一傳說若是正確，則佛滅後百年前後，已有所謂的補特伽羅論師，但關於提婆設摩，至少無法認定《識身足論》是佛滅後百年前後的產物。駁斥犢子部與正量部有我論的《論事》，其製作年代若是阿育王時代（西元前三世紀），則有我說成為大潮流，應是在此時，但將《論事》的製作訂為阿育王時代，仍有相當大的疑問（就最正確的文獻而言，《大毘婆沙論》中，有關有我論的記載相當多。但此中引用言及有我說的《識身足論》，批評部派中的犢子部，以及主張極微又提出有我說的「六法論」）。有我說的確實成立年代未能得知，誠是遺憾，但大體上認為佛滅後二百年前後既已形成相當的潮流，大抵無妨。當此之際，佛教的教團分裂出種種部派，而在主張某種程度的不同教條時，自然觸及此一問題（但當切記莫忘的是，佛陀猶住世時，如此思想潮流既已萌芽）。

若是如此，諸部派之中，最古的生氣主義究竟是何派的主張？雖然不是很清楚，但大體上應是犢子部。此因犢子部之有我論，在諸派之中最為有名，更且常因此而受以正統派自任的機械主義者指名非難，因此可以認為生氣主義之生命觀，是此派最為顯著的主張。亦即《論事》所駁斥的補特伽羅說，依據註釋者所述，主要是針對此派而提出，《大毘婆沙論》全書始終皆在駁斥此派的有我說，《俱舍論》的破我品之所破，就佛教的部派言之，其所駁斥的，即是此派，而《識身足論》中所提出的補特伽羅論者，也是意指此一部派，大致上，若言及佛教中的有我說，首先此派即被視為代表。更且若依據佛教分派史所載，《異部宗輪論》將此派視為出自有部，除此之外，此派是最早從上座部分出的部派。

亦即依據南傳的紀錄：

上座部（Theravādin）─┬─化地部（Mahiṃsāsaka）──說一切有部（Sabbatthivādin）
　　　　　　　　　　　└─犢子部（Vajjiputtaka）

如同化地部，都被視為最為古老的。又，巴瓦亞於其第二傳中則指出：

38.《破我品》引用經句，駁斥犢子部曰：「執我有五種失。謂起我見及有情見，墮於惡趣。同諸外道……。」犢子部不承認此經，但論主認為諸部都承認。其所說的「諸部」，若依據稱友（Ya omitra）所作的註釋，是Tāmraparṇīya-nikāya。若是如此，銅葉部應是純然的無我論者。待考。（《俱舍論》卷二九，大正二九，一五四頁下，國譯一四五～一四六頁）

39.《宗輪論》言及化地部之本宗同義時，曰：「定無少法能從前世轉至後世。」，亦指出定無中有。可視為與窮生死蘊有關係。

40.《大毘婆沙論》中，有關有我論之記載如次所列：

①犢子部的「補特伽羅體是實有」說。（《婆沙》卷二，大正二七，八頁中）

②立第六我見者執「五蘊以外，有我」之說。（《婆沙》卷八，大正二七，三八頁上）

③犢子部執「補特伽羅能知非智」之說。（婆沙，卷九，大正二七，四二頁下）

④犢子部執「我許有我，可能憶念本所作事」之說。（《婆沙》卷十一，大正二七，五五頁中）

⑤執「蘊有二種，一根本蘊，二作用蘊」之說（《婆沙》卷十一，大正二七，五五頁中）；進而慈恩《大乘法苑義林章》卷一曰：「犢子部、法上部、賢冑部、正量部、密林山部，合五部宗說。補特伽羅非即蘊離蘊五識無染，亦非離染。入正性離性十二心頃，說名行向，第十三心名為住果。」（大正四五，二五〇頁下）

上座部（Sthavira）——說一切有部（Sarvāstivādin）
　　　　　　　　　└犢子部（Vātsīputrīya）

（參照國譯《宗輪論》附錄，三一～三二頁）

總之，最遲與有部之獨立同時，可說其之成立是屬於早期的，因此，其所主張的有我說，相較於其他的有我派，可說是最為古老。又，化地部提出窮生死蘊之說，因此似乎也可視同犢子部，其有我說之提出也相當早，但若依據《異部宗輪論》所載，化地部的本宗同義中，有「定無少法能從前世轉至後世」之說，但世親的《成業論》除外，並無此說，故此窮生死蘊之說出現於化地部內，恐是在相當晚期。而正量部與賢胄、法上、密林山等是犢子部之末派，故其所立的有我說，免不了是第二次的（正量部主張有我說，此不僅《論事》的註釋者所傳，若徵於《三彌底部論》中有贊成有我說的論述，亦得以知之）。又若依據《成業論》所載，大眾部所持之經有根本識之名，赤銅葉部立有分識，但依據《宗輪論》所載，大眾部中持此有我說的，是其末計，故恐是受上座部系的有我論所影響。更就赤銅葉部言之[41]，依據巴瓦亞之第二傳，是屬於分別部（Vaibhājyavādin），恐是一種折衷，故也應視為是第二次的。如是，最早提出此獨特的有我說的，應歸結於犢子部。此外，雖是相當遲晚才成立，但就某種意義而言，在教理史上，較犢子部更為重要的是經量部。經量部雖分裂自有部，然其所立的根本蘊，是不同意有部的機械的無我論而提出，更且是爾後阿賴耶識說產生的契機。從而此派所說雖受《大毘婆沙論》以降的種種文獻——片段的——批評，但如同《俱舍論》在補足有部宗義，正確說來，在批評有部宗義時，所採用的是經部思想，其因即在於此派的材料最為豐富。

如是，小乘部派中，雖有種種的有我說，但如上文所述，其主張最為顯著的是犢子部與經量部，故將簡單略述此二派的主張於後。

六、犢子部之有我說

首先就犢子部所說見之。如前文既已觸及，犢子部提出有我論的出發點，在於認為若採用機械的無我論，在說明上最感困難的是，在生命或心理活動中，難以探求其中心，亦即難以清楚說明何者是輪迴的主體，或何者是認識的中心，反之，若以某種形式，立作為五種要素（五蘊）之中心的生氣主義的原理，即無此困境。附帶一提，就有我說主張的主要根據見之，《識身足論》卷三所載的補特伽羅論者是從造業，且感受其結果的苦樂之主體，作見聞覺知之判斷的主體（大正二六，五四二頁中～五四三頁中）而提出此一主張——，《大毘婆沙論》卷九指出犢子部是從認識之主體的立場而立「我」（大正二七，四二頁下），卷十一指出是「我」是記憶之主（大正二七，五五頁上）。《俱舍論》卷三十破我品指出視為輪迴之主或記憶之主，故提出有我論之主張（《俱舍》，大正二九，一五六頁下，國譯一六四頁～），其次《三彌底部論》指出善惡的責任者，或輪迴受報之主體是主張有我說所持的理由，但《三彌底部論》不說是犢子部的主張（《三彌底部論》卷上，大正三二，四六三頁中）。又，《異部宗輪論》所載的犢子部之本宗同義，是專依輪迴的立場而提出有我論。但無我論是佛教的特色，吾人的生命或心理，只是五蘊之積聚體，並無另外的固定的「我」，此乃是佛陀的主張的根本立腳地，如今於五蘊之外，別立我體，此乃外道所為，終究是不被允許的。故應有完全基於五蘊積聚說，但又

41. 參照木村泰賢、干潟龍祥《結集分派史考》（四六頁，註六四）。

避免前述難點的方法，此乃是犢子部最為苦心經營之處。最後，其所提出的，即是有名的非即非離蘊我之說。亦即主張離五蘊別無其他，但又有非五蘊之總和的一種不可說的某者，以此作為吾等生活體之中心。依據犢子部所述，蘊與我的關係恰如火與燃料的關係，離燃料無火，同樣的，離火亦無燃料，蘊與我的關係也是如此，非一非異，不離不即。依此才得以離斷常二見，真正了解生命的本質（《俱舍》卷二九，大正二九，一五二頁下，國譯一三〇頁）。基於此一意義，犢子部認為其所立的補特伽羅非實有，亦非假有，「但可依內現在世攝有執受諸蘊，立補特伽羅[42]」（《俱舍》卷二九，大正二九，一五二頁下，國譯一二九頁）。亦即補特伽羅非別立，亦非只是積聚之假名，而是依存現在身心內部的感覺要素而成為其中心。進而此非即非離蘊我之當體又是如何？犢子部認為在說明上有所困難，故犢子部明言此為不可說。犢子部指出吾等所知之對象（jñeya，爾焰）有五種，亦即三世與無為之外，又立作為第五種的不可說藏，「我」被納入於此中的第五，此即所謂的五法藏[43]說。

乍見之下，似乎是強辯之詞，但此未必是強辯。此因犢子部的非即非離蘊我，仍舊是將無明或業視為五蘊之中心，更且相對於將五蘊作機械看待的有部，彼等是從渾然一體的方面見之。彼完全是渾然一體。予以解剖，雖可分成五蘊，但此五蘊並不是機械的積聚，故不能說五蘊即我，但既然是就一體作要素性的解剖，即不出於五蘊，故並無五蘊以外的存在。非即非離蘊之意義全然在此，此當切記莫忘。從而犢子部的補特伽羅（pudgala = 我），並非如其敵者所破的，亦即非如外道諸派所立的固定的我，而是前後一貫的渾一體，但又源源不絕的流動。此徵於犢子部辯解依其所立的補特伽羅，不僅是離斷見，也是離常見之事實可以知之（《俱舍》卷二九，大正二九，一五二頁下，國譯一三〇頁）。

從而將此與爾後的阿賴耶識說相對照，可以說正是其先驅思想。雖然如此，犢子部被視為附佛法外道，備受諸派攻擊，例如受經部思想感染的世親，乃至唯識派皆將即蘊我、離蘊我、非即非離蘊我視為共非，列於其中之第三，予以駁斥（《成唯識論》卷一，大正三一，一頁下）之所以，即因於此派在提出此說時，其說是極為嶄新的。但諸派雖予以非難，在某種形式上，卻又逐漸受其影響，乃是諸部派產生種種生氣主義理論（vitalistic theory）之所以。雖是如此，但從佛教的立場言之，有我說終究是近於異論之說，既然有此先入為主之見，縱使己之所見已趨近於此等，但在歷史關係上，仍將犢子部視為敵方。此乃是直至後世，此派備受非難之所以。但就事實而言，筆者認為此派是從原始佛教的生命觀出發，更且發現其中具有一種形而上學的意義，因此絕非只是外道說之輸入而已。

七、經量部的有我說

其次就經量部的有我說述之，經部的發展是經過若干階段，但《婆沙》除了常以譬喻師的名義予以引用與批評之外，另外二、三處是以經部稱之。此因所謂的譬喻師，是指室利邏多的古經部，而所

42. 依據《論事》所載，犢子部（以及正量部）對於補特伽羅的性質所說如次。
謂「身與補特伽羅異，補特伽羅命者同」。1.1.（No. 156）
不可言輪迴主體的我是同一或不然。（No. 158）
我與受、想、行、識是否一起輪迴——此為不定。（No. 167）
我是由五蘊所導出，但又非五蘊之任一。（No. 173~179）
一切心含有我之觀念。（No. 193）
善惡業之主體為補特伽羅。（No. 214~）
作者與受者非同非異，何言為同。（No. 212～）

43. 關於五法藏說，請參照《俱舍》卷二九破我品　第一（大正二九，一五三頁中，國譯一三三頁）、《成實論》卷三（大正三二，二六〇頁下）、《十住毘婆沙論》卷九（大正二六，六九頁中）、《智度論》卷一（大正二五，六〇頁上）、《唯識述記》卷一末（大正四三，二四七頁下）。

謂的經部，是指鳩摩邏多的新經部。無論如何，無可懷疑的，都是從有部分出，都是不同意有部以論部為主要，故主張應直接探尋契經本身精神而分出的。其教理中，採用相當前進的思想，尤其在生命觀（心理觀）上，恐是受犢子部一派影響，此應無可懷疑。《異部宗輪論》揭出此派的主張，曰：

說諸蘊從前世轉至後世，故立說轉（Saṅkrāntika）之名。有根邊蘊，有一味蘊。有執勝義補特伽羅——。

又，慈恩《大乘法苑義林章》卷一曰：「經量部宗說，有勝義補特伽羅。異生位中亦有聖法。有根邊蘊有一味蘊，一味蘊者即細意識等，餘所執多同說一切有部。」（大正四五，二五〇頁下）。

相對於有部主張刹那相續說，亦即無有少法從今世轉至後世之說，經部主張「諸蘊直至後世，有實質的相續」，故一名說轉部。依據南方所傳，Saṅkāntika（說轉部）與經部有別，實是經部之本家，但所以有此說，恐是因於經部有前後段的發展，因此大體上，說轉部之所論，可視為是經部的立場（或說此說轉部是Tāmraśāṭīya。（國譯《異部宗輪論》附錄四六頁））。若是如此，究竟是何物於後世猶然相續？對於此問的回答，是其次的二句。蘊有根邊蘊（枝末蘊）與一味蘊（根本蘊）之別，根邊蘊是念念生滅，但一味蘊作為勝義補特伽羅，是直至後世猶相續之主體。此一味蘊（勝義補特伽羅），又名細意識，此可見於慈恩《義林章》卷一（前揭的引文之中）。若依《大毘婆沙論》所說的譬喻師，實是經部的先驅，但在所謂的譬喻師之說中，如此的意見尚未能見，即可知之。雖然如此，但如此的主張顯然至少是流傳於某一派之中，亦即《婆沙論》卷十一曰：

或復有執蘊有二種，一根本蘊、二作用蘊。前蘊是常、後蘊非常。彼作是說。根本作用二蘊雖別，而共和合成一有情。如是可能憶本所作以作用蘊所作事，根本蘊能憶故……

（大正二七，五五頁中）

雖無法了解此中所說的「有執」，是指何等部派，但仍可了解此應是佛教中的某一派對於「蘊」的立言。但若相信《異部宗輪論》所載，則此中的「有執」，指的正是經部。從而據此可知在《大毘婆沙論》之前，經部已持此見，若真是如此，則經部應是較犢子部更為有我的。此因相對於犢子部的非即非離蘊，經部主張一般的五蘊以外，另有根本蘊（勝義）。依據摩陀伐（Mādhavā carya）的《一切見集》（*Sarvadarśana-Saṅgraha*）所載，經部立阿賴耶識（ālaya-vijñāna）與轉識（pravṛtti-vijñāna），並主張阿賴耶識是內部的主人，轉識是受外在刺激的作用，並將心分成根本與作用等二種（Ānandāśrama series, p. 15. English tr. of Cowell and Gough pp. 28~29. Deussen: *Allgem eine Geschichte der Philosophie,* III. SS. 222~223）。此《一切見集》是西元十四世紀前後的撰述，更且此時的佛教既已亡於印度，因此摩陀伐或許是將唯識說與經部思想相混淆，雖然如此，但經量部是相當進步的心體實有論者，徵於此一記載，即可知之。或許在十四世紀前後，確實有近於唯識說之思想。如是，經部基於此一思想而提出種子（bīja）說，並論及熏習（vāsanā），主張據此才得以契合契經真意。此說乃是無著、世親等大成其大乘唯識哲學之先驅，因此在教理史上，其所扮演的角色實較其先驅者的犢子部更為重要，此當切記莫忘。

第三節◆結語

上文雖是略述部派佛教心體觀，但仍嫌冗長，故述其大要如次。

原始佛教破斥作為固定的靈魂之機能的心理觀（Spiritualistische Psychologie），同時也破斥唯物論的心理學（Materialistische P.），但承認作為事實的心理活動，視此乃是一種複合的過程，作為古代心理學，此實是驚人之成績。但佛教的心理學同時也是其生命觀，更且就視此乃是無始無終地持續而言，佛教的心理學並非只是經驗的心理學（Emperische Psychologie）而已。在如此持續不斷之間，必須探求其得以一貫聯絡的契機，佛陀稱此為「業」，但佛陀並不是以理論為主的學者，因此並沒有精密的揭出其道理。如是，此一問題遂成為爾後學徒最為重要的課題，大體上此可分成二派。其一，主張一種的機械主義，完全主張無我說，對於持續不斷之所以，是僅依力之傳達予以說明。亦即彼等最常使用的譬喻是，恰如火由一薪移至他薪，故成為無窮之相續，又如依序排列的骨牌，推倒其一，則其他亦將依序仆倒，因此並無實體（Substrat）之移轉，只有作用之連續而已。錫蘭的上座部可歸著為是持此論者，而有部正是其代表。但認為此說過於機械性，因此立於一種生氣主義的立場，意欲就其相續作流動說明的是犢子部、經部等所謂的有我論者。至此，佛教的心理觀至少形式上，已是某種程度的回歸於常識的靈魂說，但終究是在破斥不變的我的觀念之後，所作的流動性的觀察，故佛教的特徵得以完全保存。雖然如此，但此間仍含有得以與數論的轉變說相符的，此乃不容忽視。

第三章 有關心之相狀的種種問題

第一節◆前言

前章所述雖說是心理論，但主要是有關生命論之考察。此乃若言及心之體，大體上必須論及生命論所致。因此，所謂的心之相狀，即是作為事實的心理活動之特相的觀察。就佛教的真意言之，心之特相即是心理之作用，從而過程除外，別無其他，但如一再之所言及，阿毘達磨論師將此過程，轉換成空間的，並探求其組織要素，論究其構成次第，將此視為心理觀之重要題目。而此處所說的相狀，是指靜態的此等要素以及要素間的一般關係，藉以闡明阿毘達磨論師對於心是如何看待。而所說的「種種問題」，是指存在於此間的若干論議，對此也將一併述之。

第二節◆何者是心

首先就「心」之一語及其概念見之。如先前所述，佛教中用以表現心的術語有三種，此即 citta（心）、manas（意）與 vijñāna（識）。作為古經句，例如：

或稱爲心，稱爲意，或稱爲識。

Cittaṁ iti pi mano iti pi viññāṇaṃ（*S.N.* 12. 61. 1. *Assutavato*, Vol. II. p. 95）

幾乎是將此三語視為同義詞（參照 Mrs. Rhys Davids: *Buddhist Psychology*, p. 17）。但至少若依據其用例看來，此三語未必是同一意義。縱使指的是同一事實，但至少其所指的，是某種程度的不同方面，此乃不可爭論之事實。此中的 citta，雖來自於 cit（思考），但應是著重於情意的方面，此依經中的種種用例即可知之（《原始佛教思想論》二二三頁，中譯本一五三頁）。「識」（vijñāna，了別）一語，無庸贅言，主要是就知性的方面，狹義而言，是相當於了別，亦即悟性；廣義言之，是指一般的意識，此亦依其用例，可以知之。最後的「意」（manas，思慮），佛教以外的諸派也經常使用，但其用例相當歧異，佛教中作為術語，大體上是指與五感有關聯的使用方式——認識外界的中樞（《原始佛教思想論》一三八頁，中譯本八五頁）。如是，此三語若依籠統的意義，可以當作同義語，但若嚴格而言，對於是否完全相同，阿毘達磨論師之間產生爭議。徵於《大毘婆沙論》，該論第七十二卷之所論，正是此一問題，大體上可分成二派。一派主張心、意、識三者全無差別，無非是同一物之異名，另一派主張此間有種種區別。但對於其中的區別，又有種種說法，或說過去心稱為意，未來心稱為心，現在心稱為識；或說心為種族義，意為生門義，識為積聚義；或說心的作用在於滋長（滋長者，恐是令業種長養義），意的作用在於思量，識之作用在於了別，如是等等，有眾多區別（《婆沙》卷七二，大正二七，三七一頁上、中）。脇尊者對此予以彙整，並指出滋長分割是心之作用，思量思惟是意之作用，分別解了是識之作用（同上，三七一頁中）。此係依種種用例之差異而作的結論，但就阿毘達磨論師而言，大抵是主張三者只是名異，其體同一。《成實論》卷五（無數品六十，大正三二，二七四頁下）曰：

心、意、識體一而異名。若法能緣是名爲心。

《俱舍論》曰：

集起故名心，思量故名意，了別故名識。

（《俱舍》卷四，大正二九，二一頁下，國譯二六〇頁）

雖意義有別，但只是一體的不同方面而已。南傳的論部中的《殊勝義論》曰：

Cittan[44] ti ārammaṇaṃ cintetī ti cittaṃ vijānātī ti attho. Yasmā vā cittan ti sabbacittasādhāraṇo esa saddo tasmā yad ettha lokiyakusalākusalamahākiriyacittaṃ taṃ javanavīthivasena attano santānaṃ cinotī ti cittaṃ. Vipākaṃ Kammakilesehi cittan ti cittaṃ.

（*Attha-sālinī*, p. 63. *The Expositor*, I. p. 84）

44. Cittan ti ārammaṇaṃ cintetī ti cittaṃ...，在P. T. S.本中是載為Cittan ti ārammaṇaṃ. Cintetī ti cittaṃ...，但若是如此，其意難解，故作如此訂正。英譯本同此。（編者）

所謂心，是指思惟對象。亦即心爲了別之義。或說心之此名與一切心共通，故任何的心皆此世之善、不善、大無作（無記）心，依統覺之力，自己相續積集（cinoti）的，此即是心，異熟是由諸業、煩惱之所積集[45]，故也是心。（編者）

此中，之所以說為集起故稱為心，是因為將 citta 之語根視為是「√ci ＝集」，但就語言學而言，此說並不正確。citta 應是出自於 √cit，覺音所作的 cintetīti cittaṃ 的解釋才是正確。心主要是情意作用，是為表現其具有聚集心之作用而產生行動之意而說為「集起故」，就義理上而言，如此的論述是正確的。《殊勝義論》進而將心比喻為畫師（caraṇa），並論述其創造作用（參照同書，六四頁）。總的說來，此無差別一體論就原始佛教的用例而言是正確的，但認為此間仍有其區別的，也是有某種根據，更且是爾後唯識佛教將心、意、識賦予分別第八、第七、第六識之名稱的先驅，此當切記莫忘。

第三節 ◆ 心之特相

如是，依據對於名稱的說明，得以了解阿毘達磨論師是如何看待心之特相。之所以有種種名稱是因於其性質有多方面，從而代表名稱的性質，至少可以視為是心的主要特徵。亦即依據上文的說明，可以歸結彼等所說的心的特質，首先是有緣慮作用（亦即認識作用），進而以此為基礎而作判斷、思惟，發起行動，更且統一種種的心的作用。但克實言之，此只是大體的論述，借用阿毘達磨論師所說，此僅只是心王本身之特相。真正具體的心之特相若不包含其作用，仍是不足的。如後文所述，對於心王（作為心的作用之持有主的心）與此作用的所謂的心所（caitasika）的關係，部派之間產生激烈的論辯，但無論如何，關於心的具體的特相，必須在某種程度上，對於心所予以考察，此乃無可懷疑的事實。但若提出複雜的種種心所，心的一般特相又有可能無法了解，所幸阿毘達磨論師——爾後南北一同——提出所謂的大地法（唯識名之為遍行）之說。所謂的大地法，是指任何心的作用生起時，必然成為其基礎或背景的。從而縱使是立於將心王與心所視為兩者有別的立場，仍可將此直接視為心王之特相，況且若將心所視為心之機能而言，此大地法即是心的作用的基礎性質。就此而言，一一心所雖有後文所述的問題——但此處仍有必要就大地法予以略述。依據有部所述，大地法有作意、觸、受、想、思、欲、勝解、念、定、慧等十種。更就南方論部見之，依據《攝阿毘達磨義論》所載，一切心共通的，有七種（sabba-citta- sādhāraṇa，同於大地法或遍行），亦即作意（manasi-kāra）、觸（phassa）、受（vedanā）、想（saññā）、思（cetanā）、心一境（ekaggatā）、命根（jīvitindriya）等七種（*Abhidhammattha-samgaha, p. 6; Compendium of Philosophy*, p. 12~; ibid. p. 94~）。大乘唯識派對於有部所說稍作訂正，亦即將其十種中的前五種的作意、觸、受、想、思說為「遍行」（sarvatraga），將其他的欲、勝解、念、定、慧說為別境（viniyata），而南方之論書，於前文所揭七種之外，又將尋（vitakka）、伺（vicāra）、勝解（adhimokkha）、勤（viriya）、喜（pīti）、欲（chanda）等六種，視為別境（pakiṇṇaka）（*Compendium of Ph.*, p. 95）。據此看來，大地法的心所其數並無一定，但此間仍有大為共通的。例如唯識所立的作意、觸、受、想、思，無論北方的有部，或南方的上座部，乃

45. 原文載為cittam，今依據英譯者所譯，記為cito。（編者）

至所謂的大乘佛教，都同樣視為心所。故今暫且據此而訂為五種——所謂的作意，是指注意，觸是感覺，受是感情，想是知覺表象，思是意志——亦即任何心的作用生起，至少此五種作用必然是其根本條件的心理準備，故此等仍可說是心之特相。如是，若再加上先前對於心、意、識的說明，佛教所說的心可以作如次的理解：

所謂的心，抽象的而言，是種種的心的作用之持有者或使用者，但具體說來，最少限度必須有注意力，有感覺、知覺，感情、意志，更且能將此等予以統一。

當然，此等心的作用未必都能明顯的顯現，但至少具有前述性質傾向的，即是心之特相。對此雖仍有種種應予以論究之處，但若不作心所論之說明，終有不便之處，故將留待後述。

第四節・心之一與多

上文所述，主要是就心的內在活動而作觀察，但此心向外活動之際有六種相狀。此即眼、耳、鼻、舌、身、意的所謂六識。雖然一切皆由第六的意識（mano-vijñāna）所統一，但需經由五感（五根）之作用，才分別生起特有的心理活動，故將所謂的識分成六種，此乃原始佛教以來之慣例。但問題是，若是如此，前五識與第六識是本質上的差異或是一心的不同作用？亦即若以譬喻喻之，心王是獨一的，是在種種方面，顯現不同形態統治心理王國？或者國王雖是唯一，但另外擁有某種程度獨立權利的五位副王？用現今所說的方式是，心的中樞是唯一，或是另有局部的中樞？在原始佛教時期，此一問題並不明顯，直至部派佛教才成為一大問題。對於此一問題予以詳論的，就筆者所知，是《成實論》卷五多心品第六十八以下，直至明多心品第七十二等五品，今且就彼之所論見之。

首先就一識論見之，心雖有種種作用，但不外於只是一心的不同方面，恰如某人在具有五窗的室內，應其所需，於各窗現出顏面為其所當為。亦即心住於眼根時，成為眼識；乃至住於身根時，是身識，而在室中統理的則是第六識（非多心品第七十）。更且此乃契經明白之所揭示。亦即《雜藏》中，有此一句：

> 五門窟中，獼猴動發，獼猴且住，勿謂如本。 （一心品第六九）

此亦可見於巴利《長老偈》（*Thera-gāthā*, No. 125~126）中：

> Makkaṭo pañcadvārāyaṁ kuṭikāyaṁ pasakkiya, dvāreṇa anupariyeti ghaṭṭayanto muhuṃ muhuṃ（125）. Tiṭṭha makkaṭa mā dhāvi, na hi te taṃ yathā pure ; niggahīto 'si paññāya, neto dūraṃ gamis-sasīti（126）.
>
> 猿猴進入具有五個窗户之小屋，徘徊奔走於各個窗户之間。停下來呀，猿猴。勿再奔走。今汝已非如往昔。受汝智所制。汝不得遠離。（編者）

此乃賓頭羅跋羅墮闍（Piṇḍolabhāradvāja）所述之詩句，固然本頌非以心理論為其目的，但五窗內一主之喻，不失為最適當之經證，又，實際上在原始佛教時代已有如此思想，徵於此句即可知之。如是，一識論者主張無論吾等是記憶曾經的經驗，或是修集種種經驗，乃至雖是無我，但只要是作為人，心識都是唯一的（一心品第六九）。要言之，一識論者其主張之根據，在於所謂的統覺作用，若識有種種，則吾等的心理生活終將分裂，此乃是其所持之理由。此一識論究竟是何等部派的主張，至今筆者猶無法確定，《大毘婆沙論》將此稱為一心相續論者，屢屢予以駁斥。例如：或有執但有一心，如說一心相續論者。彼作是說，有隨眠心無隨眠心，其性不異，聖道現前與煩惱相違，不違心性為對治煩惱。非對治心，如浣衣磨鏡鍊金，物與垢等相違不違衣等……（《婆沙》卷二二，大正二七，一一〇頁上），其所駁斥的，應是此派，若從《成實論》所表現的論調看來，此應是具有「有我論」傾向的部派之所論。恐是意指犢子部，犢子部認為前五識非染亦非離染（《異部宗輪論》，《大乘法苑義林章》卷一），煩惱所斷僅限於第六識（《義林章》卷二，大正四五，二八二頁下），雖立六識，但不能以此證明彼等承認前五識是獨立的。總之，有關此等，還需再加以研究，但無論如何，一識論在佛教教團中是相當具有勢力的部派，此應是無可懷疑。不只如此，應予以注意的是，表面上立足於多識論的有部也有可能發生此一問題。有部將萬有分成色、心、心所、心不相應行、無為等五位，此乃世友《品類足論》以來之所見。進而在《俱舍論》更將五位所攝諸法分成色十一，心一，心所四十六，心不相應行十四，無為三，共計七十五種。亦即心王只有一種，而非六識，顯然已暗含一識論之意。實言之，此乃日本俱舍學者盛為議論的題目[46]，是俱舍學的科目之一。佛教始終是主張六識說，但無法俄然斷定是否是以六識別體論作為其立腳地。

雖然如此，諸部派之間，一般所採用的仍是六識別體說。此因合六根、六境、六識而成十八界，是原始佛教時代以來最重要的萬有分類法，因此六識自然具有各自獨立之意義。就外界的認識言之，眼必取色與形，耳取聲，乃至身取觸，此間絕無相混之所以，是因於認識彼等之識有別。若是一識的不同作用，則可依眼根聞聲，以耳根見色。既然因於境而感官有別，因於感官而認識不同，則其認識必然是各有各自的作用。況且從內面的活動見之，例如吾人有反省的作用，亦即既然能認知己心，則不能說是一心的作用。此因如同眼不能自見，如同刀不能自割，若心是唯一，則不能自知（《成實論》多心品第六八）。一心論者雖以五窗內之人作為譬喻，但此例用於人與心並不恰當。此因心是諸緣所生，不能住於眼中，或趣往耳中（明多心品第七二）。如是等等，是多識論的理由，要言之，相對於一心論者所見著重於內面統覺的心，多識論是著重於外界的知覺作用，此雖只是立腳地不同，但由於喜好分析的部派時代風潮，最後終於形成六識別體論的主張。若是如此，若依此見地，前五識與第六意識之間的作用有何區別？阿毘達磨論師認為前五識與第六識之間的區別是，前者是對一定的對境，反之，後者是以一切對象為所緣，除此之外，分別作用（vikalpa）所及的範圍也有廣狹。依據《婆沙》卷四二（大正二七，二一九頁中）、《俱舍》卷二（大正二九，八頁上，國譯九三～九四頁）所載，分別有自性分別（svabhāva-vikalpa）、計度分別（abhinirūpaṇā-v.）、隨念分別（anusmaraṇa-v.）等三種，自性分別是指感官的知覺作用（以尋伺為體），計度分別是指悟性的判斷（慧之作用），隨念分別是

46. 有關識之一與多的俱舍學者的議論文獻：南山釋迦文院光嚴師等取六識體一論。以七十五法中，心是唯一，作為其證；旭雅師等主張別體論。（《俱舍名所雜記》卷一，十三丁以下。卷第二，二三丁以下）

指推理作用（念之作用）。今依準六識看來，無可懷疑的，前五識有自性分別。亦即見櫻而有此即是櫻的感覺的認識作用，但有關此櫻美否，或與去年之花有別等等的作用應歸於第六識，因此，並無計度、隨念分別的作用。反之，第六意識具備此三種分別，就此而言，雖同樣稱為識，但此乃前五識與第六識的差別，此即是阿毘達磨論師所作的解釋。確實就方便觀察而言，如此大致的區別應是至當的，又，就認識的限界而言，五識所緣，只是法（對象）之自相，不及於其共相，但第六識緣自相與共相（《婆沙》卷九五，大正二七，四九〇頁下，參照卷一二七，六六五頁中）。所謂的取自相，是有關對象自體的感覺的認識作用之義；所謂的取共相，是包含有關其對象的判斷之義〔對於對象的內外，至少若依據有部的法相，前五識只緣外境，第六識不只是以外境為對象，內根、內識也是其對象，此乃前五識與第六識之間的差別（《婆沙》卷八七，大正二七，四四九頁上）〕。

要言之，就今日的立場言之，一心論者完全著重於統覺，此確實掌握心理活動之要諦，但容易造成將心視為實體之弊。反之，多識論者將吾人心理活動視為是種種心理小中樞之複合體，可說頗為得當，但容易形成能力的心理學（Vermögen Psychologie）〔亦即如沃夫（Wolff）認為心中的種種活動是獨立的〕之弊。真理應是在兩者之間。

第五節　心與心所

無論將心理活動之中心視為一，或視為多，總之，吾人有無數的心的作用，此應無可懷疑。其中最為主要的，即是前述的作意、觸、受、想、思，此乃是圓熟的阿毘達磨的見解，但此外，在種種狀況下，又有種種雜多的心的作用。將此總稱為心所（cetasika or caitasika），乃是阿毘達磨論師通用的一般用語。心、心所之名稱已見於原始聖典（例如 *D. II. Kevaddha-sutta.*, Vol 1. p. 213.《長阿含》卷十六的堅固經，大正一，一〇一頁中），但對於心所的說明不詳，然而隨從阿毘達磨論之進展，此一問題遂常被論究。實言之，在某種意義上，佛教心理論的特質在於此心所論，但也可以說心所論至少是圓熟的阿毘達磨的中心問題。從而與此問題有關聯的，無論是總體，或是部分，在諸論師之間產生種種爭議，亦不足怪。

首先的問題是，心（citta）與心所有何等關係？總的說來，心所即是心所有之法，心是其持有者，心所是附屬於心的，但問題在於此「附屬」之義。亦即所謂的心所，究竟是暫時抽象心的種種作用而作的區別，或是作為心王臣下，但具有某種程度的獨立意義？對此的看法，分成二派。一派主張心外別無獨立的心所，所謂的心所，無非是心的作用，另一派主張心王之外，別有心所。就筆者所知，特別主張「無心所法」（N'atthi cetasiko dhammo ti, *K.V.* VII. 3.）的，依據註釋所載，是王山部、義成部等大眾部系的部派。而《成實論》是無心所派的主要主張者（《成實論》卷五的苦諦聚識論中立無數品第六〇、明無數品第六四），譬喻者[47]（經部）也是同樣。應予以注意的是，有部宗的大論師之中，也有持此意見的人。此即所謂婆沙會中的法救與覺天，依據《婆沙》卷二（大正二七，八頁下）所載，法救認為心與心所不外於是思之差別，亦即意志作用之種種相；覺天認為心與心所之體即是心。相對

47. 關於譬喻者的無心所論，《婆沙論》曰：「如譬喻者彼說思慮是心差別。」（《婆沙》卷四二，大正二七，二一六頁中）。或有執尋伺即心，如譬喻者（同上，大正二七，二一八頁下），又，關於譬喻師所持的無心所論，請參見《順正理論》卷十一（大正二九，三九五頁上）。作為無心所論的理由之一，又有「於心所多興諍論，或說唯有三大地法，或說有四，或說有十，或說十四，故唯有識，隨位而流」（《順正理論》同上）。

於此，主張心與心所別體論的，以錫蘭所傳的上座部為首，一般的有部，以及其他主張機械主義的諸派，總的說來，以機械主義分析的觀察諸法之部派是別體論者。《成實論》卷五（第六〇～六四）觸及此一問題，今試揭其理由如次。

《成實論》作為別體論者，述其理由如次：首先就佛說的經文（阿含部）見之，對於心，雖常有種種述說，但對於心外別有心所，並無所論。雖有類似之論，但若推究其意，不外於是就心的作用之差別而作說明（無數品第六〇之大意）。雖稱為識，稱為覺，稱為想，但只是名稱的不同，不外於是指心的認識事物的作用，不只如此，若將受（亦即感情）視為是意識性的，仍然只是知的一種（從而說為受苦樂，但此仍是知（明無數品第六四，大正三二，二七六頁上）。此恐是赫巴特（Herbart）之所論？）。如是，心的作用雖有種種，但在緣慮作用上，既然是同相，則只是同一心之差別而已明無數品第六四），此即是一體論者的主張。相對於此，主張心心所別體論的，首先在教證上，揭出種種例證。對於此等教證姑且不論，但彼等在理證上，所揭如次：亦即對於吾人的心理、生理組織，佛陀是說為說色、受、想、行、識等五蘊；若所有的心的作用是心的差別，何以於識（心）之外，別立受、想、行等心的作用？豈非心與心所（受、想、行）有別（立有數品第六一）？更且吾等的心之作用，其相有種種差異，亦即識之相為能知，感受苦樂是受之相，起作是行之相，各別認識是想之相。將此等視為同一心之差別，終究不可許。故心王之外，有種種心所，更且與心王相應，具體呈現一定的心的作用（非無數品第六二）。就筆者所見，對於此一問題，在彼等所揭教證之中，佛陀並沒有明白說明，因此，作任何解釋都可以[48]，但應予以注意的是，其所揭的理證，要言之，理由正如同先前六識一異論之所見，一體論者完全立於著重心的統一作用的立場，別體論者則著重於其複合的過程。若依生理的心理學之立場，吾人心的作用之種種中樞是由腦髓控制看來，別體論所說恐較正確，但將統覺視為心之中樞的一體論者所說也有其深意。

如是，心與心的作用的關係雖有一體論與別體論之區分，但大體而言，一般認為別體論所說為正。如前所述，以錫蘭上座部為首，大部分的部派通常或多或少認為心與心所是有區別的。亦即心王是心所之持有者，是主人；心所是心王之臣僕，是所屬，具體上，兩者雖不能脫離，但至少在概念上可以作區別而予以探討。就其作用之分擔而言，心王取總相，心所取總相，又取別相，如此的區別是《俱舍論》等所言（《俱舍》卷一（大正二九，四頁上，國譯四二頁）曰：各各了別彼彼境界，總取境相，故名識蘊[49]）。所謂的總相，是有關對象的輪廓之義，換言之，是籠統的表象，而別相則是與彼等有關的細微規定，並附上事實與價值的判斷（正理曰：彼眼識雖有色等多境現前，然唯取色不取聲等。唯取青等，非謂青等，亦非可意、不可意等，非男女等，非人杌等，如彼眼識，於其自境，唯取總相，如是餘識，隨應當知（《順正理論》卷三，大正二九，三四二頁上））。更且心王或心所皆依止於根（有所依，sāśraya），有對象（sālambana，有所緣），營心理活動（sākāra，

---

48. 明確區分心王與心所，並以相應（sa prayukta）的關係結合兩者的意圖，不見於原始佛教時代。雖將心作種種分析，但仍充分意識到兩者是不相離的。例如依巴利《中部》第四十三經的《有明大經》（Mahā Vedalla Sutta）所載，對於識（viññāṇa）與慧（paññā）之區別，舍利弗為大拘稀羅（Mahākoṭṭhita）解說如次：「吾友！慧即是識。此等是同相（saṃsaṭṭha）而非異相（visaṃsaṭṭha）。難以區別以及指出彼此之差異。此因吾人知覺（pajānāti）某物時，即是意識（vijānāti）某物。」（*M.* Vol. I. p. 292）亦即就別體論者而言，心王的識與心所的慧，應是別物，應是別體，但此經所揭的同一不離，正足以資助一體論者的主張。就此而言——一體論者的主張似乎近於原始佛教所言。其次，《順正理論》揭出譬喻師依據契經而提出「心心所法，展轉相應，若受若想，若思若識，如是等法和雜不離，不可施設差別者，此經意顯，心所與心，其體無別」的主張。（《順正理論》卷十一，大正二九，三九五頁下）

49. 《成唯識論》卷五（大正三一，二六頁下）曰：「心於所緣唯取總相，心所於彼亦取別相，助成心事得心所名，如畫師資作模填彩。」

有行相），此等是同一的，更且心王與心所共同和合（samprayukta，相應），呈現如同一體之相狀。稱此為心與心所之相應（samprayoga），此乃《大毘婆沙論》卷十六、《俱舍論》卷四等之所論。尤其《大毘婆沙論》揭出諸家意見，並給予詳細批評，進而尊重霧尊者的四事平等說。所謂的四事平等，第一是時分平等（kāla-samatā），意指心王與心所必然同一時作用；第二是所依平等（āśraya-samatā），意指無論心王或心所，皆依據同一根（如眼識，以及伴隨此眼識的心所都是依據眼根），第三是所緣平等（ālambana-samatā），意指無論心王或心所的對象相同，第四是行相平等（ākāra-samatā），意指無論心王或心所有相同的認識（如心王認為是青色，心所也認為是青色）。此外，或加上第五項的物體平等（dravya-samatā），心王與心所必然都是唯一。心王唯一，此固然無庸贅言，同一心王之中，同種族的心所非二亦非三[50]（《婆沙》卷十六，大正二七，八〇頁下，《俱舍》卷四，大正二九，二一頁下，國譯二六一頁）。亦即心王與心所至少結合時，是一體不離，但心王，尤其第六意識，通常是心理現象的主人公，反之，心所、大地法除外，在各種情況下，既有與心王相應的，也有不相應的，因此，遂與心王成為別類，遂成為心王之臣僕。此乃是心心所別體論者將心所視為獨立存在的理由。

第六節◆心所之分類

無論將心所、心王視為同體或別體，總之，吾人之心有無數的作用存在，此為事實。而佛教心理論之特長，如一再所述，是詳細分析此等心的作用（心所），並闡明其性質。固然其目的在於據此闡明是應予以抑制的性質或應予以發展的性質，是有其實際的作用，但在整理的方式上，至少就發展的心理觀而言，此乃是相當科學的。應予以注意的是，如先前所述，如此的心理分析，未必初始即是阿毘達磨論之任務。固然佛教自初即是心理學的，尤其在阿毘達磨論中，心理的分析有次第的發展，但予以組織性論究的，應是在阿毘達磨相當發展之後。初期佛教是以五蘊（色、受、想、行、識）、十二處（六根、六境）、十八界（六根、六境、六識）等萬有成立之基礎要素，以及三十七助道品或四禪四無色等修行德目，乃至據此所破除的三毒、三漏、四暴流、五欲、十惡業道等惡德之論究為其主要題目，此如筆者在他處之所述。但當意識到此等德目無非是吾等的心理作用，對於心理作用之分析特加注意時，即是心、心所論產生之所以。如是，吾人的精神生活，無論從三界立場，或從三性（善、惡、無記）的立場，乃至從其他種種立場，論究在種種情況下，各種種類的心之作用相應而起的，即是阿毘達磨論的心理論的主要題目。徵於論書，南方所傳論書中，《法集論》是其代表，北方所傳論書中，有《識身足論》、《發智論》等，而其中最為整然的，是世友的《界身足論》與《品類足論》。此因直至此時，才將心所作分類。就南方言之，自此成為覺音為種種論書所作註釋中的心所論（然其所撰《清淨道論》中，並無特別的心所論，修行德目之說明是其主要目的），最後則有阿耨樓陀的《攝阿毘達磨義論》，北方有《大毘婆沙》、《雜心》、《俱舍》、《正理》、《顯宗》等諸論的心所論。

若是如此，阿毘達磨論書中的心所數與分類法又是如何？此雖依論書而異，並無一定，但大體上，

50. 此外，關於心王與心所之平等，妙音曰：「所依、所緣、行相、所作，一切同義是相應義。」（《婆沙》卷十六，大正二七，八一頁上）

彼此的精神是相通的[51]。亦即初始亂雜，但逐漸趨向於整然。徵於有部論書，如前所述，最早將心所作分類的，是世友的《界身足論》與《品類足論》，據其所揭：

A. ①十大地法，②十煩惱地法，③十小煩惱地法，④五煩惱，⑤五見，⑥五觸，⑦五根，⑧五法，⑨六識身，⑩六觸身，⑪六受身，⑫六想身，⑬六思身，⑭六愛身

（《界身足論》卷上，大正二六，六一四頁中）

51. ①《界身足論》（大正二六，六一四頁中）

1. 十大地法：受、想、思、觸、作意、欲、勝解、念、三摩地、慧。
2. 十大煩惱地法：不信、懈怠、失念、心亂、無明、不正知、非理作意、邪勝解、掉舉、放逸。
3. 十小煩惱地法：忿、恨、覆、惱、嫉、慳、誑、諂、憍、害。
五煩惱、五見、五觸、五根、五法、六識身、六觸身、六受身、六想身、六思身、六愛身。
②《品類足論》（大正二六，六九八頁中）

1. 十大地法：同於《界身足論》。
2. 十大善地法：信、勤、慚、愧、無貪、無瞋、輕安、捨、不放逸、不害。
3. 十大煩惱地法：同於《界身足論》。
4. 十小煩惱地法：同於《界身足論》。
此外，五煩惱以下至六愛身等諸項，皆同於《界身足論》。

③《大毘婆沙論》四十二卷（大正二七，二二〇頁上一）

1. 十大地法：同於《界身足論》。
2. 十大煩惱地法：同於《界身足論》。
3. 十小煩惱地法：同於《界身足論》。
4. 十大善地法：同於《品類足論》。
5. 五大不善地法：無明、惛沉、掉舉、無慚、無愧。
6. 三大有覆無記地法：無明、惛沉、掉舉。
7. 十大無覆無記地法：同於《界身足論》。

④法救《雜阿毘曇心論》卷二（大正二八，八八一頁〜）

1. 十大地法：同於《界身足論》。
2. 十大煩惱地法：同於《界身足論》。
3. 十小煩惱地法：同於《界身足論》。
4. 十大善地法：同於《品類足論》。
5. 二大不善地法：無慚、無愧。

⑤世親《俱舍論》卷四（大正二九，一九頁上，國譯二二九頁）

1. 十大地法：同於《界身足論》。
2. 十大善地法：同於《界身足論》。
3. 六大煩惱地法：無明、放逸、懈怠、不信、昏沉、掉舉＝前揭的十大煩惱地法，除去邪勝解、不正憶（非理作意）、不順智（不正知）與失念。
4. 二大不善地法：同於《雜心》。
5. 十小煩惱地法：同於《界身足論》。
6. 八不定地法：惡作、睡眠、尋、伺、貪、瞋、慢、疑。

⑥《成唯識論》卷五〜卷七（大正三一，二七頁以下）

1. 五遍行：作意、觸、受、想、思）
2. 五別境：欲、勝解、念、定、慧）┤前揭十大地法予以二分。
3. 十一善地法（前揭十大善地法再加一無癡）
4. 六大煩惱：貪、瞋、癡、慢、疑、惡見。數目同於俱舍，但內容全異。
5. 二十隨煩惱：忿、恨、惱、覆、誑、諂、憍、害、嫉、慳、無慚、無愧、不信、懈怠、放逸、昏沉、掉舉、失念、不正知、散亂。
6. 四不定：惡作、眠、尋、伺。

⑦Anurddha: *Abhidhammatthasangaha*（*Compendium of Ph.*, pp. 94~97）

1. 遍行（sabba-cittasādhāraṇa＝七）：觸、受、想、思、心一境、命根、作意。
2. 別境（pakiṇṇaka＝六）：尋、伺、勝解、勤、愛、欲。
3. 大不善地法（sabba-akusala-sādhāraṇa＝十四）：癡、無慚、無愧、掉舉、貪、惡見、慢、瞋、嫉、慳、惡作、懈怠、睡眠、疑。
4. 大善地法（sobhaṇa sādhāraṇa＝十九）：信、念、慚、愧、無貪、無瞋、中捨、身輕安、心輕安、身輕相、心輕相、身柔軟、心柔軟、身適業、心適業、身有能、心有能、身直、心直。
5. 律儀（virati＝三）：正語、正業、正命。
6. 無量（appamañña＝二）：慈、喜）。
7. 慧根（paññindriya）

B. ①十大地法，②十大善地法，③十大煩惱地法，④十小煩惱地法……

（以下同前，《品類足論》卷二，大正二六，六九八頁中）

《品類足論》較《界身足論》多出十大善地法，此應是《界身足論》製作之後才增加的。無論如何，此十大地法、十善地法、十大煩惱地法、十小煩惱地法的分類成為爾後《俱舍》、《唯識》等分類法之先驅。但僅此並不能攝盡一切，五煩惱、五見、五法等之並立，正是其未脫舊型之證據。就此更予以整理的是，《大毘婆沙論》所揭，亦即其第四十二卷所說。此不見於《發智論》，因此無可懷疑的，是世友系思想之開展。據其所揭：

①大地法十，②十煩惱地法十，③小煩惱地法十，④大善地法十，⑤大不善地法五，⑥大有覆無記地法三，⑦大無覆無記地法十。

（《婆沙》卷四二，大正二七，二二〇頁上～）

此即所謂的七類五十八心所。第三的小煩惱地法除外，其餘皆稱之以「大」，是為顯示具有該名稱的心的作用生起時，此等係其根柢。若就其實體言之，未必五十八種全然各別，其中彼此共通的也不少。依據《婆沙論》所作說明，大煩惱地法的十種（不信、懈怠、放逸、掉舉、無明、忘念、不正知、心亂、非理作意、邪勝解）之中，不信、懈怠、放逸、掉舉、無明等五種，是以大地法中的受、想、思、觸、欲等五者為體，故其數雖是二十，實際上只是十五。又，大不善地法中的前三（無明、昏沉、掉舉），也見於大煩惱地法中，因此實際之數只有無慚與無愧二者，大有覆無記法（無明、昏沉、掉舉）與大無覆無記法（同於十大地法），也都列於前者之中，故並非別有實體。說是五十八種，其實體只有三十七種，《婆沙論》對此未予以嚴格規定，故必須作相當剋實的說明。對此，更予以整理的，是法勝的《阿毘曇論心論》，以及法救的《雜阿毘曇心論》，而相傳是世親之師的悟入所撰的《入阿毘達磨論》，關於心所的性質上的分類雖不得見之，但對於一一心所，卻給予相當整然的說明（加上欣與厭之心所，成為七十七，此較《俱舍》的七十五法，多出二法）。就此，更予以總合，給予性質上的分類，更且固定各項心所之數的，是世親的《俱舍論》（編者曰：但依《光記》之解。若依據《攝大乘論抄》所載，聲聞所立有七十五法。大正八五，一〇〇〇頁上）。

①大地法（mahābhūmika-dharma）十：

受（vedanā）　想（saṃjñā）
思（cetanā）　觸（sparśa）
欲（chanda）　慧（prajñā）
念（smṛti）　作意（manaskāra）
勝解（adhimukti，印，決定）　三摩地（samādhi）

②大善地法（kuśala-mahābhūmika-dharma）十：

信（śraddhā）　不放逸（apramāda）
輕安（praśrabdhi）　捨（upekṣā）
慚（hrī）　愧（apatrāpya）

無貪（alobha）　無瞋（adveṣa）

不害（ahīṃsā）　勤（vīrya）

③大煩惱地法（kleśa-mahābhūmika-dharma）六：

無明（moha or avidyā）　放逸（pramāda）

懈怠（kausīdya）　不信（āśraddhya）

惛沉（styāna）　掉舉（auddhatya）

④大不善地法（akuśala-mahābhūmika-dharma）二：

無慚（āhrīkya）　無愧（anapatrāpya）

⑤小煩惱地法（upakleśabhūmika-dharma）十：

忿（krodha）　覆（mrakṣa）

慳（mātsarya）　嫉（īrṣyā）

惱（pradāsa）　害（vihiṃsā）

恨（upanāha）　諂（māyā）

誑（śāṭhya）　憍（mada）

⑥不定（aniyatā）八：

惡作（kaukṛtya）　睡眠（middha）

尋（vitarka）　伺（vicāra）

貪（rāga or lobha）　瞋（pratigha or dveṣa）

慢（māna）　疑（vicikitsā）

合計爲四十六種。（《俱舍》卷四，大正二九，一九頁上～二〇頁上，國譯二二九～二四三頁）

進而《唯識論》[52]稍作變更，揭出①遍行，②別境，③善，④煩惱，⑤隨煩惱，⑥不定之分類，心所之數稍增，但主要還是承自《俱舍》。徵於南方論部，阿耨樓陀的《攝阿毘達磨義論》最為完整，是將五十二心所分成七類，更且值得注意的是，其中有某些是與《俱舍》、《唯識》相類似。

①一切心共通（sabba-citta-sādhāraṇa＝大地法）七：

觸（phassa）　受（vedanā）

想（saññā）　思（cetanā）

心一境（ekaggatā）　命根（jīvitindriya）

作意（manasikāra）

②別境（pakiṇṇaka）六：

尋（vitakka）　伺（vicāra）

勝解（adhimokkha）　勤（viriya）

愛（pīti，喜）　欲（chanda）

52.《成唯識論》的心所有法如前注所揭。

③一切不善共通（sabba-akusala-sādhāraṇā＝大不善地法）十四：

癡（moha）　無慚（ahirika）
無愧（anottappa）　掉舉（uddhacca）
貪（lobha）　見（diṭṭhi）
慢（māna）　瞋（dosa）
嫉（issā）　慳（macchariya）
惡作（kukkucca）　懈怠（thīna）
睡眠（middha）　疑（vicikicchā）

④淨共通（sobhaṇa-sādhāraṇa＝大善地法），十九

信（saddhā）　念（sati）
慚（hiri）　愧（ottappa）
無貪（alobha）　無瞋（adosa）
中捨（tatra-majjhattatā）
身輕安[53]（kāya-passaddhi）
心輕安（citta-passaddhi）
身輕相（kāya-lahutā）
心輕相（citta-lahutā）
身柔軟（kāya-mudutā）

心柔軟（citta-mudutā）
身適業（kāya-kammaññatā）
心適業（citta-kammaññatā）
身有能（kāya-pāguññatā）　心有能（citta-pāguññatā）
身直（kāy-ujjukatā）　心直（cittujjukatā）
⑤律業（virati）三：
正語（sammā-vācā）　正業（sammā-kammanta）
正命（sammā-ājīva）
⑥無量（appamañña）二：
慈（karuṇā）　喜（muditā）
⑦慧根（paññindriya）
總計爲五十二種。

（*Journal of the P. T. S.*, 1884. p. 6）
（*Compendium of Philosophy*, pp. 94~97）

53. 以下所揭的「身」（kāya），依據覺音所述，是意指受、想、行等三蘊（khandha）。

如是，各論書所揭心所之分類及其數目並無一定，但此間仍有其共通之處。亦即在精神上，是從種種立場將種種心理活動彙整為一群。例如首先依心理活動的基礎作用而被彙整為一類的，即是大地法，即是遍行（sabba-citta-sādhāraṇa），從世友的《品類足論》直至《攝阿毘達磨義論》，此是一貫不變的。從而此一部分的研究，可說相當於佛教的一般心理論。但如同一再言及，佛教心理論的目的並非只是研究心的作用，而是意欲據此以闡明去惡趨善，離迷開悟之途徑。因此，因應此一必要而作的分類，即是善地、不善地、煩惱地等，從一般心理論的立場而言，此可說是應用門。首先將善心之基礎的心的作用，予以總括的是大善地法（或清淨共通心），而惡心或迷妄之基礎的心的作用之彙整的，是大不善地與大煩惱地，揭示前者是為積極的增進，而後者之揭示是為消極的征服，因此，就此等與宗教倫理心理學之基礎相關而言，實應特加注意。尤其在煩惱的分類上，作為基礎的大煩惱之外，又揭出小煩惱與隨煩惱之所以，不外於顯示基於佛教的立場，在轉迷之必要上，此等是特應予以征服的心的作用。最後所揭的「不定」，唯見於《俱舍》、《唯識》，此因尋、伺、追悔與睡眠難以定其善惡，雖然如此，但克實言之，吾人的精神作用之中，類此的種類眾多，因此設此項目，在整理時大有助益，此當切記莫忘。就此而言，筆者認為相較於小項目也納入的《攝阿毘達磨義論》，立此「不定」的《俱舍》、《唯識》的方式應是較妥。

總之，基於上文所述的心所論，佛教的心理學可分成如次的項目予以研究。

A 一般心理論（主要是大地法與不定地法之研究）。

B 特殊心理論
- 1. 倫理的心理學的基礎（大善地法、不善地法）。
- 2. 特別針對惡德（煩惱論）。

實言之，僅僅如此，佛教的心理論猶有不足。此因此處所謂的特殊心理論的題目，只是以一般情況作為基礎的平常態心理論，尚未觸及修道之心理。在佛教中，此修道心理最為重要，種種阿毘達磨所說的禪定論、智論，皆意在揭示修道心理。當然若從一一的心的要素之立場而言，此等含於前揭諸心所中，但若就將此等視為全體的修道心理，則應占有一種特殊地位。況且就今日心理學的問題見之，此一部門實與催眠心理或宗教心理有關，故就學問的角度言之，作為佛教心理的部門之一，此應有其地位存在。據此，故於特殊心理論中添加此科，作為第三門。

第七節 ◆ 心性論

有關心之相狀的說明與議論，依據上來所述，大致已可了知，故此下將依上文之順序，就心作用論的心理活動的樣式依序述之。但除此之外，另有作為心相論之附論的重要問題，也必須予以論述。此即是有關心性淨、不淨的題目。如同中國有所謂的性善說性惡說，心性本淨與否，也是佛教界相當大的議題，故在此稍作論述。

無論心所與心體是同是異，吾人的心的作用之中，有前述的種種善惡，此乃是必須承認的事實。從而就此而言，吾人之心原是善惡混合體。亦即以佛教特有的用語而言，是具有依因緣而善，依因緣而惡的性質。若是如此，此恐是原始佛教所言，也是部派多數的意見。但若進而探討其本性之性質，佛教既然將令吾人成立的根據說為無明（avidyā），則心之本性應是迷妄的、是主我的，必然是不善不淨。此確實是佛教教團內所流傳的思想。但若更進一步探討，吾人具有從此無明之內在，亦即就無明而破無明之殼，求菩提求解脫之要求。吾人得以修行之根據在此，故心的作用之中，既有煩惱又有善心，其因在此。但問題是，若是如此，應將心之本性視為清淨或視為不淨？此乃是部派佛教時代所產生的疑問。更且應予以注意的是，就文獻而言，強烈主張性不淨說的，不得見之，最常見的，是心性本淨說，種種文獻常加以引用或批評。今就其文獻見之——《宗輪論》所揭大眾部的主張如次：

心性本淨，客塵隨煩惱之所雜染，說爲不淨。

《大毘婆沙論》卷二十七曰：

或有執，心性本淨，如分別論者，彼說心本性清淨客塵煩惱所染汙故相不清淨。

（大正二七，一四〇頁中）

相傳犢子部所傳的《舍利弗阿毘曇論》[54]卷二十七假心品曰：

心性清淨，爲客塵染。凡夫未聞故，不能如實知見，亦無修心。聖人聞故，如實知見，亦有修心。心性清淨，離客塵垢。凡夫未聞故，不能如實知見，亦無修心。聖人聞故，能如實知見，亦有修心。

（大正二八，六九七頁中）

進而《成實論》卷三心性品第三十拈提此一問題，並予以評破。進而就南方的論部見之，《論事》並沒有明顯主張心性本淨論，但若依據《論事》（五之二）所載，北道派[55]雖是有學但已有無學智慧之說，又依據該論（五之六）所載，案達羅派認為即使是俗智，但某種程度仍得以契合真理，據此看來，似已暗含心性本淨論，至少可以據此證明已有朝此方向邁進的部派。但問題是，何者是最早提出此本淨說的部派？《宗輪論》所說的大眾部，《大毘婆沙》所說的分別部，乃至《舍利弗阿毘曇》的主張，究竟是代表同派的主張？或是不同部派的共同主張？可惜筆者尚未得以確定，但大體而言，此一主張應是立足於理想主義的大眾部者之所倡。此因大體上大眾部具有只要是合乎理想之確立的，就都予以觀察之風氣，而此本淨說，無疑的——從實踐的意義而言——正是令吾人淨心得以發起的主要根據。總之，此主張是由某派之所主倡，且在當時及後世的教義學上，具有重要的關係，此徵於種種文獻給予批評或介紹的事實，即可知之。但此說最為曖昧的是客塵煩惱之意，是基於何等理由，將煩惱說為客，清淨心說為主？就客觀的事實而言，如前所述，無論善心或惡心，清淨心或不淨心，皆有可能從吾人心內生起。對此，慈恩大師於《宗輪論述記》所說的「淨心或不淨心雖是所予之事實，但由於修行，終將煩惱之不淨心去除，獨留淨心，故將留存的，暫稱為主，被除去的，視為客」，可以說是深得主張者之意。雖然如此，但說為本淨，並不契合事實真相，反對此說的，是有部以及《成實論》等。

54. 關於《舍利弗阿毘曇論》，請參照《阿毘達磨論之研究》一三四頁，中譯本八九頁。
55. 參照《結集史分派史考》四九頁。

有部認為吾等心之善、惡、淨、不淨，是因於一一的心所與心王相應，或者某種心所與心王背離（不相應），故本性並無淨或不淨。若如論者所言，心性實是本淨，則以染汙為本性的所謂客塵煩惱，若與本性清淨心相應時，將為其所化，自成清淨。若染汙的本性，與清淨心相應時，不能成為清淨，則所謂清淨心亦不可能因於客塵煩惱，其相成為不淨。更且就時間上見之，若清淨心與煩惱同時存在，則不能說是本性清淨，若清淨心在前，煩惱後起，則其清淨心違背心理學規則，非刹那滅。故本淨論者之說不得成立（《婆沙》卷二七，大正二七，一四〇頁中下）。

《成實論》的抨擊大致同此，其主要的理由是基於煩惱與心是相應而起，故不能只將煩惱視為客（《成實論》卷三〈心性品〉第三〇）。心性清淨論者可以說是形而學的看待心性，反之，相應論者完全是從相狀或作用的方面觀察，亦即彼此的立足點不同。此即是爾後大乘論[56]中的相應心與不相應心的立場之別。與此本淨論立於大致相同立腳地，但以中性看待的是所謂的一心相續論者。所謂的一心相續論，究竟是何派的主張，至今筆者尚未得以了解，但依據《大毘婆沙論》所載，承認心之統一，主張其統一之相續的部派，應是近於犢子部，但又未必是犢子部。總之，如前所述，此派主張心之本性相續不變，從而無論善心之起，或惡心之起，或煩惱之起（有隨眠），或無煩惱（無隨眠），都是同一性。煩惱之起，恰如衣服或鏡為塵垢所汙，故聖道現前，煩惱之滅，恰如浣衣或磨鏡等（《婆沙》卷二二，大正二七，一一〇頁上）。亦即心之相與用除外，對於心性，彼等所說幾乎與本淨論者同一，但就不表明本淨而言，無論有隨眠或無隨眠，都是同一，換言之，是持中立的態度，此又與有部等的相應說相似。但大體而言，最近似本淨論者之說，此乃不爭之事實。要言之，此心性論既然與心之性質有關，因此似應屬心理的問題，但實際上是形而上的題目。至少爾後如來藏說與心真如說之發生，實遠承自此一系統（將阿賴耶識視為妄識的，是出自心本不淨說，而如來藏論是由心淨說所發展出）。

56. 般若流支譯《唯識論．二十論》曰：「心有二種。何等為二？一者相應心，二者不相應心。相應心者，所謂一切煩惱結使受想行等諸心相應，以是故言心意與識及了別等，義一名異故。不相應心者，所謂第一義諦常住不變自性清淨心故。」（大正三一，六四頁中）

第四章　心理作用論（就一般言之）

第一節　感覺論

一、感覺器官之組織與性質

依循前章末尾論述之順序，此下首先就一般的心理作用述之。對於一般的心理論，首先必須論述的是感覺論。為揭出此感覺論，必須揭出根（indriya），亦即五官的性質。故首先就五根性質述之。此即相當於今日所言的，有關神經，尤其有關知覺神經之研究的部門。

根（亦即感官）有眼、耳、鼻、舌、身、意等六種，此已見於《奧義書》等，尤其在原始佛教中，無論是十二處之分類，或是十八界之分類，都是具有定數的最重要的任務。從而在「尼柯耶」中，已有與此有關的種種說明，但予以詳論的，仍在阿毘達磨。首先成為問題的是，形成五根的要素是何物？從一方面而言，根作為生理作用，具有物質的特徵，但另一方面，彼等作為心理的機關，也具有超物質的方面，因此，難以確定其要素究竟是何物。徵於他派，數論派對此有二說。其一是五根與其他的六根都是由我慢（ahaṅkāra）所發生。此因我慢其本體是自性（prakṛti）的，據此而認為五根也具有廣義的物質性，自然無庸贅言，但狹義言之，我慢是心理機關的一種，五根亦非只是物質性的，而是與一種心理作用有關。另一說是完全將此視為物質性的，亦即從地、水、火、風、空等五大發生五根，此同樣是數論派所傳（《印度六派哲學》第三篇第二章第三節）。茲表列如次：

我慢—五唯（塵）

聲	空	耳根
觸	風	身根
色	火	眼根
味	水	舌根
香	地	鼻根

此間潛藏 like to like 的認識之考察，此固然無庸贅言。更就勝論所說見之，勝論所說類似數論的第二說，將五根完全視為由物質性的五大所成立（《印度六派哲學》第五篇第二章第二節）。此如次表所示：

地	香	鼻
水	味	舌
火	色	眼
風	觸	身（皮）
空	聲	耳

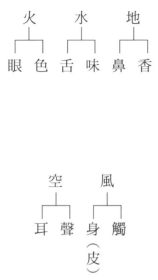

就地言之，作為對境，以香為特質；作為根，能發生鼻根，此乃香與鼻根之間產生認識關係之所以，同樣的，其他四者亦然，可說完全是以 like to like 為根柢的思考。

若是如此，佛教對於五根持何看法？就尼柯耶見之，尼柯耶中雖未有詳細說明，但大致是將五根視為由物質的四大所成，然彼等異於普通的物質，可說是由精鍊的淨色（rūpa-prasāda or rūpa- pasāda）所成（參照《雜阿含》卷十二，大正二，九一頁下）。尤其是有部宗，在《品類足論》、《婆沙論》與《俱舍論》等之中極力的主張（《品類足論》卷一，大正二六，六九二頁下；《婆沙》卷十三，大正二七，六四頁上；《俱舍》卷一，大正二九，二頁中，國譯二〇頁）。亦即此等雖是四大所造，但猶如珠寶光一般，是透明的特殊物質（《俱舍頌疏》卷一，大正四一，八一九頁下）。

數論與勝論認為四大或五大的特質有別，因此根的性質也有差異，但佛教卻認為是合四大之淨色而成立五根，因此，對於同樣的四大何以分化成五根，在阿毘達磨中產生疑問。總的說來，佛教對此的解釋，是認為主要是因於業之因緣（例如《成實論》卷四根假名品第四十五），但僅僅如此解釋，過於籠統，因此《大毘婆沙論》（卷十三，大正二七，六三頁上）、《俱舍》卷二大正二九，一二頁上，國譯一四一頁）等，將五根之構成歸於極微（亦即細胞）之配置與形狀有別。亦即眼根的細胞是散布於瞳孔之上，其形如藥杵頭；耳根的細胞在耳孔中，其形如燈器；鼻根的細胞是在鼻孔中，形如人爪；舌根的細胞在舌上，形如剃刀；身根的細胞遍布身中，形如戟矟。此說有何等程度的解剖學根據不得而知，但主要是依據細胞形狀之差別而說明五官。從而若依據阿毘達磨所述，尤其是《婆沙論》等所載，根的本質是在此細胞之中，而外在的，通常被稱為眼、耳、鼻、舌、身的，只是維持此根的機關而已。

就此而言，圓熟的阿毘達磨將根分成扶塵根（adhiṣṭhāna-indriya）與勝義根（paramārtha-indriya）等二種，更且通常是將後者視為真根。就筆者所知，如此的分類不見於南方論部，但較早的論部，例如《毘婆崩伽》[57]（*Vibhaṅga*, p. 70~71）已將根說為無見（anidassana）、有對（sappaṭigha），將根視為不可見的，用以與通常所說的外在的五根作區別，此乃無可懷疑之事實。

問題是，根若是物質所成，則相對於作為心理作用的，五根只是受外界刺激之門？或彼等本具所謂發識取境之作用？問題的產生是因於認識屬於心理作用，根若是物質，就與認識毫無關係，但從另一方面言之，感官本身的心的作用極大，故不能僅僅將此視為門。就部派的主張見之，對於此一問題，不只對立的部派，即使同一部派也產生爭議。依據《異部宗輪論》所載，大眾部屬根無知論派，認為「五種色根以肉團為體。眼不見色，耳不聞聲……」，將彼等視同筋肉（但依據《論事》所載，大眾部是根見家），據《成實論》看來，訶梨跋摩是識見家，認為根只是門（《成實論》卷四〈根無知品〉第四八）。更就有部所說見之，依據《大毘婆沙論》所載，有部四大論師中，世友主張根見論（《婆沙》卷十三，大正二七，六三頁中以及卷九五，四八九頁下），法救是識見論者，妙音是慧見論者（同上，大正二七，六一頁下）。而譬喻者（亦即先經部師）予以調和，主張根識和合（《婆沙》第十三，大正二七，六一頁下，以及卷九五，大正二七，四八九頁下）。進而就南方上座部所傳見之，雖不甚清楚，但若依據《論事》所載，大眾部主張根見論，故被上座部視為異端，據此看來，上座部應是採取近於識見派的立場。《法集論》與《殊勝義論》將眼、耳、鼻、舌、身、意等六根都名之為「門」（dvāra），

57. 例如：云何眼入？眼由四大所依淨色所成，我之所攝，不可見，有對。Tattha katamaṁ cakkhāyatanaṁ. Yaṁ cakkhuṁ catunnaṁ mahābhūtānaṁ upādāya pasādo attabhāvo pariyāpan-no anidassano sappaṭigho（*Vibhaṅga*, p. 70），《舍利弗阿毘曇論》卷一，大正二八，五三四頁中；《阿毘達磨論之研究》九五頁，中譯本五七頁）。

外界的刺激撞擊五根門，同時也撞擊意根門，心體隨之引起振動（*bhavaṅga-calana-samat-thatāya*），遂有認識的表象發生（*Attha-sālinī*, 72. Expositor, I. p. 96）。據此看來，南方上座部大體上是識見派，但從也重視根看來，可說是立於近於根識和合論之立場[58]。

要言之，若折衷言之，五根是含括生理與心理兩者的機關，既屬將外界刺激傳往內部之通門，但在某種意義上，又是各種感覺的生理性的所在。

二、感覺之發生

關於以此五根為依處，生起發識取境之作用的過程，先前既已簡單述之，但為更詳細論述，故再次引用先前所引經句於次，藉以闡明其阿毘達磨的意義。

吾友！眼以色爲緣，眼識生，三者和合有觸，以觸爲緣而有受，認知（saññāti）所感，考慮（vitakketi）認知，進而分別（papañceti）考慮，以所分別爲緣，其分別想即依序涉及過、現、未，於依眼識而知之色法而顯現予吾人。——乃至耳、鼻、舌、身、意，亦復如此[59]。

（*M.* 18. *Madhupiṇḍika Sutta*, Vol. I. p. 111 f.；《中阿含》卷二十八蜜丸喻經，大正一，六〇四頁中）

依據阿毘達磨的解說，首先是認識外界之門的眼受其對象的色境刺激。此時，對應其刺激，產生眼識（亦即視覺），此乃吾人心理活動之第一步。但此處需要探究的，有二、三個問題。第一，依據上文所引經文，眼根與色境和合而有眼識發生，但若依據文獻而作解釋——依據六識別論——佛教的心理論恐將成為一種唯物論的心理學。此因若認為是依據物質性的五根與物質性的對象結合而產生心識，則五感的起源完全在於物質。但如前所述，佛教絕非唯物論，因此，此根境為緣而某識生起之說，應是依據根境和合而內心產生反應，遂有某識產生的生機主義的見解，若非如此，則應解為心理組織之中已具備可成為某識之可能性，根境和合遂被激發。第二個問題是，若根境為緣而識起，則其根境結合是如何的狀態？此因機械的根境和合，未必有意識的感覺生起。對此，尼柯耶已將對象納入根中的 āpātha（知境）中，作為根生起識之條件（關於將 āpātha 翻譯為知境——《成實論》卷四根塵合離品第四十九，*M.* 28. *Māhaha tthi Padopama Sutta*, Vol. I. p. 190.《中阿含》卷七的象跡喻經，參照《原始佛教思想論》一四二頁，中譯本八九頁）。此因 āpātha 有焦點（focus）之意，用以指稱各根之中樞（其根柢含有心理學上的注意作用），換言之，不外於是對應外界的刺激而調節感官之義。如是，感覺之生起，首先是有外界的刺激而撞擊根時，根自我調節，將刺激傳入中樞（āpātha），心的反應據此生起，因此有視覺乃至觸覺，此即是所謂的眼以色為緣而眼識生之意。實言之，感覺之生起，絕非只是根境和合的感覺的反應即得以完成。「感覺」主要是心理作用，在各種特殊感覺之根柢，必然另有一般的感覺存在。特殊感覺的機關是所謂的眼、耳、鼻、舌、身，相對於此，司掌一般感覺的是意根（manindriya），是同樣被稱為門（dvāra）的。

58. 關於 dvāra 論（door-theory），參見 *Dhammasaṅgaṇi* 之英譯，Mrs. Rhys Davids: *A Buddhist Manual of Psychological Ethics*, London 1900, p. LIV. f。

59. Cakkhuñ c'āvuso paṭicca rūpe ca uppajjati cakkhuviññāṇaṃ tiṇṇaṃ saṅgati phasso, phassapaccayā vedanā, yaṃ vedeti taṃ sañjānāti, yaṃ sañjānāti taṃ vitakketi yaṃ vitakketi, taṃ papañceti, yaṃ papañceti tato nidānaṃ purisaṃ papañcasaññāsaṅkhā samudācaranti atītānāgatapaccuppannesu cakkhuviññeyyesu rūpesu.（*M.* 18. *Madhupiṇḍikasuttaṃ*. P. T. S., Vol. I. p. 111）

吾友！此五根認識各各別別之境，別別之界，不能認識相互之境界。不能認識此相互之境的五根之依所（paṭisaraṇa）是意。意完全認識彼等境界。（*M.* 43. *Mahāvedalla Sutta*, Vol. 1. p. 295.《中阿含》卷五八之大拘稀羅經，《原始佛教思想論》一三八頁，中譯本八五頁）

若是如此，特殊根與此意根之作用又是如何？依據覺音所述，此完全是同時。六境是認識的對象，故必入二門之中樞（āpātha）。亦即刺激任一外根，同時入意根門內，恰如由於宿於樹枝之鳥，故其樹枝晃動，與此同時，其影亦動。如是，依入此意根門之刺激，心體（bhavaṅga，無意識的心理）生起振動，此即知覺生起。據此而成為意向（uppanna）與決定（āvajjana）（*Attha-sālinī*, p. 72. *Expositor*, p. 96），此即是覺音的解釋。說為「於其心體生起振動」（bhavaṅga-caiana-samatthatāya），乃是覺音特殊之意見，然其所說的感覺生起之條件是內根（manodvāra）的同時的共同，則是契合教證、理證之說，可說是代表阿毘達磨的一般看法。如是，感覺生起的條件，第一是外根，第二是境，第三是意根，第四是境進入內外根之中樞，此四種條件若不完備，心識不得發生。

上文是「眼根以色為緣而生識」之意，但此主要是在闡明感覺發生之相狀，對於感覺本身並沒有說明。而予以闡明的是「三者和合有觸」之說。所謂的觸[60]，是接觸之義，藉由根，對境接觸意識時，最初反應的心理作用，因此其所指的，正是感覺。所說的六觸，即是由於感官的不同而產生的不同感覺，從視覺、聽覺乃至內在的知覺（意觸）都包含在內。阿毘達磨論師對此所產生的問題是，此觸（亦即感覺），究竟是指根、境、識等三者和合之當體，或是作為三者和合之結果而別生感覺（觸）。依據《俱舍論》卷十（大正二九，五二頁中，國譯六〇六頁～）所載，有部論師認為三者和合之外，別有觸，反之，經部師（依據註者所述）認為三事和合本身即是觸。此因就法相問題而言，經部認為心外別無心所，因此觸也是心的作用之一，故主張觸即是三事和合，反之，有部認為心識之外，另有心所，故於識之外，別立觸。《成實論》承繼經部系統，故不別立觸，而將是心緣對象時，名為觸（卷六觸品第八十五），《唯識論》（卷三，大正三一，一一頁中）曰：「觸謂三和，變異分別，令心心所觸境觸為性，受、想、思等所依為業云云。」指出三事和合之外，有觸。經云：「三事和合有二種觸。」（《成實論》卷六觸品第八十五（大正三二，二八六頁下））。今以此為事實問題而論，此一問題若轉換成是某心的要素與其他心的要素結合之際，其結果可否成為兩要素以外，新的心之作用的問題，則有部的三事和合別有觸生的主張之中，有值得玩味之價值。

總之，外界之刺激成為純然的心理活動，就經驗論而言，所謂的內心作用，是以此觸為出發點，逐漸趨於複雜。依據阿耨樓陀的《攝阿毘達磨義論》所載，如此而成立的認識其完成需經十七剎那。亦即對於外界之刺激，①至②是內外兩根之震動。③是感覺之發生。④是認知。⑤是知覺。⑥是考察識予以考察。⑦是決定。⑧至⑭是統覺。⑮至⑯是托住。⑰是作為習氣而依存於生命（bhavaṅgapāto）（*Text. J. P. T. S.*, 1884, p. 16~17; *Compendium of Ph.*, p. 125~）。固然此乃是實驗之結果，但就其略具實驗心理而言，是值得予以注意的。

60. 參照Mrs. Rhys Davids: *A Buddhist Manual of Psychological Ethics*（from the Pāli of the Dhamma-saṅgaṇi）p. LV f.

三、感覺的對象

以上所述是一般的感覺，但作為特殊感覺論，至少應就諸根之對境而作論述。相對於根有六種，境也有六種。此即色、聲、香、味、觸、法，此六者與六根被稱為十二處，是始自於原始佛教時代。此中，所謂的色，無庸贅言，當然是指眼根所對之境，聲是耳根所對，香是鼻根，味是舌根，觸是身根，最後的法是意根所對之境。此處的問題是，五境或六境如何刺激根？換言之，究竟是五境或六境直接且實質性的刺激，或是此兩者之外，另有感覺的關係？對此，有部與南方論部是將六境大體分成三種。第一是合中色（sampatta-rūpa），與根直接接觸，才給予刺激，香、味、觸等三者屬此。第二是離中色（asampatta-rūpa），雖是相離，仍能給予刺激，色與聲屬此。第三是非合非離，法境屬此（*Compendium of ph.*, p. 3；《俱舍》卷二，大正二九，一一頁中，國譯一三五頁～）。常識上，眼與耳能遠距離的認識，而鼻、舌與皮膚需經接觸才受刺激。但此說並非佛教界一般之定說，此徵於《成實論》卷四根塵合離品第四十九所介紹的異見即可知之。據彼所載，眼根或耳根是合中知。此因眼之見物，是眼中之光與遠方之對象合。此徵於眼與對象之間，若有障礙，則視覺不生得以知之。同此，耳根之認識聲，是因於聲入耳底與耳根合，此徵於不能聽聞遠方之聲或小聲得以知之。加之，經中既已明言根是有對（pratigha），三事和合有觸，故視為「合」，才符合佛之真意。不只如此，進一步言之，意根之認識法境，也是因於意根到達境，此依經云：「是心獨行遠逝，覆藏無形。」得以知之。就此而言，六境悉皆合中——，此即對於前揭分類，持反對論者的主張（《成實》卷四根塵合離品第四十九，大正三二，二六八頁上）。可惜無法確定此係何派所說，但相較於先前的分類，此應是較為合理。

以上所述，是其大要，其次將概觀作為五根之對象的五境[61]。所謂的五境，即：色（rūpa）、聲（śalda）、香（gandha）、味（rasa）、觸（spraṣṭavya）。

第一的色，是視覺之對境，將此分成色（varṇa）與形（saṃsthāna）（經部只說顯色，不說形色。《俱舍論》卷十三，大正二九，六六頁中，國譯一四頁引用）等二類，至少是有部之立場。進而又將此分成二十種：青（nīla）、黃（pīta）、赤（lohita）、白（avadāta）、影（chāyā）、光（ātapa）、明（āloka）、闇（andhakāra）、雲（abhra）、煙（dhūma）、塵（rajas）、霧（mahikā）等十二種為為顯色，長（dīrgha）、短（hrasva）、方（caturaśra）、圓（vṛtta）、高（unnata）、下（avanata）、正（śāta）、不正（viśāta）等八種為形色（《婆沙》卷十三，大正二七，六四頁上，《俱舍》卷一，大正二九，二頁中，國譯二二～二四頁）。又《法蘊足論》所載如次：

> 謂四大種所造，青、黃、赤、白、雲、煙、塵、霧、長、短、方、圓、高、下、正、不正、影、光、明、暗、空一顯色、相雜、紅、紫、碧、綠、皂、褐，及余所有眼根所見，眼識所了。
>
> （《法蘊足論》卷十，大正二六，五〇〇頁上）

對於第二耳之對境的聲，《品類足論》又分成以有執受大種為因的聲，以及以無執受大種為因之聲等二種（卷一，大正二六，六九二頁下），《婆沙論》則開為八種。亦即對於其原因，是分成動物

61. 關於五境，請參照《成實論》卷四根塵合離品第四十九至卷五觸相品第五十九。又，關於《唯識論》之五境，請參照花田《唯識要義》一五〇頁以下。

性的（以有執受大種為因，upātta-mahābhūta hetuka）與非動物性的（anupātta- mahābhūta hetuka），進而又分成可解的（有情名，sattvākhya）與不可解的（非有情名，asattvākhya），更從感情生活分成可意（快，manojña）與不可意（不快，amanojña），依此可組合成如次八種：①以有執受大種為因的有情名之可意聲，②同不可意聲，③以有執受大種為因的非有情名之可意聲，④同不可意聲，⑤以無執受大種為因的有情名之可意聲，⑥同不可意聲，⑦以無執受大種為因的非有情名之可意聲，⑧同不可意聲〔《婆沙》揭出與此八種略異的八種，《順正理論》卷一所揭依此（參照《婆沙》卷十三，大正二七，六四頁中；《俱舍》卷一，大正二九，二頁下，國譯二五頁同註；《順正理論》卷一，大正二九，三三四頁上；《入阿毘達磨論》卷上，大正二八，九八〇頁下等）〕。

對於第三的鼻根之對境的香，《品類足論》將此分成好香、惡香、平等香（卷一，大正二六，六九二頁下），《婆沙論》則分成好香（sugandha）、惡香（durgandha）、等香（samagadha）、不等香（viṣamagandha）等四種（《婆沙》卷十三，大正二七，六四頁下；《俱舍》卷一，大正二九，二頁下，國譯二五頁）。

其次對於舌根之對境的味，如同香，《品類足論》將此分成可意、不可意與中庸，《婆沙論》分成甘（madhura）、醋（āmla）、鹹（lavaṇa）、辛（kaṭuka）、苦（tikta）、淡（kaṣāya）等六種（《婆沙》、《俱舍》、《品類》同上）。

對於第五的身根之對境的觸，《婆沙論》分為十一種：堅（khara or khakkhaṭa）、濕（sneha or drava）、煖（uṣṇa）、動（īraṇa）等四，滑性（ślakṣṇatva）、澀性（karkaśatva）、重性（gurutva）、輕性（laghutva）、冷（śīta）、飢（jighatsā）、渴（pipāsā）等七（同上）。

關於此等，《婆沙》等有種種論述，恐過於繁瑣，今略過不述。

最後的第六的法境（dharma），是意根所對之境，無須經由五官，而是直接依據意識而認識之境。亦即暫且將依據推理判斷等作用而得的概念說為對象。依據有部之法相，心、心所、無表色、心不相應行、無為等皆攝於此中。從而此等不應納入於感覺論之範圍，但基於此係與五根並列而成為六根之一，故相對於五境，以此為第六境。不只如此，依據佛教所述，若成為聖者，此等之境並非抽象概念的對象，而是直感之對境，基於此等理由，遂暫置於感覺的對象之列。

第二節 ✦ 感情論（vedanā）

一、一般的感情論（受）

與前述的感覺（觸）有密切關係，而心的作用趨向更為複雜之中的一個階段，更且成為全體之心之根柢的，是感情（亦即受）。佛教所說的「受」，一方面，就具有感覺的意味而言，是與觸有關聯[62]，同時，另一方面，就成為心的內容之基本而言，又具有內在的意義。因此，阿毘達磨論師之間，首先成為問題的是──依據《俱舍論》卷十（大正二九，五二頁中，國譯六一三頁）所載──觸與受有何等關係？換言之，受必起於觸之後？或是同時生起？對此，毘婆沙師主張感覺與感情是同時存在，且有相互依存之

62. 說為 Samphassa-jā-vedanā（參照 *Compendium of Ph.*, p. 14.）的，是相當於受領納、隨觸（《俱舍》卷一，國譯三九頁）。又，可以參照對於受與觸之關係，予以詳論的《大毘婆沙論》卷一一三（大正二七，一三〇頁中）。

關係（俱有因），相對於此，經部師認為先有觸而生受，主張彼此是次第關係，而非相互依存之關係。經部係依據「三事和合有觸，以觸為緣有受」的經句而持此說。尤其依據《俱舍論》之註釋家所述，經部的室利邏多更作第一剎那，根境和合，第二剎那生觸，進而第三剎那才生起感情（受）的區分（《俱舍》卷十，大正二九，五三頁上，國譯六一六頁）。此等乃是將發生論的見地與組織的見地兩者相混所產生之異論，就筆者所見，若依發生的立場，經部所說為真，若依組織的立場，則有部所說為真。此因心的作用不只是移行的過程，而是由單純逐漸趨於複雜，更且此要素皆被保留且趨於複雜。

將受[63]分成三種，是原始佛教時代以來的分類法。所謂的三種，是①苦（duḥkha）與樂（sukha），②不苦不樂（aduḥkhāsukha），③捨（upekṣā），如此的分類，相當於現今心理學所說的感情的根本三態。阿毘達磨論師作如此區別：「增益身心，是名為樂，損減身心是名為苦，與二相違，名不苦不樂。」（《成實論》卷六受相品第七十八）。此苦、樂、捨之分類雖是感情的基本分類，但為方便觀察，此外更有種種分類。例如所謂的六受，如同六觸、六想，皆是尼柯耶所作的分類，此等被視為誘起感情之因，因此，以眼、耳、鼻、舌、身、意等六觸為前提的苦、樂、捨，皆分別對應其名——例如眼觸所生受——而名之〔就此而言，或又將觸分為順樂受觸（sukha-vedanī ya-sparśa）、順苦受觸（duḥkha-vedanīya-sparśa）、順不苦不樂受觸（aduḥkhāsukha-vedanīya-sparśa）。《俱舍》卷十，大正二九，五二頁下，國譯六一二頁〕。進而或簡單的稱為身受（kāyikī-vedanā）、心受（caitasikī-vedanā）。說為身受的，是指依前五根而來的苦樂感，因此，正是感覺的；而說為心受的，是指從精神內部所起的喜悅或憂苦（《俱舍》卷十，大正二九，五三頁上，國譯六一三頁）。如是，將此身受與心受的分類結合苦、樂、捨等三者的，即是與三受[64]並用的五受之分類。所謂的五受，即是憂（daurmanasya）、喜（saumanasya）、苦（duḥkha）、樂

（sukha）、捨（upekṣā）。此中，憂、喜、捨等三種心受，是對於六境，以意為近緣而趨向於意，故又稱意近行（upavicāra）。（十八意近行。《俱舍》卷十，國譯六二〇頁；《成實論》卷六，辨三受品第八一，《婆沙》卷一三九，大正二七，七一六頁上～）。亦即憂、喜代表心受，苦、樂代表身受，而捨（亦即中庸的狀態）是唯一之所以，是因於中庸則無別心身之區別[65]（《俱舍》卷三，大正二九，一四頁下，國譯一七四～一七六頁）。

二、特殊感情

上文所述是一般的感情論，而以一般的感情為基礎，經營種種感情生活的，即是特殊感情。若是如此，對於何者是特殊感情，佛教對此是作如何說明？總的說來，佛教認為放縱感情生活，並非修養精神之道，故相當堅決的告誡。四念住中的「受即是苦」，即是此意，至於何謂特殊的感情，具有合理主義傾向的阿毘達磨則有相當明確的說明，如《成實論》卷六（受相品第七十八五至受根品第八十三）所載，說為樂的，無非是苦中之樂而已。若是如此，以受為根本而說的特殊感情，似乎主要是就惡德方面詳加論述。例如貪、瞋、癡等所謂的三毒，正與此樂、苦、捨等三態相應，對於樂而有貪，對於苦而生瞋，對於不苦不樂，有癡，此已見載於契經，尤其阿毘達磨中，此類的說明特多（《成實論》卷六辨三受品第八一）。此徵於小煩惱地法中的忿、覆、慳、嫉、惱、害、恨、諂、誑、憍等

63.《唯識論》卷三（大正三一，一一頁下）曰：「受者，謂領納順違俱非境相為性，起愛為業，能起合離非二欲故。」
64. 參照 *Compendium of Ph.*, p. 111-f。
65. 關於受，又有種種分類，如所謂的三十六受、百八受。可參照《婆沙》卷一三九（大正二七，七一五頁上～）。

其大部分是基於此感情的心理現象，即可知之（關於此等，將於本書第六篇倫理論中的惡德，予以說明）。但從另一方面而言，佛教絕非無視於所謂的高等感情。《法句經》中有「涅槃最上樂」（paramaṃ sukhaṃ nibbānaṃ）之說，亦即以樂受說明涅槃，尤其從言及四禪境界時，指出從初禪至三禪，喜樂之伴隨是必然條件看來，佛教未必強將喜樂方面視為罪惡。依此方面而就心所見之，如大善地法中的信（śraddhā），又如慚、愧，又如無貪、無瞋、不害，縱使此中多少含有理智的方面，但只要是感情的心理，皆可說是高等的特殊感情。尤其原始佛教以來，作為四無量而被重視的慈（maitrī）、悲（karuṇā）、喜（muditā）與捨（upekṣā），作為所謂的道德感情，甚受阿毘達磨重視，雖然如此，但令人覺得不可思議的是，並沒有將此等攝於心所之中，可能是認為此等需經由修行，亦即是後天養成的〔北道派認為佛陀超越感情，故主張佛無悲心（karuṇā）。*K.V.* 18. 3.〕。總之，是屬於情緒的。

又，與此感情有關聯，作為佛教心理論之問題，必須予以考察的是渴愛，亦即欲（tṛṣṇā or taṇhā）。此亦不列於心所之中。可能是被視為是貪（lodha）所攝（*Compendium of Ph.*, p. 244），而且與其次所將述及的欲（chanda）有關聯，具有感情（vedanā）以及意志（cetanā）之性質。此渴愛也有三種分類。即：有愛（bhava-tṛṣṇā）、愛愛（kāma-tṛṣṇā）、權財非有愛（vibhava-tṛṣṇā）。所謂的有愛，可說是意欲生存之意志，此與生命感情相當，在吾人的心理作用中，具有最深的生命論之意義。第二的愛愛，可以說是戀愛感情，但較強調其性欲的方面。對於第三種的權財非有愛，有種種解釋，筆者將此譯為繁榮欲（《原始佛教思想論》一五一頁，中譯本九六頁），但南北傳的阿毘達磨，都解釋為無有愛（例如《婆沙》卷二七，大正二七，一三八頁中），若是如此，此應是一種虛無的感情，來自於絕望。將此三欲攝於現象心理的感情，具有相當深的意義，故稍後再詳作說明。

〔又，關於美的心理，巴利文的阿毘達磨將笑分為六種：①sita（微笑），②hasita（露齒之笑），③vihasita（出聲之笑），④upahasita（晃肩之笑），⑤apahasita（流淚之笑），⑥atihasita（全身晃動之笑）（*Compendium of Ph.* p. 22），又，安溫（S. Z. Aung）認為對於 sobhaṇa （or subha）cetasika 是美或崇嚴，尚有探討之餘地（ibid., pp. 20~22），沒有多大用處，無須納入於感情之中，故此處予以排除在外。——實有必要研究漢譯的毘曇。〕

第三節◆意志論（cetanā or saṃskāra）

一、意志（思）之本質

以上文所述的感覺（觸）與感情（受）為前提，更且與此等並列而構成吾人心理活動的，是意志（cetanā，思）與表象（saṃjñā，想）。基於與感情的順序上，首先就意志述之。

就佛教的心理而言，表述心理活動方面的用語有種種，例如欲（chanda）、思（cetana）、行（saṃskāra）、業（karman）等等，此中，相當早的時代已常使用，且其意義最廣泛的，即是「行」。在五蘊的分類中，以色、受、想、行、識等五者作為吾人得以成立之要素時，此中的行，具有種種的意義〔saṃskāra 有三義，一是意志，二是受與想除外的其他心所，三是業之異名（十二因緣時）。此乃安溫之解釋。*Compendium of Ph.*, pp. 273~274〕——要言之，以意志為中心而活動的要素都包含在內。此徵於契經謂六思身名為行蘊，即可知之（《雜阿含》卷三，大正二，一五頁下；《俱舍》卷一，大正二九，四頁上，國譯四〇頁所引用）。但佛教中所說的「行」，未必只是狹義的意志而已，此如原始佛教時代以來的諸行無常之說，而意志的成果等，也適用此語，爾後心所論大為發展時，此被攝入於五蘊，亦即將一切都納入於具有曖昧意義的「行」之中，因此行的意義甚廣。而隨著心所論之分化，作為代表意志之語的思、欲、業等，被用於表現意志活動的種種方面。

無庸贅言，吾人之意志活動，大體上可分成二段。第一是內部的意志，換言之，是執志（volition）或志向（intention），第二段是將此移於行動的行為。世親的《成業論》將思分成三種，此即：審慮思（與動機有關的思？）、決定思（內在的意志）與動發思（行為）（大正三一，七八五頁下）。依據《俱舍》卷十三所載，作為經部意見，揭出思審慮、決定、動發等三態（大正二九，六八頁下，國譯二〇頁）。佛教總稱此為業，更予以區分成身業（kāya-karman）、口業（vāk-karman）與意業（manas-karman），此乃是原始佛教時代以來的分類法。此中佛教最為重視的，當然是意業，佛陀明白的指出「吾說思（意）為業（Cetanāhaṃ kammaṁ vadāmi）」（參照 *Aṅguttara*, III p. 415, *Buddhist Psy.*, p. 93），總之，將意志活動三分，是原始時代以來的一般分類。但問題是，若是如此，一般被稱為意志的是指此三業全部，或意指其中尚未表現於行動的內部之執意？對此，有部有思與思所作之說，將行為二分，認為思僅限於內部的意志。此應是依從經中將業分成思業（cetanā-karman）與思已業（cetayitvā karman）等二種〔例如《中阿含》卷二七的《達梵行經》（大正一，六〇〇頁上）〕，同樣是意志之發動，但未發與已發之間有區別。亦即依據《婆沙》所言，為遮彼意，顯除思體，別有身語二業自性（《婆沙》卷一一三，大正二七，五八七頁上；《俱舍》卷十三，大正二九，六七頁下，國譯三～四頁）。相對於此，將身、口、意等三業全體都視為「思」的，是譬喻師（經部），依據《婆沙論》所載：「譬喻者說身語意業，皆是一思」（同上），又指出「分別部建立貪欲、瞋恚、邪見是業自性」（同上）。經部立於其生機主義的立場，依身口二業無非是意業差別之見地，故有此主張。繼承此譬喻師之意的《成實論》卷六思品第八十四，簡單揭出思之性質，據彼所述，所謂的思，主要是願求之義，更且其求是以愛為動機而起作。換言之，以貪愛等為因（動機），於此中生起願求而起作的，即是思。從而表面上而言，思是意識的一部分，但依據《成實論》所述，思是就其意識活動的方面命名，因此，意與思非別體。就此而言，可說與馮特（Wundt）將感情與表象之結合視為意識，並將具此意識之力名為意志之說稍稍類似。

如是，關於思之本質，多少有所異論，但大體而言，愛、欲、思、行、業等是相互有密切關聯的心的作用，意指廣義的，有關意志活動的觀念。故此處稍作彙整，述說阿毘達磨佛教之意志論。

二、意志活動之過程

無庸贅言，作為吾人意志活動之先驅的是感情，是苦樂之感。避苦求樂的我人之心的反應，是意志活動之源泉，是內在的意志。說為愛的，說為欲的，或說為願求的，即是此苦、樂的感情被動機化之當體〔所謂的欲，依據《俱舍論》所載，是「希求所作事業」（《俱舍》卷四，大正二九，一九頁上，國譯二三〇頁），《唯識論》卷五（大正三一，二八頁上）為欲下定義如次：「希望所樂境為性，勤依為業。」南方的論部將此註解為 kattukam-yatā（intention）（*Compen dium of Ph.* p. 244），因此，是將此理解為動機，又如說為愛（tṛṣṇā）或貪（lobha）——比起動機，其意義更深——，但既將此視為心理現象之一，則不外於是指感情被動機化之當體〕。如是，動機決定，進而全心全意，意欲予以實現的，即是被稱為意業（manas-karman）或思之當體，而透過身口，將此表現於外部的，即是

「業」。此業對於心（心身）組織給予影響，因而成為未來終將實現的果報種子的，即是被稱為無表色（avijñapti）或業習（karmānuśaya）之當體（有部別立無表色，經部將此視為思之種子），就心理學而言，此可以說是潛勢的意志。

三、意志之自由

與此意志論有關聯的問題是，佛教如何看待意志之自由？常識上，此當然不特別成為問題。至少在某種程度上，吾人的意志是自由的，此乃是任何人都能同意的，但阿毘達磨佛教就常識的立場而言，可說是意志自由論者。亦即至少暗地裡認為吾人能選擇種種動機，抑制不可為而行所當為，對於行為具有控制力，故對此提出種種議論。但問題是，作為其潛勢的意志，亦即性格的業，與現實的意志之間的關係如何？換言之，常識上被視為是經由吾人自由選擇的意志活動，其實已受先天稟受的氣質與性格決定。徵於原始佛教，佛住世當時，對此問題所作的種種解答，大致可分成決定論者與偶然論者等二類。所謂決定論者，是認為現在的苦樂感受固然無庸贅言，包括其行為，都是由現今超越吾人之力的某物所支配，此思想又有宿業論（pubbekatahetu-vāda）與神意論（issara-nimmānahetu-vāda）之分別。而偶然論是認為苦樂乃至行為都是偶然現象，此間並無任何因果聯絡，此又稱無因無緣論（ahetu-appaccaya- vāda）（*Aṅguttara*, III. 61. Vol. I. p. 173 f.; *Vibhaṅga*, pp. 367~368）。對於此等所說，佛陀皆視為非，並且明白的表示「吾乃努力論（kriyāvāda, free will theory）者」，吾人的行為，乃至苦樂感情，皆受吾人後天現實的行為所支配，對此，筆者於他處已曾論述（《原始佛教思想論》一〇九頁，中譯本一六二頁；《解脫への道》二〇八頁；《大乘佛教思想論》[66]三五八頁）。但對於宿業甚重之所以，佛陀也作種種說明，因此無庸贅言，可說仍是某種程度的同意吾人的意志決定之說。問題是，若是如此，於何者能得自由，於何者不能自由？佛陀對此並沒有作特別說明，若再深入探討，是有其難點存在。在部派時代——大體上，尚未成為爭議不已的問題——但對於此一問題再予以論究的，依據《論事》所載，是王山部、義成部主張「此一切因於業」（Sabbaṃ idaṃ kammato），認為惑、業、苦等等，皆因於前世之業（*K.V.* XVII. 3.），採取宿作因論者之立場。對此，正統派認為是相當大的誤解，因此在《論事》中，極力予以破斥，而《毘婆崩伽》（pp. 367~368）將前文所述的宿作、神意、偶然等三論視為三種外道說（ti-titthāyatana），也予以破斥，可惜的是，沒有揭出其意志自由的根據，最是遺憾。對此，筆者曾在哲學會中，稍作論述，爾後將此論述收於《解脫への道》（二〇一頁以下，《大乘佛教思想論》三五四頁以下）中。主要是論述佛教所說的生命與心理之根本的無明是意志的存在，亦即用現今所說的方式表現是，既是自然物，即必須依循其法則，雖然如此，但此中仍有「以精神的本質破除自我之殼，朝自己所欲之方向前進」的自由，此即是意志自由之根據。實言之，此乃是從哲學立場揭出意志自由論之根據，若從心理論之立場言之，此一問題主要是由因緣所操縱的。亦即吾人之心理活動，依據佛教所述，是立於種種的關係（因緣），並沒有絕對的自由，但所說的因緣之中，又含有意志之動機的種種欲望，可依識或智給予某種程度的左右，亦即在吾人的心之作用中，具有選擇動機的能力，就此而言，可說是承認有意志之自由的。進而有部所說的未來無同類因等，也與此意志自由論有關係。

66. 此書將由臺灣商務印書館出版中譯本，中文書名暫譯《大乘解脫道的溯源與開展》。

第四節 ◆ 表象論（知覺 saṃjñā ──想）

一、想（表象）的意義

如前所述，外界的對象經由五根門而刺激吾心，更且此刺激到達所謂的知覺中樞（āpātha）時，即浮現對象之形。此即名為「想」（saṃjñā）。此正是與吾人知覺或表象相當之心理。種種阿毘達磨為此「想」下定義，或說是取像之作用，或說是「於境取差別相」（《俱舍》卷四，大正二九，一九頁上，國譯二三〇頁），或說於境取像為性，或說施設種種名言為業（《唯識論》卷三，大正三一，一一頁下）等，此中所述最詳的是，覺音的《殊勝義論》（p. 110 ; The *Expositor I.*, p. 146），故略揭如次：

想者，知覺（sañjānāti）青等之差別境。此以知覺爲特相，以確認爲作用，若無知覺之相，即無四地之想，又，依先前之經驗知（abhiññāṇa）[67]而知覺，而有知覺之相，即是確認，例如木匠對於某材木，應用其 abhiññāṇa，確認其識，或對於某人，應用對於其眉間宗標之 abhiññāṇa，確知此人是爾爾之宗法時……。

Nīlādibhedam ārammaṇaṃ sañjānātī ti saññā. Sā sañjānanalakkhaṇā paccabhiññāṇarasā. Catubhūmakasaññā hi no sañjānanalakkhaṇā nāma natthi. Sañjānanalakkhaṇā va yā pan' ettha abhiññāṇena sañjānāti sā paccabhiññāṇarasā nāma hotī ti. Tasmā vaḍḍhakissa dārumhi abhiñ-ñāṇaṃ katvā puna tena abhiññāṇena tam paccabhijānanakāle purisassa kālatilakādi-abhiññāṇaṃ sallakkhetvā puna tena abhiññāṇena asuko nāma eso ti tassa paccabhijānanakāle…（*Atthasālinī*, p. 110）

若依據其他的解釋：

想者，依攝取一切作用而知覺之相，但又有令知覺具有特徵的作用，此恰如木版師之對於木。Aparo nayo: sabbasaṅgāhikavasena hi sañjānanalakkhaṇā saññā puna sañjānanimitta kāraṇarasā dāruādisu tacchakādayo viya.

（*Atthasālinī*, p. 110, *The Expositor*, I. p. 147.）

簡言之，認識對象，且依先前之經驗知，作某種程度之分類，確認此為杌，此為人，故將整理的作用名之為想。稱此為認知（ājānāti），在於彼異於只是感覺（觸）與想（表象），覺音就此而予以力說，可說是卓見。

但必須注意的是，想的作用並非只是來自於外界之刺激，也有從內部生起的。亦即依記憶或想像，某種名稱或形態浮現於心的作用，也是想的一種，此當切記莫忘。此依尼柯耶已有六想身之說得以知之。所謂的六想，是指由眼、耳、鼻、舌、身、意而來的知覺，此中，前五正是來自於外在刺激的想，但來自於第六的意，是內部發生的記憶或想像。《成實論》所載的「取假法之相，故名為想」（卷六想陰品第七十七）即此。相較於將想譯為知覺，筆者認為應譯為表象，知覺表象之外，也含有想像表象、記憶表象等，其理在此。總之，想具有此等性質，故性質上，彼與識之作用極為相似，論部亦揭出其區別。例如《順正理論》卷十一（大正二九，二九五頁上），揭出識與想之區別，曰：「於彼諸

67. 關於abhiññāṇa的解釋，參見*Compendium of Philosophy*, p. 224。在該書中，是譯為intuitive knowledge或ultra thought，但毋須如此看重。

境界中，總了其體，說名為識，別取名相施設名想。」亦即約略知覺其大概的是識的作用，而具體予以表象的是想（無常想、無我想等之想是與表象有關係，但實際上是慧，亦即判斷作用。參照《成實論》卷六想陰品第七十七）。要言之，佛教所說的想，是指於心上浮現某種形態的作用，故與推理、分別、判斷等有密切關係，但其自身尚未進於此境，換言之，可說是指成為此等要素的孤立狀態。

二、概念

問題是，若是如此，此表象是如何進行而成為所謂的概念？經典指出是考慮（vitakketi）所知覺的，分別（papañceti）所考慮的。但可惜的是，對於如何依此考慮或分別而形成概念的過程並沒有詳細說明。被譯為考慮的 vitakka，通常是與 vicāra（伺或觀）並用，漢譯是將此譯為尋或覺，但如此的譯語，其意義仍是模糊與不確定。

亦即一般是將 vitakka[68] 視為粗觀察，而 vicāra 是細觀察。因此，說為考慮或分別時，其中暗含分析與總合之意，但對於如何從分析與總合而到達種概念、類概念等的順序，不得而知。整體而言，想（Vorstellung）之外，佛教也言及概念之心理作用，但大體上，想之中，既已包含概念，此依覺音之註釋中，稱「想」為確認或再認作用（paccabhiññāṇa-rasa），或將「依含攝一切之作用而知覺之相」視為其特徵，得以知之。此因所謂的確認或再認，是意指依準一定的概念，檢查某表象異同，再認定此表象所屬概念，而所說的攝取一切的作用，無非是指明確的予以表言。佛教中，似無與判然概念相當之語，心所之中，確實不得見之，但並非沒有與此相近之用法。此即梵語中的 prajñapti（施設），或巴利語的 paññatti。特為重視此 paññatti 而予以考察的是南方論部，對此 paññatti，《法集論》曾有所論述（No. 1306~1308, Mrs. Rhys Davids, Tr. pp. 340~341），而覺音的《殊勝義論》所揭的法境之中，有六內處（cha-ajjhattikāyatana）、三相（ti-lakkhaṇa）、三無色蘊（ti-arūpin-khandha，亦即受、想、行）、十五微細色（paṇṇarasa-sukhuma-rūpa）、涅槃與 paññatti（*Attha sālinī*, p. 80, *The Expositor*, I. p. 106），都揭出了 paññatti，進而阿耨樓陀的《攝阿毘達磨義論》，將萬有，亦即一切認識之對象分成五位：①心，②心所，③淨色（pasāda-rūpa）、細色（sukhuma-rūpa），④施設（paññatti），⑤涅槃（nibbāna）等（*Compendium of Ph.*, p. 3, ibid. p. 198）。更將 paññatti（概念）分成 saddapa ññatti or nāma-paññatti 與 attha-pañña tti（*Compendium of Ph.*, p. 4. and p. 198），此中的 attha-pañña tti（義施設）正與內部概念相當，而 nāma-paññatti（名施設）是指基於其概念之名稱，當然都是概念作用之結果。雖略嫌繁瑣，但仍揭出《攝阿毘達磨義論》所載如次：

> 首先有顯示陸、山等之 paññati，此係依自然變化之樣式而導出。其次有家、戰車、馬車等 paññati，此係依物質構成上的種種變化而導出。進而有人、個人等依五蘊積聚而導出的 paññati。又有如方、時等，依月等迴轉而導出的 paññatti。又如洞穴等，有因於無接觸而導出的 paññatti。進而又有與遍處等像相當的 paññatti，以彼此之物爲因，依修養心之處而導出。
>
> 如此之區別，無庸贅言，就第一義而言，並不存在，但總的說來，表現物之影，成爲心之對象……
>
> （*Abhidhammattha-saṅgaha*, p. 39, *Compendium of Ph.*, pp. 198~199）

68. 關於 vitakka 的種種用法，參照 *Compendium of Ph.*, p. 234。

安溫予以註釋（恐是依據錫蘭之註釋），認為義施設（attha-paññatti）有十二種。① tajjā-paññatti，真如（第一義的），② upādā-paññatti，依第一義的存在所導出的觀念，進入吾人之認識而被限定的存在觀念，③ samūha-paññatti，集合觀念，④ jāti-paññatti，種或類觀念，⑤ saṇṭhāna-paññatti，形狀觀念（來自於物之形狀），⑥ disā-paññatti，方，⑦ kāla-paññatti，時間，⑧ ākāsa-paññatti，空間，⑨ nimitta-paññatti，知覺、表象，⑩ n'atthi-bhāva-paññatti，非有，⑪ santati-paññatti，繼續（依據繼續之同一），⑫ sanketa-paññatti，方便觀念（依據 conventional sign 而代表某物）等（*Compendium of Ph.*, p. 5.）。如前所述，可惜對於此等觀念係依據何等心理作用而構成，並沒有詳細說明，就心理論而言，仍嫌不足，雖然如此，但總的說來，阿毘達磨論師之中，已有人具有相當詳細的概念論，據此可知。但如此的觀念，究竟是代表實在或只是觀念，在西洋有唯名論（nominalism）與實在論（realism）之爭議，而部派佛教中，取實在論的是有部，彼等所說的心不相應行法，不外於即是將此 paññatti 實在化，此如前文所述。反之，完全立於唯名論流之立場的，應是大眾部中的說假部。至於南方上座部方面，若就彼等認為究竟而言，此等並不存在，應是屬於唯名論，但就視為是心之對象而言，則屬實在論，故或許可用概念主義（conceptualism）名之（參照 *Compendium of Ph.*, p. 6）。

第五節◆統一作用

一、統一之原理的行與識

上文所述——縱使相互之間有聯絡——主要是就心理作用的主要要素而論，但問題是，若是如此，何者是得以統一彼等，作為一心而令彼等活動之原理？此因吾人的心理是由種種要素所成立，故至少就具體的作用而言，此中應有予以統一的。當然，作為形而上學的問題，如前所述，生機論與機械論對於此問題的意見相左，但此處的問題是，完全是心理論的問題，究竟是因於何等心理的原理作用，吾人的心理活動得以統一？就原始佛教見之，原始佛教大略是從二方面論述心之統一。其一主要是基於活動之立場，此際，是將統一吾人精神作用之原理，說為行（saṃskāra）。所謂的行，嚴格而言，其意義相當曖昧，但大體上是作為心的活動性之總稱。原始佛教將此視為心得以統一的原理，此徵於種種文獻即可知之。例如：

> 諸比丘！何者汝等說爲行？諸比丘！集合所集合者（saṅkhata）故，是故稱爲諸行。何謂集合所集合者？爲令色成爲色而集合所集合者，爲令受成爲受而集合所集合者，爲令想成爲想而集合所集合者，爲令行成爲行而集合所集合者，爲令識成爲識而集合所集合者……
>
> Kiñca bhikkhave saṅkhāre vadetha. Saṅkhatam abhisaṅkharontīti bikkhave tasmā saṅkhārā ti vuccanti. Kiñca saṅkhataṃ abhisaṅkharonti, rūpaṃ rūpattāya saṅkhatam abhisaṅkharonti, vedanaṃ vedanattāya saṅkhatam abhisaṅkharonti, saññaṃ saññattāya saṅkhatam abhisaṅkha-ronti, saṅkhāre saṅkhārattāya saṅkhatam abhisaṅkharonti, viññāṇaṃ viññāṇattāya saṅkhatam abhisaṅkharonti…
>
> （*S.N.* 22. 79. 8. Vol. III. p. 87.; Mrs. Rhys Davids: *Buddhist Psychology.*, p. 50）

亦即心之活動性，被視為是得以統一心之作用的作用。據此，歐洲學者之中，有人將此語譯為

synthesses（Cf. *Compendium of Ph.* p. 274 and its foot note）。另一方面的看法是從認識的立場，此際，五蘊中的識與此相當。此因所謂的識，廣義上，是指與一般的意識相當的作用，在尼柯耶中，是說為「vijānāti（分別而知）故稱為 viññāṇa」（Cf. *S.N.* Vol.III. p. 87.），亦即此際是認為統一吾人之心的，是認識之對象的觀念或表象。如是，原始佛教將「行」視為是活動以及無意識體的心的統一的原理，而「識」是認識體的心的統一原理，意欲從以無我論作為背景的關係論的心理論中得出其統一。自此，心理論大為發展。先前的意義曖昧的「行」，依據《俱舍論》所載，有四十四心所，依據《攝阿毘達磨義論》所載，有五十二心所，又，有關識的概念，往昔是著重於其認識的意義，爾後卻被當作一般的意識，亦即只是種種心所活動的舞台（the forms of consciousness）。由此又產生的問題是，意識之中，何者是統一種種心所的原理？換言之，種種心所之中，是依何等心所的作用，意識得以被統一的問題。

二、作為統一之原理的作意與三昧

依據阿毘達磨所述，統一吾人意識的過程之中，有種種的作用進行，若就其中較主要的言之，大約有如次三種：一是作意（manaskāra or mana-sikāra），二是三昧（samādhi）或心一境（cittekaggatā），三是思（cetanā）。可以說是依此三種作用，吾人之心才得以統一。但就事實言之，前揭三種心所，不外於是從不同的立場分析與統一其有關之作用。首先就作意[69]而言，依據阿毘達磨的解釋，此以警覺為相（《俱舍》卷四，大正二九，一九頁上，國譯一三〇頁），《唯識論》載為警覺為性，引心趣境為業（卷三，大正三一，一一頁下）。此正與吾人所說的注意（attention or Aufmerksamkeit）相當。覺音如次註釋：「心常以作意為伴而達於一定之境。若無作意，心如失舵之舟，失其目標，將胡亂趨於任何境地。」

（*Compendium of Ph.*, p. 283）。亦即能令吾人種種的心之作用觀念專注於一定對象，如此的作用被稱為作意，若無此作意，心無法統一。馮特認為注意與統覺無非是同一過程的不同方面，而佛教心理也是如此認為，此依上文的說明，以及視此為大地法（遍行）之一，是一切心的活動的基礎，即可知之。若依據佛教的心理所述，此被名為作意的，完全是約束心的一種作用，進而就統一之狀態予以考察的，即是三昧或所謂的心於一境。可以說作意是約束心的準備，而以此為基礎，逐漸令心集注於一處的作用是三昧。用現今所說的方式表現是，令意識專注於焦點（focus）。《唯識論》卷五（大正三一，二八頁中）作如次說明：「於所觀境，令心專注一境不散為性，智依為業。」，亦即是指藉由專注而令其對象之表象明瞭的作用。從而與先前的作意都是統一心的原理，自是無庸贅言。覺音對於心一境，作如次說明。

> 心一境者，心集注一點之狀態，一名三昧。關於其相，古記（*Aṭṭhakathā*）如此記載：三昧以上首爲相（pāmokkha-lakkhaṇa），又以不動爲相。恰如屋頂之梁與其他建築素材結合，故爲上首，如是一切善法於心而完成故，三昧爲一切法之上首。
>
> Cittassa ekagga-bhāvo cittekaggatā, samādhiss' etaṃ nāma.
>
> Lakkhaṇādisu pan' assa Aṭṭhakathā-yaṃ tāva vuttaṃ: Pāmokkha lakkhaṇo va samādhi avikkhepalakkhaṇo ca. Yathā hi kūṭāgāra-kaṇṇikā sesadabbasambhārānaṃ ābandhanato pamukhā hoti evaṃ eva sabba-kusala-dhammānaṃ samādhi citte ijjhanato sabbesaṃ pi tesaṃ dhammānaṃ samādhi pāmokkho hoti.
>
> （*Atthasālinī*, p. 118; *The Expositor*, I. p. 158）

69. 巴利本的論部如此註釋：ārammaṇe samannāhāra-lakkhaṇo（*Compendium of Ph.*, p. 282.）。

應予以注意的是，雖言三昧以不動為相，但此未必是靜止的。心念念遷流，就佛教的主張而言，說為心一境，並非常靜止於一處之意，而是在剎那遷流的狀況下，將心專注於此，此即是三昧。對此，南方上座部是持反對態度，雖然如此，若依據《論事》所載，北道派與有部所論的「Cittasantati samādhi（心之繼續也是三昧）」（*K.V.* XI. 6.），筆者認為較為妥當。

三、特別針對二心俱起、不俱起論

總之，依據佛教所述，此三昧（亦即注意），是吾人意識活動之中心，因此就表象而言，仍是起於統覺。對此，部派佛教之間產生值得注意的論述。此即關於注意的範圍的問題，亦即能否同時有二種以上的注意點？若用術語表現，即能否一時「二心俱起」？從種種文獻可以看出有關此一問題的論究，因此是相當複雜的題目。徵於文獻，主張一時多識併起的，依據《宗輪論》所載，是大眾部末系，依據《論事》（十六之四）所載，是東山部、西山部。恐是同一派，《成實論》卷五識俱生品第七十五揭其理由。據彼所載，例如某人一時眼見瓶，耳聞樂聲，鼻嗅花香，口含香味，同時有種種表象浮現。《論事》將此說為「一時作意一切」（Adhigayha manasikaroti）。相對於此，主張一時一識論的，是南方上座部、有部（《婆沙》卷十，大正二七，四九頁中，以及卷一四〇，大正二七，七一九頁下）、《成實論》（卷五識不俱生品第七十六）等，尤其依據《大毘婆沙論》所載，經部認為心與心所之起，猶如行經狹隘嶮路，故二人無法並行（《婆沙》卷十六，大正二七，七九頁下）。《成實論》（識不俱生品第七十六）亦揭其理由，亦即據其所揭，識之起，必依於念（作意之義），故絕無一時多數併起之可能。若於一時，多數心得以生起，則過去、未來之心亦能同時生起，最後將導致心理生活滅亡。

更且若一時多識得以併起，則心之作用極其迅速，將呈現猶如旋火輪之相狀〔依據《論事》（十四之三）所載，北道派曰：「眼識無間耳識生。」（Cakkhuviññāṇassa anantarā sotaviññāṇaṃ uppajjati），故主張心是無間斷的持續〕。就筆者所見，真理應在兩者之間。此因若就實驗心理見之，吾人的注意範圍還是較偏於廣的，亦即於一瞬間得以某種程度的認識不同的數項（例如在暗室中，將1至10的數字並列，一瞬間開燈，能認識多少字的試驗中，吾人的認識未必僅止一字）。大眾部著重於此較廣的範圍，而上座部則是將其限度局限於最狹，故產生如此異論。無論如何，得以統一心的作用是前述的作意與三昧等二種心所，更且是以表象的明白（認識）為其特徵，此乃不爭之事實。

四、作為統一之原理的思

如是，對於注意的範圍之廣狹，部派之間產生異論，雖然如此，但對於因於作意或三昧，因此意識得以統一，並無異論。但何者是其所統一的？可以說此應是以表象為主時，但若將此轉換成心的發動方面時，則無論作意或三昧，無非皆是統一規定心之發動的作用。而司掌此心之發動的，無庸贅言，即是思（cetanā），亦即意志，故就此立場而言，統一心的最高原理，即是意志。最明白揭出此一事實的是覺音，茲揭其有關cetanā的解釋如次：

審慮稱爲思（cetanā）。於與自己共相應之法境，以結爲義（attha）。其特質是思慮，其特質爲心之性。以意欲爲作用（āyūhana-rasā）的四地之思，必有審慮之相。一切審慮之相行意欲之作用（āyūhana-rasatā），更且其存在僅與善惡有關。思乃善惡業之基礎，其他與此相應之法也有一部分的作用，雖然如此，但思非常有力，呈現二重的努力與二重奮發，對此，古師曰：此思又稱爲賦予性格者（sabhāva-saṇṭhitā）、vācāriya或田主（khetta-sāmi）。恰如田主率領五十五個（心所）男子（balīpurisa），爲收穫田地（lāyissāmi）而下田。非常努力，非常奮發，二重努力，二重奮發，命令各自取鐮，並爲彼等揭示部署（sīmā），更給予飲食、花蔓等，作相同之道（工作之分配）。

（*Attha-sālinī*, p. 111; *The Expositor*, p. 147）

佛教的立場原是唯意志主義，原始佛教將行視為統一的原理，其因在此，部派佛教雖分成種種流派，然其精神依然是一切考察之根柢，其心理論既然是以行作為中心的思，則視此為主動的統一的原理，亦不足怪。亦即心所之數雖多，但皆由思之所支配或結合，就此而言，可說類似今日採取主意主義立場的心理學者在意志的過程中探求心之統一。

第六節 ◆ 記憶與聯想

一、記憶與業習

上文所述的，是心的過程的現象，基於方便處理，故暫時當作是定住的，更且揭出其作用，實言之，心常是念念生滅，無一刻是相同狀態。亦即古心滅，新心生起，所謂的念念相續即是心理的作用。但心異於流水或燈焰的只是繼續不斷，而是相續更且積聚先前經驗的推進，此間，就意識而言，有記憶的作用；就無意識而言，業習於此間形成性格。對於業習，將於後文述之，此處先就記憶予以述說。

二、記憶之主體

佛教將記憶稱為念（smṛti, smaraṇa, sati），又稱憶念。此乃原始佛教時代既已屢屢言及的心的作用，阿毘達磨更為重視，有部視此為十大地法之一，唯識說為別境之一，此如前文所述。所謂的記憶，即是憶念先前之經驗，但在此心的作用中，其法相上潛藏著麻煩的問題，因此，阿毘達磨對此給予相當多的論述。首先的問題是，記憶的主體是何物？若依據佛教通常所說，意識只是現象的過程，則意欲探求令消滅的經驗得以再起的基礎相當困難。採取生機主義見解的部派認為在意識之流的根柢，應有某物存在，此雖是用以解決輪迴論的理由，但也具有探求記憶之原理的意味，此如前述。所謂的外道在駁斥佛教心理論時，其所持的理由，大抵與此記憶與業的問題有關聯（例如《瑜伽經》之毘耶舍註）。能令既已忘記的，卻再度憶起的理由何在？在有我論者之間，也有與此有關之議論，此徵於正理派（Nyāya）等對此問題之論述即可知之，應予以注意的是，《大毘婆沙論》卷十一至卷十二（大正二七，五五頁上～五八頁）在提起此一問題之前，首先揭出種種的外道說。據彼所述，有所謂的諸法相隱論者，彼等認為一切有為法，有晝夜之分，晝分顯現時，夜分雖仍存在，卻入於晝分之中，隱藏不現，同此，夜分時的晝分亦然，如是，憶念晝分時之經驗的是夜分，憶念夜分時經驗的是晝分。此即顯示心是全作用的，換言之，是甲乙相互交替，把持甲之經驗的是當時居於潛勢狀態的乙，把持乙之活動經驗的是居於潛勢狀態的甲。第二種是諸法相變論者所說，彼等認為諸法之相的變化，恰如羯刺藍之位變成頞部曇之位，又如由青葉變成黃葉。如是，記憶是依存於此相變，後位憶念前位之經驗。此應是認為記憶是前位的連續，但所述並不是很清楚。第三種是諸法相往論者所說，彼等認為前位之經驗收納於後位之中，於後位得以不滅的，即是記憶之原理。關於與先前相變論之差異，《婆沙論》揭出二說。第一是相變論者只承認變化，並非前位之經驗完全移往後位，反之，相往論者認為完全移往，且與後位之經驗共同增長，此乃是兩者的差異點，第二種是，相變論者認為前位與後位是不一不異，反之，相往論者認為前後位亦一亦異。上文所述，雖不容易了解，但可知相變論者是主張吾人之經驗如一火移至其他，雖有變化，但由於連續之原理，遂有稱為記憶之現象，而相往論者認為如滴水逐漸積集，逐漸增大，最後匯滴成流，吾人的經驗亦然。第四種是前後一覺論者，覺（亦即知性）之作用雖有種種差別，然其本性同一，故保持先前經驗，爾後憶念之（恐是數論所說）。第五是意界常住論者，彼等認為六識雖有變化，但意界常住，故得以記憶。第七種是二蘊論者，彼等認為組織吾人之心的蘊有根本蘊與作用蘊等二種，此二種之中，作用蘊有變化，但根本蘊常住，故能記憶不忘失。依據《宗輪論》所載，此乃經量部所說，但也可能是某一種外道所說。第八是前後傳達論者，彼等認為心通細冥，因此前心將先前之經驗傳往後心，此即是記憶之原理。稍稍類似相往論者所說，但相往論者是認為先前之經驗完全傳予後者，反之，此前後傳達論者是認為由前心傳往後心，因此相較於相往論者，是較為機械的。

三、得以記憶之條件

關於記憶之持有者有如是種種議論，但佛教並不主張有常住的持有者，尤其持機械主義之見解的，更是如此。若是如此，如何得以記憶？依據迦多衍尼子的《發智論》（大正二六，九一九頁下）所載，記憶主要是依據習慣力而得同分智，此乃是得以記憶的原理。亦即雖非前心移往後心，但在心相續之中，與先前經驗相似的心理得以相續，此即是記憶之原理。《發智論》採用文字作為譬喻，例如對於文字的使用，兩人並沒有特別商量，但依據習慣上，對於同一文字有同一理解，同此，前之經驗於後得以保持，無需另有居中的持有者。《大毘婆沙論》為解釋《發智論》此說，特別揭出前述的種種廣說，尤其是關於記憶，世友指出是因於三種因緣而有記憶。第一是保持先前經驗（善取善相），第二是與彼相同之相相續（同分相續現行故），第三是不失念，依此三種條件，雖是無我，但得以記憶。更且對於一旦忘失的，得以再度憶念，是因於對於法，起相續之智見。此即是《大毘婆沙》卷十二（大正二七，五七頁下）所作的說明。所謂的相屬知見，是指與先前經驗有關聯之知見。生起此的條件，有三種同分，此同於《婆沙》所說。所謂的三種同分，第一是加行同分，意指再三努力的學習；第二是所緣同分，依與先前相同的經驗而憶起已忘記之事，可說是依據類似的連想。第三是隨順同分，利用調整身心而憶起一度忘記的方法。例如某比丘因忘記經文而前往阿難處所，阿難命此比丘身上塗油、沐浴、調整飲食與整理衣服，之後遂得以憶起（關於忘失，世友揭出三因：①不善取前相，②異分相續，③失念。或說有八因：①②生死之時受苦所迫故，③餘語多現行故，④鈍根故，⑤生於苦趣故，⑥五根馳散，多放逸故，⑦重煩惱障數數現行故，⑧心散亂故（《婆沙》卷十二，大正二七，五八頁中、下））」。《俱舍論》大體上所說同於《婆沙》，但《俱舍》加上經部思想，因此，世親特有之說是頗為經部的。就將心視為相續現象而言，同於有部所說，但相對於有部的機械主義，經部是生機主義的。認為生命之持續[70]是依據相續、轉變、差別，此乃世親於破我品（卷三十）之所說，因此，相較

70. 巴謂業為先，後色心起，中無間斷，名為相續，即此相續後後剎那異前前生，名為轉變，即此轉變於最後時，有勝功能無間生果，勝餘轉變，故名差別。（《俱舍》卷三十破我品，大正二九，一五九頁上，國譯一八九頁一）

於有部，世親的思想較近於經部，此固然無庸贅言。依據世親所述，記憶依無憂愁或散亂等障礙的四種原因而得以成立。第一是作意，亦即注意，此顯示記憶不只是機械的。第二是類似之想，亦即由於依據類似之連想，第三是如見煙而思火，是依據鄰近的事物之連想；第四是依據特別的努力（《俱舍》卷三十，破我品，大正二九，一五六頁下～一五七頁上，國譯一六七～一六八頁）。雖極為簡單，但可以說已盡其要（亞里斯多德認為連想之生起，是依據類似、對比、同時、繼起等四種法則，爾後以此為基礎，約為類似、同時、繼起等三種，進而又約為類似與接近等二種。現在更有欲將一切都歸於類似或接近之任一的運動）。

進而就南方論部見之，對於記憶論此一問題，最為詳細論述的，應是《彌蘭陀王問經》，故今以此為代表，揭之如次：《彌蘭陀王問經》對於記憶論，主要是枚舉有助於記憶的條件，因此，從心理學的立場而言，難免有粗雜之感，雖然如此，但此間仍有值得玩味的。依據那先（Nāgasena）所述，吾人之記憶是依內外二種條件而起，但若更予以詳說，則有十六（十七）種。① abhijānato（依證智），此乃依特殊之內省力而想起過去世經驗之作用。所謂的宿住智通即此。② kaṭumikāya（依外在的輔助），善忘的人因他人提醒而憶起。③ oḷārika-viññāṇato（依強烈印象），非常重大的事件，有深刻印象的事件總是經常憶起。④ hita-viññāṇato（依愉快的印象），⑤ ahita- viññāṇato（依不愉快的印象），亦即非常愉快或不愉快的經驗難忘。⑥ sabhāga-nimittato（依同分之因緣），亦即依據類似連想，如見與自己父母兄弟相似之人而憶起自己的父母兄弟，又如見牛等而憶起其他動物（《俱舍》破我品也有此項，此如前述）。⑦ visabhāga-nimittato（依不同分因緣），可以說是依據相反的連想。⑧ kathābhiññāṇato（依據談話而憶起），由於與人談話而憶起某一事件，⑨ lakkha ṇato（依據特徵），見某一特徵而憶起同樣具有此特徵的。⑩ saraṇato（依據憶持），依據不斷的記憶而注意，⑪ muddāto（依熟練），依據不斷的熟練，自然憶起相續之事件。⑫ gaṇanāto（依算數學），如依數之記憶而得以計算大數。⑬ dhāraṇato（依暗誦法），如僧侶讀經，⑭ bhāvanāto（依禪修），⑮ potthaka-nibandhanato（依據書本而聯想其關係），如學生之筆記，⑯ upanikkbepato（依抵押），依見到抵押物而想起事情，⑰ anubhūtato（依實驗），依實際的經驗而想起（此中，齊斯將③與④合為一項，故為十六種）（*Text*, p. 79；*S.B.E.* XXXV, pp. 122~123；Keith: *Buddhist Philosophy*, pp. 193~194）等。大抵是基於實際的經驗，更且添加具有某種程度實用意味而成的記憶法，因此從純學問立場而言，如前所述，不免甚為粗雜。但從揭出的十六、七種事例，可以窺見其努力的痕跡。《俱舍論》所揭的四種條件，雖不清楚其歷史過程，但應是據此而作的整理。

四、諸心之相生

此外，另有與此記憶心理有關聯，更且就佛教心理學而言，其更大於記憶論的問題。若用術語表現，此即是相應（saṃmprayukta）或稱相生的問題，亦即某心生起時，將有多少心的作用必然俱起，與彼相應？可以說此乃與聯想有關的研究，但又異於一般的聯想論，而是以善惡、迷悟為標準，闡明其心理的條件。大地法、大善地法、大煩惱地法、大不善地法等的分類，主要也是就此而論說，此如前文所述。作為特定的論書，特別著力於此的是《法集論》[71]，但爾後的任何論書，或多或少，必然論及於此。

71. cf. Mrs. Rhys Davids: *Buddhist Psychology.*, pp. 1~5.

尤其《大毘婆沙論》（卷十一，大正二七，五三頁下）、《俱舍論》（卷七，大正二九，三八頁下～三九頁中，國譯四五四～四六二頁）等，揭出三界與無漏之心的十二心，亦即欲界的善、惡、有覆無記、無覆無記等四心，上二界除去惡心之後，各有三心，故計為六心，再加上學、無學之出世心，總計為十二心。此十二心在三界中，能生起幾多心，更且又是由幾多心生起？換言之，在發生觀上，有相當繁複與詳細的說明。例如在欲界善心欲起時，與此善心俱起的，若依據《法集論》所載，有五十種以上的心的作用，《俱舍》、《婆沙》認為欲界的善心為等無間緣時，可以有九心生起。亦即欲界四心與色界二心（善心與有覆心），以及無色一心（有覆心）與二無漏心。若是如此，此欲界善心以何等之心為等無間緣而得以生起？對此，《俱舍》與《婆沙》揭出八心。亦即欲界四心、色界二心（善與有覆），以及學與學之心（此為出觀之時）。如是，以此方式一一論述，更且一一揭其理由，故極其複雜，實令人倦怠不堪，總之，佛教——縱使有其特殊目的——對於此等問題予以詳論之中，有其心理論之特徵，此不能忽視。

第七節 ◆ 夢與發狂

上文所述，是關於覺醒時的一般心理作用，除此之外，吾人的心理生活，另有其他的特殊狀態。此即夢與發狂。尤其夢是日常心理生活的一部分，與實際的生活有關，極為重要，因此古今中外，對此皆有種種說明，此自是無庸贅言。今首先就夢予以說明，稍後再就發狂論述之。

參考書目

《發智論》卷二（大正二六，九二五頁中）
《大毘婆沙論》卷三七（大正二七，一九二頁中～）
《成實論》卷四意品第五三
Milinda-pañga, 297~301. Tr. II. pp. 157~162.
Mrs. Rhys Davids: *Buddhist Psychology*, p. 171 f.
Keith: *Buddhist Philosophy*, p. 194

一、夢的原因

夢是一種不可思議的現象。似有關聯，又不可捉摸，似是空虛，有時卻也可預言未來，至少對於不是鑽研心理學的人而言，可說是相當難解的謎團。尤其古代人將夢視為是靈魂游離時的經驗，或是鬼神暗中告知我人未來之事，因此夢中現象之頗受重視，不足為怪。占夢或解夢的方法，實因此而產生。就印度人而言，在《阿闥婆吠陀》中，已載有占夢、解夢等的咒法，但進入《奧義書》的考察時代之後，逐漸對此作心理的觀察，在言及我之三位或四位時，是將夢位（svapnānta）視為第二位，認為心作為主宰，以醒時之經驗作為素材（mātrā）而造作萬象（Bṛhadāraṇyaka-Upaniṣad. 43.《印度哲學宗教史》第三篇第二章）。自此以降，或基於通俗，或基於學術，但最常見的是，諸派以結合兩者的方式，對於夢論特加說明。而佛教的尼柯耶中，也某種程度的觸及此一問題，進而在論書之中則與睡眠論有關聯，專依心理的見地而予以論究。其中最具代表性的論書，就筆者所知，南方論部而言，是《彌蘭陀王問經》（*Milinda-pañha, text*, p. 297 f.）；北方論部而言，是《大毘婆沙論》（卷三七，大正二七，一九二頁中）等。

首先，夢是在何等精神狀態時出現？對此，給予明白回答的，是那先。據彼所述[72]，所謂的夢，是經由心之中心（focus）而出現的象徵。是在睡眠之中間帶，亦即所謂的猿眠[73]（kāpi-niddā）之位生起的現象。亦即首先身體感覺倦怠，心的作用乏力，此即是睡眠初期，而心的作用完全沒入於心體（bhavaṅga）時是睡眠終期，在此二者的中間，所呈現的散亂思想尚未停止其覺醒作用的狀態，即是所謂的中間位，夢之生起，即在此時。可以說此時雖然心的統一停止，心的要素是斷斷續續的，但於此間，有一種連想的結合生起，此即是夢。依據《大毘婆沙論》所載，或曰睡眠時，心心所隨轉於諸緣之境，此即是夢之自性；或曰夢之自性是意，或曰記憶（念）之作用，或曰五取蘊全體，而《婆沙論》所提出的，是心心所說（大正二七，一九三頁中、下）。可以說對於精神狀態，其之所述，不如《彌蘭陀王問經》之明確。

若是如此，何者是夢之原因？《彌蘭陀王問經》僅僅揭出六種，而《大毘婆沙論》在揭出種種論議之後，揭出五種理由。對於夢之原因，《大毘婆沙論》相對於妙音、大德等諸說，特依世友頌文，提出五說（從此處所引用的世友頌文，可以看出世友並不是《婆沙》之編輯）。頌曰：

由疑慮串習，分別曾更念，亦非人所引，五緣夢應知。

亦即①疑懼，②長遠的習慣，③思惟希求，④先前的經驗，⑤天神、鬼神等的告知等。進而《大毘婆沙》揭出「壽吠陀」（*Āyur-veda*）所載的夢之七因：

由曾見聞受，希求亦分別，當有及諸病，七緣夢應知。

亦即①至③是曾經見、聞或感受，④是希求，⑤是思惟，⑥是將來之預言，⑦是因於諸病。而所謂的毘婆沙師則予以折衷，提出與世友相同的五因說：①由他引，亦即天神、鬼神與咒術聖者的預告等，②由曾更，亦即先前的經驗，③由當有，亦即將來吉不吉利之前兆，④由分別，亦即因於思惟希求等，⑤由諸病（大正二七，一九三頁下）。

《善見律毘婆沙》卷十二（大正二四，七六〇頁上）揭出①四大不和，②先見，③天人，④想夢等四種原因，《智度論》卷六（大正二五，一〇三頁下）曰：「夢有五種，若身中不調，若熱氣多，則多夢見火見黃見赤，若冷氣多，則多見水見白，若風氣多，則多見飛見黑，又復所聞見事，多思惟念故則夢見，或天與夢欲令知未來事故，是五種夢，皆無實事而妄見。」《彌蘭陀王問經》所揭六緣與此稍稍類似，但對於病，特予以詳述：①vātika，風氣之義，②pittika（膽汁病），③semhika（疾病），④devatūpa saṃhārato（因於神誘），⑤samudācinnato（因於習慣），⑥pubba-nimi ttato（因於前徵）。

72. Nimittaṃ etaṃ mahārāja supināni nāma yaṃ cittassa āpāthaṃ upagacchati.—*text* p. 298.

73. Kapiniddā-pareto vokiṇṇakaṃ jaggati.

若從純心理學的見地而言，如此地看待夢，不免存有古風，但若就認為吾人內心深處有能透見未來的一種力量的立場而言，如此的夢論足堪玩味。

二、夢之虛實

如是，認為夢是依種種原因而生起，所謂的正夢是表示某種事實，若是如此，通常的夢中現象是全然皆是空幻的，或就某種意義而言，是事實之預想？〔關於夢之虛實，《智度論》卷六（大正二五，一〇三頁下）也有論述〕。對此問題，譬喻者與有部所論有別。依據前者所述，夢皆是假幻，非實有。此徵於夢中進食，醒來卻不能充飢，得以知之（《婆沙》卷三七，大正二七，一九三頁中，《成實論》卷四意品第五三）。相對於此，有部基於其立場，主張夢的現象也是實有。依據有部所述，夢的現象在現實上，雖非實有，然其根源之材料皆依實有的經驗而來。例如夢中見有角之人，無非是人與角的經驗於夢中交雜混亂所致，因此，表象雖非實有，然其要素是依實有的經驗而來。又，菩薩曾於一夜見五大夢[74]：①臥於大地，以妙高山為枕，右手攬西海，左手攬東海，兩足攬南海。②堅固之吉祥草從臍中生，進而遍覆虛空。③有諸蟲鳥，頭黑身白，欲攀緣菩薩身體，但尚未及於其膝輪以上，隨即墜落。④有四色鳥，從四方來，集於菩薩處，遂成一色。⑤經行於糞穢山上，卻不為所汙。無庸贅言，此係將菩薩使命託於夢，作譬喻性的敘述，但將此視為心理論的問題，有部說明其根據，亦即此乃是菩薩將其往昔依過去佛修行時，從過去佛所聽聞的故事，當作己身所發生之事——且是作為成佛之前徵——雖是夢，但並非全是虛假。要言之，在認識論上，經部主張吾人之認識即使以虛無為對象亦得以生起，有部則主張一切認識皆有其實在的根據，然其主張也及於對於夢的說明，可以說經部是立足於夢之現象與現實是否得以同樣視為實在，而有部的立場則是基於其素材是否於現實有所根據。

三、夢與道德的責任

如是，與此問題有關聯而論述的是，對於夢中行為能否下道德的批判？經部與《成實論》將夢視為虛假，因此認為夢中的行為無須負責任。從而縱使在夢中行欲，也不能名為墮，此乃《成實論》之所明言（《成實論》卷四意品第五三）。持相同意見的，依據《論事》（二二之六）所載是北道派。北道派主張「夢中之心無記」（Sabbaṃ supina-gatassa cittaṃ abyākataṃ），其所持理由是夢中所殺之人非實，因此在道德上可以不論。相對於此，南方上座部與有部認為夢中行為也有善、惡與無記等三性。亦即道德上，基於善夢、惡夢與中間之夢，得以令福業、非福業或中間業增長。依據彼等所述，夢終究是現實之繼續或反映，既然對於現實行為可以下道德的批判，則對於其反映之夢，亦應下批判，從而夢中的行為是某種程度的罪福的原因（《婆沙》卷三七，大正二七，一九三頁上）。但夢中的行為無論善或惡，皆是機械的、自然的（所謂生得），並非有為的（加行的），因此並不因於其所作行為而決定未來之生，引生所謂的眾同分，可以說只是令眾同分圓滿的要素之一而已，因此夢中行為的責任並不重（《婆沙》卷三七，大正二七，一九三頁上）。

74. 五大夢之出處於《過去現在因果經》卷一所揭：①夢臥大海，②夢枕須彌，③夢海中一切眾生入我身內，④夢手執日，⑤夢手執月。（參照大正三，六二三頁下）

四、能作夢者

若是如此，得以作夢的生物是何者？依據《婆沙論》所載，畜生、餓鬼、人與天人等四趣皆有夢。之所以地獄無夢，是因為墮於地獄者受極大之苦，無暇作夢，另一說是，地獄偶有冷風吹起，苦患稍解，故仍得以作夢。人界中，凡夫與聖者（羅漢）皆有夢，唯佛無夢。此因佛陀已離一切顛倒習氣故。或說佛陀心常在定（統一），故不作無統覺節制而起之夢，此至少是大眾部系（參照《宗輪論》所載大眾部之條項）之所論。其次，大眾部系主張佛陀常無睡眠（《宗輪論》），有部則認為佛陀也有睡眠。極熱時，為解食悶，也有暫時的睡眠（恐是意指午睡），此徵於佛陀為尼乾子所作的回答，即可知之，但佛陀的睡眠全然是無染汙的，故於睡眠間無夢（《婆沙》卷三七，大正二七，一九四頁上）。

五、夢與現實

要言之，對於夢，東西古今學者有種種論述，尤其對於夢中的經驗與覺醒時的經驗之間的嚴格區別，可說是哲學者深為所苦的問題。康德認為依因果律之有無而有夢與覺醒之差別，但叔本華認為此僅僅是程度的問題而已。霍布斯於其所撰《利維坦》（*Leviathan*, 1651）曰：「吾人心懷某種計畫與籌算，始終留意，睡時醒時，片刻不忘，遂於夢中見之，爾後想起，認為是實際發生之事。睡時醒時，分不清楚，因此，夢與實際相融合。」（以上 Schopenhauer: *Die Welt als Wille und Vorstellung*, I. 5. 1819）。在印度，夢醒同一論〔《唯識》與《曼殊迦佉耶頌》（*Māṇḍūkya-Kārikā*）等〕之產生也是以此為依據，但阿毘達磨主要是依據心理論之立場而論，尚未將此應用於形而上學，雖然如此，對於此一問題給予如此深切的注意，是值得表示敬意的。

六、發狂的原因

其次，對於發狂稍作論述，無庸贅言，所謂的發狂，一如作夢，是精神作用呈現異常現象，但佛教對於發狂，所述不如對於夢之詳細，雖然如此，仍略有觸及。就筆者所知，對於發狂，予以整理而論述的論書，是《發智論》（卷十二，大正二六，九八一頁上），據《發智論》所載，發狂是依四種原因而起。第一，遭遇非人所現恐怖事件或現象而失常，第二是非人忿打，依據《大毘婆沙論》所作解釋，髒汙公園，或在神社佛閣行不淨行，善神憤怒而擊之，遂因而發狂，亦即世俗所說的被鬼神附身；第三是大種背反，因疾病所致；第四是先業所感，換言之，是先天性的，是命運所致。依據《婆沙》、《俱舍》的解釋，前世惱他，或以酒、藥人商人者將感此報。相對於前揭四因，《婆沙》更揭出愁憂一因，而成為五因，亦即因極度憂愁，導致發狂（《婆沙》卷一二六，大正二七，六五八頁上、中）。《雜心論》（卷十一，大正二八，九六〇頁上）與《俱舍論》（卷十五，大正二九，八三頁下，國譯一七六頁）等所載的發狂論，幾乎與《婆沙》所述無異。

七、關於發狂的種種問題

就此發狂論而言，在阿毘達磨中，尤其是在《大毘婆沙論》裡被當作心理論的探討。第一，發狂是依據有漏心或無漏心？無庸贅言，發狂被確定是由有漏心（亦即煩惱心）所起。第二，發狂只是第六識分上的事件，或與前五識也有關係？換言之，所謂的發狂，究竟是因於意識不調和，或是與感覺有關的問題。對此，阿毘達磨論師認為發狂只是意識上的，與感覺無關。例如因於狂心而見有第二日，並非其眼有誤，而是判斷出問題所導致。第三，是稍微深入的問題，狂亂作用之生起，是發狂之心所起，或非發狂之心所起？此因發狂或有突發性的出現，但又立即恢復正常，因此，所謂的發狂，其實其底子健全，只是其心之作用一時狂亂而已。對此，《大毘婆沙論》給予相當有趣的解答。據該論所述，吾人其實兼具狂亂心與不狂亂心之可能性，當遭逢狂亂之緣而健康心喪失時，狂心即起；若逢健康之緣，狂心喪失，則健康心起，此係依三世實有論而得之結論，但吾人具備發狂要素之說，頗堪玩味（《婆沙》卷一二六，大正二七，六五八頁下）。最後的第四項是，具有發狂之可能性的有情有幾種？此僅僅是欲界所發生的現象，因此餓鬼、畜生、人與天界都有可能，但同樣的人界之中，北俱盧洲人不發狂。又就凡聖而言，凡夫固然無庸贅言，聖者有時也會發狂。因於大種違背，亦即因於疾病，聖者亦不能免於發狂。但一如作夢的情形，佛陀是絕對不會發狂（《婆沙》卷一二六，大正二七，六五八頁中；《雜心》卷十，大正二八，九六〇頁中；《俱舍》卷十五，大正二九，八二頁下，國譯一七六頁）。《成實論》卷四根塵合離品第四十九之卷末，對於意心之破壞，揭出狂顛、鬼著、憍逸、失心、酒醉、藥迷、悶亂心，以及貪恚等煩惱熾盛所導致的放逸等。（《成實論》卷四，根塵合離品第四九，大正三二，二六九頁中）。

第八節 ◆ 無意識論（以及性格與氣質）

上文所述是現象的心理觀，此外又有佛教心理學的一個題目應予以論述。此即是無意識的狀態，是與心理活動大有關係的一種狀態。

在心理學的問題上，是否應承認無意識的狀態，乃是近代心理論的一個問題，佛教雖未視為心理論的問題，但在立場上，作為心理作用之基礎，是承認無意識的狀態，更且就某種意義而言，相較於意識的作用，此更具有重要的關係。

依據原始佛教所述，心理的要素是色、受、想、行、識等五蘊，因此，若只是依文解義，吾人之心應經常是意識性的。但從經驗看來，例如熟睡時，幾乎是無意識的狀態，不只如此，從輪迴論而言，輪迴之主體的組織，與其說是意識性的，不如說是無意識的。不只如此，縱使吾人之心是意識性的，然於其識域（threshold）中活動的部分只是極小部分，經驗的大部分是眠睡於識域以外，因此不得不認為吾人之心理活動，經常是處於無意識的狀態。在修行的立場上，此具有重要意義。此因意識的活動既然有所限定，則縱使是惡人，未必常起惡心，而聖者也未必是常住於聖心，因此，若認為只有意識性的作用，則可以說在某種情況下，惡人與聖者是同一的。而不能如此說之所以，即在於此無意識的狀態。部派佛教對於隨眠（anuśaya）是意識的（心相應）或無意識的（心不相應）所以產生議論，正因於與此一問題有關，此如前述。採取機械主義見解的部派，主張是有意識性的，而採取生機主義見解的部派，則認為是無意識的，對於此一問題，部派的意見分歧，但一般而言，佛教中的任何部派是某種形式的承認無意識的。

就南方論部見之，是以「有分」（bhavaṅga）一語表示無意識的狀態或輕微意識的狀態。就術語言之，無疑是出現在尼柯耶之後（就語詞而言，*A. N.* 75., Vol. II. p. 79. 載有 rūpaṅgaṃ、vedanāṅgaṃ、saññāṅgaṃ、bhavaṅgaṃ 等，但非此處所揭之意），此因《指導論》（*Nettipakaraṇa*, 91）、《彌蘭陀王問經》（*Milinda-pañha*, p. 300 對於睡眠的說明，是使用 bhavaṅgagatassa 云云之句）等所載，是其最早之用語。雖然 bhavaṅga 一語，意指「有的一部分」，但此處所用的 aṅga，應是原因、理由、條件等義，主要是指存在之基礎，此如註釋者之所述（*Compendium of Ph.*, p. 9., ibid. pp. 265~267）。世親於《大乘成業論》所說的「赤銅鍱部經中建立有分識名」（大正三一，七八五頁上）即此。但此 bhavaṅga，其自身是無意識的，當吾人之經驗衰退而離去識域時，即是收納於此有分之中，外部的刺激牽動吾人之心，所以能生起認識活動，是因於此有分之振動（calana），此乃覺音所作說明（*The Expo sitor*, I. p. 96; *Attasālinī*, p. 72 f.）。又依據後世的註釋者所述，此有分正與意識態（mano-dvāra）相反，有分斷（bhavaṅgupaccheda）時，意識態生起（*Compendium of Ph.*, p. 266），要言之，有分猶如靜水，意識態則是水波。但此靜水絕非停滯不動之靜，而是不斷地流水，故有時稱此為有分之流（bhavaṅga-sota）。尤其在闡明輪迴狀態時，通常是附上此「sota」一語（*Compendium of Ph.*, p. 10）。如是，大體上，立於機械主義立場的南方上座部，是持一種近似生機的見解，但就筆者所知，此有分識完全是被動的，欠缺主動的方面，而立於同樣的思考，但逐漸著重於主動方面的是北方佛教。

北方所傳的部派佛教中，立於機械主義，更且對此問題特加注意的是有部。此即所謂的無表（avijñapti）之說，就心理作用而言，吾人的意識經驗，尤其意志行為縱然滅去，但仍有無表業或無表色留存，形成其人之性格或氣質，同時成為可招未來果之因。就文獻而言，言及此無表的，必然是有部聖典，不只如此，《舍利弗阿毘曇論》是以「無教」一語述之（大正二八，五二六頁下）。就筆者所見，《舍利弗阿毘曇論》是雜混諸派意見，故此仍應視為受有部影響。總之，對於此無表論，《發智論》是於其業蘊中，特設表無表納息（vagga）而論之，因此是有部最為盡力而論述的（詳細說明，請參見《大毘婆沙論》卷一二二～卷一二四）。若是如此，此無表之性質如何？予以最簡單整理的是《俱舍論》卷一（大正二九，三頁上，國譯二一九頁），今揭之如次：

亂心無心等，隨流淨不淨。
大種所造性，由此說無表。

所謂的亂心（vikṣipta-citta），是指不同行為的心（例如相對於善心的惡心是亂心，相對於惡心的善心是亂心）；所謂的無心，是有心之相對，要言之，只要有所行為，其行為即使是不同性質之心，即使是無意識的狀態，其餘習未必將隨流其組織而滅。因無法予以表示，故稱為無表，而特別成為有部之特色的，在於認為此無表是由形體所成之餘習，因此在形體上，同於色法（無見無對之物質）。將此視為如同物質，就機械主義說而言，雖很少見，但就其既有的經驗絕對不滅的主張而言，無論是心理學或倫理學，都有予以注意的價值。但由於過度機械主義，因此對於此說，持反對態度的是經部，在《大毘婆沙論》編輯時代，對此已有爭議，此徵於該論卷一二二載有譬喻者否定表業、無表業即可知之。尤其在《俱舍論》中，由於世親左袒經部，故對於其否定論曾詳加介紹（《俱舍》卷十三，大正二九，六八頁下～七〇頁上，國譯二一～三六頁）。有部將表業視為實有，但經部認為此其實只是吾人的意志透過身口而表現於外。從而沒有理由認為另有作為餘習而稱為無表色的一種特別的某物存在。雖然如此，但仍有得以與無表色相當的，此即是依行為或經驗而薰習的思種子。換言之，經驗過的事項成為餘習，仍依附於意志，更且微細相續轉變而形成其性格，同時又成為招來後果之因（《俱舍》卷十三，大正二九，六八頁下～七〇頁上，國譯一九～三六頁）。亦即意欲依據生機主義的見解而作說明。無庸贅言，爾後唯識的種子生現行之說，即出自於此說。通常《成實論》是承續經部意見，但對此則是採取折衷之說。該論卷七無作品第九十六（大正三二，二九〇頁上），明白承認無表，並下如次定義：「因心生罪福、睡眠、悶等，是時常生，是名無作。」有部將此攝於色法，但《成實論》認為是行蘊所攝，視為是一種潛勢的意志。

要言之，關於無意識之當體，部派之間雖有種種論議，但就某種形式的承認無意識而言，諸派的意見一致。更且此無意識體逐漸有主動作用的主張，可說是佛教心理發展的一個特徵。因此廣義上，佛教是在揭示苦樂命運之差別，但就狹義的心理而言，是將各人性格（Character）與氣質（Anlage）之差異，歸於此無意識的發動，因此，此一問題遂成為倫理問題，同時也是心理問題。但如先前意志論中所述，佛教並非認為各人的性格氣質既已先天決定，不可變更。後世的唯識派雖依據修行的立場而主張五性各別論，認為各人修行能力有先天性的差異，但此絕非佛教一般的定說。阿毘達磨——當然並非意識性的論述此一問題——雖主張有先天性的氣質與性格之差異，但也承認依後天經驗的無意識的習慣得以變更。

此一問題與後文所將論述的業論與輪迴論頗有關係，故屆時再予以詳論，今主要是依據心理論之立場，對此稍作論述而已。

第五篇

倫理論

第一章　總論

對於阿毘達磨論書中的一般的心理觀，筆者在前篇已稍作論述。如一再之所指出，佛教心理論的目的，並非意在將心理活動當作心理活動而論述，而是意欲藉由分析觀察心理活動而資助吾人修行。從而佛教之心理論，終究是倫理的心理論，一般的心理論只是用以作為導引，此固然無庸贅言。如是，據此而論述的是應用前揭的一般論而論述倫理論與修道論，但在佛教之教相上，所謂倫理論與修道論實與心理論（心心所論）有某種程度的差異，故今雖以心理論為基礎，但主要仍是論述其心理活動在倫理、修道上的意義與價值，亦即在題目上有所變更。因此，作為總論，首先提出在理解阿毘達磨的倫理論時，所必須的準備。

無庸贅言，世界上所有宗教中，佛教與基督教可說是倫理色彩最為濃厚之宗教。正如有西洋學者認為，佛教是婆羅門教中最為重視倫理運動的一派，佛教確實是特為重視倫理。此因依據佛陀所述，若欲到達解脫之最高境界，至少消極的修行法是，應絕對避免一切惡事，進而再行善事，此乃其必然條件。有名的「諸惡莫作，眾善奉行，自淨其意，是諸佛教」之偈頌，即是基於此一立腳地而彙整的，但就歷史而言，對於最高解脫與道德根本兩者的關係，佛教內的見解未必相同。原始佛教中，佛陀立於避免一切惡事，行一切善事之立場，故某種程度的勸勉善事。而所有善事的最高峰是，絕對的無我，為他而全然犧牲自己，更且對於他人之迫害，應採取全然不抵抗的態度（本生譚中的菩薩行即此），以此為首，無論是以來世酬報為目標的善事，或以今世幸福為目的之善事，只要是不傷害他人，且自己不違法的善事皆應行之。而所謂的善事，上自於能導向最高解脫的無漏善，下至於或與國家政道有關，或與國王之義務有關，或關於一家之和平，或關於夫婦、兄弟、師弟的關係，甚至包括儲蓄與健康的問題，亦即只要是被視為善的，佛皆予以獎勵。當然此等未必是有組織的系統講述，大抵是對於他人詢問，佛給予隨機的回答，雖然如此，佛陀是以慈悲心與同情心為我人述說此等善事，只要曾經披覽過阿含聖典，此應是無人得以否定之事實。佛教弘傳於全世界的理由雖有種種，但如歷史之所顯示，國王等皈依佛教的理由之中，實具有意欲藉此廣泛的倫理的教理，引導其所治理的國家之深意，此乃阿育王（Aśoka）以來屢見不絕之事實。

如是，佛教雖富於倫理的色彩，但從學問批判的見地而言，此中將依見解不同而有種種的解釋。如前所述，佛陀的目的完全在於實行，不在於理論的說明，有關倫理道德的種種教法，大都是臨時的教訓或是一再重複列舉的德目而已，因此在給予一貫的體系時，在解釋上，自然有種種意見。若就其主要的言之，①道德的第一目的是解脫。所謂的解脫，主要是超越現世，因此，雖是現世之規定的倫理道德，但與解脫道無直接關係，而是間接的。當然，離我執是解脫之要道，為成就無我的不抵抗的修行，是解脫道的必要條件之一，但所謂的世間的善事，從佛教第一義的見地而言，無非是從屬的，只是趨向至高無我的修道的準備。②若已解脫，到達其目的，則無須再拘泥於倫理道德，此正如大學畢業者已無需作大學入學準備的研究。③佛教的倫理道德皆是方便，是第二義的，尤其社會的救濟之類，若過分拘泥，反將妨礙修道。——佛教的倫理論實有充分作此解釋之餘地，西洋人除將佛教視為一種倫理運動之外，也有人認為「佛教的根本思想之中，幾乎不具倫理色彩」（威廉．普謝特《宗教の本質》，一二三頁），不只如此，實際上，在今日已非常社會化的大乘佛教之間，對於社會救濟之實際運動，認為若依佛教本來的立場，應採取與己無關之態度的人也不少，從理論而言，其關鍵在此。

但此僅僅是一方面的見解。另一方面，則是佛教之創始者，亦即述說種種倫理的人，若就被視為佛教徒之眼目的佛陀本身經歷，以及與其經歷有關的信仰為基礎而言，前揭之結論，至少不契合佛陀真意。第一，是依據佛陀所以成為佛陀之經歷，亦即依據原始佛教徒所相信的本生譚所傳，佛陀於其菩薩時代，受生成為種種有情，在任何境遇，常以無我的大慈悲心，為眾生行善事，毫不知倦怠。可以說大抵是與俗人的俗事有關，是為此世為眾人而行善事。此被視為成佛之必然資糧。第二，菩薩於今生終成正覺，成為佛陀。亦即於三十五歲時，證得最高解脫，但就佛陀的經歷見之，佛陀成正覺之後的四十五年之間，終始一貫力勸我人行善事，縱使如前所述的細微俗事，亦應行之。就此而言，成就正覺之後的佛陀的活動，既是佛陀，同時也是菩薩的活動，可以說此時是再度重複菩薩時代的經驗。而由此所導出的結論是第三點，行善事即是成佛（亦即證得解脫）之準備，同時勸勉世間行善事，自己也行善事，是解脫者應具之資格，也是義務。從而作善事，即是道德的，不問是出世間或世間的，本身即是佛道。如是，對於佛陀所說的教理不拘泥於神學的解釋，而是直接以佛陀本身的人格為中心而看待，因此佛教倫理中的不協調遂得以除去。

以原始佛教所給予的材料為基礎，雖是相同事情，但在根本精神上，卻有如此不同的解釋，從而在實際上，自然有不同的倫理的態度，若是如此，——回歸今之問題——阿毘達磨論書（小乘佛教）的倫理觀是以何者為所據？此當然無法一概而論，但大體上，應是先前之見地，亦即道德是趨向解脫之準備，但此中又分成出家的道德與在家的道德等二種，對於得解脫者而言，並無勸行世間的善事或自己實行之義務。簡言之，道德的生活雖是趨向解脫的必要階梯，然其本身並非最後目的，部派佛教中，最為極端的想法是，例如北道派認為慈悲心也是一種困擾，因此，主張「佛陀無慈悲心」（N'atthi Bhagavato karuṇā ti, *K.V.* XVIII. 3）。後世大乘家將持此見解的部派視為小乘，貶為自利者，其因在此。依據佛滅後不久甚為興盛的佛教教團所述，佛陀的人格是特別的，非常人所能及，因此佛陀實際的經歷，當然是本生譚所表現的菩薩行持，但此與己無關，彼等主要是基於經文表面，給予某種程度的理論整理，筆者於前文所揭的理論，即因此而產生。當然就實際而言，此等佛教徒絕非如大乘者之所貶，而是傾向於超脫的，既依從佛陀教法，也盡力於世間善事，只是基於神學的意見，遂有前述結論。反之，持第二種意見的是認為世間善事只要是離有所得心，即是佛道，解脫者應以此為前件，就後件而言，救濟世間是佛教的最大目的，一切活動皆應以佛陀為典範。提出如此主張的，即是大乘。此說推展至極點時，甚至有不住涅槃（apratiṣṭhito-nirvāṇe, or aparati-ṣṭhita-nirvā ṇa）之說。

大乘無此問題，故不予以納入，又，若稍述小乘論部倫理觀之特徵，則如前所述，小乘派雖認為道德不是最終價值，但至少仍視為是解脫道之準備，故非常重視道德。此徵於種種論書在論述種種題目時，將善、惡、無記視為最重要的標準，一一下此為善、此為惡、此為中庸的價值判斷，即可知之。如屢屢所述，其道德基礎是著重於心理論，此乃其特徵之一，因此是依概括的羅曼蒂克見地下判斷的大乘之所不及（但攝取小乘論的大乘論，則是另外的問題）。如是，整理經說（Nikāya）與律（Vinaya）所載種種德目，意欲給予一定解釋的，即是論部的倫理論題目，亦即通常稱為業品（Kamma Vagga）的章節，其所處理的，即此。

要言之，阿毘達磨倫理論的處理方式是因應阿毘達磨的一般學風，是理論的，但相較於深入，而是著重於廣泛分別經說，致力於化解表面上的矛盾。從而佛教的倫理論並不深奧，且是廣為一般所知，至少任何人若不能通過此一關門，則無談論佛教倫理的資格。雖然如此，從今日倫理論之立場而言，阿毘達磨論書的倫理觀其論法極為雜駁，因此為予以體系性的論述，在材料的處理上，必須多加注意，此固然無庸贅言。

資料與參考書目

在此稍稍述及與此問題之研究有關的資料與參考書，資料方面，是以尼柯耶中的倫理的論述為中心，論書方面，則是觸及業品、煩惱品、智品、定品等品類（未必局限於《俱舍論》）的全部論書。

參考書方面，可惜佛教並無如同基督教倫理學（Christian Ethics or Christliche Ethik）之類的著作，因此意欲研究佛教倫理的學者，作為他山之石，有必要學習一般倫理以及基督教倫理學。筆者自己作為參考所用的，是 Ludurg Lemme: *Christliche Ethik*（2 Bande）, Berlin, 1905。而與佛教倫理有關的，僅僅如次所揭數冊而已。

Ward: *The Ethics of Buddhism.*

P. Dahlke: *Buddhism als Religion und Moral.* Zweite Auflage. München-Neubiberg, 1923.

John Mackenzie: *Hindu Ethics.* London and Calcutta, 1922.

第二章 關於善、惡、無記等三性

第一節◆善惡的標準

道德之要，終究是趨善避惡。從而關於道德的範圍，某心根或行為必然不出善惡二途，若二者之間設中間地帶，則是加上非善非惡的中庸，分成三途。佛教，尤其是阿毘達磨中的道德的評價，完全依據此三分法，用術語表現，則是善（kuśala, kusala）、惡（akuśala, akusala）與無記（avyākṛta, abyākata）等三性。

但對於何者是善，何者是惡，則未必如一般之所認為，亦即不能如此單純的訂定。此因善惡之評價，至少經驗上，將依時、處、位而有相當的差異。徵於尼柯耶所載的佛說，對於善惡，佛陀雖屢屢言之，但主要目的是為揭示實踐的目標，因此對於一般的原則所述不多，通常是揭出其德目。亦即行十善是善，行十惡是惡，幾乎是定型的說明。但一般的原則有所不足，因此阿毘達磨探討經典所說之意，對於善惡揭出其一般的根據。

若是如此，阿毘達磨將善惡的標準置於何處？雖此中混入種種考察，但作為當前的標準，大體上可以說是「幸福」。《成實論》卷七三業品第一百曰：

隨以何業，能予他好事，是業善名……令他得樂，是名爲好爲，亦名爲善，亦名爲福[75]。

此「致他好事」，依據佛教的立場而言，終究亦將成為自己之好事，故嚴格說來，給予他人幸福之同時，至少自己終將招來幸福的行為，即是善；對於自己目前有利益，卻傷害他人，終將招來自己不幸的行為，即是惡；處於二者之中間的，即是無記。亦即帶來自利利他之結果的是善，反之，則是惡。至於用於和解此自利與利他之道的，即是輪迴業報之法則。亦即在行為之當下，縱使將為自己帶來不利，但若能增進他人幸福，而自己終將獲得幸福的果報的，此即是善行（關於善惡，請參照 *Atthasālinī*, p. 38. f., *The Expositor*, I. pp. 48~49）。《成唯識論》[76]所載「此世他世順益，故名為善，此世他世違損，故名為惡」，完全是基於此一見地。所謂的此世、他世，從行為者而言，雖可解為順現報或順次生報等，但若以自他作區分，則可認為此世是指他人或社會，他世是指自己。就此而言，佛教的倫理觀可說是一種功利論。但如此的功利主義，也可以說是涉及三世，自利主義與利他主義兼具。

第二節◆幸福之意義

進一步的問題是，幸福（sukha）之意義。追求幸福是人之本性，自他皆能獲得幸福的行為，至少在結果上是屬於善，但對於幸福的述說並不清楚，此乃是幸福的倫理觀的缺點。佛教所說的幸福（樂），通常是指意欲之滿足，所謂的得善果，是指獲得能夠滿足之境地，此徵於對此的種種用法，得以知之。無庸贅言，此並非佛教之最高目的。對於如此的幸福，佛教不喜其過於變化性，故雖說追求幸福，仍以永遠不變為其理想。此即是解脫涅槃，此即所謂的「涅槃是最高之樂」（nibbānaṃ paramaṃ sukhaṃ）。從而依據佛教所述，同樣稱為善的，其間有程度或性質上的差別，用術語表現，即是有漏善與無漏善之差別。縱使非現世，而是未來，但以意欲為基礎，希望欲望獲得滿足的行為，即是有漏善，反之，捨離現世的欲望，只求最高解脫永劫之樂的行為，即是無漏善。如是，就追求幸福而言，兩者相同，然依其幸福是變化或不變化，是感覺或精神的，則有不同的善，圓熟的——例如《大毘婆沙論》——阿毘達磨為善下定義時，常顧及此一意義，此不能忽視。例如該論卷五十一，對於善惡的定義，所揭諸說，大抵都含有此意。曰：

> 問：何故名善、不善、無記。答：若法巧便所持，能招愛果，性安隱，故名善。巧便所持者，顯道諦，能招愛果者，顯苦集諦，少分即有漏善，性安隱者，顯滅諦。若法非巧便所持，能招不愛果，性不安隱，故名不善。此總顯苦集諦少分，即諸惡法。若法與彼二種相違，故名無記。復次，若法能引可愛有芽及解脫芽引，故名善，若法能引非愛有芽，故名不善，若法與彼二種相違，故名無記。復次，若法能令生善趣，故名善，若法能令生惡趣，故名不善名，若法語彼二種相違，故名無記。復次，若法還墮滅品，性輕升，故名善，若法墮流轉品，性沉重，故名不善，若法與彼二種相違，故名無記。
>
> （《婆沙》卷五一，大正二七，二六三頁上）

75.《成實論》卷第七三業品第一百：「若人利他已利，今利當利，皆以善心為本。若人損他已損，今損當損，皆以不善心為本。」

76.《成唯識論》卷五（大正三一，二六頁中）曰：「能為此世他世順益，故名為善。人天樂果，雖於此世能為順益，非於他世，故不名善。能為此世他世違損，故名不善，惡趣苦果雖於此世能為違損，非於他世故非不善，於善不善益損義中，不可記別，故名無記。」

亦即善的定義是，既是輪迴界的幸福，但同時也能趨往解脫界。更且此有漏善與無漏善的關係，雖然從一方面而言，只是程度高低，但若從另一方面而言，顯然是因於性質不同，因此若不止揚，自然容易產生前述的二重道德觀。

第三節 ◆ 善惡之心根

就上文所述觀之，佛教道德觀富於功利色彩，從而著重於其行為之結果，此如康德所說的重視適法性（Legalität）甚於道德性[77]，但此僅僅是單一方面的觀察，若就另一方面而言，如後文所述，佛教是動機論者，因此與其說是就外在的行為，不如說是就心根下善惡評價，此當切記莫忘。此乃前文之所述，佛教解剖吾人心理作用，並一一下善惡無記等三性分別之所以。尤其對於其根本的是稱之為自性善或自性不善，無須因於他者，心根本身即是善或不善。對於自性善或自性不善的心根之解釋，當然因人因派別而有差異，依據《大毘婆沙論》卷五十一所載，所謂自性善，或稱為慚、愧，或視為無貪、無瞋、無癡，如分別論者將智（正確判斷）視為自性善，反之，無慚、無愧，或貪、瞋、癡，或無明，是被視為自性不善等等，意見上雖有差異，但都是就道德行為之根本的心根，賦予善惡之價值，此不容忽視（《婆沙》卷五一，大正二七，二六三頁中；《俱舍》卷十三，大正二九，七一頁上，國譯四九頁以下）。尤應注意的是，將慚與愧視為自性善。依據阿毘達磨的解釋，所謂慚（hrī），或意指著重德之心，或指內省而恥之心。所謂的愧（apatrāpya），或意指畏罪之心，或意指恥於對外（《俱舍》卷四，大正二九，一九頁中，國譯二三五頁，二五一頁以下），用現今表現的方式而說，主要是指近於良心的觀念，此徵於其說明，即可知之。如是，稱此為自性善，反之，則是自性不善，據此看來，可以說阿毘達磨的道德觀是將良心視為道德原理的一種直觀派。當然依據阿毘達磨所述，此以慚、愧為依據之行為終將招來自利利他之果報，反之，無慚、無愧將招來惡果，就此而言，似乎仍與功利有關，雖然如此，但可以說此乃是自然法則，就道德的價值而言，仍是著重於心根本身。若忽視此一方面，將小乘佛教的道德觀僅以「功利主義」看待，終將得出相當不同的結論，此當切記莫忘。

第四節◆善惡的四種類

如是，雖同樣稱為善，但阿毘達磨依互有關聯卻又略異的立場，尤其著重於心理而論述之，予以彙整的，應是首見於《大毘婆沙論》的四事說，亦即對於善的觀念是從四方面予以探討。所謂的四事，是指①自性故，②相應故，③等起故，④勝義故。前三者專依心理論之立場，第四是依最高之幸福。所謂的自性，如前文所述，是指善的心根之自性；所謂的相應，是指以彼心根為中心而俱起相應的心之作用；所謂的等起，是指依其心根所表現的意志活動；所謂的勝義，是指解脫涅槃之境界。但此乃是一般性的，克實而言，對於自性、相應、等流是屬於何等的心之作用，如前所述，多少有所異論。

茲就其主要的見之，首先依據霧尊者所述：「自性故者，謂自性善，有說是慚、愧，有說是三善根，相應故者，即彼相應心心所法，等起故者，謂等起善，即彼所起身語二業不相應行。」但分別論者對

77. 參照「阿毘達磨佛教的道德毋寧說是科學的，可以說類似於進化論的。」（Mrs. Rhys Davids: *A Buddhist Manual of Psychological Ethics*, prologue, p. LXXXVI）

此稍作主智主義的解釋，認為自性善是指智，從而自性不善是指無知或愚癡（可以與蘇格拉底作比較），相應善或相應不善是指識（心本身非善非惡），等起善或等起惡是指如前依彼等而起的身語業（無不相應行），勝義善是指涅槃，勝義不善是指生死。有部脅尊者持與此稍近之意見，據彼所述，如理作意（正確的判斷）是善之自性，非理作意是自性不善，與彼等相應，依彼等而等起的心的作用是彼等之等流果，故分別稱為善或不善。此外，也有以三善根（三不善根），信等五根（五蓋）為自性，對於其相應、等起、離繫果，作自性、相應、等起、勝義等之說明的，但恐過於繁瑣，故略過不述。要言之，據此看來，前三事是專就有漏善，無論良心自體，或基於良心的正確判斷，總的說來，心根是善惡之自性，用術語表示，作為等流果的善惡心理活動生起，作為其結果，終將承受幸（善）不幸（惡）之命運的，被歸著於所謂異熟果的善惡（作為《集異門足論》所說，《婆沙》就此予以解釋。《婆沙》卷五一，大正二七，二六三頁中、下）。先前依據幸與不幸之立場而為善惡下定義，不外於即是以此所謂的異熟化為中心而提出的。如是，第四項的以生死涅槃為標準，意欲依最高之見地而揭示善與不善的，即是四事說之精神（《婆沙》同前；《俱舍》卷十三，大正二九，七一頁上，國譯四九頁）。

第五節 ◆ 意志自由的問題

如是，可以說阿毘達磨是基於經驗的心理主義而訂定善惡。從而阿毘達磨的倫理論中，在倫理本身的問題上，並沒有如西洋對於意志自由的問題那般多歧紛擾。此因經驗上，吾人有為所欲為，不為所不為的自由。況且徵於佛說，如前所述，佛陀破斥神意論、宿作論、偶然論，承認意志的後天的自發性活動，經常將「有意的」（sañcetasika），視為道德上的責任，因此阿毘達磨論師用此解決問題，並不是特別的問題。就此而言，阿毘達磨佛教的意志論，可以說是常識的自由論。當然更進一步言之，因於先業之性癖或氣質，吾人之意志於何處得以自由的問題，絕非常識論得以解決，但總的說來，在道德問題的範圍內，當然是承認意志之自由的。善、惡、無記的區別，主要在於心根，更且在所謂的等起的行為上，立三性區別之所以，也在於此。

第六節 ◆ 道德的精進之根據

又，依據阿毘達磨所述，吾人有如是種種善惡的心之作用，更且就自然的傾向而言，朝惡的方面趨進較強，若是如此，何以吾人必須努力精進向善？對此有必要予以論究。此因道德的尊嚴並非自然的增進，而是由於努力的精進，因此作為道德的問題之一，此乃屬於有必要予以大致考察的問題。就筆者所知，阿毘達磨特將此視為問題，但各部派依其形而上學的差別，故所作說明多少有所差異，但若依據一般的精神而言，主要是因於先前所述的，作為善之定義的二大課題，阿毘達磨佛教的道德的精進才能呈現其根據。第一是怖畏輪迴業報，也可以說是自然的制裁。亦即作惡事，當下雖能滿足利己心，但依據業報規則，終將承受長遠之苦，反之，行善雖當下有所損失，但終將獲得幸福，因此，欲得真正長遠的幸福，無論如何的苦，皆應避惡趨善。相對於將善心的自性視為慚愧（亦即良心）的部派，此可稱為智或如理作意，但既然作功利的解釋，則可說是有關利害得失之判斷。從道德的價值而言，此可說是低劣的，但對於功利之外，不考慮其他的人而言，此乃是宏大的精進之根據，從而最受阿毘達磨重視。第二是基於趨向最高解脫的必然道程之立場，亦即征服以己心為基礎的惡心，乃是到達解脫的必然條件，只要是意向於解脫，必然是避惡，從而精勵於善。更且無論任何人，只要其理性清醒，則志於解脫乃是實現理性（智慧）自我規定之所以，因此，所謂的行善，無非是理性本身之自我規定。當然，未必所有部派都如此明言，但稱慚、愧為善之自性，進而主張心性本淨說的，其所說不外於此。至此，經驗主義的功利主義的倫理觀轉換成理想主義，但克實言之，此尚蘊含於阿毘達磨之內，真正明白予以揭示的，是爾後的大乘佛教（cf. *A Buddhist Manual of Psychological Ethics*, pp. LXXXII-XCV.）。

第三章　各種的心之作用與三性

第一節◆前言

如前章所述，阿毘達磨的倫理論主要是立於經驗的心理主義的見地。但阿毘達磨心理論的特徵，是將心理作用分析成種種要素，稱之為心所，更進一步的是，以善、惡、無記等性質作為標準，將此分類成數項，此如前所述。在前篇的一般心理論中，述說各種心之作用的基礎，今將據此而詳述善惡的心之作用，用以作為趨近行為論的準備。此因可否依據心理主義而論述倫理說，姑且不論，但從心理的事實出發，藉以闡明道德心理之基礎的此一方式，可以說是阿毘達磨的一大特徵。

以善惡為標準的心理分析有種種方式，但至少形式上，最為完整的是《大毘婆沙論》（卷四二，大正二七，二二〇頁）所作的七項分類。此即①十大地法，②十大煩惱地法，③十小煩惱地法，④十大善地法，⑤五大不善地法，⑥三大有覆無記地法，⑦十大無覆無記地法。此中，對於同一心所，又依其觀點的不同，而被分為二項或三項，在分類上，可說是不完全，因此再予以次第整理，在《俱舍論》與《成唯識論》中，遂有所變更，但無論如何，以三性為中心，再加上煩惱的分類，可以說是最為整然。今基於方便，暫依此分類，作為倫理之基礎，闡明心理作用如次。

第二節 ◆ 善心所

首先就善的心之作用述之，所謂的善心，就目的而言，如前所述，是指能令人幸福，也令將來的自己幸福，進而有助於解脫的心之作用，就心理的而言，主要是指離我執我欲，令心清澄的心之作用。但就其根本而言，從消極面看來，是指貪瞋癡之脫離，亦即無貪、無瞋、無癡等三者，南北論部皆稱此三者為善根（kusala-mūla, kuśala-mūla）。但若就積極的方面看來，如前所述，是指慚與愧。尤其若對應《俱舍論》等將大不善地說是無慚、無愧，則慚愧等二種作用可說正是所有善心之根源。依據《俱舍論》卷四所載，所謂慚，是指恭敬道德法（三學等）；所謂愧，是指對於罪有怖畏的心的作用（大正二九，二一頁上，國譯二五一～二五二頁），此正如現今所說的，與良心相當的心之作用，此如前所述。阿毘達磨將此視為善之自性，誠是得當之考察。如是，三善根或慚愧乃是善心之根本，但喜好平面解剖的阿毘達磨卻不認為其他善心是由此二者之所導出，而是視如其他善的心之作用，只是將其主要的，稱為大善地法，是所有的善心之所共通。關於其數，從《品類足論》至《俱舍論》是列出十種，《唯識論》列出十一種，阿耨樓陀的《攝阿毘達磨義論》所揭是十九種，故並無一定。

今暫依《唯識論》所載，揭出如次：信（śraddhā）、精進（vīrya）、慚（hrī）、愧（apatrāpya）、無貪（alobha）、無瞋（adveṣa）、無癡（amoha）、輕安（praśrabdhi）、不放逸（apramāda）、捨（upekṣā）、不害（ahiṃsā）。此中，慚愧前文已作說明，故略過不述，其他則是——

1. 信，無庸贅言，此意指信仰的心理，若就其對象而言，是指對於四諦、三寶、因果等，絕對相信不疑。此能令心澄淨，故說為善。

2. 精進（勤）與不放逸，此二者是非常相近的心之作用，但依據《俱舍論》所載，所謂勤，是指對於善，勇敢趨進的作用，而不放逸是指攝心，不倦不撓而修善的作用。前文所揭的信，其感情的要素較強，而此二者則偏向於意志力。

3. 輕安與捨，此意指身心不煩，安詳輕快。《俱舍》認為輕安僅限於心，但阿耨樓陀將此分成身輕安（kāya-passaddhi）與心輕安（citta-p.）等二種。若無安詳輕快，無法行善事，故被列為大善地法之一。捨是與此相近的心理作用，主要是指脫離動搖的平靜狀態。此輕安與捨與其說是心理作用，不如說是一種神態，輕鬆的，神清氣爽的神態。

4. 不害，是指不加害於他者，主要是由三善根所導出，但印度人特別重視此不害，被列為獨立的心之作用。

此上所揭的心之作用，亦即所有的善心必然是相伴而起，從而若缺其一，則非善的心。換言之，只要是善心生起，縱使是無意識的，但前揭十數種心所皆是俱起，因此基於特殊的善心皆以此為基礎，故稱為十善地法。就此而言，《婆沙》、《俱舍》等，指出於此世起善心時，最少限度有二十二心所俱起。此即十大地法、十善地法，以及尋（vitarka）與伺（vicāra）。此因所謂的尋與伺，如前所述，是指麤或細的觀察思惟，此二者於欲界之心，必然是相伴而起，故說為最少是二十二（《俱舍》卷四，國譯二四三頁以下）〔《法集論》謂欲界善心緣六境而起，更且與樂、智相伴時，五十六心所俱起（Mrs. Rhys Davids: *A Buddhist Manual of Psychological Ethics*, pp. 1~5）〕。但問題是，阿毘達磨既將善的基礎心理列出十數種，何以此間沒有列上愛或慈悲？此因愛或慈悲，或被視為是善心之基礎。依據阿毘達磨所述，愛（priya）與慈悲之間有所區別。慈悲雖是高等的道德心，但未必是基礎性的，而是依修行而長養的德目，因此不納入於大善地法中。至於愛，雖是基礎性的，但在性質上，愛有二類，其一是有染汙的，如愛戀、執著等；另一是無染汙，可以說是愛敬，是對於師長等之愛。依據《俱舍》所述，前者屬於 lobha，當然不屬於善，後者其體屬於信，故另外別立，不攝於善地法中（《俱舍》卷四，大正二九，二一頁上，國譯二五四頁）。誠是至當之解釋。

第三節 ◆ 不善心

所謂的不善心，無庸贅言，當然是善心之相對，從而善根若是無貪、無瞋、無癡等三者，則不善根自然是貪、瞋、癡等三者；善之自性是慚愧，不善之根源必然是無慚（āhrīkya）與無愧（anapatrāpya）。如是，若將大善地法之心所說為十，則大不善地法也是十；大善地法若是十一，大不善地法也是十一，理應如此。但此只是大致上的，實則阿毘達磨論師對此也是特為困惱。此因善、不善之外，佛教又別立所謂的煩惱心，更且其大部分是不善的，但其中也有在倫理的意義上，難以說是不善的心之作用，因此無法明白揭出不善與煩惱之界限。就文獻見之，將貪、瞋、癡等三者視為三不善根，此已見於尼柯耶，從而初期的阿毘達磨始終是在處理此一問題，但在將心所作分類時，對此應如何處理，甚是困惱。世友在《界身足論》中，列出大地法、大煩惱地法、小煩惱地法，但此並非善惡之分類，《品類足論》雖加上十大善地法，但欠缺不善地法，直至《大毘婆沙論》才立之，更且列出其所屬五種心所：無慚、無愧、無明、昏沉、掉舉，但《俱舍論》認為無明、昏沉、掉舉等三者應是大煩惱地法所攝，故除之，僅留存前二。而《唯識論》認為無慚、無愧應納入隨煩惱中，因此獨立的不善地法又不見其影。

進而就南方論部見之，《攝阿毘達磨義論》（*Abhidhammattha-saṅgaha*, J. P. T. S. 1884. p.~7）所揭大不善地法（sabba-akusalā-sādhāraṇa）有十四，其中並無煩惱地法，故彼所謂的不善，無非是煩惱之異名。如是，不善的地位在阿毘達磨的法相上，是極為曖昧，但要言之，不善是善的相反，更且也可以稱之為煩惱。

第四節 ◆ 無記心

上來所述，是善、不善之區別，若是如此，所謂的無記，是指何等的心或行為？簡言之，主要是以前揭的自性、相應、等起為首，與勝義之善、不善無關的中間性的行為。稱此為無記之所以，依據《婆沙》所載，既不能稱為善，也不能稱為惡，從而其結果是既不能生起善果，也不能生起惡果，亦即無法「記」之，故稱無記（《婆沙》卷五一，大正二七，二六三頁上）。雖說是處於中間，但若詳加考察，此間仍可區別出與煩惱有某種程度關係，或與煩惱全無關係的心之作用。就筆者所知，早期的論書無此區別，但至少《大毘婆沙論》已設此區別。亦即將無記區分成有覆無記（nivṛta-avyākṛta）與無覆無記（anivṛta-avyākṛta）等二類。所謂的有覆，是指其自身雖非善非惡，卻是煩惱之所為。對於此種類之心所，《大毘婆沙論》揭出無明、昏沉、掉舉等三種。此因此三者雖無伴隨害心，其自身亦非惡，但至少是修道的障礙，能覆菩提心，故稱為有覆無記，就煩惱論而言，此三者皆被視為是重要的。相對於此，所謂的無覆無記，是指處於兩者之中間的，亦即非善，亦非不善或煩惱的心態。《大毘婆沙論》所揭的十大地法（作意、觸、受、想、思、欲、勝解、念、定、慧）之心所即此，進而作為具體的心理活動，又分成四種，是《婆沙論》以來的分類法。此即①異熟（vipāka），②威儀路（airyāpathika），③工巧處（śailpasthānika），④通果心（nair māṇika）。第一的異熟，是指依前生之業所感之心，其自體非善非惡，故稱無記（將十大地法稱為無記，即因於此）。第二的威儀路心，是指行「行住坐臥」等威儀時所起之心態，此無關善惡，故稱無記。第三的工巧處，是指見聞或創作彫刻、繪畫乃至詩歌、音樂時，無邪念之心。第四的通果無記，是指依天眼、天耳等神通而變化時之心。若用現今所說的方式表現，恐是指變戲法或魔術時的心（《俱舍》卷二，大正二九，七頁中，三九頁上，國譯八二頁以下，卷七同上四六〇頁以下）。亦即依據佛教所述，無記，尤其是無覆無記，是指精神活動的一種狀態，主要是指與美有關之心態，故不能忽視之。此因吾人之心理活動，在此時是非正非邪，非惡非善，可以說是處於一種不關心的狀態。此精神狀態雖無必要予以道德的獎勵，但至少消極的有助於離惡與除去執著，此當切記莫忘。

第五節◆煩惱

有關倫理與修道的心理論中，最具重要意義的是所謂的煩惱論。所謂的煩惱，廣義而言，等同於罪，以最高解脫為標準時，凡是妨礙實現最高解脫的心之作用都可視為煩惱。若究其本源，自然是無明（avidyā），以我執我欲為基礎，為達成我執我欲之目的，所營作的意識與無意識的所有心之作用，都被稱為煩惱。依據佛教所述，吾人沉淪於輪迴，常受束縛，完全是因於此力（《俱舍論》卷十九隨眠品曰：「何故隨眠能為有本？以諸煩惱現起，能為十種事故。一堅根本（令煩惱之得堅固），二立相續，三治自由（令依身適合煩惱之繁殖），四引等流，五發業有，六攝自具（成為煩惱本身之資糧），七迷所緣，八導識流，九越善品，十廣縛義，令不能越自界地故。」（大正二九，九八頁中，國譯三四三頁）」。佛陀非常著力於對此之說明，從種種方面作種種分類，揭出其可畏之原由。從而雖同樣稱為煩惱，然其名稱有種種，通常雖說為煩惱（kleśa），但或稱隨眠（anuśaya），或稱纏（paryavasthāna），或稱蓋（nīvaraṇa），或稱結（saṃyojana），此外，更有種種名稱，要言之，皆就能令吾人煩悶、懊惱與感受束縛，不得自由而命名。當然就法相而言，此等名稱未必意指同一事實，此間仍有廣狹之別，尤其關於隨眠與纏之同異，部派之間也有爭議，但無論如何，大體上無非是從種種立場指稱吾人我執的心之作用。若是如此，煩惱究竟有幾種？是如何作分類？克實而言，如此的分類，實是不堪收拾，極其複雜。就列出一法至十一法的《增一阿含》見之，煩惱的分類占其多數，煩惱的分類是如何的複雜，據此即可思之過半。更且其分類未必整然，其分類交錯，對於同一事物，只因觀點不同，即被附上不同名稱，可說非常複雜。此因佛陀原是為令吾等知曉煩惱之可畏，故便宜示之，但爾後在匯集時，相互混雜所致。阿毘達磨時代在為此等作說明與分類時，原是因應一法至二法、三法之方式而作分類，此徵於《毘婆崩伽》的小事品（*Khuddaka-vatthuvibhaṅga*）、《舍利弗阿毘曇論》卷十八～十九的煩惱品，即可知之。更且此《毘婆崩伽》之小事品[78]與《舍利弗阿毘曇論》的煩惱品，本是取自於共通的材料（《阿毘達磨論之研究》一〇三～一一一頁，中譯本六五～七〇頁），初期阿毘達磨處理煩惱的態度，據此最能清楚了解。今且就《舍利弗阿毘曇論》的煩惱品（大正二八，

78. 在名稱上，此「小事品」所載與《法蘊足論》卷九的「雜事品」一致，在處理煩惱時，也是一致，但內容方面較近似《舍利弗阿毘曇論》。

六四六頁上～）見之，首先是一法，亦即個個獨立的煩惱，例如憍（mada，誇）、諛諂、邪敬等，大致有百種以上，其次的二法，是同樣種類的煩惱，例如失念與不正知，無明與有愛，成雙結對的，有數十種；再就三法見之，如三集（內、外、內外）、三不善根、三纏（欲、恚、癡）、三愛（欲、有、無有），也有數十種，進而從四法（如四流＝欲、有、見、無明等的四法類）、五法（如五蓋、五下分結、五上分結）、六法（如六愛、六恚）、七法（七共染，亦即與男女關係有關，七慢，亦即慢、不如慢、勝慢、增上慢、我慢、邪慢、慢中慢）、八法（如八懈怠事）、九法（如九愛根法）、十法（如十煩惱使）、十一法（如十一心垢）依序推進至二十法、二十一法、三十六愛行、六十二見等（《舍利弗阿毘曇》卷十八～卷二十），據此可以推知其繁雜之程度。但如此的說明法不容易掌握其中心觀念，因此，就此等予以整理分類，是促使其處理方式大為進步之所以。雖然如此，但仍不免過於繁瑣，縱使號稱秩序為整然的《俱舍》，若與他品相較，其隨眠品之所述，仍是相當亂雜，雖然如此，此乃與其性質有關，可以說也是情非得已。若是如此，此等之中，何者屬於最為根本？《品類論》、《婆沙論》、《雜心論》等列出十種。亦即不信、懈怠、失念、心亂、無明、不正知、非理作意、邪勝解、掉舉、放逸（《品類足論》卷二，大正二六，六九八頁下），《俱舍論》除去此中的邪勝解、非理作意、不正知、失念等四，僅存其六。此因邪勝解等四項是十大地法中的心所的作用。

總之，此等與所謂的大善地法正好成對，故大致可以推知是大善地法之相反。但克實言之，將此十種或六種視為是其根本，只是某種觀點而已，《成唯識論》（卷六，大正三一，三一頁中）是將此等納入於小煩惱中，而將貪、瞋、癡、慢、疑、惡見等六者視為根本，《俱舍論》也不將此等視為大煩惱地法，但從稱為隨眠（anuśaya），視為最重煩惱（《俱舍》卷十九隨眠品）看來，可以說是頗為恰當的。筆者雖認為無需拘泥於大煩惱、小煩惱之分類，但基於方便說明，大體上仍參照唯識所作分類，略明其一一之特質如次。

1. 根本隨眠：貪（rāga）、瞋（dveṣa；pratigha）、癡（avidyā；mūḍha，無明）、慢（māna）、疑（vicikitsā）、惡見（dṛṣṭi）。

①貪，是執著之義，與 tṛṣṇā（愛）幾乎同義。此可二分，其一是欲貪（kāmarāga），另一是有貪（bhavarāga）。就筆者所見，其原始意義是愛欲與存在欲，但阿毘達磨的界繫分別盛行時，將欲貪解為對於欲界之執著，相對於此，有貪則是對於色界、無色界之執著（《俱舍論》卷十九，大正二九，九九頁上，國譯三五〇～三五一頁；《舍利弗阿毘曇論》卷十八，大正二八，六五〇頁上）。

②瞋，無庸贅言，當然是指瞋恚，是惡行之基本。

③無明，通常解為無智（ajñāna）之義，或解為 moha「心之蒙昧」，但也被解為恃我之類，例如意欲生存之意志。此因此語可作淺義（枝末無明）與深義（根本無明）等二種解釋。

④慢，對他的自恃之心，此有慢（māna）、過慢（atimāna，不如慢？）、慢過慢（mānātimāna）、我慢（asmimāna）、增上慢（abhimāna）、卑慢（ūnamāna）、邪慢（mithyāmāna）等之區別（「何謂七慢？慢、不如慢、勝慢、增上慢、我慢、邪慢、慢中慢」……《舍利弗阿毘曇論》卷十九，大正二八，六五四頁上）。

此外，又有十二慢之名：❶我勝慢（seyyo 'ham asmī ti māna），❷我等慢（sadiso 'ham asmī ti māna.），❸我劣慢（hīno 'ham asmī ti māna.），❹我勝勝慢（seyyassa seyyo 'ham a. m.），❺

我勝等慢（seyyassa sadiso 'ham a. m.），❻我勝劣慢（seyyassa hīno 'ham a. m.），❼我等勝慢（sadisassa seyyo 'ham a. m.），❽我等等慢（sadisassa sadiso 'ham a. m.），❾我等劣慢（sadisassa hīno 'ham a. m.），❿我劣勝慢（hīnassa seyyo 'ham a. m.），⓫我劣等慢（hīnassa sadiso 'ham a. m.），⓬我劣劣慢（hinassa hīno 'ham a. m.）（*Vibhaṅga* p., 346）。

⑤ 疑，意指對於諦理生起疑惑。

⑥ 見，錯誤的見解之義，可分成❶有身見（satkāya-dṛṣti，薩迦耶見），執著五蘊為我我所之見，❷邊執見（antagrāha-dṛṣṭi），亦即斷常二見，❸邪見（mithyā-dṛṣṭi），亦即撥無因果，❹見取見（dṛṣṭi-parāmarśa），亦即執著劣法為勝法的迷信，❺戒禁取見（ṣīlavrata-parāmarśa），將怪異的行法視為真道，如非因計因、非道計道。以上的六根本隨眠可開為十，乃至九十八種，此如後文所述。

2. 小煩惱：《品類足論》以來，通常將小煩惱列為忿（krodha）、覆（mrakṣa）、慳（mātsarya）、嫉（īrṣyā）、惱（pradāsa）、害（vihiṃsā）、恨（upanāha）、諂（māyā）、誑（śāṭhya）、憍（mada，恃）等十種。於此十項，加上從《品類足論》至《雜心論》以來，已稍作變更的十大煩惱（以無慚、無愧取代非理作意與邪勝解）的，是《唯識》（卷六，大正三一，三三頁中、下）所揭的二十種隨煩惱。今就其主要的，解釋如次：

① 忿、恨、惱、害，主要是瞋的種種相。所謂的忿，即是憤；恨是持續忿怨不捨；惱是指因忿恨而懊惱；害是因瞋而毀害他者。

② 覆、諂、誑，是指為自己的利益而覆蓋事實，阿諛諂媚欺誑，主要是來自於貪癡。

③嫉、憍之中，妒忌他人盛事是嫉，特意誇己是憍。

④慳是指鄙吝之性。

⑤不信是信之相反。

⑥懈怠是勤之相反。

⑦放逸是不放逸之相反。

⑧昏沉是指無堪忍性，輕安之相反。

⑨掉舉是捨之相反。

⑩失念、不正知、散亂是指大地法中的念、勝解、三摩地等作用不得完成之狀態。

3. 關於煩惱的小分類：上文所揭是若干主要的煩惱，若欲依種種名稱，以及種種數目而為此等作分類，除此之外，其數眾多。如前所述，此等大抵是經典所載，但《俱舍論》（卷二十～二一）等是當作隨眠品之附錄，故此處所揭是其中較為主要的。此因在心理的研究上，雖非特為必要，但對於專門研究佛教的人若因此而有大致的了解，相信對於彼等應是頗為便利。

①三漏[79]（āsrava）：欲漏（kāma-ā.）、有漏（bhava-ā.）、無明漏（avidyā-ā.）。

②四瀑流（ogha）：欲瀑流（kāma-o.）、有瀑流（bhava-o.）、見瀑流（drsty-ogha）、無明瀑流（avidyā-o.）。

79. 何故名為漏？諸境界中，相續流注泄過不絕，故名漏。如契經（《雜阿含》卷十八）說：具壽當知！譬如挽船逆流而上，設大功用行，尚為難。若放此船順流而去，雖捨功用行，不為難。起善染心，應知亦爾。（《俱舍》卷二十，大正二九，一〇八頁上，國譯四五三頁）

③四軛（yoga）：同上。

④四取（upādāna）：欲取、見取、戒禁取、我語取（ātmavādopādana＝對上二界內身之取執，參照《俱舍》卷九，國譯五九五頁）。

⑤九結（saṃyojana）：愛結（anunaya-s.）、恚結（pratigha-s）、慢結（māna-s.）、無明結（avidyā-s.）、見結（dṛṣṭi-s.）、取結（parāmarśa-s.）、疑結（vicikitsā-s）、嫉結（īrṣyā-s.）、慳結（mātsarya-s.）。

⑥五下分結（avarabhāgīya-saṃyojana）：有身見（satkāya-dṛṣṭi）、戒禁取（sīlavrata-parāmarśa）、疑（vi-ciki tsā）、欲貪（kāmarāga）、瞋恚（dveṣa）。

⑦五上分結（ūrdhvabhāgīya-saṃyojana）：色貪（rūparāga）、無色貪（ārūpyarāga）、掉舉（auddhatya）、慢（māna）、無明（avidyā）。

⑧三縛（bandhana）：貪（rāga）、瞋（dveṣa）、癡（moha）。

⑨八（或十）纏（paryavasthāna）：無慚、無愧、嫉、慳、悔、眠、掉舉、昏沉（加上忿與覆，即成為十種）。

此外，又有種種的分類法，但過於繁瑣，故略過不述（詳見《法蘊足論》卷九雜事品、《俱舍論》卷二十隨眠品、《舍利弗阿毘曇論》卷十八～二十煩惱品、《毘婆崩伽》小事品等）。

阿毘達磨雖將煩惱作種種的分類與說明，但若欲作最簡單的分類，應是一切煩惱不出於二種。其一是智的迷執，出自於對於事實的錯誤判斷。用術語表現，即是見惑。第二是來自於情意，亦即縱使在智識上雖能接受，但在情意上無法控制。此即是思惑或修惑。當然，實言之，此中也有含括此兩者的，也有任一種都不能歸類的，但大體上，吾人之迷有智識的與情意的等二類，此乃是佛教共通的分類法。二者之中，較受重視的，當然是思惑，但若就見惑也可說是一種主張而言，亦即由於見惑將導致思惑更為強烈，因此，也是重煩惱之類。退治此兩種煩惱之道，即是見道、修道，此乃是修道論中所論述之題目，總之，佛教以實際的修行為主，但在教理上，又特為強調知的修養，即意在破除此見惑，此當切記莫忘。

第六節◆心性論

依據阿毘達磨所載，吾人之心有善、惡、無記等種種作用存在，然而此等也只是現象而已。若是如此，更進一步言之，在本性上，吾人之心究竟是善是惡？清淨或不清淨？對此，前篇實已有論述。雖然如此，作為倫理問題，在此仍必須大致略作論述。此因佛教之心性論，主要是為揭示倫理修道而產生的。

從佛教的立場而言，此一問題可以作種種解釋。依據發生的見地，更且若將存在的根本視為在於無明（blind Will），則心之本性完全是染，亦即必然是惡。但若就客觀的事實見之，吾人之心既有煩惱，也有菩提心，有善心也有惡心，終究不能一概論之。若本來是不淨，則清淨心或善心是從何處生起？事實上，心之本性應是善惡相混。但若從修行的目標而言，吾人的目的是去惡心，只存善心，斷煩惱，令心清淨。但在臻於此境時，吾人之心是不絕滅的，恐是因此遂有心之本性應是清淨，所去除的不善心、煩惱心應是客塵之說。

如是，依種種立場，以相當的理由給予評論的，即是部派佛教的心性論。就筆者所知，部派之中，並沒有主張徹底的不淨論（亦即原罪）的，但從經部將涅槃解為虛無看來，可以視為其中暗含不淨論之思想（唯識將阿賴耶視為染，恐是出自此一系統）。主張混合說的，亦即主張相應說的，是有部等，認為心的本身非善非惡，可說是無記，依其因緣，善心所生起，即是善，惡心所生起，即是惡。稱此為相應善、相應惡，就常識而言，此可謂穩當之說，也是最平凡之說。相對於此，提出心性本淨論的是分別部（案達羅派，參照《宗教研究》二之一），認為不善煩惱皆是應予以除去之客塵。大乘的如來藏思想即由此而產生，若說佛教有所謂先天的良心之說，即是由此而導出的。但真正的大乘特徵，是止揚第一的無明說與第三的清淨說，暢談煩惱即菩提，無明實性即佛性。但此一問題非屬此處所論，故不作深談。

要言之，對於修行的目標（應予以破除的），佛教揭出無數的惡德，但並非認為服從此等惡德是吾人的命運，而是主張得以依自己所具之力予以轉化而向清淨心前進，無論是倫理或修道之根據，皆在於此，此當切記莫忘。

第四章　道德的行為及其種種相

第一節◆道德的行為

一、行為與行動

上文所述的有關道德的種種心之作用，可以說是決定動機的條件，而以彼等為前件，成為道德的評價對象的，正是行為。用術語表現，此即是業（karman），種種阿毘達磨稱為業品[80]的章節，其所處理的，即此。而更進步的是，將行為之主體所作的善惡中的種種具體行為作分類的提示，用以揭示修行者其之所據。

首先就一般的行為述之。亦即與可下道德評價之行為的一般條件有關的。此因吾人的一切行動未必皆屬可下道德評價，故必須先確定因於何等條件而有此行為。

80.《發智論》業蘊第四（卷十一～十二），以①惡行納息，②邪語納息，③害生納息，④表無表納息，⑤自業納息等五章論述各種的業，《婆沙論》卷一一二至卷一二六，總計十五卷，就此予以解說。

二、行為的種類

就心理而言，無庸贅言，行為的中心當然是思（cetanā，意志）。若無思，無意識的行動（不故作業）或許猶能成立，但意識的行為（故作業）絕對不能成立。據此，佛陀曰：「我思名為業。」部派時代，經部主張「身口意三業唯一思」。但應予以注意的是，依據機械主義的佛教所述，思雖是單獨的心所，但至少於其發動中，有種種階段。亦即如今日所說的，同樣稱為意志的作用中，有內在意志（innere-Wille）與外在意志（äussere-Wille）的區別，佛教是將此分成二段或三段而觀察。分為二段的，即是思業（cetanā-karman）與思已業（cetayitvā-karman），此乃是原始佛教時代以來的分類（關於思業、思已業，請參照《舍利弗阿毘曇論》卷七、《俱舍論》卷十三、《成實論》卷七業相品第九五、《中阿含》卷二七達梵行經等）；分為三段的，是審慮思、決定思、發動思，主要是經部的分類（《俱舍》卷十三，大正二九，六八頁下，國譯二十頁），但世親的《成業論》（大正三一，七八五頁下）等也予以採用。若是如此，問題是，下倫理的善惡評價應從何處開始？換言之，是於審慮思已有善惡，或在思已業或發動思，才具有善惡的意義？亦即是在動機已決定善惡，或是在結果才決定？

就原始佛教見之，相對於末伽梨拘舍梨（makkhali Gosāla）與耆那教著重於外在的行為，佛陀則是著重於心根，此乃佛典始終一再告知吾人的。亦即就通常將行為分成身業（kāya-karman）、口業（vāk-karman）、意業（manas-karman）等三類而言，末伽梨拘舍梨認為身口二業最為重要，開祖大雄認為此中多少應加上意業，而佛陀是以意業為主，認為身、口業是其副作用，此乃當時三大派對於修行（道德）觀點的主要差異。如是，佛陀對於某種行為，下道德的批判或律法的判決時，通常是先問其動機，此依某一比丘欲殺蛇，卻誤殺人致死，佛陀並不是以殺人罪論之，而是依犯殺生戒之罪制裁，即可知之。此因倫理終究是對於人與人之間的關係而作規定，至少就其結果而言，得以增進個人或社會之幸福才有意義與價值。只是心根善，結果卻為他人帶來不利，其價值當然是銳減。如是，佛陀徹底採取動機論，但對於其行為之結果，也特加注意，若是結果是惡的，縱使其動機是善，基於不契合如實智見之意，仍予以破斥，本生譚中收有與此相關的有趣例子。例如往昔梵授王統治瓦拉那西時，王宮中豢養眾多猿猴。某日園丁意欲親眼觀看星祭進行，遂拜託猿猴首領為御苑中的花木澆水。為如何才得以不浪費水，猿猴首領絞盡腦汁，最後決定依樹根大小而決定水之多少，故將所有樹木拔起，一一檢查，結果導致所有樹木都枯死。見此，菩薩說道：

> 智慧不足，縱使欲行善事，仍不得其效果。愚者能害有益之事。如彼御苑之猿，令木枯死。
>
> （參照 *Ārāmadūsaka-jātaka*, 46）

當然，這僅僅是笑話一場，但從中得以窺見基於佛教精神的一種結果論的主張。

三、道德的評價對象

如是，大體上，部派佛教仍著重於動機，但關於其程度，諸派所見不一。亦即或非常重視動機，或需待其行為結束，才對其動機下完全的道德批判。但對於能否成為其道德批判的對象，主要是依存於依其動機與行為而生的，亦即依存於被稱為無表（無作）或種子的業習對意志者或行為者之組織的薰習，是否能成為招引將來福禍果報之基底，則是部派佛教顯著的特徵之一。換言之，對於究竟是僅依動機即得以招引後來果報之業習，或是依結果的行為之性質才得以完全無表的問題，產生議論。

大體上，採取所謂生機主義見解的，完全主張動機（亦即心根）說，採取機械主義見解的，則對於結果特加注意，在某種情況下，甚至幾乎可視為是結果論者的主張也可見之。就筆者所見的文獻而言，最傾向於精神主義的是分別說部，依據《大毘婆沙論》所載，此部主張貪欲、瞋恚、邪見即是業之自性，其所持根據，是契經所載的「故思所造身三種業，已作已集，是惡不善，能生眾苦感苦異熟，故思所造語四種業、意三種業，已作已集，是惡不善，能生眾苦感苦異熟，意三業者，謂貪恚邪見」（《婆沙》卷一一三，大正二七，五八七頁上）。可惜的是，無法確定此所謂的「分別說部」究竟是哪一部派，更且其主張也過於簡單，無法清楚了解，但無論如何，無可懷疑的，是將精神狀態直接視為業之主體。其次較為著重動機的，其代表是譬喻師或經部的主張，更且是相對於機械主義者的有部議論。在文獻上，散見於《大毘婆沙論》、《俱舍論》與《成實論》等。

如前所述，經部並不承認有部所說的具有色法之意的無表，對此是極力抨擊（《俱舍》卷十三，大正二九，六八頁中，國譯一四頁）。雖然如此，但經部承認與有部無表色相當的，可招來後來果報之因的業習，視此乃是思所薰習種子，更且此乃是微細相續轉變差別，最後招來既定的果報（《俱舍》卷十三，大正二九，六九頁中，國譯二八頁）。亦即相對於有部之機械主義，是以符合生機主義的方式而予以承認的。承繼經部之成實師承認作為無作（無表）的一種無表，主要也是基於此意。總之，雖然對於無表的解釋有別，但即使是有部，仍是以某種形式，承認業的餘習勢力。不同的是，行為是在如何的程度之下，成為無表？有部認為身口意三業之中，成為所謂表業（vijñapti- karman）的，只是身口二業，從而無表需依身口的外在行為才能發得，並無只是意業的無表（參照《俱舍》卷十三，國譯四頁之腳註）。不以意業（亦即思）為基礎的身口的行為，縱使其結果是善是惡，仍無法發得無表，更且也主張若只有意業，無表不生。如是，有部在論述破戒、持戒時，縱使心中有破戒之意，只要沒有表現於身體與語言，即非破戒[81]，其結果論之特色可說是完全發揮。而經部所說正與此相反，彼等認為所謂的業，無非是「一思」的種種相，思（亦即意志）若決意行善惡行為，縱使並無實行，然其意志本身對於某者的薰習既已產生，此乃是爾後受報之原因，此即相當於有部所說的無表。《俱舍》卷十三對於經部所說，有如次說明：「如前所說，二表（業）殊勝思故起思差別，名無表。」（《俱舍》卷十三，大正二九，六八頁下，國譯二〇頁）。亦即經部雖非特別承認無表之存在，但仍承認具有以思之力為基礎，更且形成思之性格之意的無表。而所述更為明白的，是承繼經部系統的《成實論》卷七業相品第九十五之所述。曰：

問曰：如從身口別有業，意與意業爲即爲異。答曰：二種，或意即意業，或從意生業。若決定意殺眾生，是不善意，亦是意業。是業能集罪勝身口業。若未決定心，是意則與業異。……問曰：但身口有無作，意無無作。答曰：不然。所以者何？是中無有因緣，但身口業有無作，而意無無作。又，經中說二種業，若思若思已。思即是意業。思已三種，從思集業及身口業。是意業最重，後當說。從重業所集，名無作，常相續生故，知意業亦有無作。

81. 故，三由二形俱時生故，四由所因善根斷故。（《俱舍》卷第十五，大正二九，七八頁上～中，國譯一三七～一三八頁）

亦即相較於身口之表業，在道德上，明白的決意其責任更為重大，亦即特為強調動機。爾後唯識等所主張的三業共無表，恐是出自於此一系統。

要言之，大體上部派佛教並非不問動機，僅就其結果而追究道德上的責任，但對於從動機至行動之間的道德責任，則有前文所揭異見，經部與《成實論》等，完全是將心根視為道德基礎，反之，有部可以說是以法律的方式看待。

四、善且正

如是，對於動機與結果之間的道德責任輕重，所見不同，但無論如何，道德須待行為才具有意義，因此，僅依其動機而判斷善惡之舉，並不妥當。著重動機的《成實論》也不認為只是心根善良，皆屬善事，例如為奉養父母而竊盜，或為令彼女快樂而與他人之妻私通等等，縱使其心根是善，但在道德上，此絕不能說是正當（《成實論》卷七三業品第一〇〇）。同此，依據《成實論》所載，為利益多人而殺害盜賊，為救人命而妄語，在某一方面雖是善，但在另一方面，其自體仍未必正當（基於相同觀點，《成實論》對於軍陣中戰死，得以生天之說，殺賊無罪，不殺反而有罪之說；或依婆羅門六法、剎帝利四法、吠舍三法、首陀羅一法等，認為婆羅門為祭祀而殺害動物是善事，剎帝利為保護而殺人是善事之說，皆予以批判，進而對於世法經的乞食七日，可盜取旃陀羅之物，性命相關時，可盜取婆羅門之物之說，也予以批判（卷七三業品第一〇〇））。真正的善，是心根善，且其結果也契合正義。若是如此，問題是，所謂的「正」是何所指？就筆者所知，佛教所說的，並不是一般標準的正且善，大抵是以所謂的十善業道回答。

此因所謂的心根善，主要是指與客觀的有關的，因此總括兩者的原理頗為抽象，在實行上並不容易，故需具體的一一列舉。若就其精神言之，「善且正」的最高理想之標準是解脫涅槃，其實行的標準是提升自己性格，同時對他也給予利益，更且不作任何損害。

五、行為之完成

如是，此下將就十業道等的德目予以論述，但在進入一一德目之前，至少必須就行為完成之相狀先作論述。亦即動機與行動應有何等順序才算是完全。此因原則上是基於動機才有與彼相當之行動，但由於種種事情所致，難免有手續完不完全的情形發生。對此予以闡明的是對於結果特加注意的有部，故今依彼所述，闡明此一問題。

依據有部所述，某一行為道德上若欲完全，大體上須經由三位。此即：加行（prayoga）、根本業道（maula-karma-patha）與後起（pṛṣṭha）。此係萌芽於《發智論》卷十一（大正二六，九七五頁上）有「彼加行未息」之說，《婆沙》卷一一八（大正二七，六一六頁下）解為此亦含後起義」，《大毘婆沙論》雖已意識到，但直至《俱舍》之業品（卷十六，大正二九，八四頁下，國譯一九六頁）才清楚的予以彙整。此中，所謂的加行，可以說是準備；所謂的根本業道，是指決定進行之當體；所謂的後起，是指決定進行後，認可或不認可其行為而形成結果。此中的主體，無庸贅言，當然是根本業道，而此根本業道之完成，依據《俱舍論》所載，需要具足四種條件。例如殺人[82]時，首先需要決意

82.《成實論》認為依四種因緣得殺生罪。一有眾生，二知此為眾生，三欲殺，四斷其命。（《成實論》卷八十不善業道品第一一六）

殺害的意志（故思），第二，有特定的人之意識（他），第三，有此為特定之人的認識（想），第四無誤的實行（不誤）。若用一般所知的方式表現，即是有計畫，確定一定的目標，認定此目標，無誤的實行等四種條件完備，才可說是完整的道德行為，對於此行為，吾人須負完全的責任（《俱舍》卷十六，大正二九，八六頁中，國譯二一三頁）。就道德論而言，如此法律論的論述，似乎稍見奇特，但就實行論而言，可以說是注意周到的觀察。有部將此用於種種情況，依其定或不定而論道德責任（無表）之輕重與有無，今略過不述。

六、道德與輪迴，以及與解脫的關係

要言之，無論部派佛教或原始佛教，雖認為道德的行為的主體是善良的意志，但對於其結果及於他人的影響，也頗加注意，重視康德所說的道德性（Legalität）的價值，此不能忽視。不只如此，阿毘達磨的道德論，一方面與輪迴問題的解釋有關聯，另一方面，視此乃是最後到達解脫之準備，因此相較於一般的道德論，其所關聯範圍甚為複雜多歧。從而在定其性質時，並不只是注意其動機或結果，更就此只是輪迴的範圍，或也與解脫有關聯，是凡夫的行為，或是聖者的行為等等，從種種立場予以論究。今恐過於繁瑣，故不予以論及，但阿毘達磨中稱為「業品」的章節，是依其全體的立場嘗試對於吾人行為予以分類，此當切記莫忘。

（關於業之分類，參見 *Compendium of Philosohphy*, p. 143 —— M. N. Vol. iii, 135. *Cūla-kammavibhaṅga*; ibid. 136. *Mahā-kammavibhaṅga*; *Milinda-pañha* 46. 108. 134. *Nettipakaraṇa* 37）

又，《舍利弗阿毘曇論》卷七（大正二八，五七九頁中）所揭業品之分類，如次所示：

1. 思業、思已業。
2. 故作業、非故作業。
3. 受業、非受業（果報之受不受）。
4. 少受業、多受業（報之多少）。
5. 熟業、非熟業（報之遠近）。
6. 色業、非色業（色是指身口，非色是指意）。
7. 可見業、不可見業（色入是可見，法入所攝是不可見）。
8. 有對業、無對業（聲色入是有對，法入所攝是無對）。
9. 聖業、非聖業（無漏與有漏）。
10. 有漏業、無漏業。
11. 有愛業、無愛業（無所求）。
12. 有求業、無求業。
13. 當取業、非當取業。
14. 有取業（有勝）、無取業（無勝）。
15. 有勝業、無勝業（有上與無上）。
16. 受業、非受業（業之內外）。
17. 內業、外業（受與非受）。
18. 有報業、無報業。

19. 心相應業、非心相應業。
20. 心數業、非心數業（依據緣與非緣）。
21. 緣業、非緣業（依據心數與非心數）。
22. 共心業、非共心業（依據隨心轉與不隨心轉）。
23. 隨心轉業、不隨心轉業（依據共心與不共心）。
24. 非業相應業、非業相應非非業相應業（與思相應或不相應）。
25. 共業、不共業（依據隨轉業與不隨轉業）。
26. 隨業轉業、不隨業轉業（依據共業與不共業）。
27. 因業、非因業（依據緣業與不緣業）。
28. 有因業、有緒業（有因＝有緒＝［有緣轉業／共業］）。
29. 有緣業、有為業（有緣＝有為）。
30. 知業、非知業（知如事知見與不然）。
31. 識業、非識業（依據一切業識、意識、如事識與不然）。
32. 解業、非解業（依據知如事知見與不然）。
33. 了業、非了業。
34. 斷智知業、非斷智知業（依據不善業與善業）。
35. 斷業、非斷業（依據不善與善）。

36. 修業、不修業（依據善與不善、無記）。
37. 證業、非證業（依據證如事知見與不然）。
38. 教業、無教業（身、口是教業，意是無教業，色入是教業，法入是無教業）。
39. 身有教業、身無教業。
40. 口有教業、口無教業。
41. 身業、口業、意業。
42. 戒業、無戒業、非戒非無戒業（善、不善、無記）。
43. 身戒業、身無戒業、身非戒非無戒業。
44. 口戒業、口無戒業、口非戒非無戒業。
45. 意戒業、意無戒業、意非戒非無戒業。
46. 善業、不善業、無記業。
47. 學業、無學業、非學非無學業。
48. 報業、報法業、非報非報法業（①報、②有報、③兩者皆非）。
49. 見斷業、思惟斷業、非見斷非思惟斷業。
50. 見斷因業、思惟斷因業、非見斷因非思惟斷因業。
51. 卑業、中業、勝業。
52. 麤業、細業、微業。
53. 受樂業、受苦業、受捨業（與三受相應之業）。

54. 樂受業、苦受業、捨受業（從果報方面）。
55. 樂受業、苦受業、非樂非苦業（依據善、不善、無記報）。
56. 喜處業、憂處業、捨處業。
57. 喜處業、憂處業、非喜處非憂處業。
58. 現法受業、生受業、後受業（三時業）。
59. 與樂業、與苦業、不與樂不與苦業。
60. 樂果業、苦果業、不樂果不苦果業。
61. 樂報業、苦報業、不樂不苦報業。
62. 過去業、未來業、現在業。
63. 過去境界業、未來境界業、現在境界業、非過去非未來非現在境界業。
64. 欲界繫業、色界繫業、無色界繫業、不繫業。
65. 四業（①黑業黑報，②白業白報，③黑白業黑白報，④非黑非白業非黑非白報）。
66. 四受業（①現苦後有苦報，②現樂後有苦報，③現苦後有樂報，④現樂後有樂報）。
67. 五怖（犯五戒而有現怖、後怖）。
68. 五怨（同上）。
69. 五無間業。
70. 五戒越（破五戒）。
71. 五戒。

72. 因貪業、因恚業、因癡業。
73. 因不貪業、因不恚業、因不癡業。
74. 趣地獄業、趣畜生業、趣餓鬼業、趣人業、趣天業、趣涅槃業。
75. 七不善法。
76. 七善法。
77. 八聖語。
78. 八非聖語。
79. 因貪身業、口業、意業，因恚身業、口業、意業，因癡身業、口業、意業。
80. 因不貪身業、口業、意業，因不恚身業、口業、意業，因不癡身業、口業、意業。
81. 十不善業道。
82. 十善業道。
83. 十法成就，墮地獄，速如穳矛。
84. 十法成就，生善處（天），速如穳矛。
85. 二十法成就，墮地獄，速如穳矛。
86. 二十法成就，生善處，速如穳矛。
87. 三十法成就，墮地獄，速如穳矛。
88. 三十法成就，生善處，速如穳矛。
89. 四十法成就，墮地獄、速如穳矛。

90. 四十法成就，生善處，速如穳矛。

第二節 ◆ 作為實行之規定的德目

上文是就阿毘達磨論書倫理論之基礎背景的思想所作的論述，如一再之所提及，佛教之所期，不在於闡明有關倫理的理論，而是在於實行。阿毘達磨論書，一方面而言，雖以教理的理論的研究為主，在另一方面，至少於其初期，其目的是對於有關實際修行的規定事項，予以簡單且究竟的闡明，此如先前一再所述。若是如此，問題是作為實行規定，阿毘達磨論書所推獎的是何等事項？覈實言之，欲予以明白確定實相當困難。

如前所述，佛陀立於廣義的立場，推獎大小事項之善事。更且喜好作條列式的彙整。此徵於種種經說乃至如《增一阿含》之所呈現，完全是依條列的數目予以編輯即可知之。當然，嚴格說來，經典所顯示的數目，未必都是佛陀親口所說，其大多數是後世學徒依循佛陀精神而整理的，但無論如何，其源流在於佛陀，此徵於將根本教條說為四諦，將實行之規定說為八正道，乃至獎勵四禪、四無色定等，都是作數目性的條列性的說明，即可知之。如是，若列舉經典散見的倫理的規定或德目，其數實是驚人。今將筆者在《原始佛教思想論》——省略條列式的規定——所引用的，列之如次：

一、關於家庭

（一）家庭經濟與道德

1. 四法具足：①方便具足（uṭṭhāna-sampadā，正當的職業的修養），②守護具足（ārakkha-sampadā，積蓄），③善知識具足（kalyāṇa-mittatā，與善友結交，學習道德與技術），④正命具足（samajīvitā，過與收入相應的生活，不陷於卑吝，亦不趨於驕奢。《雜阿含》卷四第九一經，大正二，二三頁上，*A. N.* VIII. 55. *Ujjaya*, Vol. IV. p. 281，《原始佛教思想論》二七〇頁，中譯本一九〇頁）。

2. 四分之計：飲食費一分，田業費一分，預備一分，儲蓄一分〔《中阿含》卷三三的《善生經》（大正一，六三八頁下），《原始佛教思想論》二六八頁，中譯本一九〇頁。〕

3. 濫費破產六因：①飲酒（surā-meraya-majja-pamāda-ṭṭhānānuyoga），②夜遊（vikāla-visikhā-cariyānu-yoga，非時流連於街道），③耽於伎樂（samajjābhicaraṇa），④耽於賭博（jūta-ppamāda-ṭṭhānānuyoga），⑤結交惡友（pāpa-mittānuyoga），⑥怠惰（ālassānuyoga）〔《長阿含》卷十一的《善生經》（大正一，七〇頁中）；*D.N.* 31, *Siṅgālovāda Suttanta* Vol. III. pp. 182~184, 6），《中阿含》卷三三的《善生經》（前出），《原始佛教思想論》（二六九頁，中譯本一八九頁），*A.* 54. 8. Vol. IV. p. 283，①沉溺於婦女，②沉溺於酒，③賭博，④結交惡友等四者是消財之因〕。

（二）家庭與各員的義務

1. 親子關係：

子對親的五種義務：①維持財產，②繼承家業，③確立家譜，④生育子孫，⑤祭拜祖先。

親對子的五種義務：①拒子之惡，②導於善，③學業的教育，④為彼等婚配，⑤適當時機，令承續家管。

2. 夫婦關係：

夫對婦的五種義務：①敬之，②不輕視，③守貞操，④委以家內全權，⑤給予衣服莊具。

婦對夫的五種義務：①家務有秩序，②能服侍，③守貞操，④守護家財，⑤精勵不怠惰。

3. 主從關係：

雇主對僕從的五種義務：①隨其能力，給予作務，②給予衣食，③罹病時，給予醫藥，④偶爾予以慰勞，⑤出遊時，給予休暇。

僕從對於雇主的五種義務：①先起，②遲眠，③只取所予，④能作務，⑤稱揚雇主。

〔上文所揭，是從 *D.N.* 31. *Singālovāda Suttanta*；《長阿含》卷第十一《善生經》；《中阿含》卷三三《善生經》，別譯《尸迦羅越六方禮經》（大正一，二五一頁）所揭六組中，與家庭有關的三組（《原始佛教思想論》二七二～二七五頁，中譯本一九二～一九四頁）。〕

二、社會的道德

1. 關於朋友關係：

彼此相互有五種義務：自己應①布施（dāna），②愛語（peyya-vajja），③利行（attha-cariyā），④同事（samān 'attatā），⑤不出惡聲（avisaṃvādanatā）。

對於他人，應①保護，不受誘惑，②對於已受誘惑者，保護其財產，③能作為怖畏之依處，④遭逢不幸時，應成為其後盾，⑤愛敬子孫。

2. 師弟關係：

弟子對師長的五種義務：①於師前，應起立，②常近侍，③願聞師說，④尊重，⑤不忘所教。

師長對弟子的五種義務：①陶冶品行，②令憶持已學，③不惜答問，④指示善友，⑤隨時能護佑之。

3. 沙門、婆羅門與其信徒的關係：

信徒對於其皈依師的五種義務：①身行慈，②口行慈，③心行慈，④不對彼閉門，⑤布施飲食。

沙門、婆羅門對信徒的六種義務：①拒彼之惡，②令住於善，③慈愛彼等，④令聞所不曾聞，⑤已聞令清淨，⑥開示天道。

（上文所揭，是依據 *D.N.* 31. *Siṅgālovāda Suttanta* 所載。）

此等可歸納成如次四攝：①布施（dāna），②愛語（peyya-vajja），③利行（attha-cariyā），④同事（samān'attatā）。

具體的事項是：種植園果，設置橋船，作福德舍，掘井，以便利旅客（《雜阿含》卷三六第九九七經，大正二，二六一頁上，*S.I.* 5. 7. Vanaropa）。

三、政道

1. 實際的政道：①時常集合談論政事，②發揮和合心，③重視傳統，④尊重國內耆老，聽聞其意見，⑤婦女貞潔，⑥尊崇內外靈廟，⑦尊敬羅漢（《長阿含》卷二遊行經，大正一，一一頁，*D.N.* 16. *Mahāparinibbāna Suttanta*, Vol. II. p. 72~75，《原始佛教思想論》二七九～二八〇頁，中譯本一九七～一九八頁）。

2. 國王十德：①清廉寬容，②甘受群臣勸諫，③與民同歡，④租稅徵集必依法，⑤端正閨門，⑥慎酒，⑦維持威嚴，⑧裁判必依法律，無阿曲，⑨與群臣和睦，⑩注意身體健康（《增一阿含》卷四二，大正二，七七八頁上，《原始佛教思想論》二八〇～二八一頁，中譯本一九九～二〇〇頁）。

3. 轉輪王七寶：①輪寶，②白象，③紺馬，④神珠，⑤王女，⑥居士，⑦主兵（《長阿含》卷二，大正一，二一頁下）。

四、信徒的道德

1. 四具足：①信具足（saddhā-sampanna）——皈依三寶，②施具足（cāga-sampanna）——隨喜布施，③戒具足（sīla-sampanna）——守持五戒，④慧具足（paññā-sampanna）——諦觀四諦之理（以上 *A.N.* 54. Vol. IV. p. 282；《原始佛教思想論》二八八～二九〇頁，中譯本二〇五～二〇六頁）。

2. 八齋戒。此由五戒與三持齋所成。五戒：①離殺害生物（pāṇātipātā paṭivi rato hoti），②不予取（adinnādānā paṭivirato hoti），③離邪婬（kāmesu micchācārā paṭivirato hoti），④離妄語（musāvādā paṭivirato hoti），⑤離醉酒（surā-meraya-majja pamādaṭṭhānā paṭi-virato hoti）。三持齋：①離非時食（vikālabhojā paṭivirato），②離歌舞觀劇與香料花鬘（nacca-gīta-vādita- visūka-dassanā mālā-gandha-vilepana-dhāraṇa- maṇḍana-vibhūsana-ṭṭhānā paṭivirato），③離高座大床（uccāsayana-mahāsayanā paṭiviraio）。（《原始佛教思想論》二九二頁，中譯本二〇七頁）。

3. 十不善業道：①殺生（prāṇātipāta, pāṇātipāta），②偷盜（adattādāna, adinnādāna），③邪婬（kāma-mithyācāra, kāmesu micchācāra），④兩舌（paiśunya, pisuṇāvācā），⑤妄語（mṛśāvāda, musāvāda），⑥惡口（pāru ṣya, pharusāvācā），⑦綺語（saṃbhinnapralāpa, samphappalāpa），（⑧貪欲（abhidhyā,

abhijjhā），⑨瞋恚（vyā pāda, vyāpāda），⑩邪見（mithyādṛṣṭi, micchādiṭṭhi）。

除去此十不善業，即成十善業道。

（《俱舍》卷十六，大正二九，八四頁中，國譯一九四頁，*vibhaṅga*, p. 363~364。《原始佛教思想論》三〇五頁只揭其名稱，中譯本二一八頁）。

上文所揭是佛陀之所宣說，無論是處世道德，或資益前世後世，都是最為重要的德目，更且作為阿毘達磨之任務，予以廣說、下定義，並闡明其概念。但應予以注意的是，就筆者所知，經典隨處可見的世俗的道德說明，在阿毘達磨中卻極為少見，此主要因於彼等僅專致於與解脫直接相關的修道德目。例如阿毘達磨時代，雖有三十七助道品（四念住、四正斷、四神足、五根、五力、七覺支、八正道）之說，但已喪失佛陀的包容態度以及對於社會的態度，僅著重於理性的，且傾向於出家主義。如是，阿毘達磨雖詳論善惡，重視倫理的德目，但實際上其所注力的說明，相較於一般的倫理，主要是有關於信徒所應持守的。一般是將十業道視為道德根柢，爾後，將八齋戒被視為是特殊修道之德目，乃是《毘婆崩伽》等多數阿毘達磨處理此一問題的態度。職是之故，此處將以此世俗的德目作為標的，首先從十業道作如次說明。

第三節◆關於十業道

所謂的十業道[83]，是將身、口、意等三者所作的行為，更予以細分而成身業三種，口業四種，意業

83.《大毘婆沙論》卷一一三（大正二七，五八三頁上～）、《成實論》卷八十不善業道品第一一六與卷九十善業道品第一一七，以及《俱舍論》卷十六（大正二九，八四頁中，國譯一九三頁）等，對於十善道，有詳細論述。

三種，若所行是惡業時，即稱十惡業道，離惡，則稱為十善業道。此即：

三種身惡行（kāya-duccarita）：①殺生，②偷盜，③邪婬

四種語惡行（vacī-duccarita）：④兩舌，⑤妄語，⑥惡口，⑦綺語

三種意惡行（mano-duccarita）：⑧貪欲，⑨瞋恚，⑩邪見。

一、殺生

所謂的殺生，無庸贅言，即是殺害生物之義，一切惡行之中，此最為深重。當然，未必僅僅佛教如此，就某種意義而言，印度的一般宗教對此最為忌憚，尤其耆那教對於不殺生（ahiṃsā），更是極端重視，此乃極其明顯之事實。從而對於殺生，無須特加說明，但就阿毘達磨而言，對此仍有種種考察的議題。第一，何故殺生是罪惡？此雖是從佛教的教理，或從種種立場得以考察的問題，但就筆者所知，在阿毘達磨論書中，對於此一問題，並沒有深論，大抵認定殺生本身即是罪惡，此乃既定之事實。但就契經見之，契經在揭示十業道之根據時，是以所謂的自通法（attūpanāyika-dham-mapariyāya）的理論，因此阿毘達磨也應是如此。所謂的自通法，要言之，即是推己及他，亦即同情心。契經云：

> 我欲生不欲死，欲樂而厭苦。我欲生不欲死，欲樂而厭苦，若有奪我命者，則於我爲不可愛，不可意。他亦欲生不欲死，欲樂而厭苦，若我奪其命者，則我爲不可愛，不可意。於我爲不可愛，不可意之法，於他亦爲不可愛，不可意之法。於我爲不可愛不可意之法，我云何加諸於他耶？
>
> （《雜阿含》卷三七，二二，大正二，二七三頁中，*S.N.* 55.7. *Veḷudvāra*, Vol. V, p. 353，

《原始佛教思想論》二六四頁，中譯本一八五頁）

第二，若吾人生命是念念生滅，則所謂的殺生，豈非毫無意義？此乃《俱舍論》卷十六（大正二九，八六頁下，國譯二一四頁）與《成實論》卷第八（十不善業道品，第一一六，大正三二，三〇四頁中）等所提出的問難。依據《寶疏》（大正四一，六六六頁中）所載，此乃是立長時四相的正量部所提出的詰難。對此《俱舍論》揭出二說，亦即殺生或是斷息風，或是斷命根，成實師也揭出二說，亦即將斷相續以及有殺生心解為殺生。亦即所謂的殺生，並不是就念念相續而言，主要是指在一期之相續中，強斷其相續，就其違反眾生意志而視之為罪。《大毘婆沙論》卷一一八（大正二七，六一七頁上）對於實無眾生，何以有殺罪之疑問，世友是以「有眾生想故」回答。

第三，若誤犯殺生，是否殺生罪完成（殺生業道）？此因雖是誤殺，但仍違反不欲死的有情意志，與故殺有同樣的結果。因此，結果論者的耆那（離繫者，Nirgrantha）認為縱使誤殺，殺生罪亦成立，此如因誤觸火而被火所傷（《俱舍》卷十六，大正二九，八六頁下，國譯二一五～二一六頁所引）。但佛教不同意此一論點，而是主張需負不注意之責，但既無殺害動機，則不能說有完全的殺生罪。如《俱舍論》所作辯解：此如誤觸他人妻，或宴客卻傷了賓客腸胃，只是偶然的過失（同上）。如前文所述，佛教認為殺生罪成立需有種種條件，而最主要的是動機，因此縱使自己不出手，只要是起殺意，縱使令人行事，其殺生罪亦成立。

第四，不存貪、瞋、癡等之動機，但基於學規、法規、軍規，乃至為救多人的殺生，是否是罪惡？此因實際上此乃不得已之惡（necessary evil），但佛教仍視為是殺生罪（《俱舍》卷十六，大正二九，八五頁中，國譯二〇三頁，《成實論》卷七三業品第一〇〇中有同此之論述），如《成實論》卷八十不善業道品第一一六（大正三二，三〇四頁下），特就國王官吏之義務或受脅迫的殺害予以論述，更且就當時行於世的，將殺生視為正當行為，予以批評。亦即對於婆羅門主張基於祭儀，或國王官吏基於法律，或為除人害而殺害蛇蠍等，乃至波剌私（波斯）等邊地，為消除父母病痛而殺害父母的風俗等，一般視為是正當殺生的行為，佛陀皆以「無知」（癡）作為歸結，並破斥之。如是，阿毘達磨雖奉持絕對不殺生之主義，但就筆者所知，若實際上有此狀況，尤其是為除惡獸之害，為防止敵軍入侵，以及依法律必須執行死刑時，應如何處置才是正當，並沒有論述〔關於佛教對於死刑廢止論、生物解剖反對論（antivivisection）等運動的意見，以及大乘的一殺多生論等，請參照《大方便佛報恩經》卷七親近品，大正三，一六一頁中，《行願品疏鈔》卷五等。〕

就筆者所知，雖不被阿毘達磨視為問題，但佛教不只是勸誡殺他，依據律典所載，對於自殺也甚是排斥。曾有多名比丘，因修不淨觀，厭其身而自殺，依據傳說，此舉獲得大自在天（Mahe śvara）讚賞，但佛對此特加斥責，並將自殺以及助他殺者，處以偷羅遮罪（thullaccaya）或波羅夷罪（pārājika，被教團擯斥放逐）。縱使因疾病而苦痛難忍，亦不可自殺，此乃佛教之所誡（《五分律》卷二，大正二二，七頁中）。此外，阿毘達磨中，對於多人在進行殺生時，其中一人實際上，並無下手殺害，其責任如何（有否責任）？乃至對於被害者與加害者同時死亡時[84]，其責任如何？遣人殺害的責任如何等等，皆予以論述，因過於繁瑣，故略過不談，要言之，依據阿毘達磨所載，只要是有意志的實行，所有種類的殺生雖有輕重之別，但皆犯殺生罪。離此殺生，即是十善之一。

二、偷盜

其次就偷盜述之，偷盜，如其原語 adinnādāna 之所顯示，是意指竊取或強奪人不予之物。佛陀對此最常述及可說僅次於殺生，依《五分律》所載，比丘盜價值五錢以上之物，是處以波羅夷罪。此係依循摩訶陀阿闍世王之律令，盜五錢（pañca-māsaka）以上者，處以死罪（《五分律》卷一，大正二二，六頁上），故有此制。對此，阿毘達磨也有種種議論。首先，盜罪的成立，如同先前的殺生罪，需具備以盜心為主的四項條件。若因疏忽而誤取他人之物，必須負不注意之責任，但非盜罪。若是如此，若因生活所逼，情非得已而盜，又是如何？之所以有此問題，是因為當時是將此際的偷盜行為視為正當，《成實論》對此所述如次。亦即該論卷七（大正三二，二九二頁下）曰：「世法經曰：若乞食七日，從首陀羅奪取無罪；若欲命斷，得從婆羅門取。是人雖以惡業活命，不名破戒人，以急難故，猶如虛空塵垢不汙」。又曰：「梵志法中說：若劫奪時，財主來護，梵志其時應當籌量：『若財主功德不如（己），則應殺之。所以者何？我是勝人，能以種種悔法除滅此罪。若功德與彼等，自殺他殺其罪亦等。以此罪重，難除滅故。若財主德勝，應自捨身，以此中罪不可除故。』如是分別劫奪。」（《成實論》卷七三業品第一百，大正三二，二九二頁下）。就筆者所知，文獻上，此乃《勝論經》（*Vaiśeṣika-sūtra*，六之一之一一）的復註者烏帕斯卡拉所說（參照《印度六派哲學》，第五篇第三章第五節），此本是法典或政事

84.《俱舍》卷十六卷之頌曰：「軍等若同事，皆成如作者。」，認為即使是多人殺生，亦得殺罪。此際即使是被迫，若同意殺之，則同樣犯殺生罪；雖被迫加入團體，但誓言自己絕不下手，則不負責任（大正二九，八六頁中，國譯二一二頁），又，殺者與被殺者若同時命終，則不得根本業道。（《俱舍》卷十六，大正二九，八六頁中，國譯二一〇～二一一頁）

論（*Artha-śāstra*）等的主張。對於此說，佛教當然不能認同，佛教認為只要是以盜心取人財物，無論因由如何，皆犯盜罪。《成實論》卷八（十不善業道品第一一六，大正三二，三〇四頁中）載有「一切皆共業所生，故偷盜不為罪」之議論，此乃出自一種共產主義的見解，將偷盜視為正當。但共業之外，佛教認為另有別業，故主張因於別業的私有財產，不可取之。又，阿毘達磨在論述有關特殊的偷盜時，最值得注意的是，對於掘取先前埋於地下之物，是否犯盜罪？依據律典所載，佛陀初制盜戒時，有一類比丘抱持佛陀所制是聚落（亦即村落）之物，而空地（山林原野）之物，不在此限的見解，遂為佛陀所叱（《五分律》卷一，大正二二，六頁上），亦即是就此而產生爭議。有趣的是，《婆沙》、《俱舍》與《成實》對此的意見有別。《俱舍》對此只作簡單的論述，亦即縱使無主，但伏藏物乃國王所有，故若掘取，即構成盜罪。《婆沙》所論，則是區分成對於國王，或對於田宅所屬人，而其結論是人民之所有權僅限於地上，不及於地下，故此舉應訂為對國王犯罪，但若取兩國中間之物，則無罪（《婆沙》卷一一三，大正二七，五八四頁下，《俱舍》卷十六，大正二九，八七頁上，國譯二一八頁）。反之，《成實論》（卷八十不善業道品第一一六，大正三二，三〇四頁下）曰：「問曰：有人言，伏藏屬王，若取此物，則於王得罪。是事云何？答曰：不論地中物，但地上物應屬王。所以者何？給孤獨等聖人亦取此物。故知無罪。」此乃因於對於戒律的見解不同，所以有此異見，但至少若依據《彌沙塞律》（《五分律》）所載，地上物固然無庸贅言，無論空中或地下之物，皆禁止盜取，因此，可以說《俱舍》的說法較符合佛教真意（參照《五分律》卷一）。又，阿毘達磨勸戒盜取寺廟等之物，寺院或窣堵波是三寶所有物，縱使無特別的私欲心，但若盜取，則是對於如來與眾僧，盜罪成立（《俱舍》卷十六，大正二九，八七頁上，國譯二一七頁，《成實》卷八，同前）。

三、邪婬

所謂的邪婬或欲邪行，原則上是指與非己之妻或非己之夫行淫。但佛教認為縱使是己妻，若於非時非處行婬，同樣可視為邪婬。例如於口中或肛門，或於神社佛閣等，乃至懷胎、乳哺時、齋時，縱使是夫妻，亦屬邪婬。同樣的，此亦有種種問題，第一個問題是，何以與非己之夫或非己之妻行淫是罪惡[85]。此因若違反他人意志，無理行之，當然是罪，但若兩情相悅，基於不造成任何人損害而言，不應視為深罪。對此，佛教認為縱使兩情相悅，但若不經由一定手續，基於此乃違反該男子或女子保護者之意志，故視為罪惡。依據律典所載，男女之保護者有十種：①父母所護，②兄姐所護，③親里所護，④自護，⑤法護，⑥自任，⑦衣物，⑧共誓，⑨有主，⑩作信。第一至第三的意義大致很清楚，第四的自護，是獨立者之義；第五的法護，是出家者之義；第六的自任，是自己得以隨意而行；第七的衣物，是指受他衣物；第八的共誓是訂下婚約；第九的有主，已為人妻或人夫；第十的作信，是指猶如娼妓（恐是也有男娼，《五分律》卷二一，大正二二，一二二頁下）。例如有妻之男與有夫之妻私通，此一方面違反其妻之保護（亦即意志），另一方面，也破壞彼夫之保護，故判為邪婬。又，獨身，但猶受其父母照顧之男子若與同樣由父母所護女子行淫，基於此乃違反雙方之保護，故亦屬邪婬。從而

85.《智度論》揭出邪婬十罪：①危害夫（或妻），②夫妻常鬥爭，③不善法增長，善事減損，④不護身，令妻子成孤寡，⑤財產日日損減，⑥常為人所疑，⑦親族知識不愛喜，⑧種受怨之業因，⑨死入地獄，⑩來世男女皆不能成圓滿家庭（《智度論》卷十三，大正二五，一五七頁上）。進而《寶積經》在責問女方之前，先問罪丈夫。丈夫有四種過，故為女人所詐：①耽迷於欲，不知學正法，②忘父母恩，著迷女人，導致父母無其住所，③因於邪見，縱使毀身仍著迷於女人，④正事惜財，為女人則毫不吝惜云云。引用蜷川《佛教倫理》，二八三～二八四頁。

若有真正獨立自護或自任之男女，彼此合意行淫，並非邪婬，但若依據《成實論》卷八十不善道品所述，此仍須於眾人之前，如法行之。亦即加上必須在眾人面前舉行儀式的條件（大正三二，三〇四頁下，關於婬戒，請參照《大毘婆沙論》卷一一三，大正二七，五八五頁上）。若是如此，佛教所說的正婬，是否只是一夫一婦之關係？對此，佛教是接受當時風俗，亦即同意婆羅門有三婦，剎帝利二婦，吠舍與首陀羅皆只有一婦之規定（《印度哲學宗教史》第四篇第二章第二節），雖不獎勵，但還是承認有所謂第二夫人的關係。但從佛陀頗為尊重閨門純潔看來，可以認為佛教是將一夫一婦制視為模範的夫婦關係。從而佛教對於當時一類修道者之間所行的左道派，以及邊土所承認的亂倫風習相當排斥。《俱舍論》卷十六如次揭載：「諸梵志讚牛祠（舊譯瞿娑婆祠）中，有諸女男受持牛禁，吸水齧草，或住或行。不簡親疏，隨遇隨合。又諸外道（舊譯頻那柯外道），作如是言，一切女人，如臼、花、果、熟食、階鄧、道路、橋、船。世間眾人應共受用。」佛教認為此等皆來自於愚癡，故特加破斥（《俱舍》卷十六，大正二九，八五頁下，國譯二〇四～二〇五頁）。要言之，所謂的正淫是指應具有依正當的婚姻而繁衍子孫之意，更且是夫妻之間的有節制的行淫，除此之外，其他皆屬邪淫，此乃佛教對此所持的看法。

四、妄語

以上所述是身之三業，其次論述口之四業，此即離間語（兩舌）、虛誑語（妄語）、麤惡語（惡口）、雜穢語（綺語）。此中虛誑語，亦即妄語，其罪最重，阿毘達磨也最傾力於此。所謂的妄語（虛誑語），要言之，是指為誑騙他人而詐傳真實。如《長阿含》的《眾集經》（大正一，五〇頁中）所揭四種不聖語。依據阿毘達磨所載，此依三種條件而成立。①說違心之語，②對於所說，對方確實了解，③基於為誑騙對方的動機而說。《俱舍論》卷十六下如此定義：「染異想發言，解義虛誑語。」（大正二九，八七頁中，國譯二二一頁）。從而若起錯覺，非實際見聞覺知，但作見聞覺知想之人，其之所言非妄語（《成實論》卷八十不善業道品第一一六）。但縱使無惡意，甚至因此妄語而令眾人得大利益，但只要具有誑騙的動機，則妄語罪成立，此乃佛教之所主張。從而實際上，世間所承認的妄語，例如「若人因戲笑，嫁娶對女王，及救命救財，虛誑語無罪」之說，佛教是不認可的（《俱舍論》卷十六，大正二九，八五頁下，國譯二〇五頁）。但對於處此情況，當如何應對，可惜佛教並無說明。

五、兩舌

離間語（亦即兩舌），是指以中傷或離間為目的而發出的言語。無論目的達成或不達成，同樣成立此罪（《俱舍》卷十六，國譯二二八頁以下）。但《成實論》特別指出「若出於善意，為離間惡人而發言，此屬教化，故不構成離間語之罪」（卷八，同上）。

六、惡口，七、綺語

所謂的麤惡語（惡口），是指以惱他為目的之發言，而雜穢語（綺語）是指無特別惡意，但能染汙人心的戲言、閒談與猥談等（《俱舍》同上，《成實》卷八，大正三二，三〇五頁上、中）。

八、貪欲，九、瞋恚，十、邪見

所謂的意三，是指貪欲、瞋恚與邪見。對於貪欲，《俱舍》特別指出是惡欲他財；對於瞋，是指瞋怒有情；對於邪見，是指撥無因果（《俱舍》卷十六，大正二九，八八頁中，國譯二三〇頁）。此三者是身三口四的動機，佛教認為雖非現出行為，但基於此等具有可形成罪惡的成分，故另立為業道。對此，有部、譬喻師與分別論師之間所見不同。有部認為思（意識）必須成為行為，善惡才完成，相對於此，譬喻師與分別論師認為思本身已是行為，有部認為貪、瞋、邪見若還在心內，即不能說是完全的惡業，反之，譬喻師與分別論師認為其本身已是惡業。雖然如此，有部仍於十業之中，別立意三，提出有別於譬喻師與分別論師的解釋。亦即譬喻師與分別論師將貪、瞋、邪見直接視為思業（亦即意業），反之，有部認為相對於身三口四的意志行為，與思別立的意惡行只是心內的惡行，故給予獨立的地位（《俱舍》卷十六，大正二九，八四頁上，國譯一九一頁，《婆沙》卷一一二，大正二七，五七八頁下～）。《成實論》作折衷的解釋：上品的貪、瞋、邪見是業道，中下只是動機，非屬業道（《成實論》卷八十不善業道品第一一六，大正三二，三〇五頁中）。

第四節 ◆ 關於別解脫律儀

一、三種律儀

除去上文所述的十惡，即是十善，更且此乃任何人——想成為真正的人——必須守持的。但就十善十惡的性質見之，仍屬對他性的德目，不能說是為自己本身的修養。亦即此只是普通的善事，尚未趨於宗教的善事。此因宗教的善事於諸惡莫作，眾善奉行之外，更需自淨其意，因此，既是對他的，同時也是對自己的修養。佛教將前揭的十善視為一般的德目，但以此為背景，更且依稍微不同的分類而立的修道德目，即是律儀（saṃvara）。耆那也採用此語，但若依據佛教的解釋，主要是指要期於一定的時日，實行一定之德目。當然，未必只是善事而已，所謂的惡律儀（不律儀，asaṃvara），亦即身三口四的不善業道之任一，全部要期禁止。例如常習的殺生者（如獵師之類），常習的盜賊皆是。總的說來，所謂的律儀，是指要期行一定之善德，圓熟的阿毘達磨對此通常是作數種分類[86]。有部分為三種。此即：別解脫律儀（prātimokṣa-saṃvara）、靜慮律儀（dhyāna-saṃvara）與無漏律儀（anāsrava-saṃvara，《俱舍》卷十四，大正二九，七二頁中，國譯六五頁）。第一的別解脫律儀，是指受戒法時，自然生起的遮止惡德之力（無表＝戒體）；所謂的靜慮律儀，是指修四禪時，自然生起的防非止惡之力；所謂的無漏律儀，是指得無漏道時所生起之力。此中，含括倫理與修道，最為重要的，是別解脫（戒）律儀。此因靜慮律儀（定俱戒）與無漏律儀（道具戒）此二者，作為修道結果是自然獲得的防非止惡之力（此稱隨心轉戒），未必是倫理的實行規定，反之，戒律儀正屬於欲界之實行規定，相較於後二者，具有不同價值。至少對於吾人而言，此具有規定意志行為的實際之力（此稱不隨心轉戒）。因此，定俱戒、道俱戒屬於修道論的問題，暫且置之，此處專依倫理德目之立場，就別解脫律儀述之。

86.《成實論》卷八七善律儀品第一一二曰：「是善律儀三種，戒律儀、禪律儀、定律儀（滅盡定）。」更指出無漏律儀含於後二，斷律儀也含於此中。

二、戒論總說

佛陀初組教團時，其所歸在於解脫，採用的方法是不取無用之苦行，專求德行與精神上之安靜，從而初始未必有一定的實行規定。但隨著教團逐漸趨向隆盛，此間自然產生入團資格，乃至團員應遵守的規則等種種規定。此總稱為律（Vinaya）。所謂的律藏（Vinaya Piṭaka），實是意指此等規定之彙集。其規定之內容，大體上，當然以道德規定為主，但由於是以外在的規定為主，從而縱使道德上未必是惡，但對於比丘、比丘尼而言，是屬於違反如法風習的也被禁止，並訂為律法之一。如是，初始是隨犯隨制，但規定一旦被制定，其團員即必須誓約遵守隨其身分的規定，更且是在獲得一定的預會者許可之後，才得以加入其團體，至少作為教團規則，此具有最重要的意義。

三、律儀八相

若是如此，團員有多少種類，彼等各自應守持的戒律數目有多少？大體上，可分成比丘（bhikṣu）、比丘尼（bhikṣuṇī）、優婆塞（upāsaka，近事）、優婆夷（upāsikā，近事女）等四眾，此外，作為比丘、比丘尼之候補者的沙彌（śrāmaṇera，勤策）與沙彌女（śrāmaṇerikā，勤策女），以及基本的信男信女的近住（upavāsa，守八齋戒）與具有沙彌尼身分，但在受具足戒之前，學六法的正學（śikṣamā ṇā，式叉摩那）等八類，此等各受多少有別的不同戒律。就此而言，有部等，稱此為律儀八相，但實際言之，雖是分男女成為八種，但就律本身而言，是分成①比丘、比丘尼，②沙彌、沙彌尼，③優婆塞、優婆夷，④近住等四種（《俱舍》卷十四，大正二九，七二頁中，國譯六五～六六頁）。此四種之中，縱使有共通德目，然其要期不同，從而有部[87]等，認為各自可發得不同戒體。雖略嫌繁瑣，但此下將就一一戒律，依序述之。

1. 近住戒（八齋戒）。作為在家佛弟子，換言之，作為最基本的信徒所應為的，首先是受三歸。亦即皈依佛法僧，在宣言我欲終身為優婆塞或優婆夷時，即成為佛教徒〔參見《雜阿含》卷三三，第九二七經（大正二，二三六頁中）所揭的佛對摩訶男的說法〕。據此得以完成佛教徒之行持亦即得以成為優婆塞之所以，此有輕重二種，輕者是於一定時日，持守八齋戒。此恐是取自婆羅門於布薩日齋戒之制度。所謂的八齋戒，是①不殺生，②不偷盜，③不邪淫，④不妄語，⑤不飲酒此五戒之外，更於一日夜之內持律[88]⑥不塗飾香鬘歌舞觀聽，⑦不眠坐高廣嚴麗床座，⑧不食非時食等戒。依據有部（《俱舍》卷十四，大正二九，七五頁上，國譯九四～九五頁）所述，於一定之日晨朝，從一定之師，受戒，發表直至翌日晨朝之前，持續受持之意志，此戒方可成就，但若依據《成實論》卷八的八齋戒品第一一三所載，未必只限於一日一夜，也可以半個月或一個月繼續受持，又，雖是從師受才是正式，但若無師時，亦可於己心中誓願受八齋戒。雖八支全受為正則，但成實師認為亦可依時依力，持其中若干戒。此因有部是依準婆羅門的布薩制度予以佛教化，而《成實論》則是自由的予以精神化。但大體上，於一定之日，以一晝夜為期而持守是為正式，所謂的一定時日，是指白月三次，黑月三次，總共六次，通常

87.《俱舍論》卷十四曰：「若從近事（優婆塞）律儀受近策（沙彌）律儀，復從近策律儀受比丘律儀……三種律儀體不相雜，其相各別，具足頓生。」（大正二九，七二頁下，國譯六七頁）

88. 關於飲酒是性罪或遮罪，也有爭議，亦即諸持律者視為性罪，阿毘達磨論師視為遮罪。（《俱舍》卷十四，大正二九，七七頁中，國譯一一九頁）

稱此為六齋日[89]，八日、十四日、十五日屬於白月，二十三日、二十九日、三十日屬於黑月。

2. 優婆塞、優婆夷戒（五戒）。持守前揭八齋戒，當然是殊勝的信男信女的一種行持，但更往前推進的是終其一生，作為在家佛弟子，持守三歸五戒。亦即持守不殺生乃至不飲酒等五戒，禮佛，誦持教法，與僧眾為友，作為僧團之支持者。其所持戒法之數，雖不如八齋戒，但就其時間是終其一生而言，在質量上更勝一籌，更且此等信者通常於六齋日亦持守後三齋，故較八齋戒者更殊勝，自是當然。之所以認為在家信者可以到達不還果，即因於此戒。

3. 沙彌、沙彌尼戒。所謂的沙彌、沙彌尼，是指他日可成為比丘、比丘尼的年少候補者，雖已出家，但以年少故，故其規定不如比丘、比丘尼之嚴格。意欲成為沙彌、沙彌尼者，首先需得父母許可，且經證明無癩病、肺病、不男不女等病，既無負債，亦與王無關係之後，從和上（upādhyāya, upajjhāya）唱三歸，受出家儀式。年齡是從八歲起，或說是從十五歲起，其規定並不確定，雖然如此，但大致上是八歲左右即可成為沙彌。如是，經過出家儀式，剃髮披染衣，自此步入出家之路，而彼等之守持，大致類似長期的八齋戒。亦即前五戒（不邪婬改成絕對不婬）之外，加上第六的不塗飾香鬘，第七的不歌舞觀聽，第八的不眠坐廣高，第九的不非時食，以及第十的不持金銀等十戒。此稱十學處（sikṣāpada, sikkhāpada）。將八齋的後三齋開為四項，恐是含有更應予以重視之意。

所謂的正學，從某種意義而言，仍屬於沙彌尼之一。此乃是有夫之婦，出家後，為測試是否處於懷孕中，故於若干月之內，嘗試作試驗性的修行。其所守持是五戒與非時食等六戒。

4. 具足戒（比丘、比丘尼戒）。正式出家者應守之戒，總稱具足戒（upasampadā）。欲受此戒，首先必須準備比丘、比丘尼不可欠缺的種種資具，選擇作為教授師的和上，有正規的十名預會者，接受形式性的若干試問（例如父母許可等），一一通過，獲得會眾默認，經教授師告知應守四法（cattāro nissayā）與四大戒（cattāri akaraṇīyāni，四不可行法），才得以真正成為比丘、比丘尼。所謂的四法是：①其生活必依乞食，②衣服著糞掃衣（paṃsukūla），③住所是在樹下或石上，④醫藥亦仰賴他人供養等。當然此乃是極限之生活法，實際上，當然是不禁止住於僧舍（vihāra），衣服也是利用信徒布施。所謂的四大戒是：①不婬，②不與取，③不殺，④不自稱得上人法（神通）。此等乃是有數的規則中最為重要的，若犯其一，即是波羅夷罪，應受僧團擯斥。

終於成為比丘、比丘尼之後，當然應認真修習戒、定、慧，但作為僧團之團員，於此四大戒之外，還需守持諸多規律。予以彙整的，即是波羅提木叉（pāṭimokkha），依部派的差別，其戒法數目多少有所差異。巴利所傳是二百二十七，法藏部是二百五十，西藏所傳是二百五十三，《翻譯名義大集》（Mahāvyutpatti）載為二百五十九等，雖有如此差異，但就整數言之，大抵是二百五十上下（比丘尼更添加特殊的戒法）。此等大抵皆屬於禁止方面的，但其中仍含有比丘的如法行儀。今以二百五十戒為標準，將波羅提木叉之內容區別成如次八項：

89. 參照《起世因本經》卷七（大正一，四〇二頁上），《雜阿含》卷四十第一一一七經，《增一阿含》卷三八（大正二，七五六頁下），《俱舍》卷十四（國譯九五頁之註），《成實》卷八八齋戒品第一一一等。

①波羅夷法（pārājikā dhammā），前揭四大戒。

②僧伽婆尸法（saṅghādisesā dhammā，僧殘法），十三條，若犯之，暫時停止其比丘特權，受別住之罪（全部教團人員，應參預此議題，又稱 saṅgha-avasesa 或 ādisesa）。

③不定法（aniyatā dhammā），二條，依舉發犯戒比丘的信女其信用程度而定犯戒者所犯罪之輕重，故稱不定。

④尼薩耆波逸提法（nissaggiyā pācittiyā dhammā，捨墮法），三十條。主要是與衣缽有關之規定（nissaggiyā 為放棄之義，將多餘之衣缽捨給僧團之義，pācittiya 是 prāyaścittīya，賠償之義）。

⑤波逸提法（pācittiyā dhammā，單墮法），九十二條。屬於藉由種種方法得以償其罪之輕罪（飲酒也包含在此中）。

⑥波羅提提舍尼法（pāṭidesaniyā dhammā），四條，依自白懺悔得以除罪之罪。

⑦眾學法（sekhiyā dhammā），與如法的行儀有關，漢譯本載為百條，巴利本列七十五條。

⑧滅諍法（adhikaraṇa-samathā dhammā），與罪之判決有關，有七條[90]。

以上文所揭七支[91]（第四與第五皆列為波逸提）而規定的戒法精神，主要是消極的，亦即以離過為要旨。雖非積極的為他行善事，但從另一方面看來，雖是消極的，但藉此得以完成自身的修養，故較積極的德目更為重要。之所以得以為他而行善事，是因於不合理的社會組織有缺陷，因此即使是善事，仍有某種程度的不合理的行動，反之，消極的離惡事，則是絕對的。

若是如此，在律典中，罪過有幾種分類?大別可分成二種。性罪與遮罪。所謂性罪，是指以染心行之（《俱舍》卷十四，大正二九，七七頁中，國譯一一九頁），所謂的遮罪，是指雖非以染心行之，但其罪是性罪之因。《順正理論》所述如次：

性罪遮罪其相云何？未制戒時，諸離欲者決定不起，是性罪相。若彼猶行，是名遮罪。又，若託染汙心行，是性罪相。若有亦託不染心行，是名遮罪。

（《順正理論》卷三八，大正二九，五六〇頁中）

例如他婦人有染是性罪，但若同室共眠，就此共眠本身而言，不能說是罪。但由於此舉容易導致犯戒，故列為遮罪，粗暴謾罵是性罪，而飲酒本身（如當藥用）非罪。但就其容易犯戒，故訂為遮罪。恐與康德對於道德性（Moralität）與適法性（Legalität）所作的區別相當。佛陀所訂的戒法，當然是以性罪為中心，但對於能引發罪之因緣，為警戒之，故訂定為遮罪，犯此的佛弟子，恰如國人觸犯國法，被視為是違反佛陀與僧團的行為。

四、關於戒律的種種問題

上來所述的種種身分所持戒法是佛教徒必須依準的規矩之彙整，在原始佛教時代，大致已告底定，因此並非阿毘達磨時代才有的新問題。但前揭的戒法，若予以徹底論究，其中當然存在種種問題。傳至中國，同樣的四分律宗有種種分歧的原因，即在於此，尤其在印度，戒律至少是維持教團外在形象

90. 長井真琴《根本佛典の研究》中的〈根本律藏の研究〉二七頁以下，《新譯佛教聖典》七一六～七四四頁。
91. 參照長井《根本佛典の研究》一六五頁。

的要素，因此產生種種異論，亦不足怪。予以詳細論究的，即是戒律論，今日對此的注意雖已不甚明顯，但仍是所謂的阿毘毘奈耶[92]（abhivinaya）或毘奈耶毘婆沙[93]（vinayavibhāṣa）的中心題目。從而在阿毘達磨中，對於戒律給予較深入探討的，即是對此所發生的種種議論，今試揭其主要的論述如次：

首先第一，如何受此戒律？此因佛教認為戒律，至少就正式的而言，必須從他受，才有功效，因此其授戒規定甚為重要。依據阿毘達磨所述，授戒之主體有二種，亦即僧團全體與個人。比丘、比丘尼與正學之戒是由僧團授予，後五種（近住、優婆塞、優婆夷，沙彌、沙彌尼）是從個別比丘受，此為通則。問題是，求授具足戒者，正式而言，須由和上與十名比丘預會，才能得戒，此如前述。但實際上也有未必如此的。《俱舍論》卷十四（大正二九，七四頁中，國譯八八頁以下）引用毘奈耶毘婆沙師所言，揭出十種情況。曰：

一由自然，謂佛獨覺。二由德入正性離生，謂五苾芻。三由佛命善來苾芻，謂耶舍（Yaśa）等。四由信受佛爲大師，謂大迦葉（Mahākāśyapa）。五由　善巧酬答所問，謂蘇陀夷（Sodāyin）。六由敬受八尊重法（八尊重法：①百歲尼敬禮初歲比丘。②不罵謗比丘。③不得舉說比丘過失。④應從大僧受戒。⑤半月，從大僧行大摩那埵。⑥半月，從僧求請教誡人。⑦依僧安居。⑧詣僧自恣），謂大生主（Mahāprajāpatī）。七由遣使，謂法授尼（Dharmadinnā 其容貌美麗，因途中遭遇險難，故遣使授戒）。八由持律（行戒律作法之人）爲第五人，謂於邊國。九由十眾，謂於中國。十由三說歸佛法僧，謂六十賢部（Ṣaṣṭi-bhadravarga）共集受具戒。

〔《十誦律》卷五六（大正二三，四一〇頁上）也有此文〕

要言之，佛與獨覺除外，必定依師，是小乘佛教的受戒法則。就此等看來，似乎略帶他律性，故若依以自律為生命的道德立場而言，不無稍具低下之感，但就對他（僧團）的誓約而言，此具有難以排除的強烈義務性的命令權，實不能忽視[94]。

其次探討的是，經由如此程序受戒持戒律者與沒有特別受戒，而是自我要求不行惡事者的區別何在？常識上，或許認為自己不行惡事與持戒者兩者之間實無差異，故受戒可說是多此一舉。但若依據阿毘達磨所述，於此中發揮其受戒功能的，即是前文所述的，對於僧團或教誡師所發的特殊誓約。亦即一般而言，行善事（惡事亦然）大抵將受情勢與條件支配，不能徹底。依據《俱舍論》所載，此有五種限定。第一是有情定，例如雖有意不殺生，不殺害無害之動物，但對於殺害有害的動物，通常是不在意的。第二是支定，例如僅守一德，其他可犯的觀念。第三是處定，如某地方不可行，但於他地即可行之。第四是時定，例如認為只能一個月的期間遠離殺生等。第五是緣定，平時不犯，遭遇戰爭等時，不得已而行之（《俱舍》卷十五，大正二九，七八頁上，國譯一二八頁）。如是，一般的善事雖也是善，但不徹底，故不名為律儀，而是處中之善（相對於惡律儀，普通之惡稱為處中之惡）。反之，若是戒律，縱使此中的八齋戒，有一定的德目，有一定的時日，但至少其範圍是徹底的，斷然不許受情勢或條件左右。何況具足戒則是全然離前述的五種限制，誓言於一切時一切處，乃至在任何情況之

92. 關於阿毘毘奈耶，請參照《阿毘達磨論之研究》三六頁，中譯本一〇頁。
93. 關於毘奈耶毘婆沙師（vinayavaibhāsika），請參見《雜心論》卷三（大正二八，八九〇頁下）、《俱舍論》卷十四（大正二九，七四頁中，國譯八八頁）以及《俱舍論法義》卷十四（大正六四，二一五頁中）。
94. 例如：「有餘師曰：戒有四種。一怖畏戒，謂怖不活惡名治罰惡趣畏故，守護尸羅。二希望戒，謂貪諸有勝位多財恭敬稱譽貪，受持淨戒。三順覺支戒，謂為求解脫及正見等，受持淨戒。四清淨戒，謂無漏戒，彼能永離業惑垢故。」等。（《俱舍》卷十八，大正二九，九七頁下，國譯三三三頁）

下，亦離一切惡事，故得一種獨持之力。此即稱為律儀，也稱為戒體，若用術語表現，此名「對一切有情得律儀」[95]。

第三項應探討的是，雖如是誓約受戒，但實際上未必所有受戒者都能持戒。其中或有自發的，或因事不得已而破戒的，也是自然之數，對此，應如何處置？換言之，若破一戒時，其他戒亦屬無效？或破戒後，若至心懺悔，應是如何？如是等種種問題發生時，應如何處置。對此，《婆沙論》同樣也有言及，據彼所述，棄戒的原因有種種，但以①故意捨，②命終，③二形俱生，④斷善根等四因，最為首要〔只有八齋戒是過一日一夜，自然捨（《俱舍》卷十五，大正二七，七九頁上，國譯一三七頁）〕。所謂的故意捨，是決意終止戒律之受持，如出家者還俗。所謂的命終，當初是以盡形壽為期而受戒，因此隨著命終而捨戒律，此乃自然之數。所謂的二形俱生，是指原是以男子或女子身分受戒，但由於身具男女兩根，故喪失作為法器之資格。所謂的斷善根，是指喪失無貪、無瞋、無癡，全然無慚愧心時，即無戒法基礎，故其戒自捨。至此，應無異論，問題是，犯其中的一部分時，將是如何？近住、優婆塞、優婆夷等之戒其數雖是有限，但若犯其一，將招致重大結果，而比丘、比丘尼之戒其數雖是無限，但所謂的遮罪其本身未必是罪，故若認為犯此遮罪，即影響其他所有戒條，則未免過於殘酷。如是，對此，戒律學者之間有種種爭議，但最成為爭議的問題是，比丘、比丘尼若犯波羅夷罪（四重禁戒）時，應是如何？依據《俱舍》卷十五（大正二七，七九頁中，國譯一三八頁）所載，經部立於嚴肅的立場，因此認為若犯四重禁戒之任一，其他一切戒法皆屬無效。此因經部師是動機論者，認為四重戒是重要的戒法，若犯之，則如同斷善根，喪失一切戒法基礎。就聖典見之，《十誦律》卷二十一（大正二三，一五七頁上）曰：

若比丘於是四墮法若作一一法，是非比丘，非沙門，非釋子，失比丘法。如多羅樹頭斷，更不生不青，不長不廣。比丘亦如是。

可見經部師的意見是與戒律之趣旨契合。但從另一方面而言，佛教特別重視懺悔的價值，只因一時失誤而犯重戒，就視同斷善根，不承認其不犯其他戒律的價值，似稍嫌殘酷。因此形式主義的毘婆沙師，尤其迦濕彌羅國的毘婆沙師，反對此說，認為並無理由因犯四重戒，亦應捨其他不犯之戒。彼等主張既是一一別解脫之戒，則所犯之戒，若能發露懺悔，則是無罪，《大毘婆沙論》卷一一九（大正二七，六二三頁上、中）、《俱舍論》卷十五（大正二九，七九頁中，國譯一三八頁以下）載有兩派對此所作的相當長篇的論辯。此乃是後世出現對於戒律究竟予以形式的處理是至當的，或應是一心戒的不同看法的最初出發點，但實言之，經部師也承認懺悔之力，此徵於經部系的《成實論》卷八的十不善業道品第一一六（大正三二，三〇六頁上）載有因慈心、善心、實智等之發生，縱使宿業亦得以滅罪或輕減，得以知之。從而經部師將犯重禁戒者比喻為敗種，應是在強調彼等無絲毫悔意。

關於戒律論，雖有必須論述的種種問題，但恐過於繁瑣，故略去不論，要言之，戒律的精神完全是消極的，更且似乎是他律的，但至少是揭出破除本具利己心的最低限度之標準，因此不能貿然斷定佛教徒的德目僅只如此。如前所述，原始佛教的精神中，至少仍有以此為基礎，進而積極的為他行善事的成分，此當切記莫忘。

95. 關於律儀、不律儀的範圍與動機等，參見《俱舍》卷十五（大正二九，七八頁上，國譯一二五頁）。

第五節◆作為菩薩道之波羅蜜

一、聲聞道與菩薩道

上文所述的十善業道或諸種戒律，如前文一再提及，大抵皆以消極的、不行惡事為其要旨。更且若借用後世所用術語表示，可說主要是聲聞乘（亦即羅漢道）的實行規定，未必是成佛的實行規定。若意欲成佛，十善業道固然無庸贅言，諸種戒律之遵守乃是必然，但不只如此，更需進而積極的行種種善事，專為眾生計，此乃是提高自己地位之所以，而此可以說正是佛道（相對於羅漢道）的特徵之一。而將此予以呈現的，即是菩薩的十或六波羅蜜。當然，此處所說的菩薩，並非爾後大乘佛教中的觀音、普賢、文殊等，所謂的住定菩薩，而是原始佛教的菩薩，亦即以成道以前的釋迦佛為模型，更且追溯其過去無數劫的種種經歷而形成的人格，此當切記莫忘。從而若依小乘阿毘達磨論師之見地，羅漢道具有一般的妥當性，反之，菩薩道則屬特殊的，故相較於羅漢道，阿毘達磨對於菩薩道不太注其力，此自是當然。此因依據阿毘達磨論師所述——經部承認多佛同存，此另當別論——，過去有數佛（普通六佛），未來也有彌勒佛出現，但二佛非同時出現，故非常人所能企及。雖是如此，但既已承認三世皆有佛出現，則可以說若吾人修學菩薩道，則於久遠的未來，終有成佛之可能，因此進步的阿毘達磨，對此問題多少也有論及。《宗輪論》與《論事》中的菩薩論，以及《婆沙》、《俱舍》的菩薩論即此。

二、阿毘達磨的菩薩論與大乘

不只如此，此菩薩論縱使僅與釋迦菩薩有關，但由於本生譚文學發達與普及，因此，一般佛教徒對此未必感到生疏，可以說是極為通俗的，此徵於被視為建築於阿育王時代的種種建物中，皆有關於《本生譚》故事的雕刻，即可知之。尤其是與羅摩（Rāma）神話、克利須那（Kṛṣṇa）的神話等相呼應，更引起眾多民眾注意力。如是，此菩薩論一方面隨著民眾信仰，另一方面伴隨佛身觀發展，據此而形成的，相較於羅漢，是以菩薩為理想的大乘佛教。但縱使已非常圓熟的阿毘達磨，仍未至於此，雖然如此，但不容忽視的是，至此的準備已具有某種程度。就此而言，菩薩論是阿毘達磨之題目，同時，也是通往大乘之橋梁的題目。

三、菩薩道之德目

若是如此，菩薩所修之道是如何？所謂的菩薩，原是意指身在世俗，但追求最高理想菩提的人，因此，雖稱為菩薩，然其修行有種種階次，未必都是一樣。其最下位者，若除去其所發的一絲菩提心，可說與一般凡夫無絲毫差異。從而，雖稱為菩薩，但未必不再作惡事，菩薩之所以被稱為菩薩，在於雖犯種種惡事，仍不斷的追求永遠的大理想（佛陀）。其採用的方法是，藉由犧牲自己而破除我執我欲，更且為破除我執我欲，進而對應種種境遇，不斷的為人為世間行善事。看似天方夜譚，但若徵於本生譚中的菩薩之所行，即可知之。當然本生譚所載，若從最高道德的見地看來，有時難免有何以有如此作為的感覺，但若將此視為是程度較低的菩薩道，雖然其程度較低，但仍屬於趨進最高階段的一部分，故皆可視為菩薩道。菩薩道既然是在家道，故相較於出家道，其活動範圍較廣，更且是以佛陀為理想，因此其活動較為自由且更深，此固然無庸贅言。就此而言，異於有限制的羅漢道，菩薩之修行項目通常是說為「萬行」，但如此的表示不免過於空漠，因此特將菩薩道說為十波羅蜜（多）或六波羅蜜（多）。所謂的波羅蜜多[96]（pāramitā），是「波羅蜜」（pāramī，最高）與「多」（tā，抽象名詞）所成之合成語，此因菩薩具有於最高位完成萬行之義。

總之，將萬行攝於十度或六度，視為菩薩特有之修行項目，因此，雖實質上與八正道等沒有任何差異，但至少在格式上，是菩薩道最大特徵。其中最受重視的布施（尤其是財施），乃是在家道有別於出家道的最大特徵。

若是如此，何謂十波羅蜜或六波羅蜜？此即檀那波羅蜜（dāna-pāramitā，布施）、尸羅波羅蜜（sīla-pāramitā，戒）、羼提波羅蜜（kṣānti-pāramitā or khānti-p.，忍辱）、毘離耶波羅蜜（vīrya-pāramitā or viriya-p.，精進）、禪那波羅蜜（dhyāna-pāramitā or jhāna-p.）、般若波羅蜜（prajñā-pāramitā or paññā-p.）等六種，即所謂的六度。而十波羅蜜，若依據《本生譚》的「因緣譚」與《所行藏》所載，是：①布施，②持戒，③出離（nekkhamma-pāramitā, abnegation），④智慧，⑤精進，⑥忍辱，⑦諦（sacca-pāramitā），⑧決定（受持，adhiṭṭhāna-pāramitā），⑨慈（mettā-pāramitā），⑩捨（upekkhāpāramitā）等十項（*Nidānakathā* N. 125~174，《解脫道論》卷八，大正三二，四三六頁下），若依據《勝天王般若》（卷一，大正八，六八八頁上）與《成唯識論》（卷九，大正三一，五一頁中）所載，則是於施、戒、忍、精進、靜慮、慧之外，加上方便（upāya-pāramitā，此有回向方便與拔濟方便等二種）、願（praṇidhānapāramitā）、力（bala-pāramitā，有修習力與思擇力等二種）、智（jñāna-pāramitā）等。通常南方佛教以十波羅蜜為標準，而北方佛教則以六度為主。但北方的六度只是十波羅蜜的彙整或濃縮，可視為本生譚之一的《六度集經》（卷八，大正三，一一五二頁）等，用六波羅蜜分類菩薩之行道，其因恐是在此。無論如何，十或六波羅蜜是釋迦佛於因位之所行，更且若更進一步，無論布施或忍辱，或精進，離我執，離一切利害得失，賭上身命，全然只是為臻於最高理想（成佛）。本生譚中的故事告知吾人的，即是此一事實。雖然看似神話故事而已，但若就促使爾後大乘佛教的「自未得度先度他」的菩薩大誓願成為一般化而言，對於佛教之精神運動，此實給予莫大之刺激，故當切記莫忘。

四、布施

如是，六度或十度中，雖攝菩薩萬行，但如前所述，最能發揮在家道特徵的，實是布施，本生譚中，布施行可說占最多數[97]。從而阿毘達磨，對於此波羅蜜之說明也特為詳盡，故揭其一端見之。當然嚴格說來，此不僅只限於菩薩道，從原始佛教至小乘佛教，皆被視為重要德目之一，但無論如何，此乃是

96. 關於pāramitā的文法的解釋，依據*Haribhadra*所載，pāramitā是pāram-it-tā之節略，猶如aśvajit，it是由動詞而形成的名詞，加上tā，則有tad bhāva（狀態）之意（①*Harihbadra*, Paris ms. p. 13）。若依據②真諦譯《俱舍釋論》卷十三（大正二九，二四九頁下）所載，則是「是彼正行名波羅美是彼正行聚，名波羅美多，互不相離故」（此中的tā，為聚之義）。③pāramī，以巴利語而言，是完成之義，附上tā而形成pāramitā。以上參考自荻原雲來的梵藏學會講演大要，大正十五年六月一日。
漢譯是將此解為pāram-itā，意指前往彼岸，故譯為到彼岸，但恐非正確的字源論。《俱舍》卷十八（大正二九，九五頁中，國譯三〇九頁）曰：「能到自所往圓德彼岸，故此六名曰波羅蜜堆。」《智度論》卷十二（大正二五，一四五頁中）曰：「名曰到彼岸，是為波羅蜜。」，又曰：「天竺俗法，凡造事成辦，皆名到彼岸（pāramitā）。」

97. 關於布施及其果，《論事》（*Kathāvatthu*, VII. 4.; VII. 6）以及《俱舍》卷十八（大正二九，九五頁下，國譯三一二頁以下）等有所論述，又，關於僧團與佛之布施，《論事》（XVII. 6~11）也有論之。

與菩薩道有關聯的重要問題。基於方便，此下將分成三、四段述之。

布施的功德，一方面而言，至少應某種程度的犧牲自己，另一方面，則是給予他人利益，亦即所謂得自利利他平等的利益。然依其動機、對象與布施物等，其價值有別。首先就布施的樣式或動機見之，依據阿毘達磨（《俱舍》卷十八，大正二九，九六頁中，國譯三二一頁）所載，布施的動機有八階：①隨至施，②怖畏施，③報恩施（adān me dānaṃ），④求報施（dāsyati me dānaṃ），⑤習先施（datta-pūrvaṃ me pitṛbhiś ca pitāmahaiś ceti dānaṃ，隨祖先布施之風習），⑥希天施（svargārthaṃ dānaṃ），⑦要名施（kīrtyarthaṃ dānaṃ），⑧為莊嚴心，為資助心，為有助於瑜伽，為得上義（citālaṃkārārthaṃ cittapariṣkārārthaṃ yogasaṃbhārārthaṃ uttamārthasya prāptaye）。第一的隨至施，是指未必是自發意志的布施，而是「隨近已至，方能施與」；第二的怖畏施，若依據《俱舍》所載，是指見財產破壞相現，欲藉布施而救之，若依據《正理》卷四十四（大正二九，五九三頁中）所載，其布施之動機是遭逢危難，心生怖畏，欲藉布施之功德而救之。其餘無須作特別說明，而此中布施動機最為高階的，當然是第八種。

其次，布施的對象，大體上可分成四種。此即所謂的趣、苦、恩、德。所謂的趣，是指五趣或六趣之區別，相較於施予下位之趣，施予上位之趣的意義較高，例如布施予畜生若有百倍價值，則布施予罪人則有千倍價值等等。所謂的苦，是以苦作為標準，佛教特別獎勵對於病人、看護人、行旅者乃至為寒暑所苦的貧者等行布施。所謂的恩，是指父母、師長、僧侶等之外，對於曾施予恩惠者行布施；所謂的德，是指對於持戒者、聖者等行布施。捐獻寺院、塔廟，也歸於此類（《俱舍》卷十八，大正二九，九六頁中，國譯三一九～三二〇〇頁）。

第三就施物而言，此有二類。亦即法施與財施。法施是指施以法義，教化人，引導彼等趨於解脫；

財施是指以物質施予人。此二者以何者為上位？當然是法施[98]，但實際上，所謂的布施，主要是與財施有關，種種的說明主要是就財施而論述，此當切記莫忘。

如是，阿毘達磨對於布施作種種說明，更且論其功德大小，雖然如此，但最高階的，應是無所得的布施，《俱舍論》卷第十八[99]曰：「解脫者以財施予解脫者，以及菩薩以無所得心，以法施施人，莊嚴其心，乃至施予為得上義者，屬於最上之布施。」爾後《般若經》等所揭的三輪空寂，可說正是此說之強調。

〔關於佛教的報恩主義，請參照《大方便佛報恩經》（大正三，一二四頁）、《大乘本生心地觀經》報恩品（大正三，二九五頁）等。〕

98. 關《增支部》（*Aṅguttara Nikāya*, IV. p. 246）將五戒說為五大施，《智度論》卷十一揭出財捨、法捨、無畏捨、煩惱捨等四種，並認為財捨與法捨之中，法捨較勝（大正二五，一四五頁上）。該論卷十二又揭出三施，即物施、供養恭敬施、法施（卷十二，大正二五，一四六頁下）。依據覺音對《論事》（VII. 4）所作註釋，布施有施心（cāgacetanā）、律儀（virati）、財物（deyya dhamma）等三種，基於此中之第一項，王山部與義成部將布施視為心所（*Cetasiko dhammo dānan ti, K.V.* VII. 4）。

99. 《俱舍》卷十八（大正二九，九六頁中，國譯三二〇頁）曰：「脫於勝菩薩，第八施最勝。」

第五章 關於善惡業及其果報

第一節◆前言

上文雖略見亂雜，但主要是就阿毘達磨所揭的應避免之惡德，以及應趨進的善德中，最為主要的，予以論述。若是如此，問題是對於其善惡行為之酬報是如何？此因善惡行為雖全是自己所作，但就功利的人間而言，必然有善應獎勵，惡應避免之要求，亦即要求有其功利之根據。因此而產生的是，善業有幸福之報，惡業有不幸之報的業報思想。當然，佛教的最高理想，如一再言之，是解脫涅槃，更且以此作為目標的德行，正是所謂的無所得〔例如為試驗菩薩之布施，帝釋假現地獄，並告以布施者墮獄，受施者生天，但菩薩仍宣言將行布施（《六度集經》卷一，大正三，一頁上）〕，在所謂的輪迴界，仍有善得善報，惡得惡報之期待，據此吾人倫理的行持遂得以增進，此乃無可懷疑之事實，但佛教認為此乃是一種自然法則。就原始佛教見之，佛陀雖依教訓的立場，常提及善因善果、惡因惡果，但以理論形式予以說明，就筆者所知，在尼柯耶中不得見。但若基於心理論、生命觀等之立場，將此以理論的方式表現，則所謂自業自得之法則，主要是指在意志、經驗、性格與行為之間有一定的秩序，而此無非是自業自得的作用所導致，對此，筆者已在《原始佛教思想論》中言及。予以形式的整理的，是阿毘達磨論書，而圓熟的阿毘達磨更給予次第的彙整。

第二節 ◆ 業的心理之影響

首先就業習自體見之，就心理的而言，此主要是指因善惡行為，吾人身心受一定性格，無意識卻又永久不滅之事實。雖然如此，但若基於佛教的主張，對於其性格之說明，可以作種種解釋。實言之，先前對此已一再言及，但基於敘述順序，此處再略作論述——在生命觀上，採取機械主義立場的，認為業習是依附於生命的組織，更且能給予生命具有特色。有部的無表色（avijñapti-rūpa）之說，即此中之代表。若依據此一立場，吾人之生命（或心）是諸蘊和合，只是機械的集合所成，因此，所謂的業習，終究也是機械的。反之，採取生機主義立場的，是將生命（或心）組織視為有機體，因此，所謂的業習，無非是指有機體如何發動的傾向或性格。出自於經量部，及至於唯識的種種思想，即其代表。而南方論部所發展的有分識（bhavaṅga-viññāṇa）思想，若就業論的立場而言，恐是位於此二者之間。此因對於有分識，若就視為是無意識體，換言之，是業習之貯蓄所而言，類似以根本蘊為中心的種子思想，但若將此視為是被動的，不是自發的，則不免相當的機械性。當然，實際上，無論將業視為機械性的，或是生機的，大異於有我論者認為業是附著於「我」，在認為業習是生命的本質（尤其對於作用）上，二者同一，其概念上的差異是，機械主義視為是附著物，而生機主義是視為本質的。

第三節◆業及其果報

若是如此，如何以此善惡業習為因而引發結果？嚴格而言，依對於因果的不同看法而有種種論述[100]，但大體上，可分成二種[101]。亦即若用術語表示，此有由業為同類因而引發等流果（含增上果），以及業為異熟因而引發異熟果（vipāka-phala）等兩方面。當然此兩方面有密切不離的關係，實際上兩者不相離，但為方便觀察，暫且作如此二方面的分類。第一的同類因等流果，是與事實所見的心理的因果有關，因此是指業與果性質上的同一。其思慮與行為常是惡的，其結果是成為惡人，進而可以說成為惡鬼（若真有惡鬼），其思惟與行為常是善的，將成為人，乃至成為天人。此乃經驗上無可懷疑之事實，教育的實際原理即基於此，佛教更以三世論之，今世的善人、惡人、愚人、賢人，大都基於前世業習（但並非宿命論）。第二的異熟因異熟果，即是一般說為因果的，亦即善志之行有幸福果報，惡志之行有不幸果報的法則。此異於先前的同類因等流果，原因與結果的性質未必同等，依據註釋家所述，異類而熟，故名異熟果。因雖是善或惡，但果是苦或樂（苦樂之因的身心，可以說是無記），範疇不同，如此的因果關係，完全出自吾人倫理的要求，故其必須的關係不容易證明。但若不立此因果，在實踐上，將有缺陷，因此，作為同類因等流果的內在作用，佛教承認此為真理，更且將此擴及三世，意欲呈現其妥當性具有價值。

如是，意欲依如此的因果，揭示同樣的生物之間既有心理作用的不同，也有苦樂命運的差別，簡言之，意欲揭示世界具有種種相狀之所以的，即是阿毘達磨世界觀（或人生觀）的特徵之一。《俱舍論》卷十三的業品卷首所揭的「世別由業生」，不外於此。

若是如此，問題是，所說的世界究竟是只是有情的世間，或是也包含器世間？此因原始佛教只是就「吾人的世界」而論述，對於物理的世界並沒有特別論之，但隨著業論進展，世界觀也同樣發展，因此遂成為問題。就《論事》見之，案達羅派主張「此世是業果（*Paṭhavī kammavipāko ti, K.V.* VII. 7）」，又，該派與正量部主張「物質也是異熟果（Rūpam vipāko ti, *K.V.* XVI. 8）」，明顯的主張物理世界也是業的結果。相對於此，南方上座部堅守原始佛教之立場，認為業果僅限於有情世間，故受不徹底之譏，終是無法避免。不清楚有部初始的看法如何，但至少《婆沙》（卷九十八至卷一二七）與《俱舍》（卷十三）等，認為不只有情世間，器世間也有業之差別（《俱舍》曰：「有情世間及器世間各多差別，如是差別由誰而生？頌曰：世別由業生。」（卷十三，大正二九，六七頁中，國譯一頁））。有情之種種相，是所謂的別業所感，故將器世間之種種相視為亦共業所感的，是《婆沙》[102]以後，北方論部共同的觀念，例如《成實論》[103]即明顯使用「共業」此一術語。此思想更往前進一步的，即是述說一切皆

100. 《俱舍》卷十七指出業道所得之果有諸種：「不善善業道所得果云何？頌曰，皆能招異熟，等流增上果。」更舉殺生為例，殺生墮地獄是異熟果，生於人趣壽命短是等流果，其所有外物光澤減少是增上果。（取意，大正二九，九〇頁中，國譯二五三～二五七頁）

101. 進而對於有漏無漏業及其果之關係，《俱舍》卷十七之頌曰：「斷道（修道）有漏業，具足有五果。無漏業有四，謂唯除異熟。餘有漏善惡，亦四除離繫，餘無漏無記，三除前所除。」（異熟與離繫等，大正二九，九一頁上，國譯二六〇頁）「熟有二種：一者同類，二者異類，同類熟者即等流果，謂善生善，不善生不善，無記生無記。異類熟者即異熟果，謂善不善生無記果。」（《婆沙》卷十九，大正二七，九八頁中）

102. 問：此器世界蘇迷盧山洲渚等物一切有情共業所起。於中若有般涅槃者，何故此物不減少耶？尊者世友作如是說：若物是彼士用果及近增上果者，亦有減少。蘇迷盧等但是彼遠增上果故無減少。（《婆沙》卷第二一，大正二七，一〇六頁下）然諸世間有情數者各從自業煩惱而生。非情數者，一切有情業增上力共所引起。（《婆沙》卷九八，大正二七，五〇八頁上）有情類於此處所共業增長世界便成，共業若盡世界便壞。（《婆沙》卷一三四，大正二七，六九二頁下）

103. 一切萬物皆共業所生。（《成實論》卷八，十不善業道品第一一六，大正三二，三〇四頁下）一切眾生有共業報果。謂得住處以業因緣故，有地等。以得明業因緣故，有日月等。當知物生皆以業為本。（《成實論》卷七，繫業品第一〇三，大正三二，二九六頁下）

依阿賴耶識之種子所顯現的《唯識論》。又，雖只是小問題，但與此問題有關聯，必須予以論述的是，業與異熟果的關係僅限於善惡業，無記並無如此關係。就部派的主張見之，《論事》（十二之二）所述，是主張一切業有異熟（Sabbaṃ kammaṃ savipākan ti），無記業也有異熟果，雖然如此，但無論南方上座部，或有部（《婆沙論》卷十九，大正二七，九八頁中，以及卷一一五，大正二七，五九八頁上），或《成實論》（卷七，三業品第一〇〇，大正三二，二九五頁中）都持反對態度。實言之，認為有果的，較為徹底。主張此說的，依據覺音所述，是大眾部。

第四節 ◆ 三時業

總之，吾人之業必招引其果，若是如此，其引果的時期如何？對此的回答，即是有名的三時業說（特與異熟果有關）。尼柯耶既已述之（從《婆沙》、《成實》等用以作為契經之證明，得以推察），在阿毘達磨中，是最常被分析論究的題目。所謂的三時業[104]，第一是順現報受（dṛṣṭa-dharma-veda nīya，《成實》稱此為現報），第二是順次生受（upapadya-vedanīya，《成實》稱為生報），第三是順後次受（apara-par yāya-vedanīya，《成實》稱為後報）。

第一的順現法受，是指現世造業，現世受其果報；第二的順次生受，是指現世造業，來世受其報；第三的順後次受，是指現世所作之業，於次次生，或是更晚之後才受報。佛教認為並非造業當時，其報既已釀成（《婆沙》卷一一四，大正二七，五九二頁上，《成實》卷八三報業品第一〇四），而是需經若干時期相續，更且逐漸增上，最後實現其果，因此依其果實現時間之遲速，分成如此的三時。

克實而言，此完全是吾人所期許的善惡禍福一致，僅僅少部分於現世得以實現，其大部分皆與此期許背離，故企望從中能獲得所要求之妥當性而產生的。就此而言，《成實論》的三報業品引古頌曰：

行惡見樂，爲惡未熟。至其惡熟，自見受苦。
行善見苦，爲善未熟。至其善熟，自見受樂。

用以揭示其三時業說的倫理意義。若是如此，大體上，何等的業是順現報受業，何等的業是順次生受乃至順後次受？實言之，此乃甚難說明之問題，但《俱舍論》（卷十五，大正二九，八一頁下，國譯一六三頁）、《成實論》（三報業品）、《婆沙論》（卷一一四）等，依據業之性質，嘗試作某種程度的規定。據彼等所述，業（亦即意志行為）若極為猛利，然其動機與規模並不深刻，則得順現法受之果；若不猛利，但深重，則是順次生受；若兩者交錯，即是順後次受（《成實》同上）。或說

104. *Visuddhimagga*, Chap. 19., p. 601, Warren: *Buddhism in Translation.*, p. 245
順現受，diṭṭhadhamma-vedanīya
順次受，upapajja-vedanīya
順後受，aparā-pariya-vedanīya
落謝業，ahosi-kamma（不生法？編者：既有業）
《品類足論》卷七（大正二六，七一八頁上）
《大毘婆沙論》卷一一四（大正二七，五九二頁上）
《俱舍論》卷十五（大正二九，八一頁下，國譯一六三頁）
《成實論》卷八，三報業品第一〇四（大正三二，二九七頁）

是依據希願，希願現世受者，是順現受；期望將來受業的，是後二報（《成實》同上）。但此僅限於善業。《大毘婆沙論》（卷一一四，大正二七，五九四頁上～）更就三報的價值予以比較，現報最輕，次報次重，後次報最重，此恰如果實早熟者劣，遲熟者勝。亦即大果報熟遲，如所謂的大器晚成，又如徐徐而來的中毒，不容易治療，仍是就三世論之。

如是，佛教建立三時業說，稱此為定業，而於此之外，阿毘達磨又立所謂的不定業。此異於三時業，其受報時期與種類不定，是介於三時業之間，受報是依其關係如何而決定（加上此業，成為四業）。進而此不定又有二種：時期決定，但受報種類不定，以及時期與種類皆不定（前三加上此二不定，成為五業）。進而三時業之時期決定，然其受報種類又有定與不定之別，總的說來，業的受報時期與種類相互配對，可成八種，此乃《大毘婆沙論》之所述（《婆沙》卷一一四，大正二七，五九三頁下）。更且依據阿毘達磨所述，時期或種類決定之定業不可轉，但不定業可依後天的努力而轉變，此將於後文述之。

要言之，三時業說是將吾人道德的要求結合輪迴論，並擴及於過現未三世，從中尋求其妥當性而成，當然此無法給予明確的證明，但無論從心理學的見地，或從倫理的見地，對此所作的種種考察之中，實有值得玩味之處。

第五節　業與異熟之種類

上述主要是依時期所見的業報，其次將就業報的種類述之，無漏業不招異熟（但招其他四果），有漏業則有異熟果。當然所謂的斷道有漏業（修行）可到達離繫果（亦即解脫），但通常所說的善惡業道，是指受五道或六道之果報，更且於此中遭遇種種不同命運。對此，尼柯耶已有片段的說明，但予以彙整的是阿毘達磨，更且就筆者所知，《成實論》卷八的六業品[105]第百十所述最能得其要，茲略述其大要如次。

首先所述的是，感地獄報之業，無庸贅言，此係惡業深重。殺生、偷盜、邪婬等三惡行具足者，自是當然，而破戒、破見人所犯之罪亦得地獄之果，毀害賢聖者，乃至只是微罪，但若不間斷地造作，亦招地獄之果。尤其死後必墮無間地獄之罪，有五，此名五無間業。①殺母，②殺父，③殺阿羅漢，④破和合僧，⑤以惡心出佛身血（《婆沙》卷一一九，大正二七，六一九頁上）。殺害父母是違背養育之恩，後三者是壞德田，故其罪深重，造作其中任一，次世必墮無間地獄。尤其就佛教的立場言之，破和合僧即是破壞教團，因此是最大惡業，佛住世時代，提婆達多造作後二業，故有生墮地獄之傳說產生，時至後世，破佛身血已屬不可能，因此對於破和合僧是深加警戒，視為最大惡事。從《大毘婆沙論》（卷九九）誣相傳是大眾部開祖大天出佛身血除外，其他四大無間業皆犯，即可窺見對於破壞教團是何等憎惡。

第二是傍生（畜生）業，大體而言，此罪較地獄業為輕，雖有若干的善，但惡業較勝。尤其──依據《成實論》卷八的六業品第一一〇所述──若吾人的某種動物性展現較強，將因應其性質而出生為該種動物。例如婬欲盛者，將成為雀鴿鴛鴦；瞋恚盛者，將成為蚖蛇蝮蠍等；愚癡盛者，將成為豬羊等；憍逸盛者，將成為師子虎狼等；掉戲盛者，將成為猨猴等；慳嫉盛者，將成為犬狗等；怯墮

105. 六業品曰：「地獄報業者，如六足阿毘曇樓炭分中廣說。」（大正三二，三〇〇頁中）

者，成為貓狸；性諂者成為野牛。而臨死之前的想念，也有影響，例如將死於狹處時，因思念寬處，故生而為鳥；餓死者生為廁蟲，渴死者生為水蟲。又，依據《法蘊足論》對於十二緣起中的有與生二者之間的關係所作的說明，有一類眾生因繫心希求，或於人界受生，或於天界受生（《法蘊足論》卷十二，大正二六，五一二頁下），又依據尼柯耶所載，模仿畜生生活，即成受其身之因。例如有一類修道者或模仿牛，或模仿雞，認為自苦是生天之因，對此佛陀予以批判，曰：行牛行者，成為牛；行狗行者，成為狗。要言之，成為畜生之因在於愚癡，所以容易行畜類之所行。

第三，成為餓鬼之因，在於慳貪，奪人物者，自是當然，而對於自己所有，慳惜不予，不欲助人，作為其行為之反射，即是成為常感不足之餓鬼。

第四，生為人之因大抵是因於善業，可說是行布施、持戒、修善行之結果。此中，最為上品者，生於天界，中下品者，生於人間。尤其吾人命運分為種種之所以，即因於其善中交雜著惡，雖因某種顯著善業而生於人間，但將依其滿業而呈現種種相。例如因於助人而長壽，因殺生而短命，因正直無盜而得福，因盜而資材欠乏，因離邪婬而妻貞良，否則則娶不貞之妻〔參照《成實論》卷八六業品第一一〇之中，關於人天的部分，以及《俱舍》卷十七（大正二九，九〇頁下，國譯二五四～二五五頁）〕。又，依據《俱舍論》（同上）所載，自己所有物良否，也是因於業，殺生者其所有物光澤鮮少，盜者其田園受霜雪之害，欲邪行者之家塵埃多，妄語故臭穢多，離此等之罪者，一切良好。此外的其他說明更涉及種種事項，唯恐繁瑣，故今略過，但作為法相問題，在此必須論述的是，佛教主張有二重果報（賞罰）。例如造善業者生天之後，再生於人間，仍得善的果報，而造惡業者得墮地獄果，之後再生於人間，仍有不幸之報。對此，雖略有異論，但《婆沙論》（卷一一三，大正二七，五八八頁下）

與《俱舍論》（卷十七）等，顯然是承認此說的。例如「作大惡業，趣往地獄，即其異熟果，更生人間界，殺生者短命是等流果，此外資具光澤鮮少是增上果」（《俱舍》卷十七，大正二九，九〇頁中、下，國譯二五三～二五五頁）。此因無論善或惡，其作用漸次衰減，若無特殊的修行則無急變。

最後第五的天上界，總的說來，依上上之善業而得生天界，但天界也有種種，並非只是一樣。欲界所屬之天，亦即他化自在天之前，雖同樣是善，但將依其動機純淨之程度與善事種類，其果報種類也有所不同，而色界與無色界乃是定處，故其因是禪定。亦即就生於初禪天之業而言，其他是副因，而其主因是修初禪，乃至生於有頂地，即因於修非想非非想之定。對此，尼柯耶既已明言，無論生地之上二界，或修地之四禪四無色定，並無差異（《中阿含》卷四三的《分別意行經》，大正一，七〇〇頁中，*M.* 120）。

如是，阿毘達磨對於業與異熟果嘗試予以配列，嚴格說來，此中仍含有種種難點，但就形式之彙整而言，可以窺見其所付出的努力。進而就業之性質予以分類的，即是四業說[106]。亦即：黑黑異熟業（karma kṛṣṇa kṛṣṇavipā-ka）、白白異熟業（karma śūkla suklavipāka）、黑白黑白異熟業（karma kṛṣṇasukla kṛṣṇaśuklavipāka）、非黑非白無異熟業（karma akṛṣṇa aśukla-akṛṣṇāśukla-avipāka karma karma- kṣayāya saṃvartati）。第一的黑黑異熟業[107]，是指業的本身是黑，亦即是惡，因此感惡趣之異熟，第二的白白異

106. 四業（黑白等）之出處：《中阿含》卷二七的《達梵行經》（大正一，六〇〇頁上）、《集異門足論》卷七（大正二六，三九六頁上）、《大毘婆沙論》卷一一四（大正二七，五八九頁下）、《俱舍論》卷十六（大正二九，八三頁中，國譯一八一頁）、《成實論》卷八（四業品，第一〇七）。

107. *Visuddhi-magga,* XIX. p. 601 載有異於黑等四業的其他四業：①janaka（kamma）（生業）、②upatthambhaka（支持業）、③upapīlaka（抑制業），亦即業果生起時，抑制其苦樂，④upaghātaka（破壞業），亦即破他業而開自運。

熟業，是指色界（無色界）繫之善業；第三的黑白黑白異熟業，是指欲界繫之善業，主要是感人天之果；第四並不是指感無漏業之異熟，而是指永斷有漏業之作用。從而此四業之中，第四種可以說是解脫業，從修行的立場而言，具有價值，此自是當然。此因佛教認為縱使是白白異熟業，也僅僅是不再受三有，故難免是解脫道之障礙。經典中，將煩惱、業與異熟總稱為三障[108]。

第六節◆引業與滿業

又，對於此業與果報之關係必須予以論述。亦即吾人所造的種種業之中，何者是決定趣生之業？換言之，決定次生或次次生的，究竟是諸業之總和，或只是顯著的一業？對此，阿毘達磨是以引業、滿業論之[109]。所謂的引業（ākṣepaka-karman），即是決定趣生之業；所謂的滿業（paripūraka-karman）是指對於同樣的趣生，例如生於人間，但令其運命有種種差別之業。若依據阿毘達磨所述，引業是一生中，最為顯著之一業，而滿業是其他諸業，故有「一業引一生，多業能圓滿[110]」之說。依此世所謂的最後一念而引次生之說，主要也是基於此說而提出的。當然，實而言，一生之中，何者是最顯著之業，一般人並不容易決定，從而如《婆沙》卷十九（大正二七，九八頁上），提出引業在先，或滿業在先之論題，而其結論是「不定」，而該論卷二十（大正二七，九九頁）揭出種種經論所述的依殊勝一業感多生之善惡，並論究其意義等，此一問題相當複雜，但大體上依據阿毘達磨所述，是立於「一業引一生，多業能圓滿」之立場，此當切記莫忘。

第七節◆宿業之轉與不轉

如是，佛教認為吾人命運是依現在之業而決定未來，換言之，現在的命運是過去業之結果，因此，佛教似乎成為宿命說，但如前文所述，佛陀是反對宿命論的，雖然如此，若依上文所述，至少在阿毘達磨中，確實有宿命說之傾向，此乃不能否認的。部派佛教之中，屬於大眾部的王山部、義成部曰：「此一切，因於業（Sabbaṃ idaṃ kammato ti., *K.V.* XV II. 3）」，顯然是一種宿命論的主張。但總的說來，阿毘達磨仍然主張縱使是宿業，但依後天的努力，仍有大為轉化之餘地。上文所述，主要是就順其自然的情況，並沒有慮及特殊的努力。不只如此，若就法相而言，有部於三時業之外，另立不定業，更且明白指出「三時業是定業，不可轉，但不定業可依努力而轉變」。更且若依據前述的八業說，其不定業之範圍相當廣，而同樣的三時業中，也有時期決定，但異熟種類不定的，因此可以說八業之中的五業，至少其果報性質有轉變之餘地。況且若依據譬喻師所說，則是「一切業皆得轉」（《婆沙》卷一一四，大正二七，五九三頁中），所說的三時業，終究是指順其自然的情況，若加入努力，則其時期都是不定的。亦即雖無明言，但所謂的業，不外於是指意志之性格，縱使習氣極為深重，但依更

108. 關於三障，參照《婆沙論》卷一一五（大正二七，五九九頁中以下）、《俱舍論》卷十七（大正二九，九二頁中，國譯二七六頁）、《成實論》卷八（三障品第一〇六）。

109. 引業滿業之出處：《婆沙》卷十九（大正二七，九八頁上一）以及卷二十（大正二七，九九頁上～）、《俱舍》卷十七（大正二九，九二頁上，國譯二七二頁）。

110. 《婆沙》卷二十（大正二七，九九頁中）。《俱舍》卷十七（大正二九，九二頁上，國譯二七二頁）。毘耶舍在為《瑜伽經》做註釋中言及順現受、不順現受、定義、不定義時，論及一多（業）一多（生）的關係。（可以參照 *Yogasūtra*, II. 13.）

生之努力，並無理由不得變更。就此而言，承繼譬喻師的《成實論》（卷八十不善業道品第一一六）引用契經的「若人常修身戒心楕，地獄報業能現輕受」，又引用偈頌的「行慈悲心無量無礙，諸有重業所不能及」，認為宿業可轉。當然《成實論》主要是就聖者[111]（《婆沙》論是限於無學聖者）而論，但有學聖者去凡夫不遠，因此縱使是普通人，若依非常之精進，向聖者邁進，則一切宿業皆得轉變。佛教主張懺悔滅罪之根據在此，此不能忽視。依據傳說，大天犯三逆罪，心恆不安，而其出家之因是聽聞一比丘誦偈頌曰：

若人造重罪，修善以滅除，彼能照世間，如月出雲翳。

（《婆沙》卷九九，大正二七，五一一頁上）

大天的故事雖是編造的，但無論如何，佛教認為即使重罪，亦有可補償之道，此依偈文所述，即可知之。要言之，大體上佛教完全承認宿業之重，但異於神意論者或宿作論師所說，佛教認為宿業並非決定性的，不僅今世得以改變，縱使是過去世之宿業，但依努力、習慣、信仰與覺悟等，亦得以轉變，雖承認業說，但又非宿命論，此乃是佛教之特徵。

111. 彼若不能精勤修道成阿羅漢便往地獄受此業果。彼人若能精勤修道成阿羅漢。便能引取地獄苦事人身中受此業。（《婆沙》卷第二十，大正二七，一〇〇頁上）

第六章 輪迴的相狀

第一節◆前言

上文所述的是，業與果的關係，進而的問題是，以此為基礎的輪迴相狀如何？換言之，由此生移至來生，進而輪轉於種種境界的狀況與過程是如何？

就原始佛教見之，原始佛教當然是承認輪迴，但對於其具體過程所作的說明，也有未必正確的，係依其理解而有種種解釋。

筆者在《原始佛教思想論》中，已依據原始佛教之立場，作大致的解釋，但除此之外，尚有納入其他解釋之餘地，此乃筆者必須承認的。

如是，此一問題在部派佛教遂產生種種異論，總的說來，如前所述，是分成機械主義與生機主義等二派，但大體上，相當實在論化或機械化的是，阿毘達磨中較有勢力的解釋法，此乃首先必須了解的。

第二節◆生有、本有、死有

順序上，首先從「生」開始。基於方便，以人為中心而探討時，首先是吾人擁有一定的身分，托胎而生於此世。若用術語表現，此即名為生有（jāti-bhava）。無論就心理的或命運的，此一階段可說是混沌界，但就可能性而言，既已負荷作為前業的等流果，作為心理的性癖與異熟果的一定命運，此依前節的說明，即容易演繹得出。因此後天種種經驗之累積，由前世之業以及新業形成新的性格而遭遇種種命運的，即是本有。如是，壽命將盡而欲死時，即是死有。在阿毘達磨論師之間，成為問題的是，吾人之死既是酬前世之業，若是如此，則壽命究竟是既已決定？或有不時之死？就部派所說見之，《大毘婆沙論》（卷一五一，大正二七，七七二頁上）載有譬喻師無不時之死的主張，若依據《宗輪論》所載，說假部同樣主張「無非時之死，皆先業所得」，亦即認為吾人之死皆有所由，一切皆前世已定。又依據《論事》所載，王山部、義成部等主張「此一切皆因於業（Sabbaṃ idaṃ kammato ti, *K.V.* XVII.3）」，此亦屬不承認有不時之死。此二派亦主張「阿羅漢無不時之死（N'atthi Arahato akālamaccū ti, *K.V.* XVII.2）」。相對於此，南方上座部系主張有不時之死，此依《論事》將「一切皆是業之作用」的主張判為異端，即可知之，但應予以注意的是，有部所屬的《施設論》[112]、南方上座部所屬的《清淨道論》[113]與《攝阿毘達磨義論》[114]所列的四種死，大體上是一致的。亦即第一是感壽的異熟業力盡故，第二是財福業力盡故（餓死），第三是兩者皆盡故，第四是兩者未盡，或是捨壽業，或因於橫災故。亦即第二與第四是承認有不時之死，尤其《大毘婆沙論》卷一五一，作為中夭之原因，揭出不修梵行（多婬），食非宜，食非量，不用醫言，不服醫藥，不避災危，作諸凶戲等數項，認為只要是欲界有情，特殊人（佛、輪王、最後身菩薩、懷此最後身菩薩之女、地獄、北洲與受佛記別之人等）除外，皆有橫死之可能（《俱舍》卷五，大正二九，二六頁中～二七頁上，國譯三一五～三二一頁，《婆沙》卷一五一，大正二七，七七一頁下）。壽命的問題，對於吾人是何等痛切，同時，死生如同一種不可思議的力用，故產生如此的問題。更且若不承認有不時之死，恐將墮於宿命論，因此承認後天之原因，就業論而言，雖是不徹底，但應較近於佛陀真意。

第三節◆中有

當壽、暖、識失去調和時，即是死位，輪迴論的問題中最為重要的，即此。亦即成為問題的是，死位以後直至其次的生有之間其相狀如何？無論其說明方式如何，但至少在形式上，有情是於此間改換身分而轉生，故其轉換期之狀態是如何，在輪迴的說明上，具有極為重要的意義。就原始佛教見之，原始佛教說明轉生時是常識性的，有情死時，將依前世之業而生於三界五道的某一處，若再作稍具哲學的敘述，則是指出吾人的五蘊隨順所造業而轉變與其業相當之趣的，即是轉生，對於中間之狀態，並沒有另外下更深之考察。但當觀察逐漸推進，更且對於轉生作具體探討時，自然觸及死之當處與托胎他趣之間須經多少時日，更且此間是以何種形態維持的問題。尤其就數論等所述見之，數論派於饠

112.《婆沙》卷二十（大正二七，一〇三頁中）與《俱舍》卷五（大正二九，二六頁中～下，國譯三一六頁）所引。
113.《清淨道論》（*Visuddhi-magga* VIII. p. 229）。
114. *Compendium of Philosophy*, p. 149.

身之外，別立所謂的細身（sūkṣma- śarīra），以此作為輪迴主體，在具體的處理輪迴的問題上，至少此舉是極為方便。但佛教是無我論者，故數論所說的細身，不能予以承認，也不允許任何與此相當的。經典所述，雖是神話性的，例如認為眾生的托胎是以父母之和合與乾闥婆現前作為條件，但所謂的乾闥婆，無非是一種靈體，可以說是死生之間的一種中間狀態。如是，在部派時代，此一問題極為重要，分成主張有此中間狀態的部派以及不承認的部派，為此而爭議不休。若用術語表現，此中間狀態，即名為中有（antarā-bhava），亦即有否中有的問題，是輪迴論的大問題。

就文獻見之，主張無中有的是大眾部、化地部（《宗輪論》）與分別論者（《婆沙論》卷六九，大正二七，三五六頁下），而《成實論》（卷三，無中陰品第二五）以及《舍利弗阿毘曇論》（卷十二，大正二八，六〇八頁上）則屬承認中有的。

又，依據《論事》所載，南方上座部也屬無中有論者（*K.V.* VIII. 2）。反之，承認中有的，依據覺音所述，是東山部與正量部（*K.V.* VIII. 2），尤其實在主義者的有部，在《婆沙論》等論書中，強烈提出此一主張。

首先就無中有論者[115]所述見之，有中有之說是起於佛教界內，故其主張大抵是消極的。亦即有中有論者引用種種契經而主張佛陀承認中有，相對於此，指出此主要是對於經句之解釋有別的，即是《婆沙》卷六十九、《俱舍》卷八等所採用的議論體裁，要言之，佛陀僅言及三界五道（或六道），並沒有提及中有界或中有道（*K.V.* VIII. 2 之駁論）。更且中有若是一種生命體，則彼等應有感覺（觸），有感覺即是生有，故無需別立中有；若無感覺，則同於虛無。故於生有之外，無須別立中有。更且由此生移至他生之所以，概括的而言，是因於業力，故無需另外經由特殊階段。此恰如刺足而頭有痛感，對此，

《成實論》曰：「此足中識無，有因緣至於頭中。」（《成實》卷三無中陰品第二五），此乃《論事》與《成實》所揭的無中有論之根據。應予以注意的是，《俱舍》（卷九）所引用的所謂分別論者的主張，據彼等所述，從此世趣移至其他世趣時，恰如形與影，如同形與影之間有間處，此生與他生之間也有間斷，故無需另設司掌其間的連續之位。況且如聖典所載，極惡者無間墮地獄，故至少就墮地獄者而言，無須此中間狀態。從而中有之存在，喪失其一般的意義[116]。就文獻見之[117]，《舍利弗阿毘曇論》卷十二載有相同的主張，此當予以注意。要言之，此派對於經典所載的「有業報，無作者，此陰盡，餘陰相續」的輪迴論原理是依文解義，不承認另有特殊的中間有，可以說較契合原始佛教之真意。

相對於此，主張中有是實有的，可以說是與數論有聯絡，更且意欲給予俗見一種基礎，雖然如此，然其所基，仍是依據經典所述。例如利用《七有經》[118]、《健達縛經》[119]、《掌馬族經》[120]、《五不還經》[121]等之中，可解釋成承認有一種遊魂體的敘述。就筆者所見，此等未必得以代表佛陀真意，但就俗信而言，

115. 無中有論之論據，出自《成實論》卷三的無中陰品第二五、《俱舍論》卷八（大正二九，四四頁中，國譯五一九頁以下）的鏡像喻與《婆沙論》卷六九（大正二七，三五六頁下）等。

116. 以「地獄諸天中，或化生有情，若用順定受業而招生者」等，而主張無中有，此如《婆沙論》所述。但此乃婆沙評家之所不許，無中有者，僅限於無色的無色界。《婆沙》卷六九（大正二七，三五八頁下）、《俱舍》卷九（大正二九，四六頁上，國譯五三七頁），*K.V.*, VIII. 2.

117. 最後識滅已，初識即生，無有中間喻如影移日續，日移影續，影之與日無有中間。如是最後識滅，初識續（大正二八，六〇八頁上）。

118. 參照《長阿含》的《十報法經》卷上（大正一，二三六頁中）。

119. 參照《中阿含》卷五四的《嗏啼經》（大正一，七六九頁）。

120. 參照《中阿含》卷三七的《梵志阿攝惒經》（大正一，六六六頁上）。

121. 參照《雜阿含》卷二七的第七三六經與第七四〇經（大正二，一九六頁）、《長阿含》卷八的《眾集經》（大正一，五二頁下）。

其中仍有足堪玩味之處，故以下將就此稍作說明。

首先就中有的形狀言之，此乃是當來應受生之基底，故其形狀類似次生。例如受生為馬的，即是馬形；受生為牛的，即是牛形。而於欲界人趣受生的，其中有形似五、六歲小兒，諸根完備（菩薩之中有如盛年者，更且三十二相具備。色界之中有其形量同於本有，更且既已著衣。無色界無中有）。其組成要素極為微細，如數論所說之細身，非常人所能見，唯有聖者與得天眼通者，以及同類相互得見。有業通，且其轉極疾，山河大地不能障之，故得以超越空間。若是如此，其所維持的時間多久？更且於其間如何生活？關於時間，有部論師之間有種種爭議，依據《婆沙論》卷七十所載，世友認為極多七日，過此若不得生有，將於中有之中，生生死死；設磨達多（Kṣemadatta）認為極多七七日，而大德認為並無限定（大正二七，三六一頁中，《俱舍》卷九，大正二九，四六頁中，國譯五四二頁）。在此期間，彼等的食物是香，中有一名尋香（gandharva），即因於此。此因乾闥婆雖是吠陀時代的神話性的存在，由於與結婚有關，遂轉為遊魂之義，最後更有 Gandha-arv 的通俗語源論的產生。如是，於若干時，亦即於持中有之身的期間內，因前世之業，未來將成為其父母者交合之際，若將生為女者，愛其父[122]，嫉其母；將生為男者，愛其母，憎其父，最後，定此為安住地，此即是托胎。此際，業通所致，縱使千萬里之遙，亦一瞬間趣之，不受任何障礙。但問題是，中有是完全承繼本有或於中途可轉？對此，譬喻師認為既然一切業得轉，故主張中有亦能轉（《婆沙》卷六九，大正二七，三五九頁中），相對於此，有部認為界、趣、處皆不能轉（《婆沙》同上，《俱舍》卷九，頌曰：中有不可轉）。依據《婆沙》所述，其父母未必一定，大體上，其父母雖是已定，但若彼等離住時，仍得以轉。但究竟是基於何等因緣，必然作為是某人之子？此係依其中有之力，亦即無論其母如何貞淑，終將懷男胎，無論其父如何方正，終將成為女胎之父（《婆沙》卷七十，大正二七，三六〇頁上）。似乎是相當奇特的解釋，但也可以認為此正顯示父母雖只是為歡娛而和合，實則意欲生存的意志已具有很大的影響力，此與叔本華所說的「青年男女的相對視之中，已有孕育子孫的希望」同一趣旨。如是，托胎之初始，即是生有之伊始，由此而至出生之過程，依有情之種類而有差別，就人類而言，是經由胎內五位。所謂的胎內五位，第一是 kalala（羯剌藍，雜染凝滑），即托胎以後初七日之位；第二的 arbuda（頞部曇，皰），是二七日之位；第三的 pesī（閉尸，血肉），是三七日之位；第四的 ghana（鍵南，堅肉），是四七日之位；第五的 praśākhā（鉢羅奢佉，支節），是指五七日以後至出生的三十七週之間。此五位說是採用當時醫學的知識作為佛教的觀點。如是的出生，如前所述，是依宿業與新業，形成種種性格，遭遇種種命運，最後又再死亡，如此一再重複，此即輪迴的相狀。

122. 無《婆沙論》卷七十有類此之說：「時乾闥婆於二心中，隨一現行，謂愛或恚。」

第七章　輪迴的形式與緣起論

第一節 ◆ 前言

上來所述以現世為出發點，而及於未來的有關輪迴相狀之過程，是筆者基於方便敘述而作的整理，若是如此，佛教對此的說明是以何等方式進行？無論南傳或北傳，至少在稍晚期的阿毘達磨中，為順應此要求而提出的，是十二因緣[123]（pratītyasamutpāda）之說。此因徵於南方所傳，六種阿毘達磨中的緣起之說明仍不明顯，但最遲在覺音的時代，十二因緣說至少已具有用以說明輪迴的意義（*Visuddhimagga*, XVII. p. 517. *Paññābhūminiddesa*），更晚期的《攝阿毘達磨義論》中，三世兩重說已可見之（*Compendium of Ph.*, p. 263），更就北傳而言，最遲在《發智》——《大毘婆沙》以後（《發智》卷第一，大正二六，九二一頁中，《婆沙》卷二三～二六），此十二因緣之教理，主要被用於闡明輪迴相狀。如是，筆者雖於前文已大致闡明輪迴相狀，但基於說明阿毘達磨之法相時，必須配合此十二因緣之形態，因此所述雖然相同，但仍再作說明如次。

若是如此，此論題的目的是在於意欲藉由十二因緣而闡明輪迴。但此十二因緣說並非只是在說明輪迴方式，而是遍及於佛教的人生觀、世界觀，因此，首先將先論述一般的緣起論，爾後再及於輪迴論。

第二節 ◆ 一般的緣起論

緣起論所揭示的是，佛教的根本思想，佛教思想異於他派的標幟全在於此。所謂的緣起[124]（pratītyasamutpāda, paṭiccasamuppāda），概括而言，可以說是指關係所生，一切現象（尤其是有情現象）成立於相互的依存關係之上，此間，關係的法則除外，並無其他。若予以簡單的定義，是：

> 此有故彼有，此生故彼生，若無故彼無，此滅故彼滅。
>
> Imasmiṃ sati idaṃ hoti, imass' uppādā idaṃ uppajjati, imasmiṃ asati idaṃ na hoti, imassa nirodhā idaṃ niruj-jhati.
>
> （*A. N.* Vol. V. p. 184 ; *M. N.* 38, Vol. I. p. 264 f.《原始佛教思想論》一一二頁，中譯本六四頁）

亦即有此必有彼，有此生必有他生，萬法是相互關聯，才得其存在。之所以名此為緣起，阿毘達磨雖有種種解釋[125]，但大致有二種用法。其一是就相互之間的關係而命名，例如「緣識而有名色，緣名色而有識」的緣起觀中，識之存在是依存於名色，名色之存在是依存於識，是就其依存關係而名為緣起。從而此際所說的緣起，是意指「依存於他而生成的法則」，不是作嚴格論述時的緣起，

123. 南傳十二因緣論之參考書，請參見Nyānatiloka: *Übersetzung des Aṅguttara Nikāya*, Vol. 1. p. 177.; *Compendium of Philosophy*, pp. 259~264.
124. 關於pratītyasamutpāda的字義，請參見《俱舍》卷九（大正二九，五〇頁中，國譯五八四頁以下）、《正理》卷二五（大正二九，四八一頁）。

大抵是此意。另一是用於緣起（pratītyasamutpāda, paṭiccasamuppāda）與緣已生（pratī tyasamutpanna, paṭiccasamuppanna）相對時，此乃尼柯耶始終所作之區別。

此際的「緣起」，是指相對關係之中的主部或先行者，「緣已生」是指依主部或先行者而被規定的客部或後件。若將緣起解為狹義的因果，則因是緣起，果是緣已生。基於此意，覺音在《清淨道論》第十七章說慧地品（Paññābhūmi-niddesa），為緣起與緣已生所下的如次定義，可說頗為得當。

> 應知所謂的緣起，即是緣之法；所謂的緣已生法，是指依各種緣而生之法。
>
> Paṭiccasamuppādo ti paccayadhammā veditabbā. Paṭiccasammuppannā dhammā ti tehi tehi pac-cayehi nibbattadhammā. （p. 518）

應予以注意的是，覺音雖將緣起與緣已生予以區別，但此並不是就物體或事件而作區別，主要是因於觀點（或立場）不同。從而有時可能產生某一事件，從此一方面而言是緣起，但若從另一方面則是緣已生，或是此一方面是緣已生，另一方面則是緣起的情形。例如說為以識為緣而有名色時，識是緣起，名色是緣已生，但若說為以名色為緣而有識時，則情形相反。就此而言，世友在《品類足論》卷六（大正二六，七一五頁下）所說的「云何緣起法？謂一切有為法。云何緣已生法？謂一切有為法[126]」，雖是相當籠統，但不得不說是得當的說法。

如是，「緣起」一語之用法雖有廣狹之義，但主要是指一切法相依相成的關係現象，若無關係，則無一物（無為除外）可得，此乃佛教緣起論的精神。

125.《俱舍》卷九（大正二九，五〇頁中，國譯五八四～五八九頁）。《婆沙》卷二三（大正二七，一一七頁下）曰：「待緣而起，故名緣起。待何等緣謂因緣等。或有說者，有緣可起故名緣起。謂有性相，可從緣起非無性相非不可起。」此外，另有其他三說：

①（Kāraṇaṃ）paṭicca phalaṃ eti etasmā ti paccayo.（*Compendium of Ph.*, p. 259）

②tassa paccaya-dhammassa bhāvena bhāvana-sīlassa bhāvo（依緣法而習慣性生起的，*Compendium of Ph.*, p. 260引用Ceylon Commentary）

③《清淨道論》在述說緣起時，是揭出二十四緣，《婆沙》卷二三則以四緣述說緣起。

126.《品類足論》曰：「云何緣起法？謂一切有為法。云何緣已法。謂一切有為法。」（《婆沙》卷二十三，大正二七，一一八頁上所引用），又《婆沙論》對於緣起法與緣已生法，也有種種說明。茲表列如次：

△

緣起法因	能作	能成	能生	能轉	能起	能引	能續	能相	能取	前生	過去	現
緣已生法果	所作	所成	所生	所轉	所起	所引	所續	所相	所取	後生	現未	未

又，關於十二因緣：

①脇尊者曰：「無明唯名緣起法，老死唯名緣已生法，中間十支亦名緣起法，亦名緣已生法。」

②妙音曰：「過去二支唯名緣起法，未來二支唯名緣已生法，現在八支亦名緣起法，亦名緣已生法。」

③望滿曰：「有緣起法非緣已生法，謂未來法，有緣已生非緣起法，謂過去現在阿羅漢最後五蘊，有緣起法亦緣已生法，謂除過去現在阿羅漢最後五蘊，諸餘過去現在法，有非緣起法，亦非緣已生法，謂無為法。」

④世友曰：

緣起	因	和合	生	起	能作
緣已生	有因	有和合	有生	有起	有能作

⑤大德曰：「轉名緣起法，隨轉名緣已生法。」

⑥覺天曰：「諸法生時，名緣起法，諸法生已，名緣已生法。」

⑦《集異門足論》與《法蘊足論》曰：「若無明生行，決定安住不雜亂者，名緣起法，亦名緣已生法，若無明生行，不決定不安住而雜亂者，名緣已生法，非緣起法。」（《法蘊足論》卷十一，大正二六，五〇五頁）

第三節◆緣起體系之種類

上文所述，是緣起觀的一般論，就如此的緣起觀看來，至少是因於觀察立場不同，遂有種種緣起觀產生。此因若將緣起視為關係之義，則此所謂的關係，是可依種種立場而作分析與考察。

就尼柯耶見之，具有最為整然形態的緣起系列，當然是以十二支表現的十二因緣，但除此之外，另有其他種種的小緣起說，其因在此。最近赤沼智善[127]將經典所載的種種緣起說不嫌其煩的予以列舉，並探究其關係，但克實言之，往昔的阿毘達磨論師已有對此之論述。如筆者在《原始佛教思想論》（二〇三頁，中譯本一三七頁）之所指出，依據《大毘婆沙論》卷二十四所載，緣起說可從「一緣說」依序而列舉直至十二因緣。

一緣起（一切有爲法）
二緣起（因果）
三緣起（三世或惑、業、事）
四緣起（無明、行、生、老死）
五緣起（愛、取、有、生、老死）
六緣起（三世中各有因果）
七緣起（無明、行、識、名色、六處、觸、受）
八緣起（識、名色、六處、觸、受、愛、取、有）

九緣起（十二支中，除去無明、行與六處，如《大因緣法門經》所載）
十緣起（如《城喻經》所載，缺無明與行）
十一緣起（無明除外的十一支，如智事中說）
〔《婆沙》卷二四（大正二七，一二二頁上）、《正理》卷二五（大正二九，四八〇頁下）〕

進而就南方的論部見之，依據覺音在《清淨道論》所述，佛陀指出緣起有四種。亦即其一是從最初至最後，亦即從無明乃至於老死，完全揭示，其二是從中間開始，直至於最後（從受開始），其三是從最後（老死）開始追溯，其四是從中間開始，往前追溯至最初（四食↓愛↓受↓觸↓六入↓名色↓識↓行↓無明）[128]。

又，同樣是覺音所述，佛陀在述說緣起之首支時，是立於二種立場。其一是依無明，另一是依有愛（bhava-taṇhā）。亦即如《清淨道論》之所引用：

> 諸比丘！無明之前際不可知，無明以前無無明，無名之後有發生，如是，諸比丘！如是，可知無明爲相依性（idappaccayā，Vism. p.525）

127.《宗教研究》新第二卷第一號所載的〈十二因緣の傳統的解釋に就きて〉。

128. ādito vā majjhato vā paṭṭhāya yāva pariyosānaṃ, tathā pariyosānato vā majjhato vā paṭṭhāya yāva ādī ti catubbidhā paṭiccasamuppādadesanā. *Visuddhi-magga*, XVII. p. 523.

對於有愛，也有同樣文句。《清淨道論》的出版者路易斯．戴維斯夫人也注意及此（*Visuddhi-magga*, XVII, p. 523），雖不知其出處，但顯然是覺音時代契經之中的文句，進而加上從識出發的，緣起觀之首支有三種。依據覺音所作註釋：「以無明為開始的，是就輪迴論中，尤其是對趣往惡趣者揭示特殊的原因；以有愛的，是為趣往善趣（sugati）者揭示特殊之原因。」（同上）。無論作如何解釋，總之，緣起觀有種種形態，是無可懷疑之事實。此因如《大毘婆沙論》與《清淨道論》等所作的說明，雖是基於眾生根機與當時情況，基於相同性質而某些因緣聚為一群，但也應是該群體本身具有獨立的意義所致。

因此成為問題的是，就整然的形態而言，緣起之系列當然是十二支，但此應是後世予以整理而成，對於此一問題筆者已在《原始佛教思想論》中予以詳細論述，故此處不作深談，僅揭其結論如次。佛陀初始在菩提樹下思惟時，主要是就老死直至識之間的關係予以探討，

但爾後在予以宣說時，其中所包含的無明與行也顯現出來，最後佛陀的教條逐漸整然，而成為十二支。

第四節◆原始佛教的十二因緣之意義

如是，緣起之支數雖有種種，但予以彙整而成十二支，其最大的問題是十二因緣具有何等意義？依據傳說，佛陀在菩提樹下，順（anuloma）逆（paṭiloma）觀察此因緣〔爾時世尊於初夜順逆觀察緣起（atha kho Bhagavā rattiyā paṭhamaṃ yāmaṃ paṭiccasamuppādaṃ anuloma-paṭilomaṃ manasākāsī ti. *Vism.*, XVII. p. 519.）〕，但尼柯耶中的說明極其簡單，其適確意義不容易了解。在《原始佛教思想論》中，

筆者曾從三種立場說明原始佛教的十二因緣所含意義。其一，主要是在探究客觀的之現實其活動樣式的關係，可以說意在揭示吾人老死之所以。主要是從逆觀（paṭiloma-desanā）而導出，更且從緣起觀考察的心理過程而言，可推定此乃是最原始的。相對於此第一種是以橫向的關係為主，其二則以縱向的關係為主，可以說是從發生的見地揭示心的活動之關聯樣式，此主要是基於順觀（anuloma-desanā，筆者稱此為還觀）的解釋。其三是，基於意欲揭示三世輪迴之樣式的見地。而筆者認為此中的第一種，是華嚴或般若系緣起觀之起源，第二種是唯識系緣起觀之起源，第三種則是有部等所主張的三世兩重因果之源泉。

今年（大正十四年），因於筆者提出如此的解釋，故遭逢來自兩方面的抗議文章。此即在大正十四年一月份的《思想》雜誌上所發表的，宇井博士對於十二因緣之解釋（《印度哲學の研究》第二卷所收），以及同一月份的《宗教研究》雜誌上所載的赤沼教授對於十二因緣的傳統的解釋（《宗教研究》新二之一）。前者主張十二因緣的原始意義，主要是以無明（亦即無知）為根本條件，藉以揭示現實人生之真相，若於此間加上具有時間性的發生的解釋（第二種解釋），終將遠離原意，而後者則認為十二因緣之原意，在於揭示阿毘達磨流之輪迴。可以說筆者的第一種與第二種解釋都被視為是錯誤的。在文獻上，無論宇井或赤沼皆予以極為綿密的考證，其所述大異於筆者，但就筆者所見，彼等皆趨於極端，終究不能獲得原始佛教真意。首先就宇井所說而言，如筆者之所指出，從緣起觀發現的心理過程言之，是意欲揭示現在活動之真相，但此僅僅是揭示橫向的關係，在縱向的關係，尤其在佛教教理上，具有重大意義的輪迴方式卻被忽視。佛教在說明所予的現實關係時，對於物體發生的說明也是以緣起名之，此依 cakkhuñ ca paṭicca rūpa ca uppajati cakkhuviññānaṃ 之表現，即得以知之。說為眼以色為緣而生起眼識，是為了揭示眼識之發生，若將稱此以名詞表示，即是「緣起」一語，故顯然所謂的緣起，如其名之所顯示含有發生，從而含有時間性的意味。何況爾後所發展的種種論書中，對於十二緣起的解釋，縱使無三世兩重之意，但仍以某種形式表現此間必然含有時間的發生或開展的順序之意。若其原意如宇井博士所述，則可說所有論師（包含覺音在內）皆誤解佛陀真意。何況緣起若一如宇井博士所見，則從其他的立場而言，佛陀的人生觀之價值恐是低下的（宇井說的缺點：①成為不可知論，②何以有我人的十二因緣，卻無佛之十二因緣，③不可將無明只視為惡德，④最後將成為純然的實證主義）。要言之，宇井博士的解釋，對於僅將三世兩重說或二世一重說視為緣起論之真意的人，誠然提供必要的觀點，但若僅僅如此，若用術語表示，是僅依互為緣（aññamañña-paccaya）之立場，卻忽視其他的異熟緣（vipāka-paccaya）與業緣（kamma-paccaya），若是如此，終究只是片面的觀點，此當切記莫忘。其次，相對於近來動輒忽視阿毘達磨流的傳統解釋，赤沼氏的解釋是意欲揭示阿毘達磨流的解釋可以契合尼柯耶之旨，就某種意義而言，筆者對此非常贊成。但僅依時間的系列解釋輪迴論，乃是筆者無法贊成的，縱使從阿毘達磨的立場，確實是無視於其橫向的關係，但不能說此乃是獲得原始佛教全體之真意。若從原始佛教而言，宇井所說較佳。

如是，筆者至今依然相信從相互關係、異熟關係，乃至開展關係等三點，筆者所作的解釋應較近於原始佛教真意。當然對於筆者所作的第二項的發展性的解釋，將遭遇相當強烈的反對聲浪，筆者早已有心理準備，但若再進而推究，緣起思想進展至此，更且作為第一項的互為緣起與第三項的異熟緣起之綜合，筆者認為——雖稍嫌過分——此中實有緣起觀之妙味，更可遙與唯識思想相關聯，期望讀者諸君也能了解。

第五節 ✦ 阿毘達磨中的緣起觀

上來所述是有關阿毘達磨緣起觀的背景，若是如此，對於緣起，阿毘達磨是作何解釋？如前所述，由於原始佛教所說，可作種種解釋，因此，在阿毘達磨中也產生種種解釋。但若總揭其特色，原始佛教是著重於逆觀，反之，阿毘達磨是以順觀為主，逆觀反而居於客位。亦即從禪觀的觀察轉而成為以論理的或發生的觀察為主。因此原始佛教中，雖有十二支齊備的緣起說，但如前所述，也有以九支、十支而作說明的，但在阿毘達磨中顯然以十二支齊備的緣起為通則，並將九支或十支緣起視為是十二支之略說，此乃阿毘達磨的特徵之一（關於十支與十二支之關係，請參見《婆沙》卷二四，大正二七，一二四頁上，以及 *Visuddhimagga*, Chap. 17）。亦即總的說來，阿毘達磨緣起觀的問題，是對於此由無明出發而至老死的十二段如何解釋？更且將此十二支之順觀定為所予之課題，此乃是產生阿毘達磨流之解釋的根源，因此，雖只是細微之處，但仍有必要應予以注意。

若是如此，彼等又是如何予以解釋？此依時期與論書之差別，多少有所差異，但總的說來，是將十二緣起視為主要是在揭示同時存在的心理、倫理、運命等的生起關係，但此間涉及過、現、未，尤其是依現在而規定未來的輪迴，可以說正是早期論書的結構，更且至少在初期，對於各支之間的聯絡，並沒有嚴格論及，此為其特徵之一。此後，逐漸著重異時的關係（輪迴論），至於存在，則被視為是次要的，此即是後期阿毘達磨的結構。例如《法蘊足論》（卷十一緣起品，大正二六，五〇五頁上～）、《舍利弗阿毘曇論》（卷十二緣品，大正二八，六〇六頁中～）、《毘婆崩伽》（*Vibhaṅga*, VI. Paccayākāra-vibhaṅga, p. 135 f.）等，是早期論書之代表。相對於此，後期之代表，就北方論部而言，是《發智論》、《大毘婆沙論》、《俱舍論》，就南方論部而言，則有《清淨道論》（第十七章）、《攝阿毘達磨義論》（第八章）等。

第六節 ✦ 初期阿毘達磨中的十二因緣的解釋

首先就早期論書的大要見之——此因阿毘達磨在論述緣起時，《毘婆崩伽》[129]可說是最早時期之代表，但克實言之，只是本文，過於簡要，不能知其詳，故暫且略過，此處先就與《毘婆崩伽》有密切關聯的《舍利弗阿毘曇論》，以及《法蘊足論》的說明見之，此等在處理緣起各支時，完全視為是生理心理的現實活動之樣式，並以此作為基本，不僅述及同時的存在，並及於異時的因果關係。今暫取彼等對於「若依無明而有行將是如何」的一段敘述見之。首先對於無明的定義是說為無知之義，依此無知[130]，而起福業（puññābhisaṅkhāra）、非福業（apuññābhisaṅkhāra）與不動業（āneñjā-bhisaṅkhāra），現在的無明起現在三業，此即是「無明緣現在行」（《舍利弗阿毘曇論》之文），進而依不善行，死墮惡趣，依善行生天，依不動行生無色界，此即是無明既緣現世之行，進而亦緣未來之行。亦即揭出其所緣是涉及於現在及未來，同此，行緣識，識緣名色，名色緣六處的狀態亦涉及現在與未來，對此的論述，《法蘊足論》與《舍利弗阿毘曇論》所述大抵一致。但自此以下，從六入至觸、受、愛、取、有等各支的說明，僅就現在，並沒有及於未來[131]，進而對於從有至生，是視為死後之相續[132]，而非現在的關係，無論《毘婆崩伽》或《舍利弗阿毘曇論》或《法蘊足論》，三書所述大致相同。亦即《舍利弗阿毘曇論》、《法蘊足論》（包含《毘婆崩伽》）的十二緣起觀，若以圖表顯示，應是如次：

無明——行（現現相關／現未相關）

行——識（現現相關／現未相關）

識——名色（現現相關／現未相關）

名色——六入（現現相關／現未相關）

六入——觸——受——愛——取——有……現現相關

有——生……現未相關

生——老死

129. 《毘婆崩伽》是從hetu、saṁpayutta、aññamañña等三個立腳地，述說緣起（*Vibhaṅga*, p. 135 f）。

130. 《舍利弗阿毘曇論》將無明視為癡不善根（大正二八，六〇六頁中），《法蘊足論》則是於揭出前際之無知與後際之無知之後，進而揭舉佛、法、僧、四諦、因果等種種事項，作相當詳細的述說（卷十一，大正二六，五〇五頁下～），《毘婆崩伽》是視為對於四諦的無知（*Vibhaṅga*, p. 135）。

131. 《法蘊足論》卷十二（大正二六，五〇九頁中）、《舍利弗阿毘曇論》卷十二（大正二八，六一〇頁下）。

132. 依據《毘婆崩伽》載為："Tattha katamā bhavapaccayā jāti? Yā tesaṃ tesaṃ sattānaṃ tamhi tamhi sattanikāye jāti sañjāti okkanti abhinibbatti khandhānaṃ pātubhāvo āyatanānaṃ paṭilābho: ayaṃ vuccati bhavapaccayā jāti"（*Vibhaṅga*, XII, p. 137）、《舍利弗阿毘曇論》卷十二（大正二八，六一二頁上）曰：「云何有緣生？若諸眾生，眾中生、重生、住胎、出胎、得生、陰具諸入眾和合是名生。」進而《法蘊足論》就其相狀，作稍微詳細的說明（大正二六，五一二頁下）。

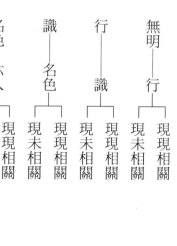

亦即十二緣起具有縱向關係與橫向關係相互交織的關係，乃是此一時代阿毘達磨論書之見解。

第七節◆二十四緣

承繼此一觀點，但更為複雜的是，從所有的立場述說十二緣起的，南方論部中的覺音《清淨道論》第十七章的說慧地品，《清淨道論》的特徵是以《品類論》（*Paṭṭhāna-pakaraṇa*）的二十四緣為標準，揭示十二支各支之間的作用，並探究其間的關係，雖稍嫌繁瑣，但此處必須先從二十四緣[133]作說明。

1. 因緣（hetu-paccaya）。此處主要是指善惡行之動機，將貪、瞋、癡、無貪、無瞋、無癡稱為六因的，是《攝阿毘達磨義論》（*Compendium of Ph.*, p. 113）所作的說明。其文曰：Hetū hetusampayuttakānaṃ dhammānaṃ taṃ samuṭṭhānānañ ca rūpānaṃ hetupaccayena paccayo 相對於與因結合的諸法，以及以此為起源之諸色，諸因是具有因之作用的緣。——編者（*Vism.*, p. 533）。
2. 所緣緣（ārammaṇa-paccaya）。
3. 增上緣（adhipati-paccaya）。此乃是動搖心之作用〔Jeṭṭhakaṭṭhena upakārako dhammo adhipatipaccayo 具有主動者之作用的法，是增上緣。——編者（*Vism.*, p. 534）〕，有時是指欲（chanda）、精進（viriya）、心（citta）與思惟（vīmaṃsā）等四法（*Vism.*, p. 534）。Yaṃ yaṃ dhammaṃ garuṃ katvā ye ye dhammā uppajjanti cittacetasikā dhammā, te te dhammā tesaṃ tesaṃ dhammānaṃ adhipati paccayena paccayo 是何等之法，以此法為主，諸法，亦即心心所法所生一一之法，對於一一之法，是增上緣之緣。——編者（*Vism.*, p. 534）。

4~5. 無間緣、等無間緣（anantara-paccaya；samanantara-paccaya）。依據《清淨道論》所載，此二者同一義，是指某一個心的作用成為引出其他心之作用的緣。Attano attano anantaraṃ anurū passa cituppādassa uppādanasamattho dhammo anantarapaccayo 自己隨應無間之法生時，令其生成為可能之法的，是無間緣。——編者；Anantarapaccayo ti cakkhuviññāṇadhātu taṃ sampayutta kā ca dham-mā manodhātuyā taṃ-sampayuttakānañ ca dhammānaṃ anantarapaccayena paccayo 所謂的無間緣，眼識界以及與彼相應之諸法，意外的，對於與彼相應之諸法，是無間緣之緣。——編者（*Vism.*, p. 534. Tikapaṭṭāna）。

6. 俱生緣或同生緣（sahajāta-paccaya）。如燈與光同生之緣。如色除外之四蘊（受想行識）相互不離，此即是俱生緣。

7. 互為緣或相互緣（aññamañña-paccaya）。如兩杖相依而立，色除外的四蘊之成立，即因於此緣。

8. 依緣（nissaya-paccaya）。Adhiṭṭhānākārena nissayākārena ca upakārako dhammo nissayapa ccayo 具有作為攝持之相，或作為依止之相的作用的法，即是依緣。——編者（*Vism.*, p. 535）。色除外之四蘊也可以適用。

9. 近依緣（upanissaya-paccaya）。此與依緣略略同義，但特為著重置其依處，以此為緣而產生特定結果之際，即稱近依緣。balavakāraṇabhāvena upakārako dhammo upa-nissayapaccayo 具有成為有力者之作用的法，是近依緣。——編者（*Vism.*, p. 536）。此可分成所緣、無間與自性

133. 二十四緣的大略說明，請參見《清淨道論》（*Visuddhi-magga*, pp. 532~541）。

（pakati）等三種。所謂的所緣近依緣，是指以一定的對象為主時（例如修戒、定、慧之際）；所謂的無間近依緣，是指前前之善蘊成為後後善蘊之發生的因緣；所謂的自性近依緣（pakatū-panissaya），是指自己是發生自己之因，例如善業生善業。

10~11. 前生緣與後生緣（purejāta-paccaya；pacchājāta-paccaya）。先出生者有助於現在法之發生，此即是前生緣，後發生者對於先出生者起作用（如後生之心心所法相對於其前生之體，又如嬰兒以母乳為緣），此即是後生緣。

12. 相續緣（āsevana-paccaya）。如前前善法成為後後善法之緣（習慣？）。

13. 業緣（kamma-paccaya）。善惡業對於禍福之異熟，稱為業緣，或對於身體，思心所成為其作業之緣。

14. 異熟緣（vipāka-paccaya）。Nirussāhasantabhāvena nirussāhasantabhāvāya upakārako vipā kadhammo vipākapaccayo 作為無勤寂靜性，有助於無勤寂靜性之異熟法，即是異熟緣。——編者（*Vism* p. 538）。

15. 食緣（āhāra-paccaya）。維持色無色之四食。

16. 根緣（indriya-paccaya）。男女根除外的二十根，有助於某物生起之緣。

17. 禪緣（jhāna-paccya）。即七禪支。禪定發生之因。

18. 道緣（magga-paccaya）。諸道支對於道相應法及其依處之色，由道緣為緣（Mag-gangāni maggasa mpayuttakānaṃ dhammānaṃ taṃ-samuṭṭhānānañ ca rūpānaṃ maggapaccayena paccayo）（*Vism.*, p. 539）。

19. 相應緣（sampayutta-paccaya）。Ekavatthuka-ekārammaṇa-ekuppāda-ekanirodha sankhātena[134] sampayuttabhāvena upakārakā arūpadhammā sampayuttapaccayo. 有助於同一事、同一所緣、同一生、同一滅等相應之性的諸無色法，即是相應緣。——編者（*Vism.*, p. 539）。

20. 不相應緣（vippayutta-paccaya）。Ekavatthukādibhāvānupagamena upakārakā rūpino dham mā arūpīnaṃ dhammānaṃ arūpino pi rūpīnaṃ vippayuttapaccayo. 諸有色法相對於非色法，是不相應緣，又，諸非色法相對於諸色法，是不相應緣。——編者（*Vism.*, p. 539）。

21. 有緣（atthi-paccaya）。Paccuppannalakkhaṇena atthibhāvena tādisass' eva dhammassa upattham. bhakattena upakārako dhammo atthipaccayo. 作為以現在為相的有性，有助於支持同樣的法的，即是有緣。——編者（*Vism.*, p. 540）。例如四蘊、四大、托胎之名色、心心所等彼此之間的關係。

22. 無有緣（n'atthi-paccaya）。相對於現在的心心所（就令彼生起而言），等無間滅之心心所是無有緣之緣。

23. 謝滅緣（vigata-paccaya）。與無有緣大致相同。

24. 非謝滅緣（avigata-paccaya）。同於有緣。

此二十四緣說之節略，是《舍利弗阿毘曇論》卷二十五的十緣說，更予以整理的，即是四緣說，此如筆者先前所述。

134. 巴利聖典協會（P. T. S）出版本中，Sankhātena 是載為 Sankhārena，木村先生將此語置於 Sankhātena 之後。爾後所出之英譯同此（編者）。

第八節◆覺音對於十二因緣之解釋

如是，覺音揭出《品類論》的二十四緣，更且依準其關係而規定十二支相互之間的關係的，即是彼具有特色的十二緣起之解釋法。從而其說明極為繁瑣，更且難解，對於巴利語尚不熟稔的筆者而言，更是不容易了解，但大體上可以了解其趣意是以十二緣起揭示現實的存在之發生與依存關係，同時，將此與輪迴論結合，藉以揭示三世輪迴之相狀。今無暇一一予以列舉，僅就其中若干論述見之。

首先就無明緣行見之，對於無明，覺音是說為無知為相（aññāṇa-lakkhaṇa），令人蒙昧是其作用（sammohana-rasa），其形隱蔽（chādana-paccupaṭṭhāna），以漏為基底（āsava-padaṭṭhāna）；而所謂的行，是以行為為相（abhisankharaṇa-lakkhaṇa），努力為其作用（āyūhana-rasa），取意志為形（cetanā-paccupaṭ ṭhāna），無明是其基底（avijjā-padaṭṭhāna）（*Vism.*, XVII. p. 528）。此處所說的行，如前所述，可分成福業（善行）、非福業（惡行）與不動行（色、無色定）。若是如此，問題是，無明是依何等理由而緣行，緣有順緣（aviruddha）與逆緣（viruddha）二種，而無明成為緣而起行之際，此兩種情況皆有。從而依善行、惡行、不動行的差別，無明成為緣之意味也有不同。因此，為滅無明，起欲界繫的善行之際，就作為其對象而言，無明是「所緣緣」，又，以相同目的行布施等事業，或修色界定之際，無明是令彼等生起之「機緣」（upanissaya-paccaya），基於此意，對於善行，無明有此二緣，故說為無明緣行。此等皆屬逆緣。反之，對於惡行是成為順緣，故更添加種種意義。《清淨道論》指出就一般行惡行的而言，有因緣、俱生緣、互為緣、依緣、相應緣、有緣、非謝滅緣等六緣，進而對於特殊的惡事，除此之外，又有無間緣、等無間緣、相續緣、無有緣、謝滅緣等予以作用。對於不動行，只是成為機緣。此因不動行在性質上，與無明是不並立的。其次就依行而有識（viññāṇa）見之，對於識，覺音認為是以知為特相（vijānana-lakkhaṇa），以最初之行為作用（pubbangama-rasa），以輪迴再生為表現（paṭisandhi-paccupaṭṭhāna），以行為其基底（sankhāra-padaṭṭhā na）（*Vism.*, p. 528）。亦即就輪迴而言，是指最初的托胎，據此遂又有異熟（vipāka）之名。但此並非一體，而是有六識。此際的緣之作用如何？雖因行有種種，故識之產生也有種種，但總的說來，是依業緣（kamma-paccaya）與機緣等二緣而說行緣識（*Vism.*, pp. 547~548）。亦即種種行成為積聚業，以「後識」發生為緣的，是業緣；以「行」為機緣而有識之發生的，是機緣（行與識的關係極為複雜）。如是，覺音將識、名色、六處、觸、受、愛、取、有視為現在的活動狀態，指出彼此的關係，同時，立於同時存在之立場，依種種的緣而作說明，因過於繁瑣，故此處略去其一一之說明。僅就最後的依有而生的緣見之，其所說的有，是「以業與業果為相，以令存在得以存在為作用（bhāvanābhavanarasa），呈善、惡、無記等現象，以取為基底」（*Vism.*, p. 528）。但此處所說的有，是以業有為主，因此其生起之緣，是業緣與機緣等兩緣（*Vism.*, p. 575）。

要言之，覺音對於前揭十二因緣的說明，大體上仍以輪迴之相狀為主，並言及其同時存在的相依相成之狀態，藉以揭示其縱向的關係以及橫向的關係。但對於縱向的關係，是將十二因緣配列三世，無明與行是過去，識、名色、六入、觸、受、愛、取、有等八支是現在，生與老死是未來。頌曰：

> 無明與愛爲輪迴根源，涉及過去等三時。亦即二、八、二，此乃隨從自然之支[135]。

135. 與此頌內容大致相同之頌，見於《俱舍》卷九。「如是諸緣起，十二支三際。前後際各二，中八據圓滿」（大正二九，四八頁上，國譯五五八頁）。

Tass'avijjā taṇhā mūlam atītādayo tayo kālā, dve aṭṭha dve eva ca sarūpato tesu aṅgāni.

（*Vism.*, p. 578）

據此看來，覺音將無明與愛視為是輪迴根源，並且指出無明是過去，是現在生之本源，愛是現在，是未來生之本源，顯然是採用三世兩重之說。

第九節◆北方所傳的有關十二因緣的解釋

上文所述是早期阿毘達磨以及被視為相當公允的覺音之所見，若是如此，北方所傳的最完整的阿毘達磨所述又是如何？將此視為是輪迴形式的說明的解釋逐漸取得優勢，是應予以注目之事實。《發智論》卷一（大正二六，九二一頁中）已將十二支配對三世，將無明、行等二支配對過去，識、名色、六入、觸、受、愛、取、有等八支是現在，生與老死是未來，此如前述。而意在解釋此《發智論》的《大毘婆沙論》，雖也引用視為同時存在之關係的論師所說，但總的說來，其所採取的是時間系列的意義，此乃是無可懷疑之事實。依據《大毘婆沙論》所載，緣起有四種[136]：剎那（kṣaṇika-pratīyasamutpāda）、連縛（sāmbandhika-p.）、分位（āvasthika-p.）與遠續（prākarṣika-p.）。

所謂的剎那緣起，是指一剎那的活動十二支全體皆已具足。亦即認為所謂的緣起，是在揭示同時的存在的相依相成，依據《大毘婆沙論》所載，此乃尊者設摩達多的主張。亦即設摩達多曰：「如起貪心害眾生命。此相應癡是無明，此相應思是行，此相應心是識，起有表業，必有俱時名色，與諸根共相伴助，即是名色及與六處，此相應觸是觸，此相應受是受，貪即是愛，即此相應諸纏是取，所起身語二業是有，如是諸法起即是生，熟變是老，滅壞是死云云。」（《婆沙》卷二三，大正二七，一一八頁下）。依據《順正理論》卷二十七（大正二九，四九三頁下）所載，上座（經部？）否定此剎那緣起說，其文曰：「此非應理之言，一剎那中，無因果故，違聖教故……。」但《順正理論》本身並不同意上座部所說，而是認為一剎那說有其可能，曰：「佛說種種緣起義，不可信一，而總撥餘。」又，優波底沙《解脫道論》卷十亦就一心法之作用（例如以眼見色，癡人起愛之際）而論述十二因緣，最後，曰：「如是，於一剎那成十二因緣。」承認剎那緣起說（大正三二，四五〇頁下）。

所謂的連縛，是指十二支各支之間是無間次第的制約連繫，先前所述的一剎那說，略有時間的連繫之意。但《順正理論》卷二十七在說明連縛緣起時，曰：「連縛緣起，謂同異類因果無間，相屬而起。如契經說：無明為因，生於貪染，明為因故，無貪染生。又契經說：從善無間，染無記生，或復翻此。」（大正二九，四九四頁中）。更且若依據《婆沙》所載，此剎那緣起與連縛緣起未必僅限於說明有情，乃是一切有為法的緣起法則（《婆沙》卷二三，大正二七，一一七頁下，《俱舍》卷九，大正二九，四八頁下～四九頁上，國譯五六六～五六七頁）。

第三的分位與第四的遠續，正是揭示有情輪迴之相狀，分位緣起所揭，是有情於過現未三世的活動與存續之狀態；遠續緣起所揭，若依據《順正理論》的解釋，是指於前後際，有順後受與不定受業

136. 四種緣起之出處，《婆沙》卷二三（大正二七，一一七頁下）、《俱舍》卷九（大正二九，四八頁下，國譯五六四頁）、《順正理論》卷二七（大正二九，四九三頁中）。

之煩惱，故無始輪轉（正理卷二七，大正二九，四九四頁上）。若依據《婆沙》所述，雖有如是四種緣起，但十二支的目標，主要在於時分緣起（亦即分位緣起），亦即十二支是在揭示輪迴說，而此也正是《婆沙》之本意（《婆沙》卷二三，大正二七，一一八頁下～），《俱舍論》繼承此說，頌曰：

傳許約位說，從勝立支名。（《俱舍》卷九，大正二九，四八頁下，國譯五六五頁）

第八章 作為輪迴形式的十二因緣論

第一節 ◆ 前言

如是，緣起的種種意義之中，有關輪迴的形式論逐漸增強，故以下將就專依此一立場而揭示的十二緣起見之。此間應予以檢討的有三個題目。第一是就十二支各支之體，換言之，十二支之體，究竟是異物之連續，或是同一體的不同現象？第二，若以此說明輪迴，更且以三世配列，如何定其因果關係？第三是十二支各支其意如何？

第二節 ◆ 十二支各自之體

首先就第一的各支之體見之，十二支各支雖各有其名，各有作用，但既將此視為有情之存續，則各支與組成要素之五蘊（四蘊）脫不了關係。更且若依據五蘊說，縱使有情其活動有顯昧之別，但色、受、想、行、識皆應同時具備，反之，若依據十二支說，則行、識、名色、六入、觸、受、愛、取各據不同之位。因此，問題是，十二支各支其本體雖是五蘊，但究竟是依表現較強者而立別名？或是五蘊須經由十二支才得以成立？此因就緣起論之本意而言，各支主要是在揭示有情活動之過程，完全以活動之狀態為主眼，今若將此當作是實在的，必然產生問題。就南傳的《清淨道論》等見之，是視為各支是繼起相續的狀態之意，不認為各支皆具備五蘊，若依據北方所傳，經部亦持同樣意見，主張無明、行、識、名色皆是別立之位，不同意五蘊具備之說。其詳細說明載於《順正理論》卷二十七（大正二九，四九四頁中）。《順正理論》指出此乃上座之主張，並舉出反對分位說的六種理由，亦即若採取分位說，則有如次的情況：①初結生時，五蘊全體並無理由成為有情相續之緣起，經《大緣方便經》云：識入胎故有托胎。②惑業次第而生，將無意義。③若十二支各支皆是五蘊所成，則失諸因差別之理。此因非一切（五蘊）為因，生一切果。④若阿羅漢於愛位或於取位成就無學，若僅以愛或取為分位，則對於此人，應無愛以取為緣，或取以有為緣之位。就有部而言，若成阿羅漢，已無愛、取，故無其位，自是當然。但經部之意，應是認為將無與此相當的年齡的生活過程。⑤以受為緣而生愛，以愛為緣而生取，乃是常起之現象，但若是分位，則只能生起一次。⑥顯然違反了義經（大正二九，四九四頁中、下）。世親在《俱舍論》曰：「傳許約位說，從勝立支名。」從說為「傳許」看來，顯然世親是同意經部所說。相對於此，完全主張分位說，認為十二支各支之體皆是五蘊，但基於其表現方式明顯，故暫以無明、行等名稱之的是有部（《婆沙》卷二三，大正二七，一一八頁下，一一支中各具五蘊，非剎那頃有十二支）。《清淨道論》與經部所主張的是特與現象有關的緣起，著重於作用的方面，其純樸的論述雖具有契合原意之氣息，但既然以時分緣起為立腳地，若不如有部所論，則無法與五蘊說調和，就此而言，不得不說其之所述不完整。

第三節 ◆ 十二支與時分

其次將此配列三世的，即是時分緣起說，如前所述，將無明、行等二支配於過去，從識至有的八支配為現在，生與老死等二支配於未來，此乃《清淨道論》或《發智論》等都認許的。但問題是，以此為因果系列之際，對於現在八支應如何配列？亦即若現在八支是過去之果，且是未來之因，則應以何處為因，以何處為果？就此所述，最為完整的，當然是三世兩重說，但此間仍有種種分類，此徵於爾後護法的唯識派採用二世一重的觀點，得以知之。三世兩重說是有部與進步的南方派所採用，如圖所示。

但輪迴的性質不只揭示生與老死之所以，也揭示依生與老死所積作業，進而產生未來的生與老死的原因，因此，僅僅此三世兩重的形式，不能視為是揭示輪迴的說明。此圖所揭，

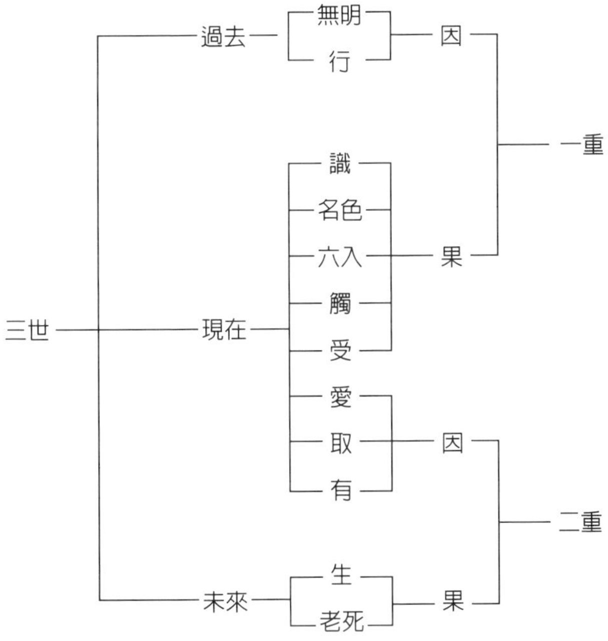

只是暫時從過去起算，但為揭示輪迴之狀況，有必要再以現在八支或未來二支為出發點而作探討。

若是如此，又將是如何？今暫取現在見之，此有識、名色、六入、觸、受、愛、取、有等八支，無庸贅言，此中不僅是無明或行，生與老死亦皆包含在內，此因若以無明、行為生死之因，則其生死之因已存於現在，故仍攝於八支之中，生與老死既是現在之事實，則必然是八支之中的某二者。如是，將現在的八支與過、未的四支作配列，所得的結果是南北兩傳所說一致。

（參照 *Compendium of Ph.*, p. 263 之附圖，以及《俱舍》卷九，大正二九，四八頁中，國譯五五九頁）

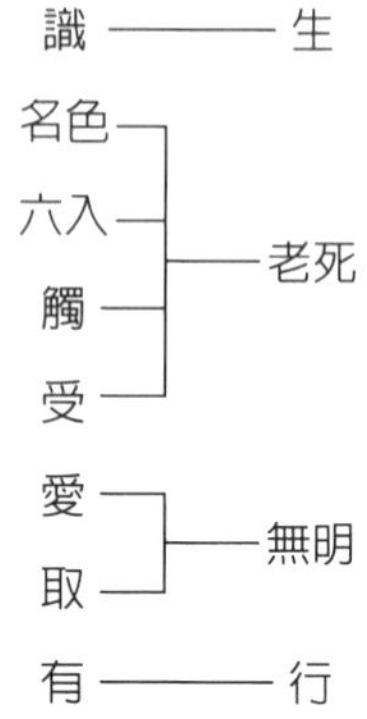

亦即識之入胎是生，名色、六入、觸、受等的活動過程既然是被動的，則隨順命運而至於老死，此間主動的活動的愛、取是相當於煩惱之代表的無明；而有既然是業有，則與行相當。茲將輪迴的形式以圖表表現如次（甲圖）。

與此相同的原理，但更為巧妙配列的，是南方所傳，茲圖表如次（乙圖）。

此三世兩重說是南北一致的三世配對法，但如前所述，此並非唯一。

此外，又有二世二重說或二世一重說。二世二重說是《婆沙論》等之所提出，《俱舍論》卷九（大

甲圖

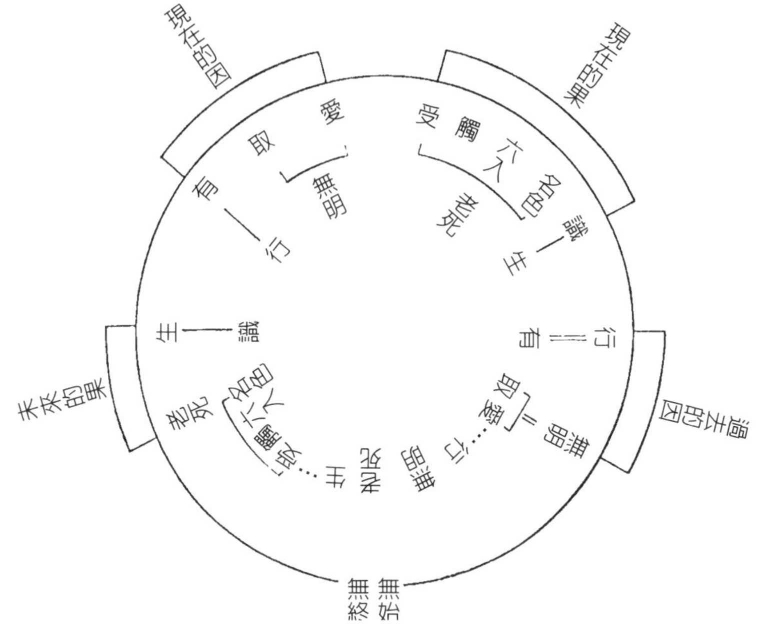

乙圖

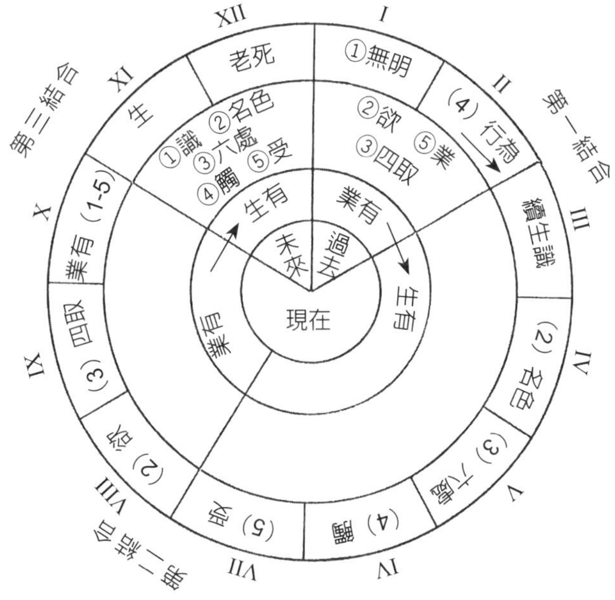

輪 迴 圖

（參照 *Compendium of Ph.*, p. 263 之附圖）

正二九，四八頁中，國譯五六〇頁）與《順正理論》卷二十五（大正二九，四八一頁上）等皆有介紹。此係將十二緣起分成無明緣起與愛欲緣起，前際攝七支，後際攝五支，更且二者皆立因果。如上圖所示。

依據《順正理論》所載，此前後際說係順應作為緣起之定義的「此有故彼有，此生故彼生」而作的分類。亦即依前際之因果而說為「此生故彼生」。所說雖與三世兩重說無太大差異，但對於現在世不作因果之區別，而是以前後際作為區分是其特色。

其次的二世一重說，是護法等的唯識派之主張。此係將十二支分成二世，前十支為因，後二支是果，但此間有前後世之差異，故稱為二世一重，如下圖所示。

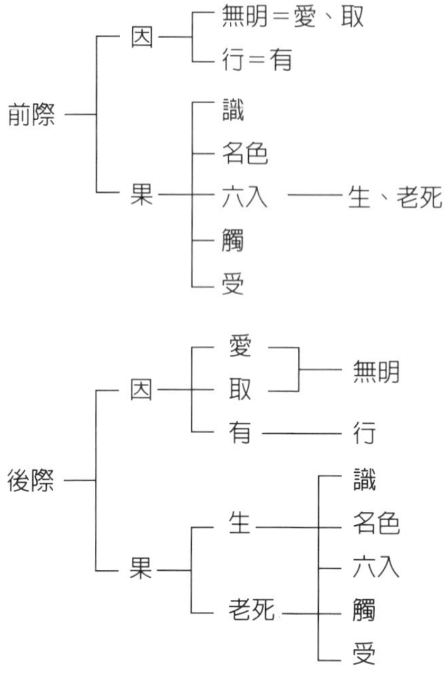

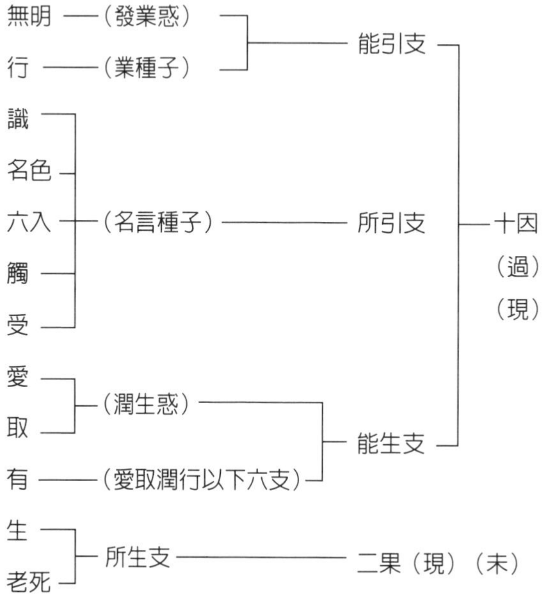

如是，對於時分緣起的解釋雖有種種，然其根本題目，是在於「有」。而闡明此「有」如何以被動的形態（生有）或主動的形態（業有）而導出涉及三世的生老病死之過程的，即是時分緣起之課題。更且緣起支之數雖是十二，但若予以單純化，不外於是在規定可說是「有」其本身三大方面的三種作用的相互關係。亦即所謂的惑、業、事（vastu）等三者，依煩惱而有業，依業而有事（一定之身分），依事又再有惑、有業，闡明如此無窮相續的關係。十二支中，可攝於惑的，依據《俱舍》等所載（《俱舍》卷九，大正二九，四九頁上，國譯五六九～五七〇頁），是無明、愛與取等三者，行與有（業有）等二支屬於業，其他七支（識、名色、六入、觸、受、生、老死）屬於事，若接受如此的解釋，則十二緣起實由三重的惑、業、事等的關係所成。亦即惑（無明）↓業（行）↓事（識以下受），以及惑（愛取）↓業（有）↓事（生、老死）。更且此所謂的「事」，若概括而言，是生與老死，若詳細言之，則是識、名色、六入、觸、受，一方面是作為果的生有，另一方面是作為活動體，於此中養成惑與業，進而又與惑、業聯絡，此即輪迴無窮之所以。對此，《俱舍論》卷九的頌文：

> 從惑生惑業，從業生於事，從事事惑生。有支理唯此。

可說是非常巧妙的彙整。

第四節◆十二支各支之意義

無論將十二支視為是五蘊之分位，或視為是作用或狀態的不同，十二支各支至少都是不一樣的。若是如此，各支確定的意義如何？對於此一問題，吾人必須預先予以留意。此因十二支的各支被獨立使用時，或作為時分緣起一支時，其意義多少有所差別。獨立使用之際，是以現象的自體為主位，反之，作為時分緣起的十二支時，則具有開展或相續變化之位的意味，相較於獨立之際，其自我的意味較狹，因此是緊密的。對於十二緣起的解釋雖不容易掌握其要點，但多半也是起因於不能清楚意識到其間的區別，此乃必須注意的。早期的經論大抵不作明顯區別，是由於將十二緣起視為客觀的現象，用以說明同時存在的活動作用，同時，也意欲用以說明縱向的相續關係，可以說意欲令十二緣起具有一石射二鳥的組織。如今既然明確定為時分緣起，則不可忘記必須採取對於各支乃是系列中的一支的態度。

首先就無明見之。無明，總的說來，是無知（ajñāna）之義。經中大抵以不知四諦之理而作說明，但如此的解釋過於狹隘，要言之，應是不知事物道理，即是無明。就此而言，《婆沙論》將無明解釋為不達、不解、不了之義[137]（婆沙論卷二五，大正二七，一二九頁中），又，如前所述，覺音所作「以無知為相，蒙昧為其作用，蔽四諦之理是其表現，漏為其基底」的解釋，是得當的。但對於作為緣起之出發點的無明，有種種論述。第一，若作如此解釋，則無明的特向究竟是消極的，只是不明，亦即只是無知而已？或具有令人蒙昧的積極作用？就經典所載見之，任何的解釋皆可以，並不是很明確，但總的說來，若不視為是具有一種積極性的，則無法解決。果然在阿毘達磨[138]中，終於產生種種議論。

例如有名的染汙無知（kiṣṭājñāna）與不染汙無知（akliṣṭājñāna）之區別，即是與此有關之議論，尤其《俱舍論》[139]卷十，明顯的將無明視為一種積極的煩惱，絕非只是沒有智慧的消極的名稱，又，此並非錯誤的見解（惡慧），而是一種積極的煩惱。而如此的論述，主要是在對抗將無明視為只是無知的觀點。如是，在時分緣起說中，十二支的無明被視為代表過去的一切煩惱，也是自然之數。據《婆沙論》卷二十三所載看來，《施設論》是將無明說為「過去的一切煩惱」，但《婆沙論》訂正為「過去煩惱位」（大正二七，一一九頁上）。其次，應予以考察的是，無明若是積極的煩惱的一種，將如何定其性質？換言之，此究竟是知的原理或情意的原理？就表面看來，無明，如其名之所顯示，顯然是知的迷執，但至少就其作為緣起支之首支而言，沒有理由將此視為只是知的存在。更且就經典所載看來，如前所述，佛陀從種種方面考察緣起時，其中最重要的有二種。其一即是無明，另一即是有欲（渴愛），此依《清淨道論》所引用即可知之（*Vism.*, p. 525）。不只如此，在十二緣起中，佛陀將無明視為是一切活動之

137.「云何不共無明隨眠？答：諸無明於苦不了，於集滅道不了。」（以上《發智》之文），此中，不了者，顯不欲忍義。謂由無明迷覆心故。於四聖諦不欲不忍故名不了。非但不明。如貧賤人惡食在腹雖遇好食不欲食之云云（《婆沙》卷三八，大正二七，一九六頁下）。關於不共無明是見斷或修斷，《識身足論》曰：「彼是修所斷不共無明相應心。」視為是修斷之不共無明，但或說此不共無明，只是「見斷」，不可說是修斷。亦即所謂的不共無明，是自力而起，非與其餘隨眠相應，而修所斷無明雖有不與隨眠相應而起者，但非自力所起，故不可名為不共。（同上，大正二七，一九七頁上）

138.《婆沙》卷二三（大正二七，一一九頁上）曰：「次有說有無明二種，一雜事，二不雜事。又有二種，一顯事，二不顯事。云云。」

139.「明所治無明，如非親實等……說為結等故。非惡慧見故。與見相應故，說能染慧故（《俱舍》卷十，大正二九，五一頁下，國譯五九八頁）。*Yogasūtra Vyāsabhāṣya*, II. 5. 對於avidyā的說明中，是說為Tasyāścāmitrāgoṣpadavad vastu satattvaṃ vijñeyam。此中的amitra，並不是非親友之意，而是意指敵人，agoṣpada非無牛之足跡之意，而是意指人跡罕至之處。

出發點，但在四諦說中，則以欲（taṇhā）作為苦之因（集諦）[140]。因此所形成的問題是，欲與無明的關係如何？通常是說為不知此世無常（行），故執著我欲，此即是苦，即是輪迴之因，但在不是以無明→欲之次第，而是以無明→行之次第中，亦即在欲被遠置於受之次的緣起說中，僅以前揭的簡單解釋並無法解決。無明緣起說與愛欲緣起說是各別的，究竟十二緣起是將無明緣起雜糅於愛欲緣起說之中，或是十二緣起的無明之中，已含有愛欲？此當然是爭議之產生的種子。如前所述，覺音認為無明緣起是專為趣惡趣者所說（*Vism*., p. 525），但在整然的十二緣起說中，是認為從無明而有善行、惡行、無記行，因此，僅僅前述的說明，無法解決此間的問題。《婆沙論》等，對於此間的關係，有如次論述：

> 問：何故前際緣起無明爲初，後際緣起愛爲初耶？答：此二煩惱俱是本故。謂無明是前際本，有愛是後際本。復次，前際煩惱位已滅壞故了，難可了知，故說無明，後際煩惱位正現在前，求當有故說名愛。
>
> （《婆沙》卷二四，大正二七，一二一頁上）

亦即若依據此說，所謂的無明，可說是不明顯的有愛；所謂的有愛，是明顯的無明，兩者是一體。就此而言，法救將無明說為「有情恃我之類性」（asmīti sattvamayatā，《俱舍》卷十，大正二九，五二頁上，國譯六〇三頁所引用），可說是得當的解釋。筆者在《原始佛教思想論》中，指出相較於將無明視為知的原理，不如視為情意的原理，亦即將無明視為盲目的意志的理由在此。要言之，概括而論，無明有顯昧二義，明顯的方面，主要是指知的無知；隱昧的方面，是指潛藏於知的背後，使令其蒙昧之原動力，此力若發之，即可視為是欲或行動的意志的原理。爾後將無明分成根本與始末，即來自於此，但當前的問題是，既然將緣起視為時分的，則縱使表面上是解釋成知性的，但至少應加上「欲」，才能契合真意。要言之，既然是時分緣起，則必須同意阿毘達磨將無明視為是宿惑之位的全體。

其次是行，此可分成現實的心理現象與時分位等二種。其現實的意義，如前所述，《清淨道論》曰：「行以發動（abhisankharaṇa）為相，以努力為作用（āyūhanarasa），取意志之形，無明為其基底。」（*Vism.* p. 528），進而將行分成福業、非福業、不動業等三種，此乃南北阿毘達磨共同的分類。但在分位緣起中，著重於現實之業是引生後生之因，因此，總的說來，與其視為現實的作行，不如視為業習。《婆沙論》卷二十三「云何行，謂過去業位」（大正二七，一一九頁上），《倶舍》卷九曰：「宿諸業名行。」（大正二九，四八頁中，國譯五六〇頁）。《清淨道論》將此說為業的聚集（upacitakamma *Vism.*, p. 545），可說是得當之解釋。

如是，無明為緣而行，實言之，雖有種種解釋，但主要可歸著於「依煩惱而有行為，依行為而有業習」。

第三是識，依據覺音所述：「以識別為相（vijānana-lakkhaṇa），初行為作用（pubbangama-rasa），表現為再生（patisandhi-paccupaṭṭhāna），行事為其基底（sankhāra-padaṭṭhāna），或以事之所緣為基底（vatthārammaṇa-padaṭṭhāna）。」（*Vism.*, p. 528）。亦即就現象而言，識是司掌認識的作用，可分成六識，但就分位緣起而言，主要是指托胎時的意識。此係順應《大緣方便經》（大正一，六一頁）所說「識

140.「諸此世他世，顛墜惡趣者，皆無明為本，亦貪欲為因。」《婆沙》卷四七（大正二七，二四五頁中）引用。依據《婆沙》卷四七所載，譬喻師將分成欲漏、有漏、無明漏等三漏的分類，訂正成無明漏、有愛漏等二漏，並主張無明是前際緣起之根本，而有愛是後際緣起之根本。（大正二七，二四五頁上）

入胎而有托胎」而作的解釋。《婆沙論》所說的「續生心及彼助伴」（《婆沙》卷二三，大正二七，一一九頁上），《俱舍論》的「正結生時，一剎那位五蘊」（《俱舍》卷九，大正二九，四八頁中，國譯五六二頁）可說是以此為據。如是，所謂的「依行而有識」，是指依據積聚業，作為其果熟果，首先有現實的身心組織之中心的識發生。若用術語表示，通常說是續生識（paṭisandhi-viññāṇa）或異熟識（vipāka-viññāṇa），用以與一般所說的作用之識作區別。

第四的名色（nāma-rūpa），在奧義書，甚至在更早的梵書時代，此係具有現象化或個體化之意的術語，佛教亦採用之。大致而言，是指身心組織之總合，此中，精神方面的，稱為名；物質（身體）方面的，稱為色，名色合稱時，則意指有情的全體組織。從而就五蘊說而言，色除外的四蘊，亦即受、想、行、識等四者屬於名，色蘊則屬於色，有部的解釋通常是如此[141]。但克實言之，將識視為是身心的全體組織時，如此的解釋可以適用，但若就分位緣起而言，亦即識被分離出來，而置於第三位時，再將識納入於名色之中，並不恰當，此因依識而有名色，依名色而有識的識與名色對立時，名色之中，收納入識，並不恰當。注意及此的是，南方論部的《毘婆崩伽》（一三六頁），彼謂名者，即受、想、行等三蘊，《清淨道論》採用此一解釋（vedanādayo tayo khandhā, *Vism.*, p. 558）。所謂的色，無庸贅言，是四大之義，此乃南北一致所傳。若是如此，第四位的名色是何所指？對此，覺音給予概括性的說明：

> 所謂的名，是指名之相，以相應爲作用，表現爲無區別（avinibbhoga-paccupaṭṭhāna，三作所共同爲一相），識爲其基底。色以 ruppana（變壞？）爲相，發散爲其作用（vikiraṇa-rasa），表現爲

無記，識是其基底。

（*Vism.*, p. 528）

但關於與識的因緣關係，依據覺音所述，異熟識無論是對於名，或對於事色（vattu-rūpa，形成根之色？），皆可成為九種緣。亦即對於名（nāma），是俱生緣（sahajāta）、互為緣（aññamañña）、依緣（nissaya）、相應緣（sampayutta）、異熟緣（vipāka）、食緣（āhāra）、根緣（indriya）、有緣（atthi）與非謝滅緣（avigata）；對於色，是俱生緣、互為緣、依緣、異熟緣、食緣、根緣、不相應緣、有緣、非謝滅緣（*Vism.*, p. 561）。亦即識，相對於名色，是其先行者，同時，作為共同者，從種種方面助長名色之發生，此乃是依識而有名色之所以。如是，若從發生學或胎生學的見地，此名色之位，是識托胎之後不久之間，相當於六根尚未完備之時期，因此，《婆沙》、《俱舍》等，將此說為結生以後，六處之前（《俱舍》卷九，大正二九，四八頁中，國譯五六二頁）。

第五的六處（saḷāyatana），是根之義，換言之，是名色外部作用的機關。《清淨道論》曰：

六處以處（āyatana）爲相，見等爲作用（dassanādirasa，意指見、聞、嗅、味、觸、覺），表現爲事門之狀態（vatthu-dvāra-bhāva-paccupaṭṭhāna），名色是其基底。

（*Vism.*, p. 528）

141.《法蘊足論》卷十一（大正二六，五〇七頁中）；《俱舍》卷十之頌曰：「名無色四蘊。」（大正二九，五二頁上，國譯六〇四頁）；《順正理論》卷二十九所說同於《俱舍》；《舍利弗阿毘曇論》卷十二曰：「受想思觸思惟謂名。」（大正二八，六〇八頁中）

對於名色緣此六處，《清淨道論》揭出種種情況（例如以色除外的名為緣，而生六處之際，有七緣）。雖然如此，但若將五蘊完全齊備的名色視為全體時，對於六入，名色則可成為俱生緣、互為緣、依緣、異熟緣、相應緣、不相應緣（vippayutta）、有緣、非謝滅緣等（*Vism.*, p. 565）。此因若將六根視為組織體時，主要是以名色為基礎，是作為其認識機關而起的，二者的關係極為緊密，從而也極為複雜，故即使是《清淨道論》（同上）亦無法一一道盡。《俱舍論》將此說為六根已生，但尚未三和合之位，故應是指誕生未久時。

第六的觸（phassa or sparśa），覺音說為「以觸為相，反應為作用（sanghaṭṭanarasa），表現為接觸（sangati-paccupaṭṭhāna），六處是其基底」（*Vism.*, p. 528）。

亦即依根、境、識等三者和合而生起的感覺。關於觸以六入為緣而生起的關係，《清淨道論》認為對於五觸，五根可成為依緣、前生緣（purejāta）、根緣、不相應緣、有緣、非謝滅緣等六緣，而對於異熟之意觸，異熟的意根可成為俱生緣、互為緣、依緣、異熟緣、食緣、根緣、相應緣、有緣、非謝滅緣等九緣（*Vism.*, p. 566）。就時分緣起而言，觸是只有感覺而無苦、樂、捨等三受的區別之位，是誕生後至三、四歲之前（《俱舍》卷九，大正二九，四八頁中，國譯五六三頁）。

第七的受（vedanā），覺音說為「受以感受（anubhavana）為相，感受境用是其作用（visaya-rasa-sambho ga-rasa），表現為苦、樂、捨，觸是其基底（Vism., p. 528）」。受是以觸為緣而生起的關係，雖有種種，但對於受，觸主要是可成為俱生緣、互為緣、依緣、異熟緣、食緣、相應緣、有緣、非謝滅緣等八緣（*Vism.*, p. 567）。就時分而言，此乃是四、五歲以後至十四、五歲之前（《俱舍》卷九，大正二九，四八頁中，國譯五六三頁）。

上來從識至受之位，無論就同時存在的現象，或是就揭出發展過程的時分的現象而言，其被動的意味較強。相對於此，第八與第九的愛（taṇhā）、取（upādāna）是主動方面較強之位。此中，關於愛，如前所述，是指將無明作情意的觀察的作用，從四諦的立場而言，顯然是此現實界之根源，亦即是集諦。《清淨道論》曰：

> 以因為相（hetu-lakkhaṇa），歡求是其作用（abhinandana-rasa），表現為不滿足（atittabhāva-paccupa ṭṭhāna），受是其基底。（*Vism.*, p. 528）

此愛的分類有種種，或說為色、聲、香、味、觸、法等六感，但通常是作欲愛（kāma-taṇhā）、有愛（bhava-taṇhā）與無有愛（vibhava-taṇhā）等三愛之區分。但對此的解釋未必一定。依據《清淨道論》所述，欲愛是指愛著進入眼中之色境，此稱味著；將對境視為常住，與常見共轉，稱為有愛；將對境視為絕滅，與斷見共轉，此名無有愛（*Vism.*, pp. 567~568），但有部是將欲愛視為對欲界之愛，而有愛是對色、無色界之執著，無有愛則是斷滅欲。總之，應解為是以意欲生存之意志為根本的欲愛之活動，佛教視為是生命活動之重大要素。

對於愛之生起，受可成為其近依緣（*Vism.*, p. 568）。從分位的關係而言，此係十六、七歲以後，雖婬愛現行，但未及於廣為追求之位。

其次，取（upādāna）為執著之義，出自有之愛欲，越發執著。「以執取為相（gahaṇalak-khaṇa），不離脫為其作用（amuñcana-rasa），表現為欲望堅決之見，愛欲是其基底」（*Vism.*, p. 528）。通常將此分為欲取（kāmūpādāna）、見取（diṭṭhūpādāna）、戒禁取（sīlabbatūpādāna）、我語取（attavādūpādāna）（*Vism.*, p. 569）等四種。關於此取以愛為緣之關係，就欲愛而言，對於欲取，愛可成為其近依緣；對於其他之取，其他的愛可成為俱生緣、互為緣、依緣、相應緣、有緣、非謝滅緣、因緣等七緣，或又加上近依緣而成為八種。就分位緣起而言，是到達盛年，大肆於四方追求欲樂材料的時代。

第十的有，因於愛、取，吾人經營積極的活動，遂漸再獲得新生命之位。阿毘達磨通常依二方面論述。其一是業有（kammabhava），另一是生有（uppatti-bhava）。業有是指造作新的存在之力，生有是指作為其結果的存在。就此而言，《清淨道論》曰：

> 有者，以業與業果爲相，令生滅生成是其作用（bhāvanābhavana-rasa），表現爲善、惡、無記，取是其基底。
>
> （*Vism.*, p. 528）

尼柯耶所說的此「有」，主要是三有，但當將緣起視為是著重於輪迴時，只有結果猶不完善，故特為強調其「業有」之義。如是，就業有而言，是與先前的「行」同義，因此，《清淨道論》將此說為福行（puññābhisankhāra）、非福行（apuññābhisaṅkāra）、不動行（āneñjābhisankhāra）（*Vism.*, p. 571）。而「生有」有九種，亦即：欲有（kāma-bhava）、色有（rūpa-bhava）、無色有（arūpa-bhava）、想有（saññā-bhava）、非想有（asaññā-bhava）、非想非非想有（nevasaññā-nāsaññā-bhava）、一蘊有（ekavokāra-bhava）、四蘊有（catuvokāra-bhava）、五蘊有（pañcavokāra-bhava）（*Vism.*, pp. 571~572），先前的無明與行若是過去的煩惱業，則愛、取、有是今世初起的煩惱業。若是如此，依取而有「有」，其意云何？《清淨道論》曰：

> 對於色、無色有，取是其業有之善業；對於生有，可成爲其近依緣。對於欲有，依與自身相應之善，對於業有，可成爲俱生緣、互爲緣、依緣、相應緣、有緣、非謝滅緣、因緣等。
>
> （*Vism.*, p. 575）

依據《俱舍論》所述，所謂的有，正是牽引當有之果而積集業之位。

第十一的生（jāti），關於分位，同於先前的識，是終於獲得一定身分之位。所謂的依有而有生，是指依業而得一定的身分，依據《清淨道論》所述，此係依據業緣與近依緣等二緣（*Vism.*, p. 575）而得。

第十二的老死（jarā-maraṇa），此係與生俱來的自然過程，其所依據的緣，只有近依緣一種（*Vism.*, p. 576）[142]。

142.《解脫道論》對於十二支之意味，是作如次的簡潔論述：「於是無明者不知四諦。行者身、口、意業。識者入胎一念心名識。名色者共相續心起心數法，及迦羅邏色。六入者六內入。觸者六觸身。受者六受身。愛者六愛身。取者四取。有者是業能起欲、色、無色有。生者於有陰起。老者陰熟。死者陰散壞。」（《解脫道論》卷十，大正三二，四五〇頁上）。其所持理由，將於後文述之。

第六篇

修道論

第一章 修道動機與一般修道法

第一節 ◆ 修行動機與苦觀

上來所述的是，作為心理論之延長的阿毘達磨倫理觀之大要。但如筆者在前篇的第四章所述，依據阿毘達磨所載，倫理是在輪迴的範圍之內。雖有依善業而生於善趣，依惡業而生於惡趣之別，然其所得，不免仍是變異的有漏的。從而縱使只是善業的持續，既然是有所得，其果報自有動搖，即不能說是究竟安定的。況且吾等常以我欲為主，故或因於無知，或因於貪欲、瞋恚，而有機會營造惡業，從而受其果報。如是，至少依達者之眼所見，只要是屬於世間的，皆是不安不定，一言以蔽之，必然是苦。苦觀之最大根據，在於吾等痛感既必須依循自然之存在的必然法則，卻又有精神之存在的無限自由之要求等如此不相容的矛盾，此乃筆者一再言及，佛陀指出「一切皆苦」的根本理由在此，此如同筆者在《原始佛教思想論》之所述。但痛感此苦，正是吾人有宗教解脫之要求的動機，因此，佛陀極力主張世界之苦，此固然無庸贅言。更且此乃爾後大小乘佛教人生觀共通的一大特徵。實言之，對於如何解脫苦的問題，佛教各派所見多少有別。大乘菩薩道確立其永遠的大理想，並將一切視為是到達此大理想的自發性活動之過程，並且賦予價值，苦也被視為是回向於大理想的一種，故被視為是解脫苦之道，但小乘佛教是消極的，其主要題目在於如何實際到達無苦的世界。如是，阿毘達磨依平面的解釋法，揭示此世種種的苦之所以，此即是對此世界下價值判斷，而此即是修道的動機論。對於苦，阿毘達磨是如何說明？契經對此有種種說明，因此阿毘達磨所述也有種種，但總的說來，為苦下定義，揭出種種分類，是其一般的處理法。茲就契經見之，對於苦的述說，定型的，有所謂的七苦：jāti pi dukkhā, jarā pi dukkhā, maraṇam pi dukkhaṃ, sokaparidevadukkhadomanassupāyāsā pi dukkhā, appiyehi sampayogo dukkho, piyehi vippayogo dukkho, yampi' cchaṃ na labhati tam pi dukkhaṃ. 生是苦，老是苦，死是苦，愁、悲、苦、憂、惱也是苦。與憎合會是苦，與愛離別是苦，一切希求不得也是苦。——編者（*Vism.*, p. 498）。更簡單的述說是：Yad aniccaṃ taṃ dukkhaṃ, yaṃ dukkhaṃ tad anattā（一切無常是苦，一切是苦，故無我。——編者〔知諸行無常，皆是變異法，故說受悉苦，正覺之所知（《雜阿含》卷十七，大正二，一二一頁上）〕），無常故苦，無我故苦。如是，阿毘達磨對於苦作種種說明（例如 *Vism.*, pp. 494, 498, 640 等），但在圓熟的阿毘達磨之中，即次第的予以統一的，更且究盡的予以彙整。首先，對於苦的定義，覺音如次述說：

> 苦之相是不絕的逼惱又不絕的逼惱。

> （abhiṇhapaṭipīḷanā. abhiṇhapaṭipīḷanākāro dukkhalakkhaṇaṃ. *Vism.*, p. 640）

進而此有四態：①逼惱態（pīḷanaṭṭha），②行態（sankhataṭṭha，無常），③燒熱態（santāpaṭṭga），④變壞態（vipariṇāmaṭṭha）（ibid. p. 494）。第一的逼惱態與第三的燒熱態是指自身之苦痛；

第二與第四是指縱使當下非苦痛，但終將歸著於苦。北方所傳對於苦，通常是作三種分類[143]，亦即：苦苦（duḥkha-duḥkhatā）、行苦（saṃskāra-duḥkhatā）與壞苦（vipariṇāma-duḥkhatā）（例如《俱舍》卷二二，大正二九，一一四頁中，國譯五二〇頁）。所謂的苦苦，是指苦本身所具的苦痛性；所謂的行苦，是無常故，就此不安定而說為苦；所謂的壞苦，是指今雖是樂，但終將有破壞之期，故亦歸著為苦，可以與數論的依內苦（ādhyātmika-duḥkha）、依外苦（ādhibautika-duḥkha）、依行苦（ādhidaivika-duḥkha）等三苦作比較（《印度六派哲學》，第三篇第三章第一節）。此中，發揮佛教人生觀之特徵的是後二者，亦即吾人的生活只要是有漏，縱使在感覺上不是苦痛，但因於無常故，變壞故，簡言之，由於欠缺常恆不變性，故不得不說此世一切皆苦。

如是，此人生觀必然出現的問題是，如何徹底解脫此苦而到達究竟安穩的境界？此即是佛教最高之課題。簡單予以彙整的，是苦集滅道等四諦。亦即人生苦痛之根源，在於以不絕之欲為基礎的煩惱，從而欲滅苦痛，即必須滅煩惱，為滅煩惱，必須滅道，此即修道論產生之根據。

第二節◆修道之德目

若是如此，何者是滅煩惱之道？以四諦論表述時，通常是揭出八正道的八種德目，但八正道之外，圓熟的阿毘達磨通常又提出四念處、四正斷、四神足、五根、五力、七覺支，亦即所謂的七科三十七助道品。此因八正道以外的其他六科，在種種方面，其重要性亦如同八正道，故予以總括而成三十七品（實而言，七科的區別主要來自於不同立場，並不是性質不同）。但契經中的修道德目並不僅僅此七科，此外又有十念、十想、四禪、四無量、四無色等，其數不勝枚舉。此等並非性質不同，從而無須為得解脫而一一歷修，依據原始佛教所述，因於根機與情況的不同，可專修其中任一，換言之，基於應病予藥之意，故佛陀揭示種種方式。但如前所述，相較於世間法，著重於出世間法（解脫法）是部派佛教的特質，因此，對於此修道的德目，阿毘達磨論師最為盡力予以論究、並予以整理與分類。尤其在初期阿毘達磨中，其主要課題在於就種種修道德目予以解釋，此如筆者先前之所指出。如是，在圓熟的阿毘達磨中，雖於修道論之外，大量添加有關事實世界之說明，但修道論方面仍逐漸精密，更且種種德目皆全部予以攝取，將此等對配修道進展之過程，予以順序的整理，是其一大特徵。從而對於古經論視為重要德目的，只是給予枚舉的說明，但對於新的德目卻大為整理，同時關於修道方面，也較原始佛教時代所述大為複雜，從某種意義而言，反而遠離實際，此乃不爭之事實。因此，在原始佛教時代，並不是相當難以完成的羅漢果，經過阿毘達磨所作整理，變成非常崇高，常人不容易企及。雖然學問上有長足進步，但小乘佛教的喪失宗教味，其因在此。但若就神學見之，對於種種煩惱，以及斷此煩惱的種種道，乃至依此而得的種種境界，給予秩序整然的整理等等，可以說仍具有足以玩味之處，此仍是不容忽視的。

第三節 ◆ 修道者的資格

此外，在修道的總論上，又有必須予以論述的一個題目。亦即適合修道的人應具何等資格？前篇

143. 三苦最初之出處，請參見《長阿含》的《眾集經》（大正一，五〇頁中）。

所述的倫理道德是，只要是人，任何人皆得以行之，但若就狹義的修道言之，自然具有適用範圍較狹於倫理的性質。就婆羅門主義的教派見之，適合修道的人，大抵只有前三種姓〔請參照《吠檀多經》之資格者（adhikārin）之條項，數論派雖有前三姓為主的主張，但有時第四姓也被允許〕，主張四姓皆清淨，是佛教的特質之一，因此部派佛教同樣對於四姓不作任何限制。又，關於男女之性別，在原始佛教時代既已認為男女皆適合修道，皆有到達解脫之可能性，更且實際上，得果之女性也不少，因此部派佛教並無對此特加區別之形跡。問題是，在家者與出家者的區別，亦即修道是必定出家，或是在家亦得以修道？就原始佛教見之，佛陀認為縱使是在家者，只要其心純直，求道心切，則在家道也得以趣向解脫，尤其四果之中，優婆塞、優婆夷得以到達第三果，對此，筆者既已述及（《原始佛教思想論》二五七～二五九頁，中譯本一七九～一八一頁）。雖然如此，但若就真正徹底的修行而言，意欲於現生獲得真正解脫，則相較於在家，仍是出家較勝，故盛讚出家功德，此乃是顯著之事實〔例如《中阿含》卷三一的《賴吒惒羅經》（*M.* 28, *Raṭṭhapāla Sutta*），《中阿含》卷十八的《娑雞帝三族姓子經》）（*M.* 68, *Naḷakapāna Suttanta* 等）〕。若是如此，部派佛教是如何繼承此一思想？大體而言，部派佛教所見相同，但至少在精神上仍有所差別。原始佛教雖獎勵出家，但對於在家的倫理生活也甚為重視，至於部派佛教，若依阿毘達磨所載，對於前述的在家倫理的方面，可以說具有某種程度的輕視，但由於只強調出家的修行法，導致佛教形成以出家為本位的結果，此乃是不爭之事實〔《成實論》卷十四惡覺品第百八十二，行者不可生起的，欲念、瞋恚、惱害心之外，又提出親里覺（憂國心）、國土覺（遊歷諸方之心）、不死覺、利他心、輕他心等。所謂的不死覺，是指認為先應尊三藏、雜藏、菩薩藏等五藏，研究外典，培養弟子，教化眾人之後，方始修道，但此乃是先後順序顛倒的錯誤觀念〕。阿毘達磨神學變成非常繁瑣之所以，主要是僅由出家者予以發展。總之，正式具備修行資格的是出家人，在家人一般只是尊信及供養出家人，身為在家人卻依準出家之修行的，非常罕見。從而隨著所謂的小乘佛教之盛行，出家者日多，自然此間雜有不純的出家者自是無庸贅言。在佛陀住世時代，已有意欲依存佛教，亦即依不純動機而出家的，故佛陀對此作種種區別。依據《長阿含》卷三的《遊行經》所載，佛陀為周那（Cunda）所揭示之教中，曾揭出①行道殊勝，②善說道義，③依道生活，④為道作穢等四種出家（大正一，一八頁中）[144]。此中，第一的行道殊勝，是指道行殊勝者；所謂的善說道義，是指善巧述說佛教之教法；所謂的依道生活，是指道行雖非勝，亦非巧於說法，但仍能維持出家者的生活；第四種的為道作穢，是指破戒比丘[145]。又，《十誦律》卷一（大正二三，二頁上）同樣揭出四種比丘：①名字比丘，②自言比丘，③為乞比丘，④破煩惱比丘（參見《俱舍》卷十五所引用，大正二九，七九頁中，國譯一四〇頁見），此中，所謂的名字比丘，是指名義上是比丘，但事實卻是俗人一個；第二的自言比丘，是指自稱自己是比丘的人；第三的為乞比丘，是指如同字義所具的乞士之義，亦即以一般的乞食維生的；第四的破煩惱比丘是指真正的比丘，因此，佛教所說的比丘，必然是第四種。如是，在原始佛教時代，比丘在道行上，已有純與不純之區別，何況在出家主義化與形式化的部派佛教時代，實際上有種種比丘的區分，自然無庸贅言。從而阿毘達磨論書中，將此視為問題之一，也是自然之數，

144. 此外，《佛般泥道經》曰：「①貧弱不能自活，②負債無以償之，③在役當時無用，④高士行淨無穢，聞無數世乃有一佛覩佛經典，欣然心寤損家棄欲，不貪世榮。」揭出四種比丘。（大正一，一七二頁中）

145. 《婆沙》卷六十六如此解釋：勝道（mārga-jina）是指佛陀與獨覺；示道（mārga-deśika）是指舍利弗；命道（mārga-jīvin）是指阿難；汙道（mārgadūṣin）是指有盜癖的莫喝落迦（Mahallaka），但此說過於特殊化，不可信。（《俱舍》卷十五，國譯一四二頁之腳註）

種種阿毘達磨所說的人品（例如南方所傳的《人施設論》，以及《舍利弗阿毘曇論》卷七的人品），雖未必是就出家者而言，但可以認為是以出家者為中心，就其修行程度，以及根機、性質等而作分類，用以顯示應逐漸趨進於上位。

如是，在部派佛教時代，至少形式上是出家主義，更且其出家者，無論從事實上或理論上，有各種根機，故其修行方式也有某種程度的不同，但又意欲將種種德目予以一般化、統制化，遂如前所述，此乃其修道論極其複雜多歧之所以。雖然如此，若作最為簡單分類，其德目不外於戒、定、慧三學，簡言之，所謂比丘的修行，不外是修學三學，此是原始佛教乃至部派佛教一貫的根本方針。因此，本篇雖以先前所揭種種德目作為背景，但此下主要將依三學揭出修行法之大要，進而闡明其得果過程。

第二章 修道的原則與戒、定、慧

第一節 修道與三學的關係

修道的德目雖有種種，但總歸不出於戒、定、慧等三學，故此下將就此一一述之（但關於戒，尤其是律，前章既已述及，故此處將略過不提）。首先是將三學視為總體而論，將揭出彼與修道論之根本原理之間的關係，亦即將就修道與三學之間的必然不離的關係見之。此因佛教所說的戒定慧三學，並不只是基於方便而將種種修行法作成三種分類，而是彼等與教理之根本，亦即與人生之組織有密切關聯。

如一再所言及，佛教認為吾人所予的生活是以「欲」為基礎而成立，我執我欲是生存之基調。當然追根究柢而言，在我執我欲之根柢更有無限生命之要求，此被稱為心性本淨，此如前述，雖然如此，但就此客觀的現象而言，吾人的生活是受無明與愛欲之所支配，此乃佛教一般的共識。更且如前所述，佛教認為吾人既然放任無始以來之業習，則吾人之性癖與境遇自然是生來注定，故生命之特徵的自發活動無法發現。佛教將此世界說為苦的理由，如前所述，雖因於苦苦、壞苦、行苦等可畏的支配力，但其中也包含內部自備的業習的自然（所謂的行苦）的不自由。如是，為脫離此內外的自然的束縛，獲得真正自由，其方法並非向外求，而是向內，簡言之，改造吾人的精神是唯一之正道，且是捷徑，此乃佛教一貫之方針。此因佛教認為自然的壓迫雖可改善，但由於極為緩慢，更且是有限的，並不容易進行，反之，我人之心，縱使實際上有所困難，但只要加上更生的大努力，即得以徹底改造。至少從價值的見地而言，佛教主張世界是此心之產物，認為迷悟皆歸於自己一心的理由全在於此。

對此，諸經所述如次：

車從諸業起，心識轉於車。隨因而轉至，因壞車則亡。

〔《雜阿含》卷四九（大正二，三五六頁下），*Suttanipāta*, 654.，《原始佛教思想論》一二六頁，中譯本七六頁〕

心持世間去，心拘引世間。其心為一法，能制御世間。

〔《雜阿含》卷三六（大正二，二六四頁上）S. 1. 7. 2. Citta（Vol. I. p. 39.），《原始佛教思想論》二二三頁，中譯本一五二頁〕

心為法本，心尊心使。中心念惡，即言即行。罪苦自追，車轢於轍。心為法本，心尊心使，中心念善，即言即行。福樂自追。如影隨形。

〔《舍利弗阿毘曇論》卷第十五（大正二八，六二八頁中）〕

第二節 ◆ 慧學

若是如此，問題是，如何徹底的改造心？對此，有所貢獻的是戒、定、慧三學。

為改造心，首先必須覺悟現前之事實。換言之，痛感現實的不自由，更且必須喚起對於永遠不變的理想之憧憬。佛教所說的如實智見（yathābhūta-darśana）或般若，不外於即是此義，在所有的宗教之中，佛教所以最著重智慧，即因於重視此自覺。三學之中，包含智慧之所以，其因在此。但當切記莫忘的是，勿將智慧與學問的智識相混同。佛教中，尤其是阿毘達磨，如先前所述，雖富含關於種種學問的智識的說明，實則此等只是藉以獲得智慧的方便，未必具有必然的作用。佛教所說的智慧（paññā, prajñā），是具有痛感人生毫無價值，更且確信解脫涅槃可欣可樂的價值判斷，此當切記莫忘（爾後《般若經》將「空」視為智慧的對象，其因也是出自於此）。就此而言，大體上，佛教可說具有主智主義的合理主義的傾向，但因此而認為佛教即是合理主義、主智主義，卻是大錯誤，佛教所說的智慧之中，含有大量的情意判斷，此不能忽視。

第三節◆聞、思、修三慧

若是如此，此智慧應該如何養成？佛教認為同樣說為智慧的，其中有種種階段是逐漸深入的。最初的發心，是因於智慧；最後得解脫之自覺，也是因於智慧。但有關此等，將於後文論述，目前將此視為修道的問題而論述時，大體上可分成三段。此即是聞、思、修三慧，對此，《成實論》卷十六的三慧品第一九四，是視為獨立的一個題目而論述，《俱舍論》卷二十二將此視為入見道之方便。當然此未必是佛教獨有之分類，《瑜伽經》（*Yoga- sūtra*, I. 48）曰：“āgamenānumānena dhyānābhyāsarasena ca tridhā prakalpayan prajñāṃ labha te yogam uttamam”（依聖教量，依比量，依禪定的熱切修習，依此三種，彼得智慧，得最上瑜伽。——編者），依據毘耶舍所作註釋，此係作為傳說而予以引用，因此，恐是修行者一般所用的獲得智慧的方法，雖然如此，但至少在佛教中，如此的分類具有極為重要的意義。

關於聞慧，如《成實論》所作說明，是指從修多羅等所生之智，簡言之，是從他人聽聞義理，依對此之理解而產生的智慧。從而在所有的智慧之中，屬於最淺層，但就作為修行的入門而言，仍深受重視。此因雖說是聞慧，但未必意指所有的耳聞學問，而是有所限制，亦即必須是佛教的。對此，《成實論》引用契經所說「雖聞韋陀等世俗經典，以不能生無漏慧故，不名聞慧」（三慧品第一九四），將佛教以外的說教等予以排除，自是當然。稱佛弟子為「聲聞」（sāvaka），不外於正是基於此意，因此，所說的「聞慧」一語之中，已包含對於佛教的確信，亦即包含只有佛法僧三寶是真正救濟者的信仰意識。從而，消極的而言，也含有對於佛教以外的，無論是經典，或是制多，或是教法，亦即對於吾人無根本改造之力的，皆予以否定的意涵。徵於實際，相較於大乘佛教，若聲聞乘所實行的，較少混入佛教以外的要素，而佛教得以維持其純淨度的理由，可以說是基於如此的意識，若是如此，對於此聞慧之意義或價值必須特加注意。總之，佛教認為欲得人生正確之判斷，首先必須從經典，或經師，或論師聽聞佛陀之教，且理解之，此乃是先決的問題。

但聽聞且理解，若僅僅停留於腦中，僅僅是智識而已，僅此無法解救吾人之此心。為改造此心，必須令此智識生活化。作為生活化的方法而提出的，即是其後的思慧與修慧等二者，所謂的思慧，是指對於所聞義理，不斷思惟，確認其義理，《大毘婆沙論》卷四十二（大正二七，二一七頁中）指出，相對於聞慧以「文」為主，思慧雖也依據「文」，但更著重於「義理」（參照《俱舍》卷二二，大正二九，一一六頁下，國譯五四三～五四四頁）。更進一步，離文依義而規定吾人心靈生活規定的，即是修慧，在阿毘達磨的法相上，是認為此須依禪定方可到達。唯有得此修慧，智慧才是徹底進入於心中，修慧之極致即是心解脫[146]（ceto-vimutti. 脫離欲）、慧解脫（ñāṇa-vimutti. 脫離無明），最後終於達到盡智、無生智之大自覺。

第四節◆定學

意欲如此推進修慧，並非僅僅依據頭腦或觀念的作用，而是更需禪定與實行等兩者之力。此因既將思想生活化，將自我融入於思想中，則進而需令其思想成為具體化的行為，因此，需要具有融入於思想的工夫，以及令思想具體化顯示於行為的工夫。作為融入於思想的工夫而被提出的，即是禪定，而作為行為具體化之道的規定，即是戒律。

關於禪定，如後文所將述及，是痛感存在之不具有價值，故抑制其我執我欲的消極方面，同時又以自由解放吾人精神生活的積極方面作為圖式，一方面藉由抑制感覺，另一方面藉由集中精神力，依據此一圖式將吾人生活予以根本改造。佛教所有的教理得以真正成為修慧而生活化之道，除此機緣，不能外求。從而就某種意義而言，禪定成為佛教所有行道之基礎，大小乘之中，完全沒有脫離禪定而得以成立之教。尤其立於所謂自力主義的小乘教，若脫離禪定，則一切將只是實行，或將只是談理而已，

146. 於心解脫與慧解脫的意義，請參照《清淨道論》：「以定遮煩惱，故名心解脫。」（《成實》卷十四善覺品第一八三）

因此，禪定具有其宗教的意義。就此而言，可以說離禪則無慧，離禪亦無戒。

第五節◆戒學

若是如此，戒行似乎只是禪之副產物？絕非如此。無論如何，從一方面而言，脫離慧與禪之戒行，只是形式，但從另一方面而言，慧與禪若無戒行之實行，則無法完成，同時，因於戒行之實行，慧與禪才得以更為純真，故戒行之重要絕不亞於慧與禪。不只如此，無論慧或禪，縱使達於最高點，主要仍是個人的，反之，戒行在某種意義上，必然是社會的，其一舉手一投足對於社會的影響極大，因此，至少在實際的方面，其意義更重於慧與禪，此當切記莫忘。原始佛教徒雖重視慧與禪，但對於戒律一直爭論不休的理由在此。就此而言，無論慧或禪，皆須有戒的輔助才得以完成，脫離戒行，無論是慧或禪，都是不完全的。

第六節◆三學相互的關係

如此看來，戒、定、慧三學表面上雖屬不同範疇，但在根本改造吾人的生活上，彼此有密切關係，可以說是具有緣起的關係，恰如鼎之三足，缺一其他不得成立。亦即完全的慧，其中必然有禪與戒行，同樣的，欲完成戒，卻無慧與禪，則其戒是殘缺的，從而無法臻於完全的解脫，此至少是正統佛教的主張，更且即使是部派佛教，對此亦無不同。如是，對於三學，如其字面之所顯示，予以三位一體的體現，才是修道的理想方針，但實際上，自原始佛教時代以來，既已因各人之專擅而有差別，所謂專家的傾向即因此而產生〔例如森居者[147]的須菩提（Subhūti），持律者的優波離（Upāli），禪者的難陀（Nanda））。尤其在部派時代[148]，此一傾向相當顯著，導致爾後在中國、日本有律宗、禪宗、學問宗（教宗）等的分派，雖然如此，但至少在格式上，直至部派佛教仍是以三學為一體而回向於修道為其本意，此當切記莫忘。

147.《增一阿含》卷三（大正二，五五七頁）、*A*. I., pp. 24~26. 揭出種種比丘比丘尼、善男信女。

148.依據《部執異論疏》所載，灰山住部（雞胤部、牛家部）認為律只是方便，著重於禪修。又，關於戒、定、慧的修道的價值，《清淨道論》曰：「依戒超惡趣，依定超欲界，依慧超三界。」（*Visuddhimagga*, chap. 1, p. 5）

第三章 禪定論（就禪的意義及其課題言之）

第一節◆前言

修道的要領在於均等修學戒、定、慧，但其中具有最重要意義的，如前所述，即是禪定。戒、定、慧三者一方面具有鼎足之關係，但另一方面，彼此又具有階段性的關係，要言之，戒是修定的準備，定是得慧的準備，此依《清淨道論》所述「依戒而超越惡趣，依定而脫離欲界，依慧而超越三界」，即可知之（*Vism.* p. 5.）。尤其是禪定，不只位於兩者之間，含括兩者，若就超越三界的慧，主要是指依據定的慧而言，所謂的慧，不外於即是定力，因此修道的中心可以說正是禪定。不樹立神，而是完全以心靈為中心，以解脫為理想的佛教，其宗教的契機點，主要在於此禪定之修行，此當切記莫忘。若是如此，此禪定之修行，就某種意義而言，是大小乘任何流派修行之根柢，若說脫離禪定，佛教終不得成立亦無不可，況且以隱遁為要旨，認為依心之清靜可得解脫的原始佛教乃至小乘教，將禪定視為所有修道之基調，亦不足怪。若說有神的宗教之真髓在於祈禱，則佛教之真髓可說是在於禪。

第二節◆禪觀與四諦、十二因緣

更且若就教理見之，如前文一再述說，佛教提出種種教相、世界觀與實踐觀，更且有次第的發展，若追根究柢，皆是出自於禪。種種的實踐觀中，禪具有最重要的意義，此固然無庸贅言，相較於禪觀，看似著重於說明事實與理想的方式，實則其根柢也在於禪，此不容忽視。例如四諦十二因緣或四念處，就其說明形式而言，四諦是揭示輪迴與解脫之因果，十二因緣的順觀是揭示輪迴，逆觀是揭示解脫，而四念處是就吾人之存在下事實與價值兩方面之判斷。雖然如此，但此絕非是論理的判斷，而是依據禪觀而作的判斷，不只如此，此等可說皆是禪觀修行之際的一種公案，此將於後文述之。加之，如欲界、色界、無色界之分類，就其精神而言，如一再述及，主要是對應禪修的精神狀態，又，佛教所喜好論述的種種生理的組織，不外於是用以作為禪觀（不淨觀）的手段。如是予以次第探究，可以發現佛教的教理縱使是採取說明的方式，但皆可歸著於禪觀，從而若說不理解禪觀，終將無法掌握其真意，亦無不可。從而，就此而言，佛教教理之發達，不外於是禪觀之發展與變遷，最後，將依禪觀而到達的精神狀態予以原理化，予以實在化，更且以此為基礎，將種種說明與實踐法予以組織的，即是佛教教理之變遷，也是佛教有種種分化的契機點。如此的觀點在理解大乘佛教種種相時，是極為必要的，故當切記莫忘。

第三節◆禪定的意義

如是，佛教是以禪為中心而成立的宗教，因此，有關禪的記錄相當豐富，同時，用以表述禪的術語也有種種，但首先作為總論，將就禪的本質見之。

佛教中的禪法，大體上，無異於當時印度一般所行的瑜伽（yoga）或三摩地（samādhi）之修行。更確實的說，佛教的禪法是脫化自此等，此乃筆者在他處之所言及。從而其本質——縱使其方法與觀念內容有別——仍無異於一般的瑜伽，主要是制心於一處[149]，將種種表象予以統一，最後終於到達無念無想，如此的修行，可總稱為定。就此而言，無疑的，定的特質是在於消極的制止心的散亂。但禪修的目的，並不只是消極的制止散亂心，更有意欲藉由心力專注於一點，因而強化，據此徹底觀察某一對象，最後自己與所觀合而為一的積極目的，此當切記莫忘。禪修的目標應在於此一方面。由於禪有如此的二方面，故雖同稱為禪，稱為定——內容有別——但種種心態包含於此中，從而為予以表述而產生種種術語，此自是無庸贅言。

就《瑜伽經》見之，有 yoga、samādhi、samāpatti、dhyāna、dhāraṇā 等種種術語，此等術語的意義多少有所差別，而佛教中用以表述禪定之語也有種種，但通常是說為定之七名（《瑜伽師地論略纂》卷五，大正四三，六六頁下；參照《俱舍論》卷二八，國譯四七頁之腳註）。當然就其起源乃至後來而言，諸語之間，並無嚴格區別，但喜好將一切予以嚴格化的阿毘達磨，則是給予相當嚴格的區別。茲揭其名稱如次：

1. 三摩呬多（samāhita，等引），有心定與無心定皆通用。
2. 三摩地（samādhi，三昧，等持），心一境性是其特質，僅限於用於有心定。
3. 三摩鉢底（samāpatti，等至），通於有心無心，通常被用以作為四禪、四無色定之總稱。
4. 馱衍那、禪那（dhyāna ; jhāna，靜慮），僅限於用於四禪定，但大乘佛教以此作為禪定之總稱。

說為禪定的「禪」（jhāna，禪那），即出自於此。

5. 質多翳迦阿羯羅多（cittaikāgratā；citta-ekaggatā），心一境性，僅限於用於有心定，與三摩地幾乎被當作同義語使用。

6. 奢摩他（śamatha；samatha，止），是與毘婆舍那（vipaśyanā；vipassanā，觀）並用之語，相對於觀是積極的，止是指消極的令心沉靜的作用。此亦僅只用於有心定。

7. 現法樂住（dṛṣṭa-dharma-sukha-vihāra；diṭṭha-dhamma-sukha-vihāra），意指進入四禪，尤其是指進入根本定的狀態，只伴隨聖心。

如前所述，若籠統使用此等時，彼此可以互用，但若作阿毘達磨的嚴格使用時，此七種術語所表現的，可以說是從最廣的範圍而逐漸狹小的特殊心態。但此中被視為佛教禪定語之代表的是三摩地。從瑜伽史看來，此語尚未見於古奧義書，是在學派時代才被當作術語使用，雖然如此，但佛教自初始即採用此語，一般在表述禪定時，經常使用此語，此依八正道的正定或五根五力中的定，皆說為三摩地，即可知之。此係出自於 sam+√dhā，將「心置於一處」，亦即具有統持、等持之意，是適當表現禪定心態之語，遂被經常使用。

覺音在《殊勝義論》（*Attha-sālinī*, pp. 118~119）中，對於此三摩地，是引用如次的解釋：

149. 最簡明的定義的例示如次：①心住一處，是三昧相（《成實論》卷十二，定因品第一五五）。②定者有清淨心，一向精進與寂靜功德等，正真住不亂，此謂定（《解脫道論》卷二，分別定品第四，大正三二，四〇六頁下）。③定謂善一境（《俱舍》卷二八，大正二九，一四五頁上，國譯四七頁）。

此令心於一境之三昧，是以無動亂無掉舉爲其特相（avisāralakkhaṇa-avikkhepa-lakkhaṇa）。令同生諸法（心心所）結合於一處，是其作用，如同水之於皀泡，心靜而智慧生起是其表現（paccupaṭṭhāna）。知見心靜之狀態故，特以樂爲基底（sukha-padaṭṭhāna），要言之，如無風而燈火得以確立，心之確立在於三昧，此應知。

（Rhys Davids: *Yogāvacāra's Manual of Indian Mysticism as Prac tised by Buddhists.* London 1896. p. XXVI. 所引用）

幾乎可說是了無遺憾的解釋。

第四節◆禪定的課題

上來所述，是禪定的本質，若是如此，現今予以論述之際，應分為多少部門才是恰當？為此，首先必須闡明禪修的目的。禪修的最高目的，主要在於解脫，此固然無庸贅言，但除此之外，另有附隨的，亦即也有次要的目的，因此，為究盡的論述禪，有必要以此等作為課題而作考察。就阿毘達磨見之，禪修的目的可分為三種或四種，但四種之說最為常見。第一是為得現法樂，第二是為得勝知見，第三是為得分別慧，第四是為令煩惱盡（漏盡）（《俱舍》卷二八，大正二九，一五〇頁上，國譯一〇〇頁；《成實論》卷十二，四修定品第一五八所載同此）。第一的現法樂住，是指依禪定而得身心安靜，第二的勝知見是指得神通，第三的分別慧是指如實見諸法性相，第四的漏盡是指得最高解脫。如是，無庸贅言，所謂的禪的課題，即是將此四項與禪觀組合而論述，但克實言之，此四項主要與禪的功德有關，對於禪的說明猶嫌不足。筆者曾在他處[150]對於禪作根本論究，因此對於如次數項，有必要予以注意。第一是心理觀。此因既然禪主要在於令心專注於一境，則如何處理其心，應是先決的問題。筆者先前所揭的佛教心理論之課題中，有可稱為禪定心理論的課程，其因在此。但在此禪定心理論之前，與一般心理論合併探討，則是禪定論的一個題目。第二是理想論。此因禪的內容將依據禪所到達的最高理想是如何而決定，因此，若無理想論，禪即不得成立。第三是方法論，亦即必須依據何等實踐法，心才得以統一，理想才得以實現？就某種意義而言，此乃是禪的中心問題。第四是神通以及其他禪的功德，此未必是禪的最高目的，但今昔的禪的健康法、安靜法，乃至不可思議力，都被視為是禪修的目的之一，因此，亦須視為題目之一而予以論述。完整的禪定論，至少應有此四題目，但本書先前既已論及佛教一般的心理論，其理想論將與禪論另外論述，而神通力應在慧的部分論述較為適當，因此，所剩下的，只是方法論。但佛教的方法論並不只是外形的方法，先前一再述及的種種教理可作為公案用於禪觀之中，故就此而言，方法論又可分成二個題目。第一是外形的方法，第二是內容的方法。前者是論及在進入禪定時，種種外在的準備（稍微觸及內容），後者是專就觀法的內容而論述。如此，將此等予以彙整而揭出九次第定的意義，更且觸及種種阿毘達磨式的議論，用以作為此章（禪定論）之終結。

（大正一五年一月九日夜）

150. 請參照《大乘佛教思想論》中，佛教思想之開展與禪的考察之文。

本書出版以後所出現的主要參考文獻

日文著作

1. 《國譯一切經》毘曇部一～三〇。論集部一～三。
2. 《南傳大藏經》卷四十五～卷五十八（《阿毘達磨七論》）；卷六十二～卷六十四（《清淨道論》）；卷五十九上下（《彌蘭王問經》）；卷六十五（《攝阿毘達磨義論》）。
3. 林五邦《論事》上下。破塵閣書房，昭和七、八年。
4. 佐藤密雄、佐藤良智《論事附覺音註》，大東出版社，昭和八年。
5. 結城令聞《心意識より見たる唯識思想史》，東方文化學院東京研究所，昭和十年。
6. 荻原雲來《譯註稱友《俱舍論》疏》Ⅰ～Ⅲ，梵文《俱舍論》疏刊行會，昭和八年～十四年。
7. 西義雄《原始佛教に於ける般若の研究》，大倉山文化科學研究所，昭和二十八年。
8. 渡邊楳雄《有部阿毘達磨論の研究》，平凡社，昭和二十九年。
9. 山口益、舟橋一哉《《俱舍論》の原典解明》，法藏館，昭和三十年。
10. 舟橋一哉《業思想序說》，法藏館，昭和三十一年。
11. 佐佐木現順《阿毘達磨思想論研究》，弘文堂，昭和三十三年。
12. 佐佐木現順《佛教心理學の研究》，日本學術振興會，昭和三十五年。
13. 勝又俊教《佛教に於ける心意識說の研究》，山喜房，昭和三十六年。

14. 金岡秀友譯《小乘佛教概論》，理想社，昭和三十八年。
15. 中村元《インドの倫理思想史》，學藝書房，昭和三十八年。
16. 中村元、早島鏡正共譯《ミリンダ王の問い》Ⅰ、Ⅱ、Ⅲ，平凡社，昭和三十八～九年。
17. 水野弘元《パーリ佛教を中心とした佛教の心識論》，山喜房，昭和三十九年。
18. 福原亮嚴《有部阿毘達磨論書の發達》，永田文昌堂，昭和四十年。

外文著作

1. U. Wogihara: *Sphuṭārthābidharmakaśavyākyā*, 1~7, 1932~36, Tokyo.
2. J. Kashyapa: *The Abhidhamma Philosophy*, 2 vols., 1942~43, Benares.
3. V V. Gokhale: *The Text of the abhidharmakośākārikā of Vasubandhu*, 1946, Bombay.
4. N. Ariyaswami Śastri: *Abhidharmakośakārika*, 1953.
5. Narendra Nath Law: *Abhidharmakośavayākhyā*, I~IV., 1949~1955, Calucutta.
6. André Bareau: *Les sectes buoddhiques du petit véhicule*, 1955, Saigon.
7. E. R. Saratchandra: *Buddhist psychology of perception*, 1958, Colombo.
8. P. S. Jaini: *Abhidharmadīpa with Vaibhāshāprabhā = vṛitti*, 1959, Patna.
9. P. S. Jaini: *The Vaibhāṣika theory of words*, 1959, London.
10. P. S. Jaini: *The Sautrāntika theory of bīja*, 1959, London.
11. P. S. Jaini: *Origin and development of the theory of Viprayukta-Saṃskāras*, 1959, London.

OPEN 2

阿毘達磨佛教思想論

作　　者 — 木村泰賢
譯　　者 — 釋依觀
發 行 人 — 王春申
總 編 輯 — 張曉蕊
責任編輯 — 何宣儀
特約編輯 — 呂佳真
美術設計 — 綠貝殼資訊有限公司

營業組長 — 王建棠
行銷組長 — 張家舜
出版發行 — 臺灣商務印書館股份有限公司
23141 新北市新店區民權路 108-3 號 5 樓（同門市地址）
電話：(02)8667-3712　傳真：(02)8667-3709
讀者服務專線：0800056193
郵撥：0000165-1
E-mail：ecptw@cptw.com.tw
網路書店網址：www.cptw.com.tw
Facebook：facebook.com.tw/ecptw

局版北市業字第 993 號
初版 1.5 刷：2023 年 4 月
印刷廠：沈氏藝術印刷股份有限公司
定價：新台幣 630 元
法律顧問—何一芃律師事務所

阿毘達磨佛教思想論／木村泰賢著；釋依觀譯. -- 初版.
-- 新北市：臺灣商務，2020.06
576 面；17×22 公分 . --（Open 2；76）

ISBN 978-957-05-3272-2（平裝）

1. 論藏

222.62　　　　109005951

23141
新北市新店區民權路108-3號5樓
臺灣商務印書館股份有限公司　收

請對摺寄回，謝謝！

OPEN

當新的世紀開啟時，我們許以開闊

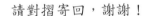

讀者回函卡

感謝您對本館的支持，為加強對您的服務，請填妥此卡，免付郵資寄回，可隨時收到本館最新出版訊息，及享受各種優惠。

■ 姓名：＿＿＿＿＿＿＿＿＿＿ 性別：□ 男 □ 女

■ 出生日期：＿＿＿＿年＿＿＿＿月＿＿＿＿日

■ 職業：□學生 □公務(含軍警) □家管 □服務 □金融 □製造
□資訊 □大眾傳播 □自由業 □農漁牧 □退休 □其他

■ 學歷：□高中以下（含高中）□大專 □研究所（含以上）

■ 地址：＿＿＿＿＿＿＿＿＿＿＿＿＿＿＿＿＿＿＿＿
＿＿＿＿＿＿＿＿＿＿＿＿＿＿＿＿＿＿＿＿

■ 電話：(H) ＿＿＿＿＿＿＿＿＿＿ (O) ＿＿＿＿＿＿＿＿

■ E-mail：＿＿＿＿＿＿＿＿＿＿＿＿＿＿＿＿＿＿

■ 購買書名：＿＿＿＿＿＿＿＿＿＿＿＿＿＿＿＿＿

■ 您從何處得知本書？
□網路 □DM廣告 □報紙廣告 □報紙專欄 □傳單
□書店 □親友介紹 □電視廣播 □雜誌廣告 □其他

■ 您喜歡閱讀哪一類別的書籍？
□哲學・宗教 □藝術・心靈 □人文・科普 □商業・投資
□社會・文化 □親子・學習 □生活・休閒 □醫學・養生
□文學・小說 □歷史・傳記

■ 您對本書的意見？（A/滿意 B/尚可 C/須改進）
內容＿＿＿＿＿編輯＿＿＿＿校對＿＿＿＿翻譯＿＿＿＿
封面設計＿＿＿＿價格＿＿＿＿其他＿＿＿＿＿＿＿

■ 您的建議：＿＿＿＿＿＿＿＿＿＿＿＿＿＿＿＿＿＿
＿＿＿＿＿＿＿＿＿＿＿＿＿＿＿＿＿＿＿＿＿＿＿＿

※ 歡迎您隨時至本館網路書店發表書評及留下任何意見

臺灣商務印書館 The Commercial Press, Ltd.

23141新北市新店區民權路108-3號5樓 電話：(02)8667-3712
讀者服務專線：0800-056196 傳真：(02)8667-3709
郵撥：0000165-1號 E-mail：ecptw@cptw.com.tw
網路書店網址：www.cptw.com.tw 網路書店臉書：facebook.com.tw/ecptwdoing
臉書：facebook.com.tw/ecptw 部落格：blog.yam.com/ecptw